# 大江戸復元図鑑

〈庶民編〉

笹間良彦　著画

遊子館

# はじめに

「明治は遠くなりにけり」という言葉があるが、それからすれば江戸は「はるか遠く」であろう。明治以後、日本は近代化のために江戸の伝統文化をこともなげに切り捨ててきたが、そのような中でも、私たちの身のまわりにはさまざまな形で江戸文化が生きている。

江戸時代の寺社、庭園などの建造物、祭りや正月などの伝統的行事、歌舞伎や浄瑠璃、漫才、落語などの演芸、和服や履物、和菓子や懐石料理、畳や障子などの衣食住、結婚式や葬式の段どり、社会生活の礼儀作法まで、私たちはあらゆる面で江戸文化を継承して日々の生活を営んでいる。テレビや映画でも江戸時代を題材とした作品が常のように放映され、歴史小説も多く書かれている。残念ながら、それらの中には少なからず誤った表現もあり、江戸時代の歪曲した理解を増幅している。このことは私たちの生活の中で江戸文化が変容し、分解して断片的になっていくことの証左でもあり、歴史の必然ともいえるのであろう。しかし、江戸文化が私たちの物心ともの基層文化であることを考えると、私たちが江戸文化のなにを受け継ぎ、なにを捨て、なにを変えてきたのかを知るためにも、江戸時代の仕組みと生活を「断片」としてではなく、「総体」として正しく理解することはますます重要となってきている。

本書『大江戸復元図鑑』は、そのための入門書であり、平易な専門書として、江戸時代の武家社会の仕組みと生活を「武士編」に、江戸府内を中心とした庶民社会の仕組みと生活を「庶民編」として全二巻にまとめたものである。江戸時代は士農工商という厳密な身分制度と幕府によって定められたさまざまな規範のもとに形づくられた社会であり、著者としては、それらを文字によってのみ伝えることはなかなか理解が得にくいと考え、読者が「読んで」「見て」「好奇心のわく」ことをめざして、あえて困難な図解による構成とした。また、既存の歴史教科書などを見ると、当時の生活の臨場感あふれる視覚資料があまりに少ないこともわかり、本書では、教育現場への効果的な利用も考慮して、商店や長屋、奉行所や武士の生活空間などの復元図、解説図を数多く収録することを心がけた。これらの図は、今日に残る多くの絵図類や文献資料、遺物資料をもとに著者が作画したものであり、時代考証の一つの典型図、参考図である。推定の範囲に入る部分もあることをご了承いただきたい。

また、本書には、江戸時代の仮借のない身分制度のもとで、最下層の身分として厳しい差別を受けた人々も登場する。江戸幕府の支配体制が生んだこれらの差別は、いまなお克服すべき国民的課題であり、その意味でも不十分ながら解説をほどこした。

奇しくも江戸開府四百年を迎えるこの年に、本書を書き、描き終えて思うことは、歴史の理解は表層であってはならないということである。政治経済や社会制度の仕組みなどの中央志向の歴史認識とともに、地域の生活史の復元を経た「血の通った」歴史像の構築が重要といえる。「ものと人の文化史」という観点で、各地域に歴史博物館や郷土資料館が次々と建設されていることは、そのような歴史認識による大きな潮流のもたらしたものであろう。本書が地域の歴史教育を担う現場でも大いに活用され、また、一般読者の人々に対しても、映像を見るような好奇心をもって読んでいただき、「なるほどそうだったのか」といくつかの発見をしていただければ望外の喜びである。

なお最後になったが、本書の出版を引き受けてくれた遊子館の遠藤茂さんと、長短のある文章と図版をバランスよく編集してくれた濱田美智子さんに、心よりお礼を申し上げたい。

龍山泊　笹間良彦

二〇〇三年十月

# 大江戸復元図鑑〈庶民編〉目次

# 大江戸復元図鑑〈庶民編〉

## 江戸の行商

## 江戸の大道芸



## 江戸庶民の食事

## 江戸庶民の生活用具



## 江戸庶民の男性の服装



## 江戸庶民の女性の服装

## 江戸庶民の結髪



## 江戸庶民の子供

## 江戸町民の年中行事



## 江戸の遊廓と遊女



## 江戸の農民の暮らし

## 江戸の漁民の暮らし

# 凡例

一、本書は江戸時代の江戸を中心とする庶民の生活を、文献、絵図、絵巻物、版本、遺物などの現存する多種多様な資料（後出、主な依拠参考文献等を参照）をもとに、時代考証をして図に復元し、解説をほどこしたものである。図は資料に基づく一つの典型としての復元図である。

二、収録した復元図はすべて著者が描き起こしたものである。

三、用字用語は、漢字は新字体と正字体、送り仮名は現代仮名表記を原則とした。また、小学校から高校まで、歴史教育、郷土教育現場での利用の便を考え、用語にはなるべくフリガナを付した。

四、関連項目が掲載されているものについては、解説の末尾に⬇関連項目とそのページを付した。

## 主な依拠参考文献等（図版を中心に）

〈あ行〉

『浮世床』（式亭三馬）、『運搬図会』（富田礼彦）、『江戸指物考』（関保雄）、『江戸時代制度の研究』（松平太郎）、『江戸職人歌合』、『江戸と東京風俗野史』（伊藤晴雨）、『江戸の大道芸』（高柳金芳）、『江戸幕府役職集成』（著者）、『江戸府内絵本風俗往来』（菊池貴一郎）、『江戸名所図会』（斉藤月岑校訂）、『江戸名所花暦』、『絵本吾妻抉』（北尾重政）、『絵本吾妻の花』（北尾重政）、『絵本江戸絵簾風』（奥村政信）、『絵本江戸爵』（喜多川歌麿）、『絵本江戸紫』（石川豊信）、『絵本御伽品鏡』（長谷川光信）、『絵本小倉錦』（奥村政信）、『絵本家賀御伽』（長谷川光信）、『絵本駿河舞』（喜多川歌麿）、『絵本花葛蘿』（鈴木春信）、『絵本満都鑑』（下河辺拾水）、『絵本紅葉橋』（勝川春潮）、『絵本世都濃登起』（北尾重政）、『教草』、『尾張名所図会』、『女重宝記』

〈か行〉

『貨幣の生い立ち』（造幣局編）、『紙漉重宝記』（国東治兵衛）、『木曾名所図会』、『近世職人尽絵詞』、『近世女性生活史入門事典』（原田伴彦・他）、『近世風俗志（原題「守貞漫稿」）』（喜田川守貞）、『軍用記』、『広益国産考』（大蔵永常）、『耕稼春秋』（土屋又三郎）、『国立歴史民俗博物館模型』、『故実叢書』（「江戸町奉行所」「冠帽図会」「装束着用図」「服飾図解」「歴世女装考」「歴世服飾考」）、『骨董集』（山東京伝）、『湖川沼漁略図』（国立公文書館蔵）

〈さ行〉

『算法地方大成』（秋田義一編）、『地方凡例録』（大石久敬）、『四時交加』（山東京伝）、『水産小学』（国立公文書館蔵）、『図解単位の歴史辞典』（小泉袈裟勝）、『図説江戸町奉行所事典』（著者）、『諸国図会年中行事大成』、『図録農民生活史事典』（秋山高志・他編）、『図録都市生活史事典』（原田伴彦・他編）、『図録山漁村生活史事典』（秋山高志・他編）、『人倫訓蒙図彙』、『成形図説』（曾槃・白尾国柱）、『青楼年中行事』（喜多川歌麿）、『善光寺道名所図会』

〈た行〉

『太陽コレクション「士農工商」』、『たはらかさね耕作絵巻』、『東海道五十三次』（安藤広重）、『東海道中膝栗毛』（十返舎一九）、『東海道名所図会』、『東京風俗史』（平出鏗二郎）、『当世かもじ雛型』（安倍玉腕子）、『東都歳事記』五巻（長谷川雪旦）、『徳川幕府江戸刑事図譜』、『徳川幕府県治要略』（安藤博）、『利根川図志』（赤松宗旦）、『鳶』

〈な行〉

『日本山海名産図会』、『日本山海名物図会』、『日本産物史』（伊藤圭介）、『日本庶民生活史料集成一〇〈農村漁民生活〉』、

『日本その日その日』（モース）、『日本捕漁図説』（国立史料館蔵）、『年中行事大成』（速水春暁）、『農家益』（大蔵永常）、『農家年中行事』（梅原寛重編）、『農業全書』（宮崎安貞）、『農具便利論』（大蔵永常）

〈は～わ行〉

『百人女郎品定』（西川祐信）、『風俗画報』、『北斎漫画』（葛飾北斎）、『ピクトリアル江戸三〈町屋と町人〉』、『深川江戸資料館の江戸の復元家屋』、『真澄遊覧記』（菅江真澄）、『民家検労図』（北村良忠編）、『三田村鳶魚武家事典』（稲垣史生編）、『役者夏の富士』（勝川春章）、『大和耕作絵抄』（石川流宣）、『旅行用心集』（八隅蘆庵）、『和国諸職絵尽』（菱川師宣）、『和国百女』（菱川師宣）、『和漢三才図会』（寺島良安編）、『和漢船用集』（金沢兼光）

# 大江戸復元図鑑〈庶民編〉

# 町奉行と町年寄・名主・家主《いえぬし》・店子《たなこ》

江戸域内の町民に対する司法・行政・警察は、町奉行所がつかさどっていた。ただし寺社領は寺社奉行の管轄であったから、町奉行は寺社領の門前町には介入できず、犯罪人が寺社の領域に逃げ込めば、寺社奉行に捕らえてもらうか、許可を得て逮捕した。また、域内でも農民は勘定奉行《かんじょうぶぎょう》の支配下にあり、治安上の支配権はかなり複雑であった。

そして江戸の町民の自治機関としては、町年寄・名主・五人組・月行事・家主の段階があり、この下に家主の管理する貸家に住む多くの店子（借家人）がいた。町年寄は、樽屋藤右衛門・館市右衛門・喜多村彦右衛門の三氏で名字を名乗り、代々世襲であった。三氏は江戸の総支配であったから、今日の市長に当たり、三人が月番《つきばん》交替（一か月ずつ順に役を負う）で、町奉行所からのいろいろな達《たつ》し（布令《ふれ》）を名主に交付し、また名主の能力を見て交替させる権限をもっていた。

名主は町年寄に属し、だいたい二、三町を掛けもっていた。江戸中に二百六十四人、これとは別に新吉原にも四人いて、町年寄の命令を伝え、町内の小さい民事訴訟のほとんどは名主の家の玄関で裁いた。町奉行に裁いてもらうには、名主や町役人の加判《かはん》（確認したという証明）が必要であった。名主は地主の代表といってよく、その多くは世襲であるが、居付家主《いつきいえぬし》から抜擢されることもあり、いくつかの種類があった。草分《くさわけ》名主《なぬし》（徳川家康が江戸に入る以前から住んでいた者）、古町名主《こまちなぬし》（代々土地に住んでいた名主）、平名主《ひらなぬし》（裕福で土地を多く持っている者）、門前名主（寺社の門前に広い土地を持っている者）などがあるが、庶民の監督の任にあるために準御目見《じゅんおめみえ》待遇（将軍に拝謁できる待遇に準じる）で、幕府の年賀の折には裃袴《かみしもはかま》姿に帯刀で登城して、賀辞を述べる資格を有していた。

この名主の下に五人組という町内の家主の組合があり、これが直接、街の司法権と下達された布令の伝達を行い、借地、店借《たながり》の者の提出する訴願に連著する（訴え事や願い事に名を書き添える）権限と義務があった。これは月行事または月番といって一か月交替であった。

町内の紛争（ごたごた）のほとんどは名主の家の玄関で裁かれた

江戸庶民の組織──❷

## 家主《いえぬし》、自身番《じしんばん》と木戸番《きどばん》

五人組は、月番《つきばん》のときに犯罪人が捕まって奉行所に連行されると、羽織袴《はおりはかま》で付き添わねばならなかった。名主のいない町ではその代わりを務めることもあった。

その下に属しているのが家主である。家持家主（借家を多く持っている家主）で、俗に居付家主《いつきいえぬし》といった。また、大地主とか大商人で貸家を多く持っている者が、代わりのものを雇って家主《いえぬし》の役を務めさせることもあり、これを俗に家主《やぬし》とか大家《おおや》といった。漢字は同じでも家主《やぬし》と家主《いえぬし》は異なり、「やぬし」「おおや」は家主《いえぬし》の差配人《さはいにん》で、店子《たなこ》（借家人）の監督と責任を持ち、犯罪が起きて町奉行所から呼ばれると、羽織袴で出頭せねばならなかった。家主《いえぬし》はそうしたわずらわしさを避けるために「大家《おおや》」（家主《やぬし》）を雇って店子を差配させたのである。落語にでてくる「家主といえば親も同然、店子《たなこ》といえば子も同然」の家主は、たいていこの雇われ大家《おおや》（家主《やぬし》）のことである。

このほか各町には、町内の自治による自身番があった。町の責任で隣の町との境の大通りに小屋を置き、家主《いえぬし》と町役人が詰めて町内を取り締まった。自身番は交替制で、その町の家主《いえぬし》が二人から五人くらい毎日詰めていたが、後に専門の人を置いて親方といった。夜は隣町との境となる木戸を閉めるが、その役をする木戸番を木戸番屋に置いた。通常、木戸は亥の刻（午後十時）に閉められ、明六つ（午前六時）に開けられ、これ以外の時刻は通行ができなかった。自身番屋と木戸番屋は、間に木戸をはさんで置かれていた。

詰所は六帖か八帖くらいの座敷で、ここで五人組から下達された布令《ふれ》や町内の行事の相談をした。この座敷の裏に板張りの部屋があって、板壁中央に縄をつなぐ鐶《かん》が打ってある。町内で犯罪容疑者を捕らえると、ここにつないで、定回《じょうまわ》り同心《どうしん》が見回って来たときに取り調べ、さらに大番屋《おおばんや》へ連行して吟味する。罪科を課するほどでないときはそこで説き諭《さと》して放免し、罰せねばならないときは町奉行所に連れて行って仮牢《かりろう》に入れ、吟味方与力《ぎんみかたよりき》が取り調べる。容疑者が連行されるたびに、家主《いえぬし》は付き添わねばならぬ義務があった。

白洲《しらす》
家主は定回り同心の巡回に異常の有無を報告する
半鐘《はんしょう》
火の見梯子
木戸番屋《きどばんや》
木戸
木戸番
自身番屋《じしんばんや》
三道具《みつどうぐ》
家主
岡っ引
定回《じょうまわ》り同心《どうしん》

# 自身番屋《じしんばんや》の内部

自身番屋の建物は間口九尺奥行き二間（約三メートル×約四メートル）と決められていたが、実際には狭いので二間に三間（約四メートル×約六メートル）くらいのものが多かった。享保十五年（一七三〇年）正月の町触れにより、「自身番が大きく、畳も上等であるから琉球畳にせよ、夜番のときには炉をやめて火鉢にせよ、費用を節約せよ」と達せられたが、なかなか規定どおりの自身番屋はなかった。九尺二間の自身番屋を例にとると、表は腰高障子《こしだかしょうじ》の引違え二枚で、一枚に自身番、もう一枚には何々町と筆太に書き、入口の柱には短冊型の柱行灯がかけてあった。内には三尺（約一メートル）張り出しの式台があり、庇《ひさし》がついているものもあった。前面三尺通りに玉砂利を敷いた白洲があり、駒つなぎ柵がめぐらされていた。

左三尺の板壁には町内の火消し道具の纏《まとい》・鳶《とび》口《ぐち》・提灯《ちょうちん》が並び、右側の駒つなぎ柵の前には、突棒《つくぼう》・さす又《また》・袖搦《そでがら》みの三道具《みつどうぐ》が立てかけてあった。

内側に上がると、三畳の畳敷きに火鉢・茶飲道具が置かれ、さらに腰高障子で区切って奥に三畳の板の間があった。板の間は窓のない板張りの壁で、板壁の中央に容疑者をつなぐための鉄の鐶《かん》が打たれていた。外側の下見板《したみいた》壁には掲示板があり、後に梯子《はしご》を立てかけて屋根に上るようになっていた。棟には四方に手すりのある物見台があり、それにまた梯子が立てられ半鐘《はんしょう》が吊るされていた。

どの町内の自身番屋もだいたいこうした形式で、家主《いえぬし》二人、番人一人、店番二人の計五人が詰めて五人番といった。三畳に五人詰めるとかなり窮屈であったため、なかには略して三人番というのがあった。また奥の板の間は町役人の休息所であるが、町内であった事件の容疑者を定回《じょうまわ》り同心《どうしん》が取り調べる場所としても使われた。座敷との境は腰高障子だけで、容疑者が暴れて逃げるおそれがあるため、ここへ連れ込むと縛ってしまう。ただ、神妙にしている容疑者をやたらに縛ることはできないから、容疑者をここへ連行した岡っ引などが自分で煙草盆《たばこぼん》を蹴ってひっくり返し、容疑者が暴れたようにして縛ることもあった。

自身番を務める人々

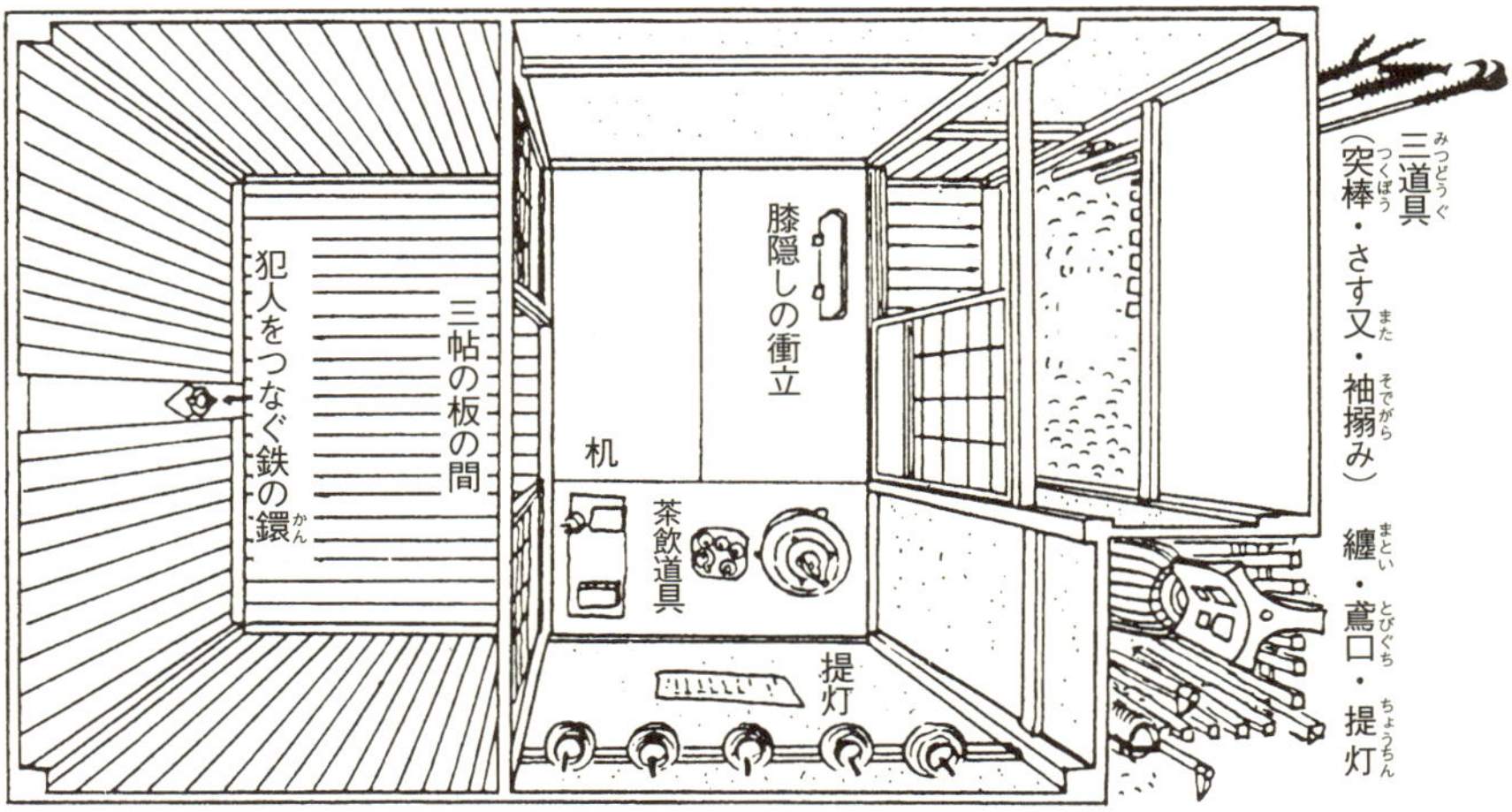


自身番屋の内部の配置

# 犯罪人の処遇

町内で強請《ゆすり》・嫌がらせなどがあれば、その家の者がただちに自身番屋に通報し、そこに詰めている家主や町役人に知らせる。町役人はその場に出張し、容疑者を自身番屋に連行して与力、同心の出張を乞う。その間、自身番屋の奥の板の間の部屋に入れて看視するが、暴れるようなら縛って柱に付けた鉄の鐶《かん》につないでおく。やがて与力、同心が来て取り調べ、不埒《ふらち》な点があってもたいした犯罪に当たらなければ説き諭《さと》して放免し、犯罪として認められれば、岡《おか》っ引《ぴき》に縄尻《なわじり》を執《と》らせて大番屋へ連行する。

大番屋で与力が取り調べ、その判断で放免したり、町奉行所に連行する。無宿《むしゅく》でなく住んでいる町がわかれば、その住んでいる町の家主と事件を起こした場所の家主が連絡を受け、付き添って町奉行所に連行する。容疑者を仮牢《かりろう》に入れて、順に吟味方与力《ぎんみかたよりき》が白洲《しらす》で取り調べ、調書を作って町奉行に提出する。人殺し、傷害、盗みなどの犯罪は、調べ方同心が過去の犯罪処罰例の書類を調べて、どの罪に当たるかを町奉行に報告する。やがて町奉行の白洲に引き出され再び訊問を受けるが、幕府に対する不信行為や傷害、殺人行為以外は、「手限裁判《てぎりさいばん》」といって町奉行の判断で判決が申し渡される。幕府に対する不敬罪や殺人・傷害事件は、町奉行が登城して老中の決裁を受けて処置する。その間に容疑者は伝馬町の牢屋敷（牢屋奉行は代々石出帯刀《いしでたてわき》）に送られ、庶民は大牢、女性は揚《あが》り屋《や》に入れられる。

犯罪を認めない容疑者に対しては、町奉行所から与力・同心が牢屋敷に出張し、牢屋同心の手によって笞《むち》打ちなどの責め問《せど》いにかけて自白を強要する。あくまで自白しないときは、町奉行が再び老中の許可を得て、牢屋敷内に与力・同心を出張させ、拷問蔵《ごうもんぐら》で、海老責《えびぜめ》、石抱《いしだき》などの拷問を行う。決して自白せず日にちを要した場合は、前例を参酌《さんしゃく》して（参考の例にあてはめて）察斗詰《さっとづめ》といって罪名を決定し、処刑する。これら判決に至るまで、名主や家主は呼び出されて立ち会わなければならなかった。

➡関連項目「家主、自身番と木戸番」4ページ

①強請《ゆすり》を訴えられて町役人（同心など）が出張する
②自身番で取り調べる
③大番屋で与力が取り調べる
④町奉行所送り
家主が付き添う
⑤町奉行所与力の取り調べ
家主
容疑者
⑥牢屋送り

犯罪人処遇の手順

# 江戸時代の刑罰

江戸時代の刑罰は、現在の法律からみると苛酷なくらい厳しかった。たとえば、十両以上盗めば死罪である。一度に十両以上盗んでも、盗みを繰り返し、合わせて十両以上になっても死刑である。

死罪は、伝馬町にある牢屋敷の隅に土壇場《どたんば》という処刑場があり、そこで斬役《きりやく》を命ぜられた同心か、その代理として山田浅右衛門が斬首した。このほか下手人《げしゅにん》といって過失殺傷罪の者も死罪で、これは願いがあれば遺骸を身寄りの者に引き取らせた。

斬罪《ざんざい》は、死罪・下手人と同じく首を斬られるが、これは千住の小塚原か、大森の鈴が森の刑場で、竹矢来《たけやらい》の外の観衆のいる所で行われる。

これより重い罪は獄門《ごくもん》という。前述の刑場に獄門台を作って首を三日間晒《さら》し、罪状を書いた捨札《すてふだ》（木の立札であるが、獄門に処せられた罪状を書いて立て、三日経つと捨てる）を傍《かたわ》らに立てた。磔《はりつけ》は十文字の柱に身体を縛り付けて、両脇から数度、槍で突き殺して三日間晒す。この磔の付加刑《ふかけい》として、江戸中引き回しとして、裸馬《はだかうま》に乗せて衆人に見せた。鋸挽《のこぎりびき》といって鋸で挽いて殺す残酷な刑もあったが、これは形式的で、日本橋の橋のたもとの高札場《こうさつば》の脇に、箱に入れて首だけ出して埋め、三日間晒したうえで刑場で首を斬った。火罪《かざい》は火焙《ひあぶり》といって、放火の罪を犯した者が刑場で焼き殺される。以上が生命刑である。

遠島《えんとう》は俗に島流し（流罪《るざい》）といって、罪の軽重によって伊豆七島、肥前天草《ひぜんあまくさ》、隠岐《おき》、壱岐《いき》などに流される。追放は軽追放、中追放、重追放の区別があって、一定地域内を追い払われた。払《はらい》も住んでいた土地を追放され、門前払、所払《ところばらい》、江戸払《えどばらい》、江戸十里四方払の軽重があった。敲《たたき》には五十敲、百敲とあって、牢屋敷門前で、箒尻《ほうきじり》という竹片でたたかれて追放された。晒《さらし》は女犯《にょぼん》の僧や心中未遂をした者が日本橋に三日間さらされたうえに、身分を剥奪される。入墨《いれずみ》は軽犯罪で、罪人であったしるしに腕に入墨される。その他、闕所《けっしょ》（家屋敷を取り上げられる）、身分剥奪、叱《しか》り、過料《かりょう》（罰金）、手錠、町内預けなどの軽い刑罰もあった。

➡関連項目「犯罪人の処遇」8ページ

〈獄門《ごくもん》〉

〈死罪〉

〈火焙《ひあぶり》〉

〈磔《はりつけ》〉

〈入墨《いれずみ》〉

〈遠島《えんとう》（流罪《るざい》）〉

# 町奉行直轄の人々

江戸町奉行は江戸府内の行政・司法・警察をつかさどり、庶民の生活を幅広く監督した。ただし、武家地は目付《めつけ》、寺社地は寺社奉行、農地は勘定奉行《かんじょうぶぎょう》の管轄に入るので、その行政範囲は町民に限られていた。庶民の代表は町年寄、名主などで、かれらを通じて末端まで治政が行き届いていた。この庶民の中にえた（穢多）、非人などと侮蔑的な言葉で呼ばれ、封建的身分制度の士農工商より下位に位置づけられた人々があり、かれらも町奉行の支配下に属していた。

かれらの統率者は町奉行の管轄下にある弾左衛門とその下部組織の車善七の家系で、この両者は準武士待遇として、年頭に従者をしたがえて町奉行所に賀辞をのべに出頭し、車善七は町奉行に協力して司法関係の任務を分担した。

この弾左衛門と車善七に支配された人々のうち、えた（穢多）は中世から近世初期の激動期に没落した人々や以前から差別をされていた人々が、牛馬の死骸処理や製革、清掃などの職業についたり、遊芸などにたずさわったりしたもの。非人の多くは犯罪をおかして身分を堕されたものや、江戸時代の商品経済の中で貧農、都市貧民が没落していったもので、江戸時代は賦役として、罪人の引き回しや刑死の埋葬、牢屋敷の手伝いなど（町奉行所の業務）に従事し、卑俗な遊芸も行った。ともに幕府が封建的身分制度堅持のために行った差別政策が生み出したものであり、かれらは最下層の身分とされ、厳しい差別のなかでの生活を強いられた。

明治四年（一八七一年）、「平民同様たるべき事」という「解放令」（太政官布告）により差別からの解放がすすめられた。しかし、その根は深く、その後も社会的差別は存続し、いまなお不当な差別の撤廃と人権の回復のための解放運動が続いている。

（注）本項では紙数の関係で、この差別された人々について基本事項を示すにとどめたが、厳密な用語解説ならびに中世から近世における歴史的形成と位置づけについては『部落史用語辞典』（小林茂他編、柏書房）、『山漁村生活史事典』（秋山高志他編、柏書房）所収「差別された人々」を参照されたい。

年頭に町奉行所に賀辞を述べに行く弾左衛門

罪人の引き回しの手伝いをする

# 町火消し

江戸時代、日常生活に薪《まき》や炭は欠かせないものであり、また灯火も菜種《なたね》油やろうそくであったから、往々にして失火があった。とくに冬など、江戸では毎日、数か所から火災が発生した。

そのために消防専門の職が生まれ、幕府抱え、大名抱え、町抱えの火消役《ひけしやく》が設けられた。定火《じょうび》消し、大名火消し、方角火消し、町火消し、加賀鳶《とび》、見舞火消しなどがあったが、江戸庶民にかかわりが深いのは町火消しである。

享保三年（一七一八年）、南町奉行の大岡越前守忠相《ただすけ》が、以前からあった定火消しにならって、家の構造に明るい鳶職や大工を主とする町火消組を組織させた。これにより、いろは四十八組（「へ」「ら」「ひ」「ん」は語感が悪いとして「百」「千」「万」「本」を使用）と、本所、深川十六組の町火消しができた。そして、享保十五年（一七三〇年）には火消組の構成が改められて、いろは四十八組は一番組から十番組の大組（その後、四番と七番はなくなり八組になった）に分けられ、人数は九千三百七十八人（＊）となった。これに深川、本町十六組（南・中・北の三組に分かれた）の千二百八十人（＊）をあわせると、町火消役だけで一万六百五十八人、さらに定火消し、大名火消し、方角火消しなどを加えると相当な人数になった。（＊池上彰彦『江戸火消制度の成立』による）

町火消しの費用は、町火消改《あらた》めによって給金が支払われるほか、町内の旦那衆からの支出によってもまかなわれた。このため、町内の有力な店の名を染めた印《しるし》半纏《ばんてん》が支給され、旦那衆の家の雑用を務めることもあった。店に来る騙《かた》り（詐欺師《さぎし》）や恐喝を追い払ったり、祝事や葬式などの吉凶時の下働きをしたり、年始にはその店の印半纏を着て旦那衆の挨拶まわりの供をした。また、町内のもめごとの仲裁をしたり、岡場所のある所では、その土地の板頭《いたがしら》と称して、客の喧嘩口論の仲裁などもした。火消しは鳶の者ともいうが、ほとんどが鳶口《とびぐち》を持っていて、江戸っ子らしい粋な勇ましい姿であったので、「火事と喧嘩は江戸の華《はな》」といわれるぐらいであった。

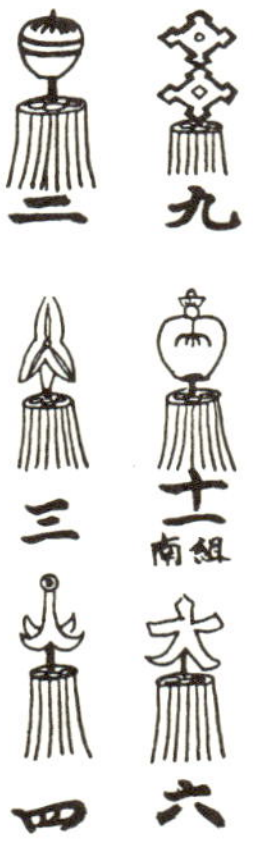

いろは四十八組の纏《まとい》

町奉行から給料が出るが、大商人も協力するので正月は年始の供もする
町内のいざこざやくざを排除する
め

町火消しの火消し以外の役割

# 火消しの道具

火消しは、頭取《とうどり》を頭《かしら》に、各組の頭（小頭）、纏《まとい》持ち、梯子《はしご》持ち、平人足《ひらにんそく》の順になる。

纏持ちは、火事場で場所を確保して纏を立て、そこから後ろには延焼させないという責任の証《あかし》に、いくら火の粉が降りかかり焦げそうになっても踏みとどまってがんばる。これが江戸っ子の意地であった。纏持ちの所へは、手桶《おけ》や龍吐水《りゅうどすい》で絶えず水をかけて消口《けしくち》（消火にとりかかる場所）を守った。ときには他の組との間で消口争いがあった。纏は、もともと武士が戦場で主将の存在を示す馬印として用いたものであるが、いろは四十八組ができたとき、これにならって、各組のデザインによる総白塗りの纏が作られた。

また、屋根に乗るために長梯子が必要であるが、木梯子だと燃えやすく折れやすいので、竹で作られた。長さ二十一尺（六・九メートル）ほどの太い、しかも先と元の太さがあまり違わない真竹を用い、段は節のない檜材を竹にはさんで釘で固定する。さらに外側にもう一枚そえ、麻縄で二本掛けし、上から下に連続して巻いていく。各段の間隔は一・五尺（四十九・五センチ）で、十五段であった。梯子持ちは、これを一人でかつぎ、曲がり角などで補助をする介錯《かいしゃく》が一人付いた。

他の火消しは鳶口《とびぐち》を持った。長鳶は、延焼をくい止めるために家を壊すのに使用した。また、梯子を立てるとき、屋根にかけないで四方から鳶口を引っかけて立たせた(これが年頭の梯子乗りの行事になっている)。鳶の者は、腹掛《はらが》け、股引《ももひき》、長半纏《ながばんてん》、頭巾《ずきん》、足袋《たび》、草鞋《わらじ》掛《が》け姿で、消火のための龍吐水の水の補給に忙しかった。纏持ちは火にあぶられるので、刺子《さしこ》長半纏《ながばんてん》と頭巾を用いた。

龍吐水は水鉄砲の原理を応用した消火器で、その原型は南北朝時代、籠城のときに火を消した水弾《みずはじ》きである。長方形の箱に水をため、中央に付いた柄を二人で交互に上下させて水を圧迫すると、中央の木の筒から水が発射される。龍吐水で火を消すためには、手桶でひっきりなしに水を補給しなければならなかった。

➡関連項目「腹掛け」212ページ

火消しの粋な半纏《はんてん》

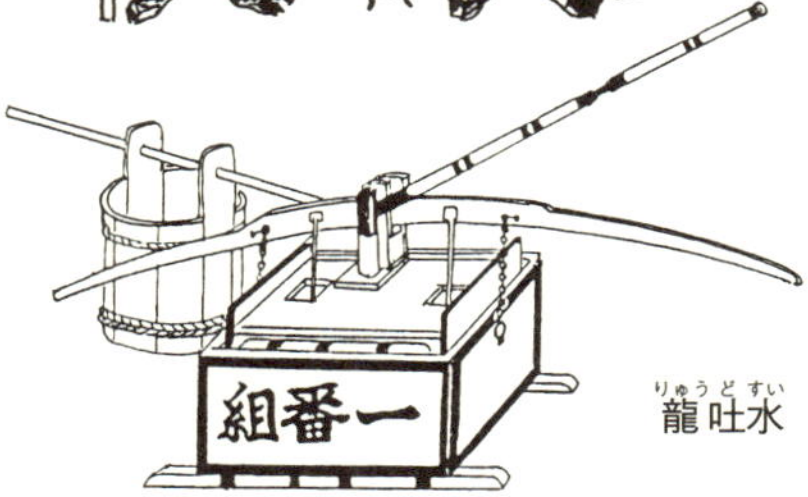


龍吐水《りゅうどすい》

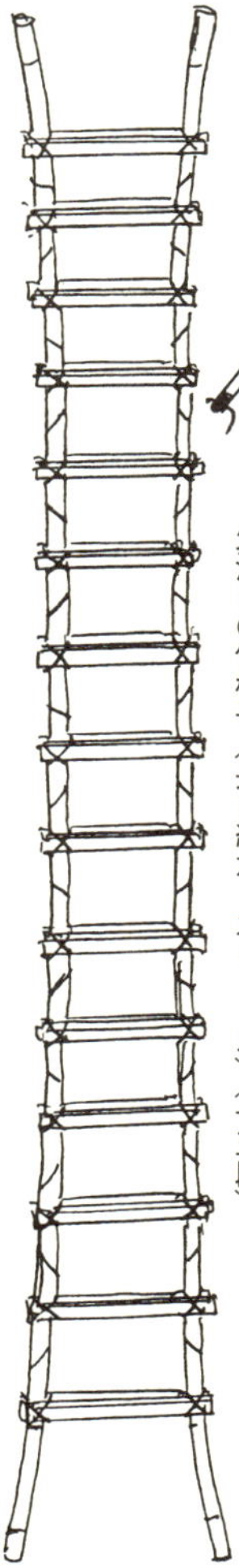

火消しの竹梯子《たけばしご》（長さ約六・九メートル）（十五段）

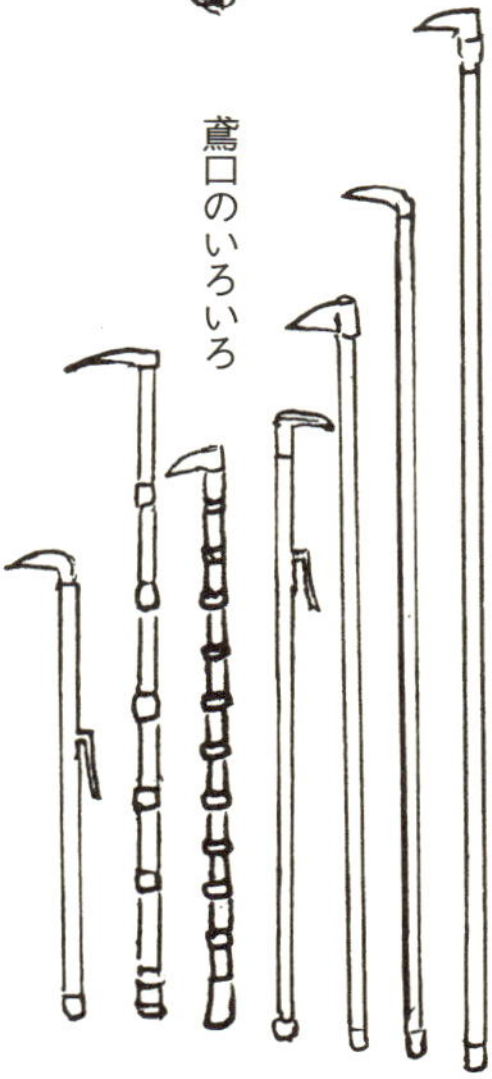

鳶口のいろいろ

町火消しの出動
夜中に半鐘《はんしょう》が鳴ってそれ出動だ

# 火《ひ》の見櫓《みやぐら》と半鐘《はんしょう》

江戸では、火災を監視するため、だいたい十町に一か所ぐらい火の見櫓が設けてあった。深川永代寺門前のあたりを櫓下《やぐらした》と称したのは、ここに火の見櫓があったためである。火の見櫓は、四本の柱に五段ぐらいの櫓を組み、半鐘を吊るしたものである。外側を下見板《したみいた》で囲い黒塗りにしたものもあったが、これは武家屋敷の火の見櫓の形式にならったものである。

また京阪では、町会所の二階の屋根に梯子《はしご》をかけ、頂上に屋根を作って火災見張所とした。江戸でも同様に、町会所や自身番屋《じしんばんや》の屋根に梯子をかけて物干し台のようにし、中央にさらに梯子をかけて四方が見渡せるようにし、梯子の上の方に半鐘を吊るした。

また、江戸時代後期には、火消鳶《ひけしとび》の親分の家の裏か近くに、三本柱あるいは二本柱の梯子を建てた。遠近で火事の気配があると、すぐに子分が梯子に登って火事の場所を確認し、半鐘を打って知らせた。

火元が遠く、風向きからも、さほど自分たちの町に影響がなさそうなときは、半鐘を一打し、しばらく間を置いてまた一打というように打つ。火元はやや遠いが、風向きからこちらに延焼のおそれがありそうなときは、二打ずつ間を置いて打つ。この場合、火消人足はどこにいてもすぐ家に戻り、火事装束に着替えて頭《かしら》のところに集まった。半鐘が乱打されたら、火が近いという知らせである。鳶はただちに出動し、町内の者は家財や金銭、その他必要な物を持って避難した。

また、ごく近火で町内が危険であることを知らせるときは、半鐘を打つと同時に撞木《しゅもく》で鐘内を擦った。これは擦番《すりばん》といって、もっとも危険な信号であった。

計画がだめになったり、破産したときなどに「おじゃんになった」というが、この「おじゃん」というのは半鐘の音の意味で、火災で焼けて一切だめになるという意から借りた表現である。

鳶が出動するとき、定めとして、町の名主《なぬし》は野袴《のばかま》に火事羽織《かじばおり》、韋兜頭巾《かわかぶとずきん》をつけて先頭に立ち、家主《いえぬし》は組の半纏《はんてん》、股引《ももひき》、頭巾をつけて引率した。これは、他の町との間でいざこざが起きるのを避けたためであろう。

➡関連項目「家主、自身番と木戸番」4ページ

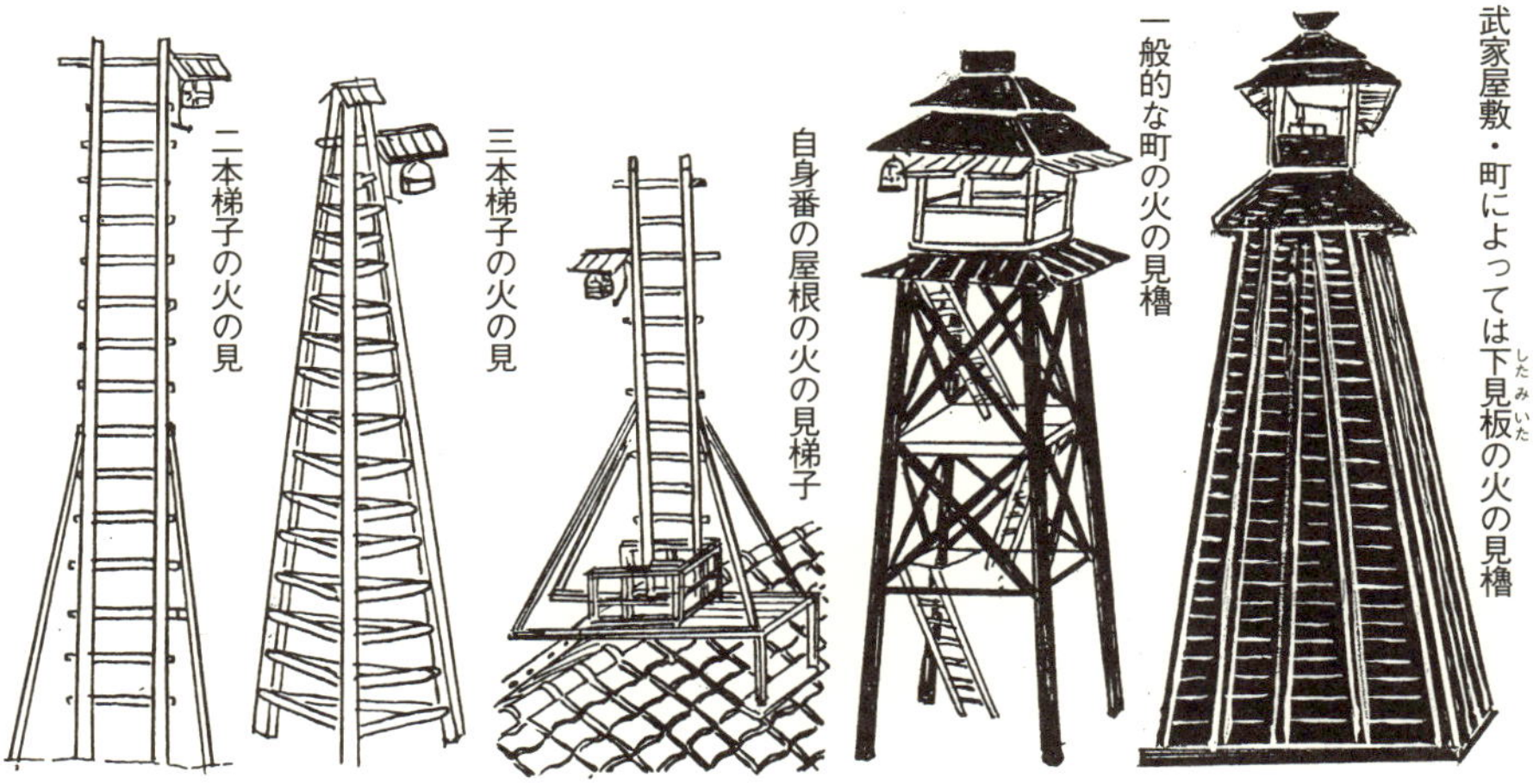


火《ひ》の見《み》櫓《やぐら》・火の見梯子《はしご》・半鐘《はんしょう》

町火消しの出動（『守貞漫稿』より）

# 時刻法と方位

松尾芭蕉の句に「花の雲　鐘は上野か　浅草か」とあるが、江戸時代には寺院が毎刻鐘をついて、江戸中に時を知らせていた。

寛永三年（一六二六年）に初めて、本石町（中央区日本橋本石町）に時刻を知らせる鐘撞堂《かねつきどう》がつくられたが、ここだけだと聞こえない地域もあるので、各町の鐘撞堂のある寺院が、これに合わせて鐘をつくようになった。すなわち、金龍山浅草寺、上野東叡山寛永寺、市ヶ谷八幡、目黒不動、四谷天龍寺、本所横川町、赤坂田町、芝の切通しなどで、一刻《いっとき》（現在の約二時間にあたる）ごとに鐘をついて、江戸中に時を知らせた。

一日は十二刻で、日の出、日の入りを基準に、日中と夜間をそれぞれ六刻ずつに区分した。したがって、夏と冬では一刻の長さが違い、夏は昼間の一刻が長く、冬は短かった（不定時法）。そして、それぞれに子《ね》、丑《うし》、寅《とら》、卯《う》、辰《たつ》、巳《み》、午《うま》、未《ひつじ》、申《さる》、酉《とり》、戌《いぬ》、亥《い》の十二支の名をあてた。左図は、定時法により時刻を示したものである。

季節によって違うが、日の出の明け六つ（卯の刻）を現在の午前六時、日の入りの暮れ六つ（酉の刻）を午後六時とすると、巳の四つは午前十時、四つ半は午前十一時にあたる。「草木も眠る丑満時」は八つで、午前二時にあたる。おやつを食べるのは今では午後三時であるが、当時は未の八つ（午後二時）であった。

鐘をついて時を知らせるのは日中だけで、「明け六つ」から「暮れ六つ」までを六つに区分して、一刻ごとに時と同じ数だけ鐘をついた。幕府で定めた鐘撞役人は本石町の鐘撞堂で、鐘の音が聞こえる範囲の各家から一か月四文ずつを徴収し、辻源七が五人の代理を雇っていた。明け六つになると三度鐘をつき、俗に「捨鐘」といった。これを合図にそれから六度ついた。

また時刻の十二支と方位は連動しており、卯＝東、酉＝西、午＝南、子＝北、辰と巳の間が巽《たつみ》で南東、未と申の間が坤《ひつじさる》で南西、戌と亥の間が乾《いぬい》で北西、丑と寅の間が艮《うしとら》で北東の方位をさした。陰陽道《おんみょうどう》により艮は鬼門《きもん》となり、反対の坤は裏鬼門として、忌み嫌われる方角とされた。

朝日の出が明け六つ

五つごろ朝食

鐘撞堂《かねつきどう》

巳《み》の刻ごろから働く

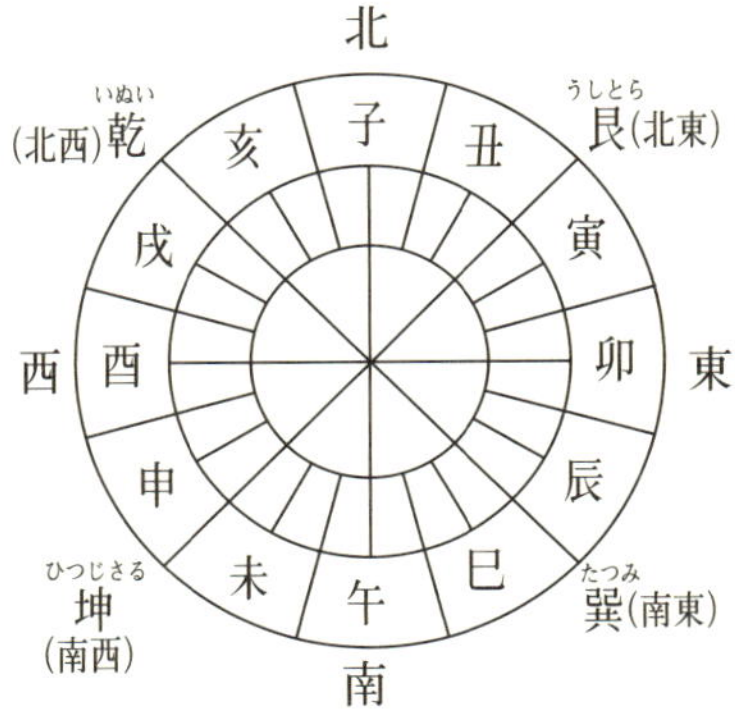


〈方 位〉

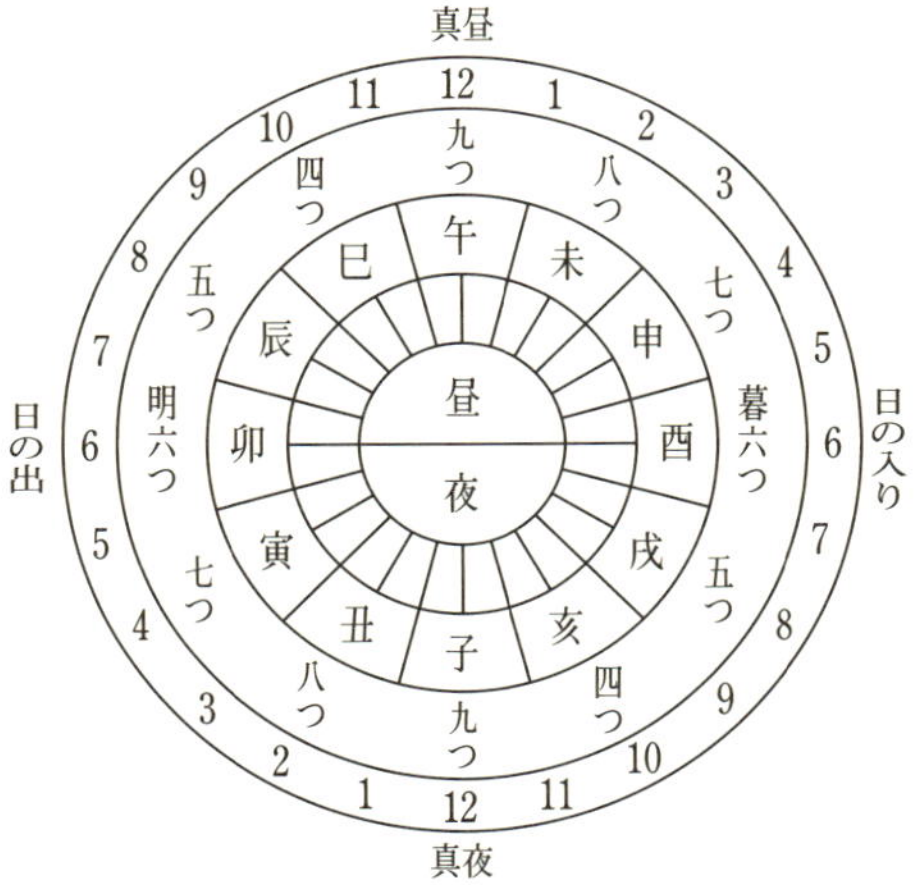


〈時刻法〉

戌《いぬ》の刻ごろから就寝

戌《いぬ》の刻から暁方《あけがた》まで夜回り

酉《とり》の刻から戌《いぬ》の刻に夕食

# 上水道

江戸という大都市で飲料水を確保することは、都市機能の上からきわめて重要であった。しかも、江戸の下町は江戸湾を埋め立てたところが多いので、井戸を掘っても塩分を含んでいて、飲用にならなかった。

そこで徳川家康は、小石川大沼（神田上水）と赤坂溜池《ためいけ》から木の筒で飲用水を送ったが、町や屋敷が増えると、これらの上水道では間に合わなくなった。

このため、神田上水よりも奥の善福寺池や妙正寺池、さらに奥の井の頭池からも水を引いて、小石川に堰を作り、神田台、湯島の地下を通して、小川町あたりまで給水した。神田川の上には橋のように木の水道管を渡し、低い土地には木管を網の目のように分岐させ、水が必要な町には木樋を埋めて水を溜め、共同で使用する井戸式の装置としていた。

しかし、これでも市中に十分に行きわたらないので、多摩川からも水を引くことになり、四谷大木戸から地中に樋を通して、四谷門外で、江戸城中用、麹町方面、虎ノ門から、築地、八丁堀辺、京橋方面に分水した。

この水は、木管に竹筒を通して井戸にそそぐようにしてあった。普通の井戸は地上に井戸枠をはめただけであるが、この井戸は、上水が地中にしみこんだり、逆に地中の塩分を含んだ水が流れ込まないように、井戸の下方に井戸枠を何重にも重ねて上水が溜まるようにしてあった。この井戸の井筒の地上に出ている部分を江戸では化粧側といったが、京阪では井戸側といい石造りであった。

こうして得られる上水は貴重で、水売りの行商がいたほどであった。夏に冷水《ひやみず》売りの行商が「ひやっこい、ひやっこい」と呼びながら売り歩いた水はこの上水の井戸から汲んだもので、一椀《わん》八文から十二文で売られた。上水道は飲用以外に使用することが禁じられていて、物を洗ったり、洗濯や水まきには、民間で勝手に掘った井戸を用いた。

江戸っ子が見栄をはって切る啖呵に「多摩川の水で産湯《うぶゆ》を使った江戸っ子だい」というのがあるが、多摩川の水というのは江戸の上水道のことで、生粋《きっすい》の江戸生まれだということを誇って言ったものである。

川の上は掛樋《かけひ》（木の水道管）をして上水を流した

上水道の井戸
（飲料水用）

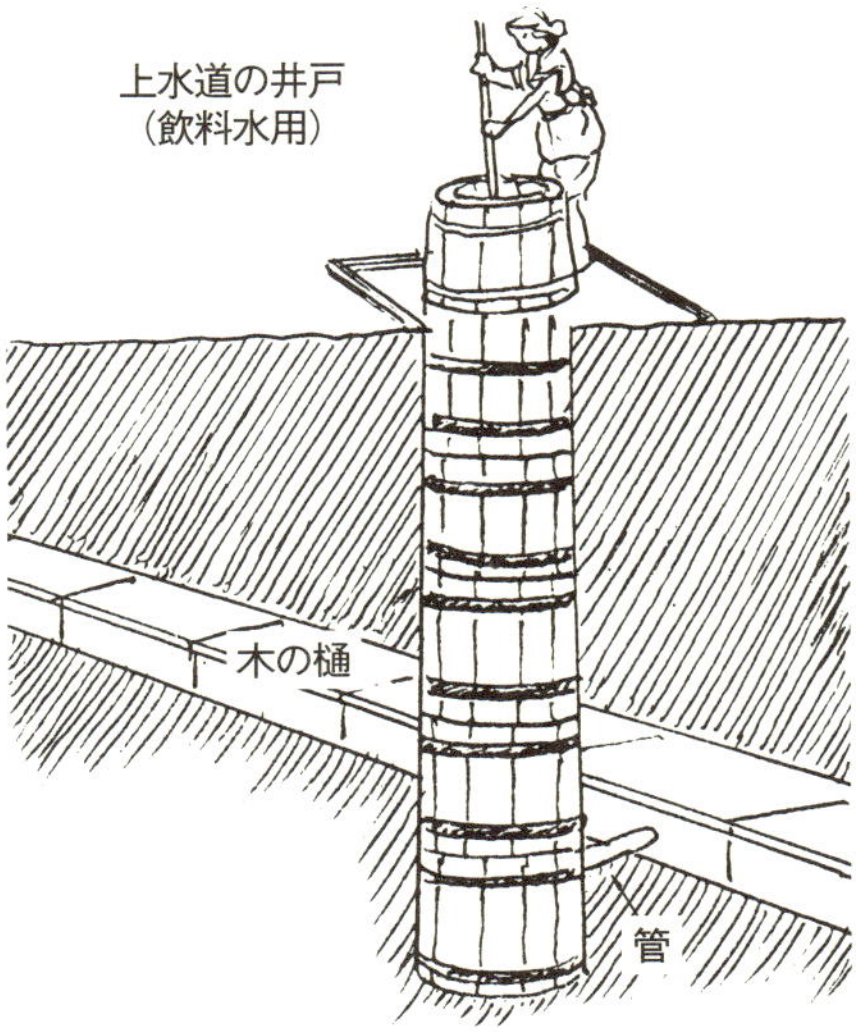

一般の井戸
（塩分を含んでいる水は洗濯や洗い物用）

# 屎尿《しにょう》・ごみの処理

　江戸時代中期ごろの江戸の人口は百万人に及んだというが、これらの人々の屎尿はどのように処理したのだろうか。将軍から下級武士、町人にいたるまで、すべて日々排泄するのであるから膨大な量である。しかし化学肥料の考案されていなかった江戸時代には、農民にとってこの屎尿は貴重な肥料であり、大切に扱われた。江戸近郊の農民は糞尿を汲み入れる桶を牛車や馬に積んで、上は江戸城内の便所から、下はその日暮らしの棟割長屋の共同便所まで糞尿をさらって行った。そして、この糞尿さらいは一種の権利でもあった。

　このように糞尿さらいは不潔で嫌がられる反面、農民にとって、糞尿は農作物を育てるための大切な肥料であったから、糞尿を提供してくれる家々は一種のお得意様で、その礼に野菜などを無料で渡したりした。

　貧しい庶民の住む棟割長屋や裏長屋では、一軒ごとに便所を付ける余裕がないので、長屋の端にある共同便所を使用した。そのため糞尿もかなりの量がたまるので、農民にとっては好都合であった。しかし糞尿取引料として、長屋を差配している大家に何がしかの金を納めねばならなかった。

　これらの糞尿は、牛車や馬で運ばれたが、船でも運ばれ、葛西の農夫は葛西船と呼ばれる糞尿運搬船で運んだ。また、糞尿を入れるための仕切りのある部切船とよばれる運搬船もあった。

　こうして集められた糞尿は、田畑の隅に設けられた肥溜《こえだめ》という藁葺《わらぶ》き屋根の溜穴に入れられた。数か月間放置すると、分解して田畑の良い肥料となった。

　また江戸時代は、食物の滓《かす》や紙屑《かみくず》がいまほど多量に出ることはなかった。ごみはごみ箱に捨て、食物滓は肥料にした。余裕のある家では両方ともごみ箱に捨てることもあった。ごみ拾い（ごみ屋）という職業があり、ごみ箱から紙屑だけを拾い集めて浅草の問屋に売った。紙屑は溶《と》かされ、下級品の浅草紙に再生されて売られた。浅草紙は現在のトイレットペーパーである。いずれにせよ当時は、今日のようにごみの処理に苦しむことはなかった。

➡関連項目「農具（二）」370ページ

裏長屋の共同便所

屋内の便所

# 飛脚《ひきゃく》

江戸時代にも郵便の設備はあった。手紙、書類、小荷物などを送りたいときは、飛脚問屋に持っていき、料金を払うと、飛脚が届けてくれた。これを「町飛脚《まちびきゃく》」といい、寛文三年（一六六三年）に幕府の許可を得た。町飛脚はもとは町小使いともいい、網代《あじろ》編みの箱に紙を貼って渋墨塗りにしたものを棒に通してかつぎ、棒の先に風鈴をつけて運んだ。その音で通行人はさけたので、「ちりんちりんの町飛脚」などともよばれた。

江戸幕府と地方との連絡用は「継飛脚《つぎびきゃく》」であった。紀州（和歌山県）徳川家や尾州（愛知県）徳川家が使った七里飛脚（街道筋の七里ごとに宿駅があり、リレー式に届け物を中継して走る）のほか、各大名家にもそれぞれ、お抱えの大名飛脚があった。なかでも有名なのは紀州徳川家の七里飛脚であり、宰領《さいりょう》（世話役取締りの監督）の下士が一人つき、飛脚はこれに従った。上り龍、下り龍の半纏《はんてん》をつけ、裁着袴《たつつけばかま》に脚絆《きゃはん》、紺足袋《たび》に草鞋《わらじ》ばきで刀を差し、十手《じって》を持っていて、旅人はこれを避けなければならなかった。

庶民が利用するのは「定飛脚《じょうびきゃく》」で、江戸の数か所に飛脚問屋があった。ただし、送る物をそこまで持っていって頼まなければならないし、距離と品物によるが料金も高価であったから、裕福な人かよほど急なときしか使わなかった。寛文十一年（一六七一年）には江戸と大阪の問屋が提携し、金銭の郵送も行われた。

飛脚問屋の入口には、「御飛脚　百里一日　千里十日」と書いた看板が下げられていた。大勢の人足を雇っていて、急ぎの荷物を運ぶための馬も用意していた。また、貴重な荷物を保管せねばならないときは一時、倉に納めた。飛脚は小荷物を棒につけてかつぎ、紺脚絆、紺足袋に草鞋ばきで、寒いときでも上半身はぬいで威勢がよかった。特急便だと、江戸から京都まで駆け足で、だいたい六十時間～九十時間（二日半～四日）で行ったという。もちろん宿継ぎといって、飛脚屋のある宿場でリレー式に運ぶのであるが、険しい山を越え出水の多い川も渡ったのであるから、驚きである。

➡関連項目「飛脚、質屋、古着屋、火消しの纏作り」72ページ

定飛脚は「御用定飛脚」などとと書かれた鑑札を持って走り、
関所などを通過して荷物を運んだ

定飛脚のうち、とくに急ぎの早飛脚は「口上無封大急飛脚」などと呼ばれ、裸に褌《ふんどし》一丁で駆け走った

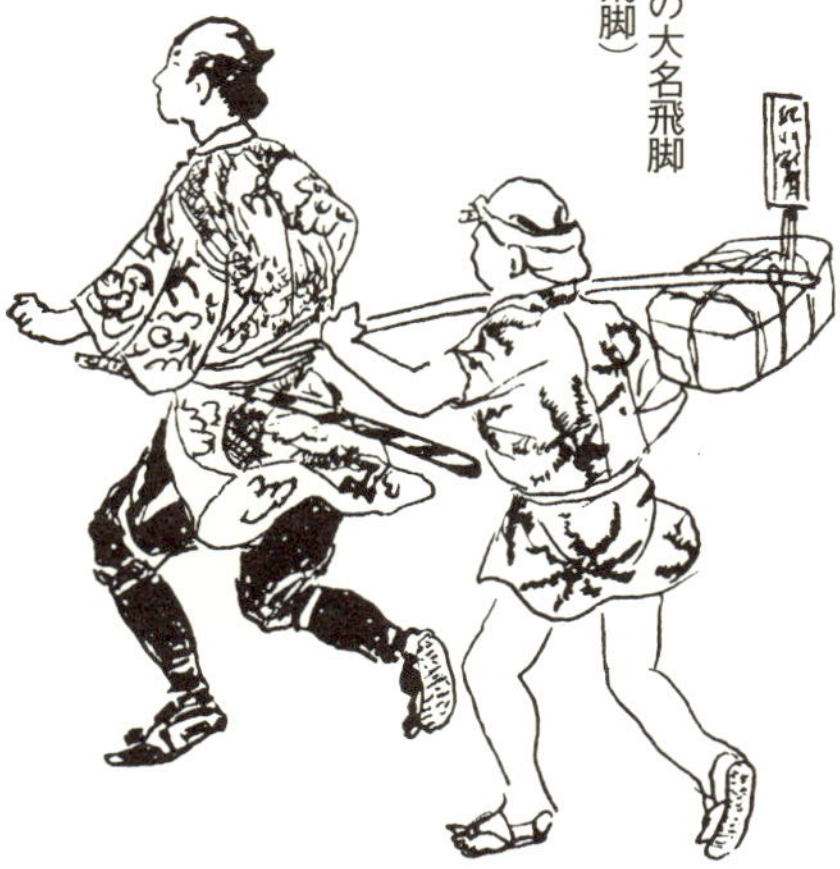

紀州家の大名飛脚（七里飛脚）

# 伝馬《てんま》制と一里塚

江戸幕府は、江戸の日本橋を基点として、東海道、甲州街道、中山道、奥州街道（日光街道を含む）の五街道を定めたが、旅人の便をはかるために、それぞれの街道には一里ごとに塚を設け、一里塚とした。塚の中心には榎《えのき》か松が植えられていて、旅人にとって旅の行程の目安や区切り、休息の地点となった。榎は根が深くはって丈夫なので、多く用いられた。

この所が宿場となり、旅人の疲れ休めの場所や宿屋ができた。また、商人たちが大量の荷を運ぶために伝馬制が設けられ、馬が運ぶ荷物を積み替えたり、駕籠《かご》を雇ったりできるように、馬や駕籠の問屋が多く集められていた。荷駄《にだ》の馬は、助郷《すけごう》という、宿場の近くの村から馬を持っている農家に当番で出役させ、問屋場に常時集められていた。助郷の馬は、その土地の庄屋が宿場の役人の手伝いをして検査したが、なかなか手数のかかる作業であった。

重い荷は馬の背に乗せて農民が運ぶが、極端に重い荷を運ばせないように重量制限があり、一つひとつ秤《はかり》にかけて重さを量った。馬に分担させて次の宿場まで送るが、重量によって料金が違った。

江戸には南伝馬町、大伝馬町、小伝馬町に、それぞれ荷運びの馬を飼っている集団の町があり、江戸から運び出す荷は南伝馬町と大伝馬町の馬が、江戸近郊に運ぶ荷は小伝馬町の馬が扱った。

また、女性や足の弱い旅人、疲れた旅人は、宿場役人に申し込めば、馬や駕籠を利用することができた。

五街道の江戸の出入口は、東海道は品川宿、甲州街道は四谷大木戸、中山道は板橋、奥州街道は千住に設けられた。これらの宿場には宿屋や遊廓（公許されていないが黙許されていた）があり、各街道の木戸付近には、賑やかな一郭が形成されていた。

伝馬や駕籠では運べる荷の量が限られ、また宿駅の問屋場ごとに荷物を積み替えるので、はなはだ手数がかかった。木造ながら大きい船が作られると、大量の荷物を江戸湾に運び込めるようになり、江戸の住民は諸国の産物を容易に、安く入手できるようになった。

➡関連項目「船で運ぶ」36ページ

宿場の出入口には助郷から集められた荷駄の馬が置かれた

つづら（明荷《あけに》）を馬の両側につけて人と物を運ぶ

## 町《まち》駕《か》籠《ご》と駕《か》籠《ご》舁《かき》

江戸時代、自分用の駕籠や馬に乗って外出するのは身分の高い武士であったが、庶民でも足の弱い者や病人などは駕籠に乗ることがあった。

町駕籠といって、庶民のための粗末な駕籠を用意している駕籠屋が、町内に必ず一、二軒はあった。駕籠屋は駕籠舁を雇っていて、客の注文に応じて駕籠を出したり、町の辻で客待ちをするので、辻駕籠ともいった。大伝馬町の赤石、芝口の初音《はつね》屋、浅草の伊勢屋と江戸勘、吉原の平松などは、駕籠舁を大勢抱えていた。

町駕籠は、竹で編んだ矩形の底枠に、竹を中央で折り曲げて柱としたものを前後に付け、客が座る底に座布団と背もたれを付け、屋根と側面を畳表のような簾《すだれ》で覆ったものである。木の棒を通して二人でかつぐが、息杖《いきづえ》という杖を持つので、前を先棒《さきぼう》、後ろを後棒《あとぼう》といった。

服装は、腹掛《はらが》け（丼《どんぶり》という）と褌《ふんどし》の上に、駕籠屋の印を染め抜いた紺染めの半纏《はんてん》に三尺帯、紺股引《ももひき》に草鞋《わらじ》ばきである。夏の暑いときは裸に褌だけのこともある。二人で歩調を合わせて「はあん」「ほ」と掛け声をかけ、息杖をついて小走りで、急ぎのときは走って行った。威勢がいいが、乗っている客はかなり揺れるので、天井のかつぎ棒から下がっている紐につかまらねばならなかった。

駕籠屋に雇われている人夫はほとんどがまじめであったが、個人で商売している駕籠舁には悪質なのもいて、金をたくさん持っていそうな客や、かよわい女性だと嫌がらせを言って駕籠賃を値上げしたり、新吉原に遊びに行くと見ると、「旦那、白馬《しろうま》をおごってくんねえ」などと酒手《さかて》（白馬は濁酒、赤馬は清酒）を強要することもあった。客が言うことを聞かないと、わざとゆっくり進んだり、駕籠を大きく揺らしたり、ひっくり返して威嚇することもあった。

こうした手合いは、街道筋の問屋場に属さない駕籠舁にもいて、これを街道蜘蛛助《くもすけ》といった。網を張っているという意味であるが、後に雲水《うんすい》（行方定めぬ修行僧）にたとえて、雲助《くもすけ》とも書いた。

➡関連項目「長屋住まいの居職と出職」56ページ

先棒《さきぼう》
紺半纏《はんてん》に三尺帯
紺股引《ももひき》
草鞋《わらじ》
息杖《いきづえ》
駕籠の屋根と側面は
簾で覆われている
後棒《あとぼう》
庶民の乗る町駕籠《まちかご》

褌《ふんどし》一丁の柄《がら》の悪い駕籠舁
個人の駕籠舁
駕篭屋に雇われている駕籠舁《かごかき》

# 駕籠《かご》の種類

江戸時代、将軍、大名など身分の高い武士が外出するときは、駕籠や馬に乗った。庶民はほとんど徒歩で、急ぎのときや疲れたときには駕籠に乗ることもあったが、その形式には雲泥の差があった。江戸の庶民が乗った駕籠は、俗に辻駕籠《つじかご》（よつで駕籠）といって、竹で編んだ台と二つ折にした竹の骨組みでつくられ、その前後左右を畳表の藺草《いぐさ》編みで覆った粗末なものであった。

辻駕籠は、元禄（一六八八～一七〇四年）のころ百挺《ちょう》（駕籠は一挺、二挺と数える）を限って許可されたが、江戸後期には一万挺に増えたと、喜田川守貞『守貞漫稿』には記してある。このほかに旅人の乗る「宿《しゅく》駕籠《かご》」「山駕籠《やまかご》」もあった。宿駕籠・山駕籠も辻駕籠と似た構造で、屋根を筵《むしろ》で覆っただけである。

駕籠賃は、時代によって多少違いがあるが、文化（一八〇四～一八年）のころで、日本橋あたりから新吉原大門《おおもん》（浅草寺裏、浅草田圃の中の一郭を占めた遊廓）まで、だいたい金二朱（銭で八百文）であった。急ぐ場合、三人（一人が手替わり）でかついで走れば金三朱、四人（二人が手替わり）だと金一分もした。三夫、四夫は走りながら、かつぎ替わるのである。高価なので一般の庶民はなかなか乗れなかったが、新吉原へ景気よく乗り込むときに奢って乗る者もいた。

この辻駕籠よりやや高級なのが箯輿《あおだ》である。木で四角く囲われて、引き戸になっていて、身分の低い武士や医者などが乗った。これは、なまって京阪では「あんだ」、江戸では「あんぽつ」と呼ばれた。『守貞漫稿』には「京坂あんだといふ。あをたを訛りてあんだといひ、再訛してあんぽつといふか」とある。

中野の法泉寺の僧が乗ったので「法泉寺駕籠《ほうせんじかご》」というのもあり、これは富豪などが用いた。これよりやや略式なのが、京四つ路駕籠である。息杖《いきづえ》は、あんぽつは木の棒、あんぽつ以下は竹杖であった。

なお、公家や門跡《もんぜき》・大名など身分の高い者が乗った木地漆塗《うるしぬり》金物付き引き戸のついた特製の駕籠は、乗り物といった。

➡関連項目「町駕籠と駕籠舁」30ページ

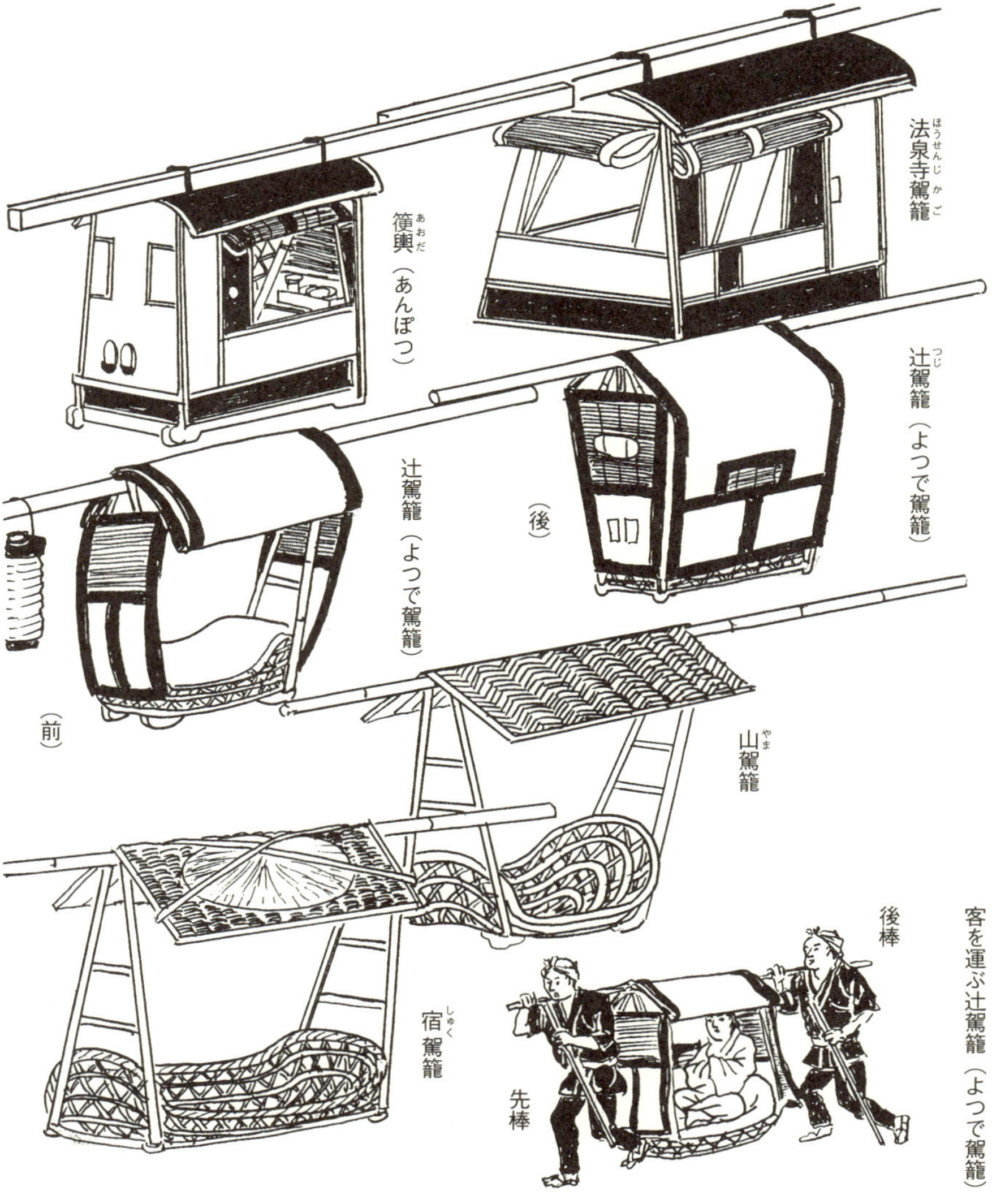
法泉寺駕籠《ほうせんじかご》
簣輿《あおだ》（あんぽつ）
辻駕籠《つじ》（よつで駕籠）
（後）
辻駕籠（よつで駕籠）
（前）
山駕籠《やま》
宿駕籠《しゅく》
後棒
先棒
客を運ぶ辻駕籠（よつで駕籠）

# 荷物を運ぶ

江戸時代、少しかさばる荷物を運ぶには、風呂敷《ふろしき》で包んで手で持った。さらに荷物が大きくなると、風呂敷包みを背に負って胸前で結んだり、あるいは背中にかついだりした。これらは商店の番頭《ばんとう》や丁稚《でっち》が、お得意さまに荷を運ぶときによくやる方法である。また、旅行の折りには、手回り品を小さい風呂敷や小葛籠《こつづら》二つに入れ、紐でつないで振り分けにして持った。

もう少し大きな荷物になると、天秤棒《てんびんぼう》を使って運んだ。行商人が大きい品物や重い荷物を運ぶときは、重さがだいたい均等になるように二つに分け、天秤棒の両端に吊るして運んだ。武家の奉公人が主人の荷物を入れた箱を運ぶときは、箱の上部に棒を差し込んで、挟箱《はさみばこ》式にかついだ。棒の両端に挟箱を差し込んだり荷物を吊るしたりして運ぶのは、両掛《りょうが》けといった。農民が水桶や糞尿の桶を天秤棒でかつぐのも、両掛けの一種である。

人間の手で運べないほど大きな荷物になると、車を使った。主に用いられたのは、轍《わだち》が直径一メートル以上と大きい大八車（八人分の重い荷物も運べるというので代八車といったが、大八車と書くようになった）である。これは台の両側に大型の輪をつけた二輪車で、引き手を握って歩いて運んだ。江戸時代初期には、牛に引かせる四輪の地車もあったが、動かしにくく、曲がり角も回りにくかったので、便利な大八車が用いられるようになった。商店などで用いられたが、重い物やかさばる物を積んでも一人で運ぶことができた。あまり大きい物や重い物を運ぶときは前後に人が付き、三、四人がかりであった。

重い荷物を運ぶために、車を馬に牽かせることもあった。これには馬方《うまかた》という、馬を扱う男が一人いれば済んだが、荷物を降ろすときに重さが一方に偏るので、江戸時代末期には、牛馬専用の四輪の荷車ができた。牛馬の荷車を牽いて問屋場や立場《たてば》に集まり、命じられた場所まで荷物を運送する職業もあり、牛馬を飼っている農家が副業に行った。この職業は古くからあり、馬借《ばしゃく》といった。

天秤棒に桶や挟箱《はさみばこ》を両掛《りょうが》けなど
にして運ぶ

風呂敷《ふろしき》で包んで手に持つ

風呂敷包みを背負う

大きい荷物は大八車にのせ、
人・馬で牽いて運ぶ

大きな荷物も風呂敷に包む

風呂敷包みにして運ぶ

# 船で運ぶ

江戸の大川（隅田川）は川幅が広いため、交通の重要なところにはいくつか長い大橋が架かって、江戸府内と諸国との交通を可能にしていた。奥州街道に通じる千住大橋、府内の重要交通路である両国橋、新大橋、永代橋などである。

ただ、これらの橋を渡ろうとすると遠回りになることも多いので、所々に対岸に渡るための渡し舟の設備があった。北から、宮戸川近くに「百姓の渡し」があり、田畑の多い地帯であったのでこの名がついたが、江戸時代後期にはこの両岸にも人家が立ちはじめている。その下に「竹町の渡し」（竹材屋が多かったので「竹屋の渡し」ともいう）、浅草御蔵（幕府の米を収蔵する蔵が並んでいた）近くの御厩《おうまや》河岸の「厩河岸の渡し」、隅田川口の石川島に行く「石川島の渡し」などがあった。

また、江戸は掘割が多いので、これを利用する渡船業もあった。掘割沿いに船宿《ふなやど》があり、船運に便利なように工夫され、歩かずに目的地に着くことができただけでなく、川遊びや、江戸湾での潮干狩り、釣り遊びにも利用された。

川遊びなどに使う船は、箱造りといって平底《ひらぞこ》の欄干《らんかん》と屋根のついた日除《ひよけ》船で、櫓《ろ》で漕いで動かし、大勢の人を乗せることができた。

渡し舟は屋根のない箱造りで、ときには馬や荷物も積み、また、諸国から大量の積み荷を運んで、江戸湾に入ってくる大型の弁才船《べんざいせん》や五大力船《ごだいりきせん》の荷を運び入れる役もした。

船首を細くし、猪《いのしし》の牙のように反らせて船脚を軽くした猪牙船《ちょきぶね》が考案され、快速なので江戸っ子に好まれた。これは櫓で漕ぎ、浅瀬では棹を用いたが、大川に合流する川や掘割にまで入ることができた。

五大力船は喫水（船体の水中部分の深さ）が浅く、小回りのきく荷船で、海に停泊した千石船や北前船から多量の積み荷を分割して積み替え、川をさかのぼって目的地まで荷を運んだ。

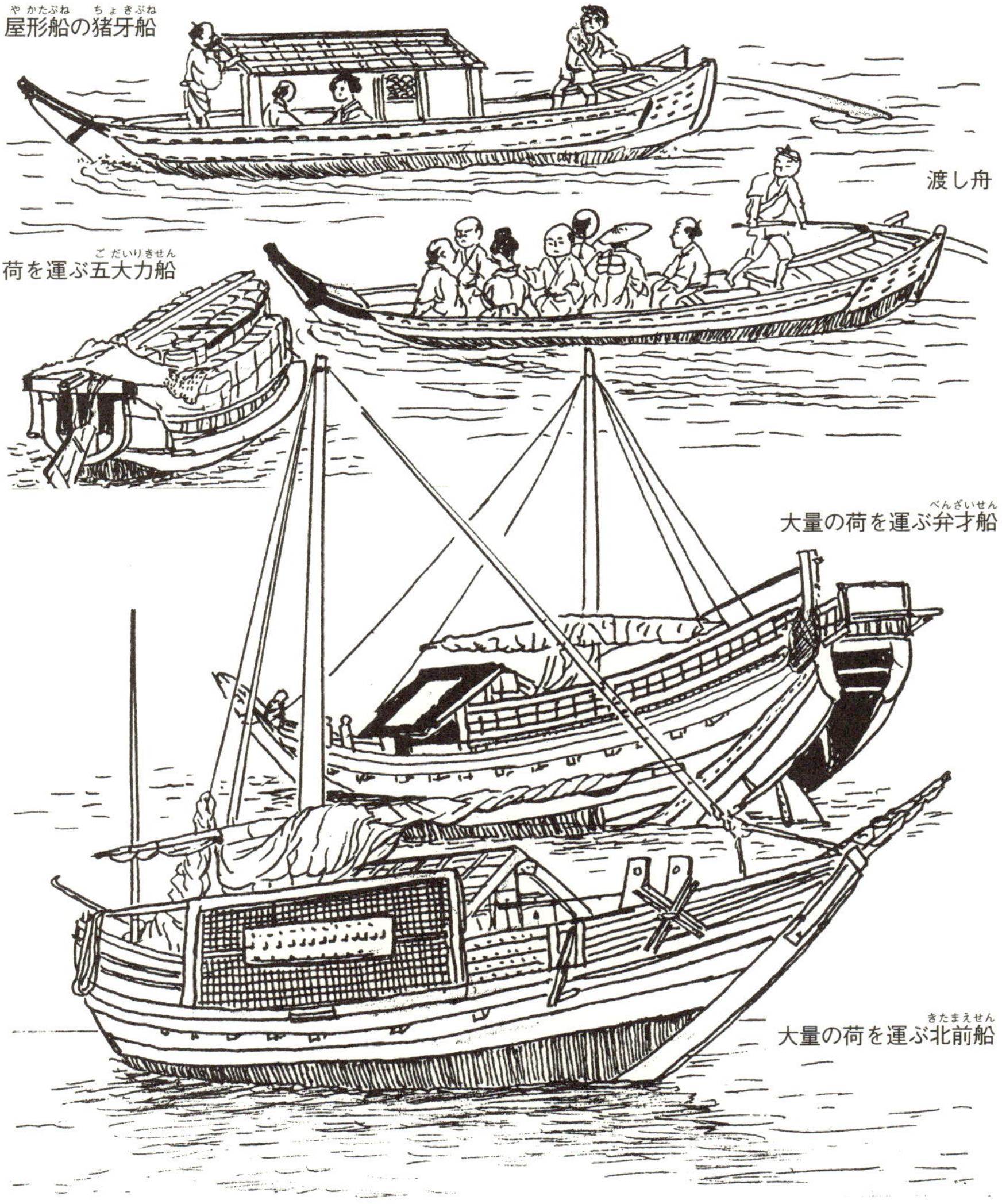
屋形船《やかたぶね》の猪牙船《ちょきぶね》
渡し舟
荷を運ぶ五大力船《ごだいりきせん》
大量の荷を運ぶ弁才船《べんざいせん》
大量の荷を運ぶ北前船《きたまえせん》

江戸の商店――❶

# 大商店と中・小商店

江戸時代の大商店は、現代のように店いっぱいに品物を並べているわけではない。たとえば呉服屋では、店の敷居をまたいで土間に入ると、ちょうど腰掛けに都合がよい高さの座敷がある。そこに番頭《ばんとう》・手代《てだい》・丁《でっ》稚《ち》が、縞《しま》の着物に紺の前掛《まえか》けを付けて外に向かって並んでいて、客が入ってくると「いらっしゃいまし」と一斉に頭を下げる。客が腰を掛けて注文の反物《たんもの》を言うと、「はい、かしこまりました」と立って、後ろに一面に並んでいる戸棚を開ける。戸棚は上下二段で、各段にも二、三段の棚があり、反物の種類によって巻物状に収めてある。その中から客の注文の好みに合いそうなものを数反取り出し、布質や柄《がら》を広げて見せたり、着せ掛けるように客の肩から反物の先を垂らしたりして、客にすすめる。客が気に入らなければ何反も取り換えて見せて、言葉巧みにすすめる。客が納得してはじめて商売が成立する。見習いの小僧は客に茶を出したり、煙草盆《たばこぼん》を出して愛想よくする。

店がひまなときに、客の好みそうな柄の反物をたくさん紺風呂敷《ふろしき》に包み、それを背負ってお得意様まわりをする番頭もいる。番頭、手代が多い店は、番頭頭《ばんとうがしら》が帳場《ちょうば》に座っていて、部下と金銭、物品を取り仕切り、旦那（経営者）は滅多に店に出ない。店のふき掃除《そうじ》、土間・店前の掃除は小僧の役である。日が射し込むときは紺のれんを店先に垂らすから、店内は常に薄暗い。客の好みによっては、店の奥や脇の土蔵からいろいろな反物を運び出してきて客にすすめる。

中・小商店では、売る品物を店先に広げて、番頭か丁稚が客に応対する。雑貨屋などは品物を店いっぱいに並べて、客が選びやすいようにしてある。

凧屋《たこや》、絵草子屋《えぞうしや》などは、通りがかりの人の目につくように店先まで並べる。錦絵屋《にしきえや》は、店と奥の仕切りの障子から長押《なげし》にかけて絵を並べる。絵の紙が傷まないように、節を中心とした細い割り竹（挟み竹）で絵の端をはさみ、その下の竹の割目に次の絵をはさむという方法で上下に何枚もつないで、店中に当時の浮世絵画家の版画をたくさん並べ、購買欲をそそるように演出した。

呉服屋（大商店）

絵草子屋（中・小商店）

彫師・摺師を抱え、絵師の下絵をもとに印刷・出版する絵草子屋もあった

# 商店の奉公人

丁稚《でっち》は俗に小僧《こぞう》といい、大・中商店で一人前の商人になるために、見習いとして使い走りや店の内外の掃除《そうじ》をし、古参の者より早く起きて働いた。たいていは貧しい家庭の子供や地方から志願して来た者で、武家用語のように奉公人ともいった。十二、三歳ごろから住み込みで、御仕着《おしきせ》（主人から与えられた衣類）の肩上げ・腰上げ付きの縞《しま》の着物に、胸当てと前掛《まえか》けの続いたものを付け、番頭《ばんとう》・手代《てだい》に指導される。暗くなって店の大戸を降ろしてから、丁稚机を出して、番頭から読み・書き・算盤《そろばん》、書類の読み方、簿記《ぼき》を習う。それから家族、番頭・手代の入ったあとの湯に入り、店の上の二階の隅に布団を並べて寝る。

客の応対を習うために、初めはお茶くみや荷運びの手伝いをする。十五、六歳を過ぎて一人前の小僧となり、商売の要領を覚えた二十歳過ぎにやっと手代となり、給料も少し上がる。二十五歳以上になると自分で獲得したお得意様を持ち、番頭となって給料も上がるが、将来、独立するために金を貯めるようになる。女房を持つと一家を構えるために、裏長屋に住んだりするが、そうでない者は一生古参の番頭となる。こうして一生、主家に独身で住む番頭を俗に白鼠《しろねずみ》といって、店の運営を一切、任されて終わる。独立した者は主家の分店《ぶんてん》として商売をするが、これを「のれんを分ける」という。また、古参の番頭で女房を持って裏長屋に移っても、分店が許されない場合は、現代の勤め人のように家から通勤するので、これを通《かよ》い番頭といった。

主人は、古参番頭に店の経営を一切任せて、店に出たり運営に口を出すことは滅多になく、町内会の雑務に追われたり、裏に所有している長屋の面倒をみたりした。

大商店であった越後屋には手代が百人余り、丁稚が五十人余り、下男・女中を加えると二百人近くいたという。使用人が多い店では互いに競争し合うが、意地の悪い者にいじめられることもあり、丁稚奉公は楽ではなかったが、そうした苦労をしながら世間を学んで、一人前の商人となったのである。

➡関連項目「商人の服装」206ページ

丁稚《でっち》
縞の着物に紺の前掛け姿
ふき掃除
客にお茶をだす
命ぜられた品を奥からだす
店先を掃除する
手代の荷運びの手伝いをする
夜、先輩から読み・書き・算盤《そろばん》などを習う
独立しない者は帳場を預かる古参番頭となる
銭箱
帳場《ちょうば》
二十五歳を過ぎて番頭《ばんとう》になる
二十歳を過ぎて手代《てだい》になる
丁稚机

# 商店の掃除

江戸の商店の朝は掃除から始まった。女中や下働きの娘たちが、大・中商店の家中にはたきをかけ、座敷箒《ざしきぼうき》で塵や埃《ほこり》を屋外に掃き出し、それから家具や廊下のふき掃除をする。そのときは頭に手拭《てぬぐ》いをかけ、たすきをかけ、着物の裾をめくり上げて帯にはさむ。

店の方は、手代《てだい》・番頭《ばんとう》の指揮で、丁稚《でっち》が店の商品にはたきをかけ、畳の上を座敷箒で掃き、店の外の往来を竹箒で掃き清める。竹箒は竹の小枝をまとめて竹の棒の先に束ねて付けたもので、落葉や紙屑《くず》などは往来で燃やすか、ごみ箱に捨てた。ごみ箱のない家は店の前の溝に捨てたので、溝の先の小川の排水溝には、いつもごみがたくさん浮いて漂っていた。それらはやがて掘割や大川に流れていくため、溝も堀も大川も決してきれいな水ではなかった。堀はごみ捨て場であり、溝も同様であった（ただし江戸城の堀は別で、物を捨てると厳しく取り締まられた）。

女中や丁稚のふき掃除は、住居の裏にある自家用の井戸（裏長屋の人々は大家が設けた共同の井戸）から、木で作った手桶に釣瓶《つるべ》で水を汲んで運んで行い、使った水は店の前の往来にまく。使用人はこうした朝の仕事をしてから、朝食の膳の前に座った。お勝手係りの女中をはじめ、冬の朝の水仕事には手が凍え、丁稚・女中奉公は辛いものであった。そうした修業を数年重ねて、指揮をし小言《こごと》がいえる古参の雇い人になるのである。

当時は大通りでも舗装などされていなかったから、乾燥した日が続き風が吹けば埃が舞った。このため、絶えず商品にはたきをかけ、往来に水をまかなければならなかった。逆に、長雨や大雨が降るとぬかって歩きにくく、また、人の乗る馬や荷を運ぶ牛馬が歩きながら所かまわず糞や小便をするので、そのたびに店先を掃除するのも丁稚の役であった。

町内の貧しい人で、大通りを掃き歩いてわずかの金を店々からもらう「庄助しよう」という役まであった。これは、「庄助しよう、朝から晩まで掃除をしよう」と言って街を掃いて歩くのである。

➡関連項目「商店の奉公人」40ページ

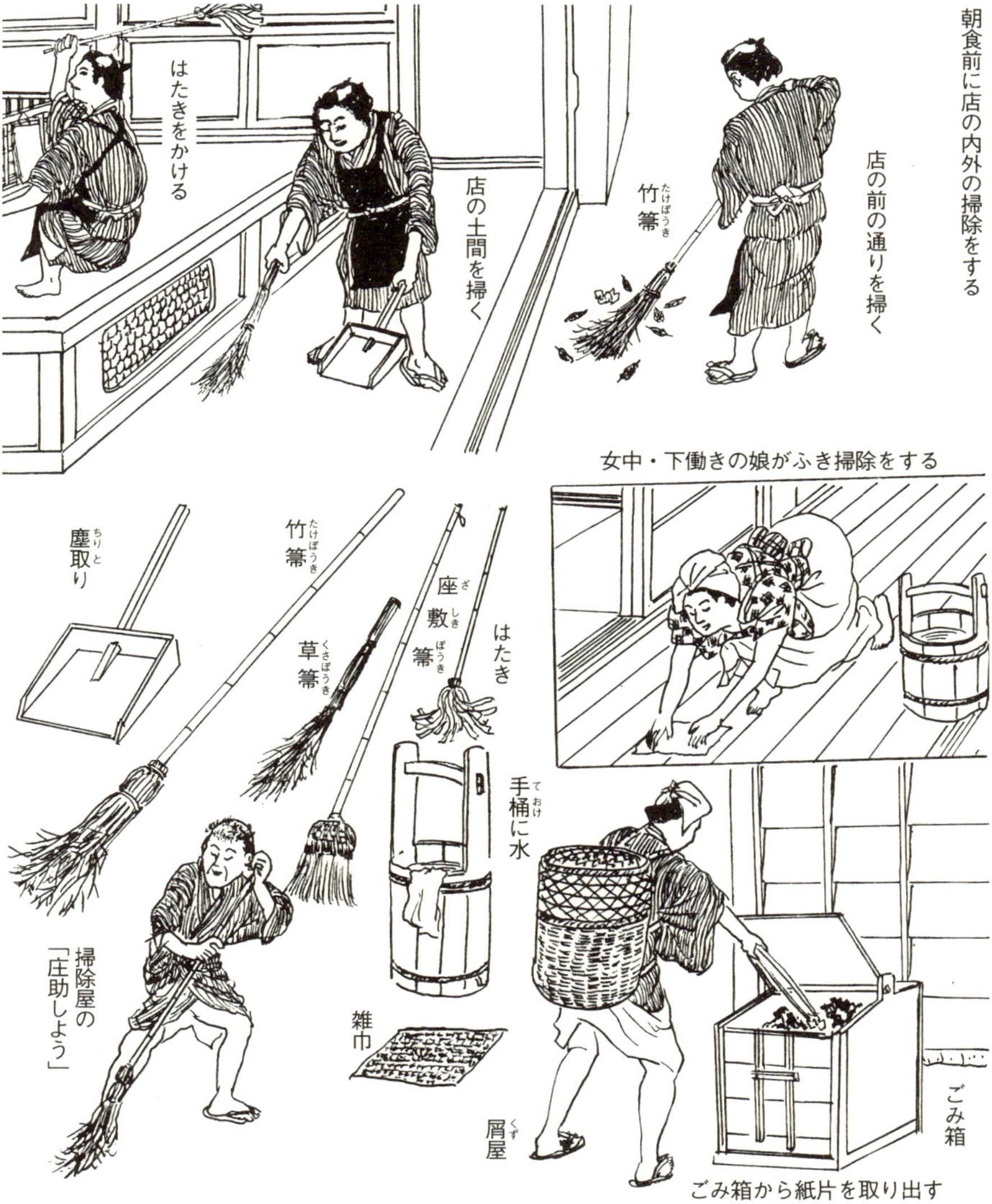
朝食前に店の内外の掃除をする
店の前の通りを掃く
竹箒《たけぼうき》
店の土間を掃く
はたきをかける
女中・下働きの娘がふき掃除をする
塵取《ちりと》り
竹箒《たけぼうき》
座《ざ》敷《しき》箒《ぼうき》
草箒《くさぼうき》
はたき
手桶《ておけ》に水
掃除屋の「庄助しよう」
雑巾
屑《くず》屋
ごみ箱
ごみ箱から紙片を取り出す

# 表通りの小売商店

表通りの店は、地主から直接土地を借りて建物を建てたものと、家主が地主から土地を借りて長屋式の商店として貸すものとがあった。たいてい間口は二間(約四メートル)から二間半(約五メートル)で、店内はだいたい奥行き二間、奥は座敷と台所で奥行き二間半くらいあり、二階建ての場合は奥行き三間(約六メートル)ほどであった。

八百屋、魚屋、瀬戸物屋、乾物屋《かんぶつや》、雑貨屋など、多数の商品を売る商店は、土間に台を置いて商品を並べた。なかでも八百屋、魚屋などは、商品を新鮮そうに見せるため、雨戸をすべて取り払って、往来からでも店の中が全部見えるようにしていた。はずした雨戸は、店の横の雨戸立てに寄せかけて置いた。

看板は軒下に吊るすこともあったが、往来に向かった屋根に代表的な商品の形を木で作った看板を付けた。また、往来の埃《ほこり》が入るのを嫌う店は腰高障子《こしだかしょうじ》を立て、上部の障子に桐油《とうゆ》を塗って扱っている代表的な商品や屋号を墨で書き、店の目印にしていた。

屋根は、江戸時代初期までは檜《ひのき》の薄板の杮葺《こけらぶ》きであったが、火事のときに引火しやすく、また腐食しやすいために、幕府が瓦葺きを奨励したので、裏長屋まで瓦葺きとなった。

裕福な商店は厚壁の土蔵造りであったが、貸家の店や裏長屋の雑貨屋などでは下見板《したみいた》張りであった。樋《とい》が考案され、瓦《かわら》の上から流れ落ちてきた雨水を軒先から樋を伝わせて樽や桶《おけ》に貯水し、防火用とした。これを天水桶《てんすいおけ》といった。大商店では青銅製の防火用水を店先に置いて上に玄蕃桶《げんばおけ》を積み、山形の板で蓋をした。

火事の多かった江戸では、これらは防火用として進歩した方法で便利であったが、ぼうふらがわきやすく、夏になると蚊の被害に悩まされた。夏の夕刻から夜にかけては蚊遣火《かやりび》(蚊取線香)か、冬に食べたみかんの皮を乾かしておいて、これを燻《いぶ》して蚊遣りとした。

ここで紹介したのは表通りに面して店を構える商店であるが、このほか、路地を入った裏長屋で子供相手の雑貨屋などを営む小規模の店もたくさんあった。

➊関連項目「長屋の小商売」52ページ

戸袋《とぶくろ》
階段
二階
魚屋の看板
八百屋の看板
下見板張り《したみいた》
六帖
雨戸立て
天水桶《てんすいおけ》
土間に台を置いて商品を並べる

小売商店（八百屋・魚屋）

# 貨幣と銭貨入れ

　江戸時代の通貨は、金で作った小判が一両（時代が下るごとに銀、銅が加えられ価値が下がった）、一両の四分の一が一分、一分の四分の一が一朱《いっしゅ》である。別に銀の貨幣もあり、これは目方（重さ）によって通用し、丁銀《ちょうぎん》、豆板銀《まめいたぎん》（一分銀、一朱銀）があった。大阪などの商業都市では、銀取引が中心であった。

　江戸の庶民が一番多く用いるのは、銀と銅銭の一文銭であった。銅銭は丸く平たい貨幣で、中央に四角い穴があいているので鳥目《ちょうもく》といった。通貨幣はほとんどが四進法であった。ただし、一緡《さし》（貨幣百枚の穴に紐を通してまとめたもの）百文であったが、いつしか九十六文一緡で百文通用となった。明和五年（一七六八年）に真鍮製の四文銭が作られ、天保ごろに小判形の穴あき銭が作られて、一枚百文に該当したが、やはり九十六文の価値しかなかった。なお、一文銭千枚を一貫といったが、これも九百六十文であった。

　小判はもっぱら高級武士用であった。また、金十両に相当するという大判も作られたが、実質は九両二分で、公貨としてより贈答用に用いられた。目録などに金一枚と書かれるのは、この大判である。大判や小判は使いにくかったので、庶民は手数料を払って両替屋で一般貨幣に両替してもらった。

　当時は預金する銀行のようなものがなく、余分な金は自分で保管した。大商人は厚い樫《かし》の木で千両箱、五百両箱を作って倉庫に秘蔵した。一般庶民は、鳥目や銀貨を壺に入れて、台所の揚《あ》げ板《いた》の下の土間などに隠して蓄えていた。

　商人以外はなかなか小判が手に入らないので、庶民はたいてい銅銭か銀を使用した。そこで大きい商店になると、銀を量る天秤《てんびん》ばかりを備えていたし、旅商人も小さい秤を用意して銀の支払いに備えていた。

　小商人は売上げ銭を吊るした籠に投げ入れた。大商人になると、店を取りしきる番頭が帳場に座って、錠付きの銭箱へ売上げ銭を入れた。売上げの計算は、両と銀の匁《もんめ》と銭の三種を一つの算盤《そろばん》で行ったから、商人は計算に機敏でなければならなかった。

主な貨幣

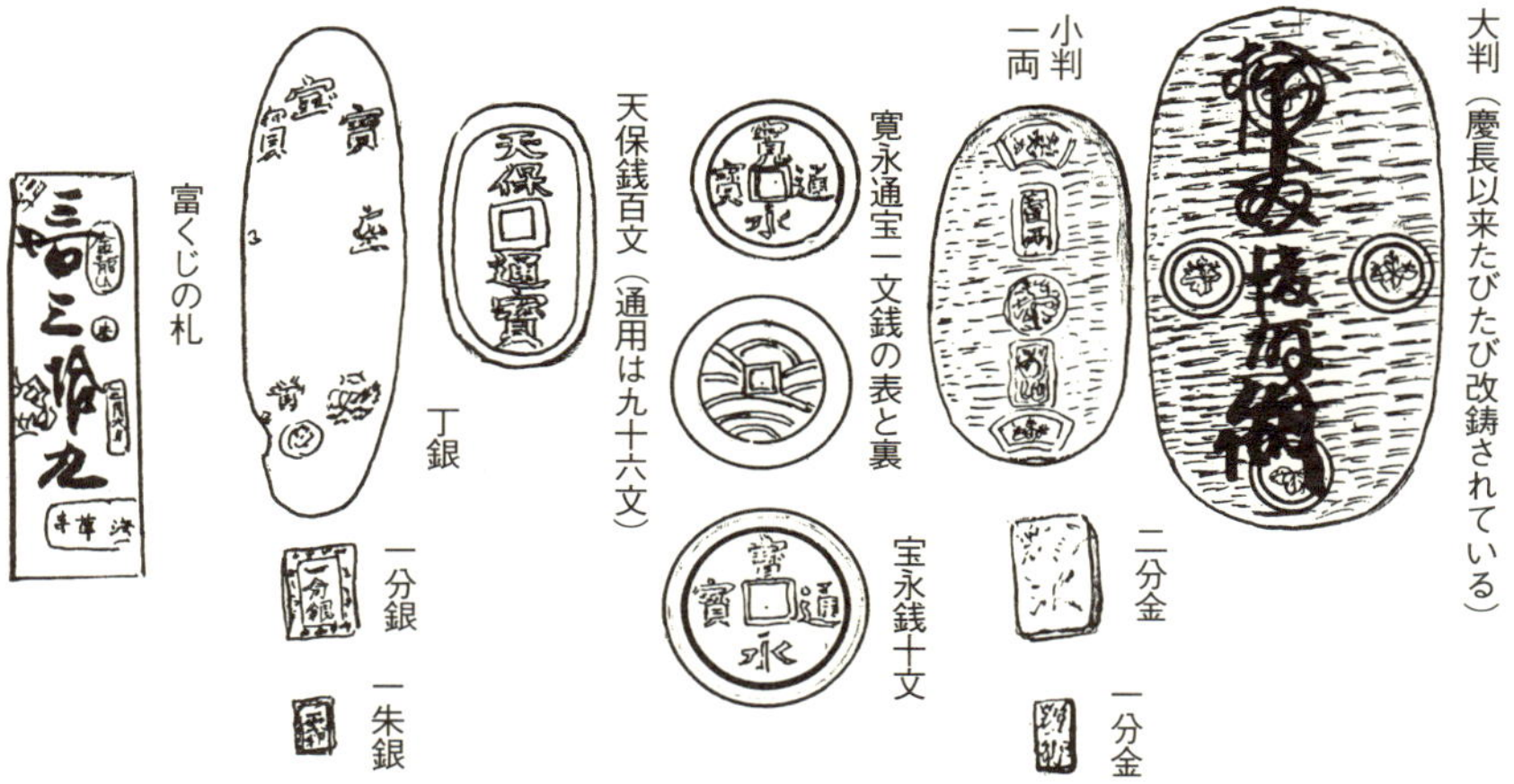
大判（慶長以来たびたび改鋳されている）
小判一両
二分金
一分金
寛永通宝一文銭の表と裏
宝永銭十文
天保銭百文（通用は九十六文）
丁銀
一分銀
一朱銀
富くじの札

銭貨入れなど

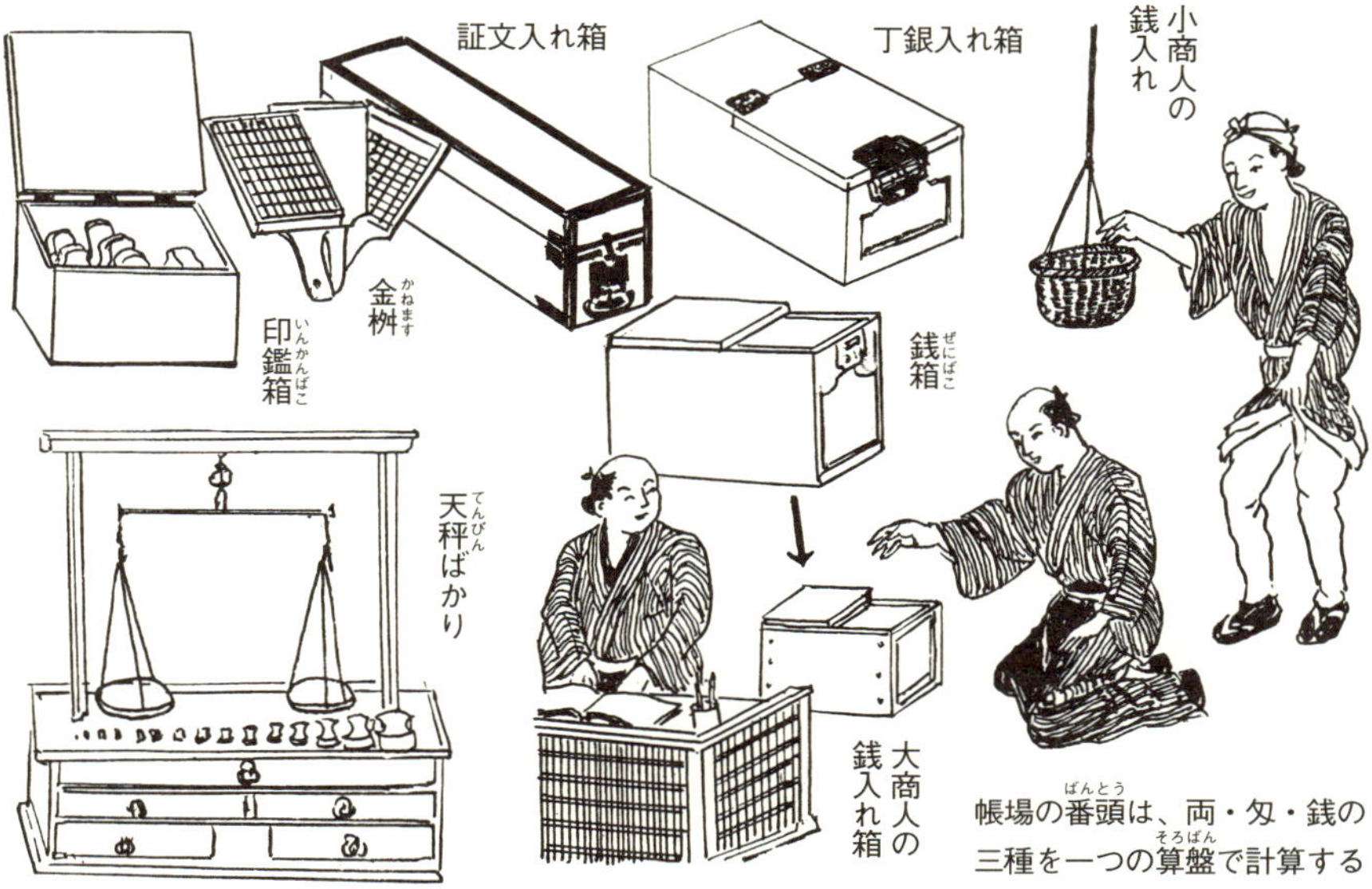
証文入れ箱
丁銀入れ箱
小商人の銭入れ
金桝《かねます》
印鑑箱《いんかんばこ》
銭箱《ぜにばこ》
天秤《てんびん》ばかり
大商人の銭入れ箱
帳場の番頭《ばんとう》は、両・匁・銭の三種を一つの算盤《そろばん》で計算する

# 雨戸《あまど》

江戸では裕福、貧乏を問わず、夜が更けると雨戸を閉める習慣があった。盗賊の侵入を防ぎ、寒暑を避けるために、必ず出入口や外に面した部屋の戸を閉め、夜になると雨戸を閉めた。これは裏長屋の小さな家でも同様であった。

雨戸は板張りで、高さ約六尺（約二メートル）、幅三尺（約一メートル）の枠に薄板を釘付けしたもので、いろいろな用い方があった。

裏長屋などの間口の狭い家では、雨戸を二枚はめて引き戸（敷居と鴨居に凹んだ線が切ってあり、これにはめて引いて開け閉めする）にした。間口が広い家では、同じ寸法の雨戸を数枚使用し、開けている間は戸袋《とぶくろ》（雨戸を端に重ねて収納できるようにしたもの）にしまった。あるいは、戸袋代わりに、雨戸を外して家の側面に立てかけておく所もあった。

江戸時代、一般の住居や商店は木造であったから火災に弱く、裕福な大商店などは、木造の外側を土蔵のように厚い漆喰《しっくい》で塗り固めて引火しにくいようにしてあった。しかし、大きな商店ほど間口が広く、雨戸の数も多い。昼間、店を広く開けているときは戸袋に数多くの雨戸を収納することになるが、その戸袋まで厚塗りの壁土にすると大きく出っ張り、じゃまになったり、物がぶつかって壊れたりするので、雨戸を上に跳ね上げて開ける方法も採られていた。

これは、雨戸を鴨居《かもい》に蝶番《ちょうつがい》でとめ、閉めるときは雨戸を下げて、雨戸の下端に縦桟《さん》（「ざる」という）をはめて敷居に固定するものである。店を開けているときは、雨戸の下部を上のほうに上げて、鍵型のものに吊りとめておく。これを揚《あ》げ戸ともいい、店を閉めることを「大戸を降ろす」といった。こうした大戸の板は引戸よりもやや厚めに作り、ときには一枚の雨戸にくぐり戸という小さい扉を設けたり、外をのぞくための小窓や無双窓《むそうまど》（格子を一定の間隔で取り付けた窓で、一方に引くと一枚の板のようになって視界を遮断し、一方に引くと格子の間に空間ができて外が見えるようになっているもの）を付けたりした。ただし、引戸の雨戸よりは重く、上げ下げにはコツが要った。

一般家庭の雨戸を入れる戸袋《とぶくろ》
裏
表
小ざる

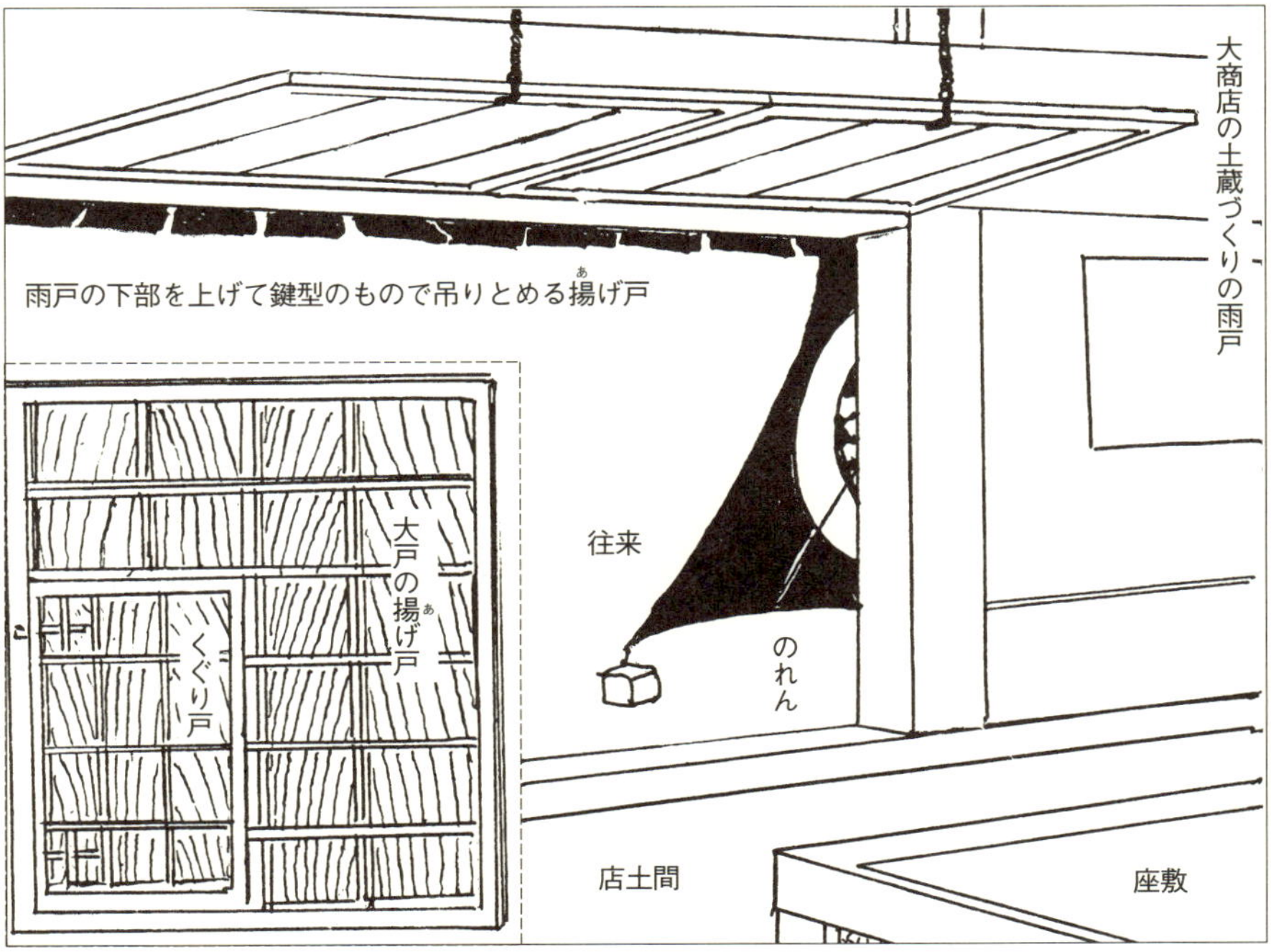
大商店の土蔵づくりの雨戸
雨戸の下部を上げて鍵型のもので吊りとめる揚《あ》げ戸
大戸の揚《あ》げ戸
くぐり戸
往来
のれん
店土間
座敷

# 表通りの商店と裏長屋

街道筋や大通り沿いに地所を持っている地主の多くは、商店向けの長屋を作って貸した。それらは三軒分から五軒分が入る長さの二階建てで、一軒の間取りは、店部分を除いて三部屋から四部屋あり、その他に台所と便所があった。こうした表通りの商店では、丁稚《でっち》や古参格の番頭《ばんとう》などを使っているので、一部屋はそれらの使用人が寝起きする場所となっていた。

このように表通りには三軒長屋や五軒長屋が並んでいて、これら表通りの長屋と長屋との間には、裏長屋に通じる一間（約二メートル）幅くらいの路地があった。この路地には裏長屋への出入口となる木戸があり、木戸の横木には、何右衛門店（長屋の所有者）の誰吉などと書かれた木札が付けてあり、所在がわかるようになっていた。表通りの商店長屋の裏側には、一間ほどの路地を隔てて、裏長屋が平行して建ち並んでいた。路地の中央に共同の井戸があり、裏長屋の端には共同便所があった。

表通りの商店長屋はほとんどが二階建てで、裏長屋は平屋がひしめき庇《ひさし》が互いにせり出しているから、太陽が真上に来て初めて路地にわずかに日が射し込み、それも路地中央のどぶ板に日が当たる程度であった。裏長屋には雨樋《あまどい》がないので、屋根に降った雨はそのまま軒から路地に流れ落ちた。路地の中央には排水用の溝が掘られ、その上にどぶ板が置かれていたが、雨量が多いと排水溝に吸収しきれず、路地はたちまちぬかった。日陰なのでなかなか乾燥せず、このため裏長屋の床下はいつも湿っていた。そのうえ、井戸のそばに汲み取り式の共同便所やごみ溜めがあり、臭気がただよう非衛生的な住居であった。

裏長屋には、出職《でじょく》や居職《いじょく》の職人が多く住んでいた。なかには二階建てもあったが、狭いものは間口九尺奥行き二間（約三メートル×約四メートル）の棟割長屋で、隣とは壁一枚で仕切られていた。このように裏長屋は生活空間が狭く、声も筒抜けであったが、住民は互いに親しく人情味があった。家賃が多少滞っても、大家がすぐに追い立てることもなかった。

➡関連項目「表通りの小売商店」44ページ

裏長屋（棟割長屋）
共同便所
共同井戸
台所
入口
四帖半
壁
四帖半
九尺
二間
二間
入口
表通りの商店の長屋
路地
戸袋
物干し台
どぶ板
六帖
六帖
便所
押入
階段
階段押入
押入
表通り
路地
名札
店
路地木戸
六帖
八帖

# 長屋の小《こ》商売《あきない》

江戸の町の表通りは、だいたい大商店と中商店の店舗が占めていた。これらの店並みの間に、一間（約二メートル）から三尺（約一メートル）ほどの路地があり、裏の長屋に通じていた。路地口にはたいてい木戸があり、木戸の棟木に表札代わりの木札が打ち付けてあった。裏長屋の広さは、間口二間奥行き四間（約四メートル×約八メートル）から間口九尺奥行き二間（約三メートル×約四メートル）の棟割長屋《むねわりながや》まで、住む人の収入によっていろいろであった。

間口二間の長屋だと、一間四方の土間の出入口に、二帖の間に続いて六帖の部屋、三帖の台所と土間の流し、半帖の押入れに、半帖の便所である。この建坪だと共同便所ではない。井戸は、向かい合せの長屋をはさんだ路地の中央に掘り抜き井戸があり、各家は釣瓶《つるべ》で水を桶《おけ》に汲み、台所の桶や甕《かめ》に水を汲んだ。

たいてい三軒か五軒の長屋で、両隣は壁一つ隔てただけだから、隣人の話声も聞こえた。家賃は、月にだいたい五百文前後であった。

こうした住居に住んでいるのは職人や日雇《ひやとい》人夫のほか、糊屋、雑貨屋、天秤棒をかついで売って歩く魚屋、豆腐屋などが多かった。また、子供相手の駄菓子屋、中産階級の商人の隠居、妾《めかけ》なども住んでいた。

だいたい裏長屋の木戸近くに地主、家主《やぬし》から長屋の差配《さはい》を受けた大家《おおや》が住み、取り締まりや家賃の取り立てを行い、内情などに気を配っていた。「大家といえば親も同然、店子《たなこ》といえば子も同然」という落語の文句のように、よく面倒をみ、少々家賃が滞っても見逃してくれたり、溜まった家賃を日当の中から支払わせたりすることもあった。

差配を命ぜられた大家は、その店子が事件を起こして、御番所（町奉行ということもある）から同心の差《さし》紙《がみ》（出頭命令書）が来ると、指定された者を連れて羽《は》織袴《おりはかま》で出頭せねばならなかった。また、交替で自身番《じしんばん》（町と町の境にある町内取り締まりやお触れの伝達、怪しい者の入来の看視の場所）にも詰めねばならなかった。

➡関連項目「家主、自身番と木戸番」4ページ

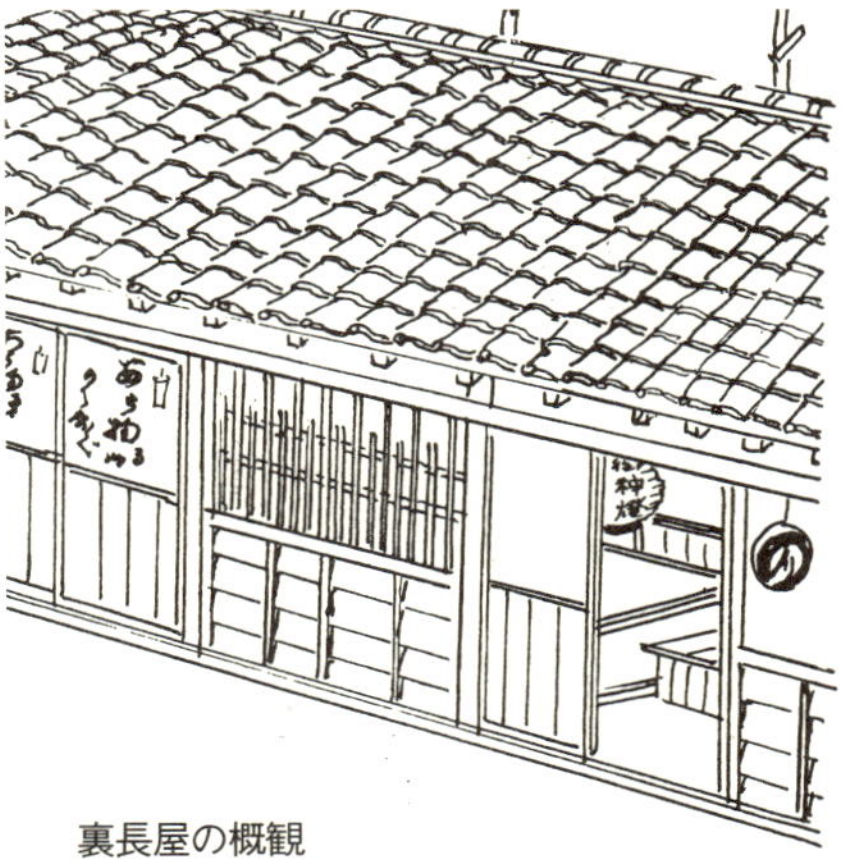

裏長屋の概観

二間（間口）に三間半（奥行き）の裏長屋

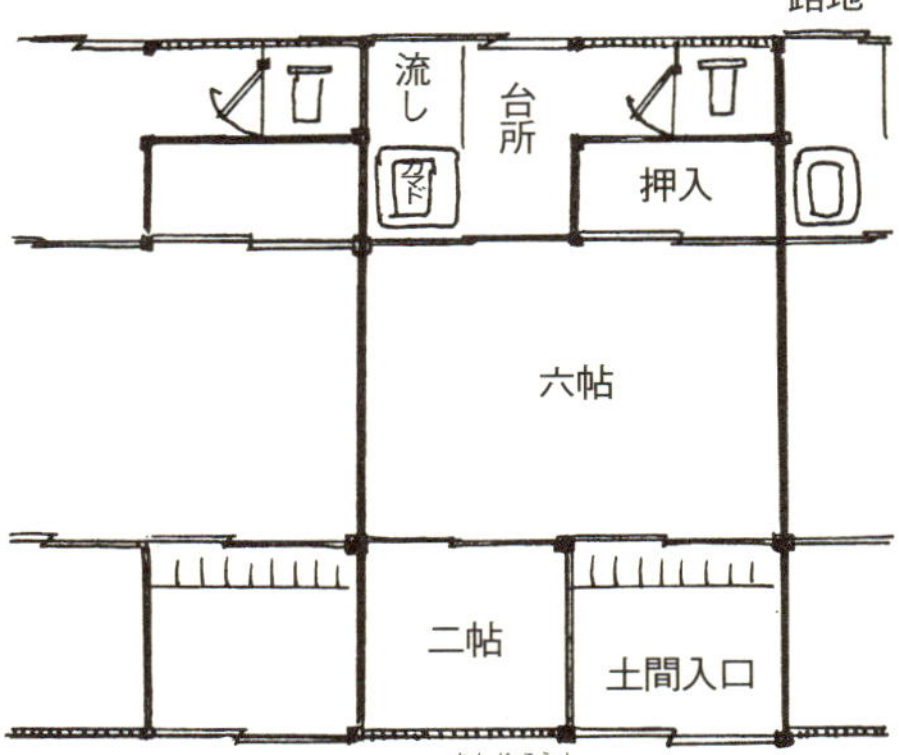

裏長屋の駄菓子屋《だがしや》

台所

# 裏長屋の暮らし

九尺二間（約三メートル×約四メートル）、二間三間（約四メートル×約六メートル）の裏長屋の住人はほとんどが低所得者で、家賃も日銭で納めた。

台所も狭く、米を炊く土竈《どがまど》（瓦を塗り込めた漆喰《しっくい》塗りの竈《かまど》）を置く余地がない家では、素焼きの七輪《しちりん》を用いた。鍋、釜も素焼きに茶色の上釉《うわぐすり》を少々かけたもので、鉄鍋、鉄釜は用いなかった。お粥《かゆ》のように炊くためには、雪平《ゆきひら》（薄茶色の上釉をかけて焼いた取手・注《つぎ》口《くち》・蓋《ふた》付きの鍋）を素焼きの七輪に乗せて、炭火で煮炊きした。

薪《まき》を燃料に用いたほうが火力が強く廉価でもあるが、竈《かまど》を据える場所がないし、持ち運びできる七輪のほうが便利であったから、炭火を用いざるを得なかった。もちろん炭を一俵で買うような余裕はないので、行商の炭売りから一升（米を量る枡《ます》、約一・八リットル）、二升とわずかずつ買った。炭は貴重で、煮炊きが済めば素焼きの火消壺《ひけしつぼ》に燃えかけを入れるか、素焼きの一人用の火鉢に入れてやかんを温めるのに使った。行商の炭売りは、藁《わら》や葦《あし》を編んだ俵《たわら》の中に適当な長さに切った炭を入れ、一升、二升と切り売りした。

米も毎日、米屋から一升、二升と買ったから、米櫃《こめびつ》などというものはなく、代わりにみかんの空箱などを利用した。炊事用具、火消壺などで三尺四方（約一メートル四方）に、食事用の流し（洗い場）が三尺四方で事足り、調理用の棚は狭い所に吊ってあった。

三尺四方の土間が出入口であった。洗濯などは長屋共同の井戸端で済むし、物干しは路地の自分の住まい寄りに柱を二本建て、竹竿を用いるか麻縄を張った。かろうじて夫婦になり子供ができても、夜に蒲団を敷けば足の踏み場もないくらいの住居であった。

こうした裏長屋の住人には、居職《いじょく》や出職《でじょく》が多かった。出職は低賃金の労働者がほとんどで、しかも雨の日は仕事にならなかった。また裏長屋には、ときおり醤油《しょうゆ》売り、塩売り、油売り、漬物売り、甜物《なめもの》売り（なめ味噌・塩辛などを売る）などの行商がやって来たが、彼らもやはりほとんどが裏長屋住まいであった。

➡関連項目「長屋住まいの居職と出職」56ページ

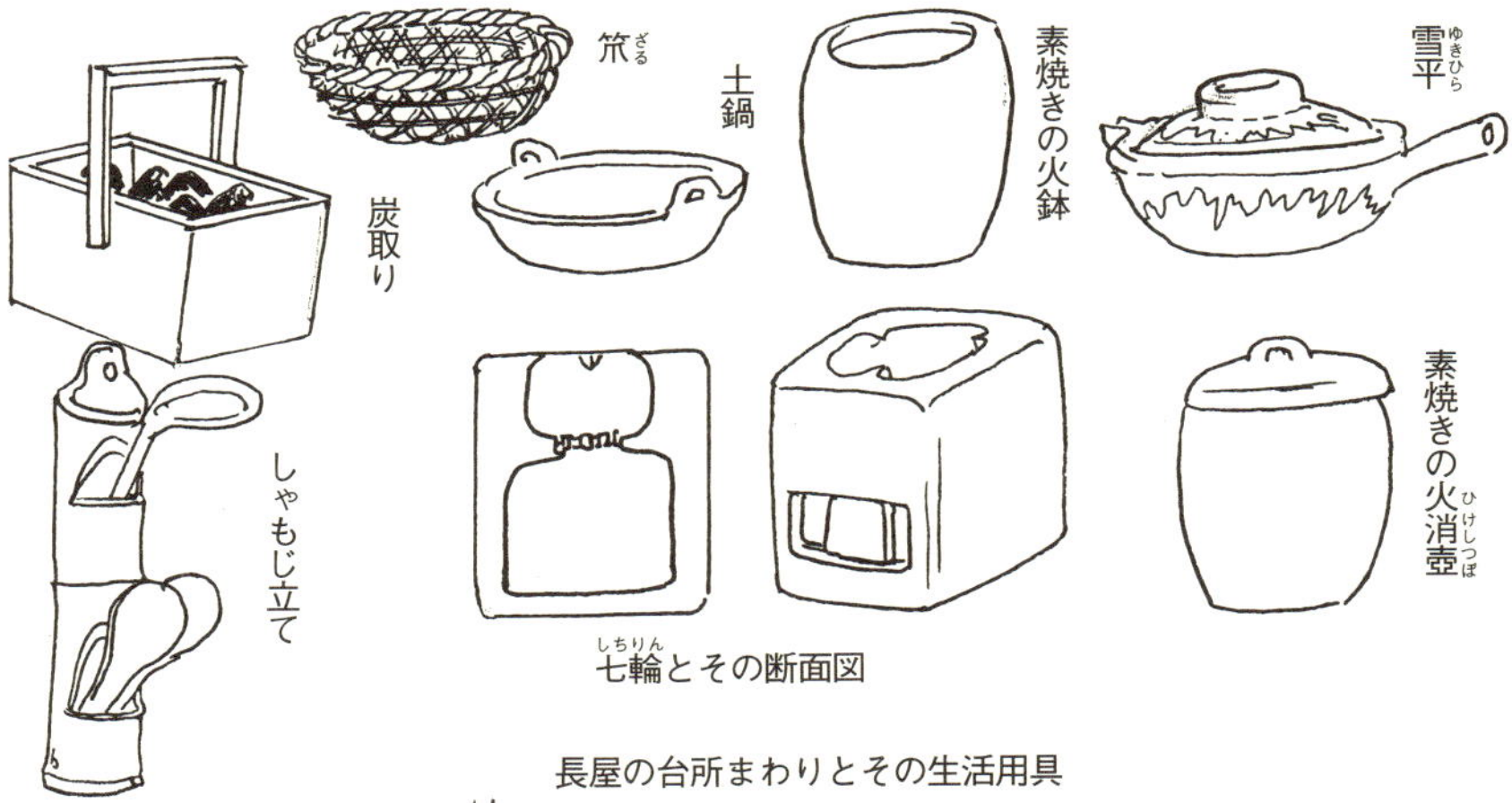


長屋の台所まわりとその生活用具

# 長屋住まいの居職《いじょく》と出職《でじょく》

居職とは、家の中で仕事をして稼ぐ職人のことである。裏長屋に住んでそこを仕事場にし、注文によって品物を作り、その収入で暮らしていた。たとえば彫金《ちょうきん》師《し》、飾職《かざりしょく》、縫箔師《ぬいはくし》、印判彫《いんばんほ》り、木版彫り、笊《ざる》や籠《かご》作り、煙管屋《きせるや》、煙草《たばこ》入れ作り、袋物師《ふくろものし》、裁縫屋《さいほうや》、小品の経師屋《きょうじや》などで、簡単な仕事場で道具もすぐに片づけられるようなものであった。親方から離れて独立した職業で、親方からの下請けで仕事をすることもあるが、ほとんど客から直接注文を受け、注文をとりに歩きまわることはなかった。熟練した者もいるが、未熟で安い工賃の仕事をもらっている者もいた。狭い長屋の一間であるから、仕事場も小さく、作業しないときには道具を隅に片づけた。禄《ろく》をはなれた浪人者が、傘《かさ》に紙を貼る内職をするもこの部類である。足袋《たび》屋の下請けの足袋のこはぜ付け（足袋の合せ目をとめる爪形のもの）などは手間賃が安いので、家中で数をこなしてもたいした収入にはならなかった。

出職とは、親方の請け負った仕事などをして、外で労働して稼ぐ職業をいった。たとえば、大工の弟子で通《かよ》い大工、左官《さかん》職、屋根仕事、建築場の人夫、荷物運び、植木の刈り込みや手入れ、駕籠舁《かごかき》、馬方《うまかた》などで、統率者に直属して、仕事を分担して稼いだ。賃金、日当は親方から支給されるが、雨雪のときは休みであるから、これも収入は不安定であった。たいてい弁当持参か昼食代を用意して行くが、気の利いたお客の仕事だと日当のほかに顎付《あごつき》というのがあって、これは、相手が昼飯を提供してくれることをいった。

駕籠舁には、所属する親方の駕籠を借りる（借賃を払う）者と駕籠を自分で持っている者があった。自分持ちの駕籠でも一人ではかつげないから、相棒《あいぼう》（もう一人のかつぎ手）が必要である。その日の実績によって、稼いだうちから相棒に日当を払うので、全額収入にはならない。出職は労働賃であるから割合収入はよいが、疲れるので、帰りに安酒を飲んだりして支出も多く、家に持って帰るのはわずかであった。

⬇関連項目「家内工業と居職（一）（二）（三）」62～67ページ、「職人町と出職」70ページ

## 長屋住まいの居職《いじょく》

## 長屋住まいの出職《でじょく》

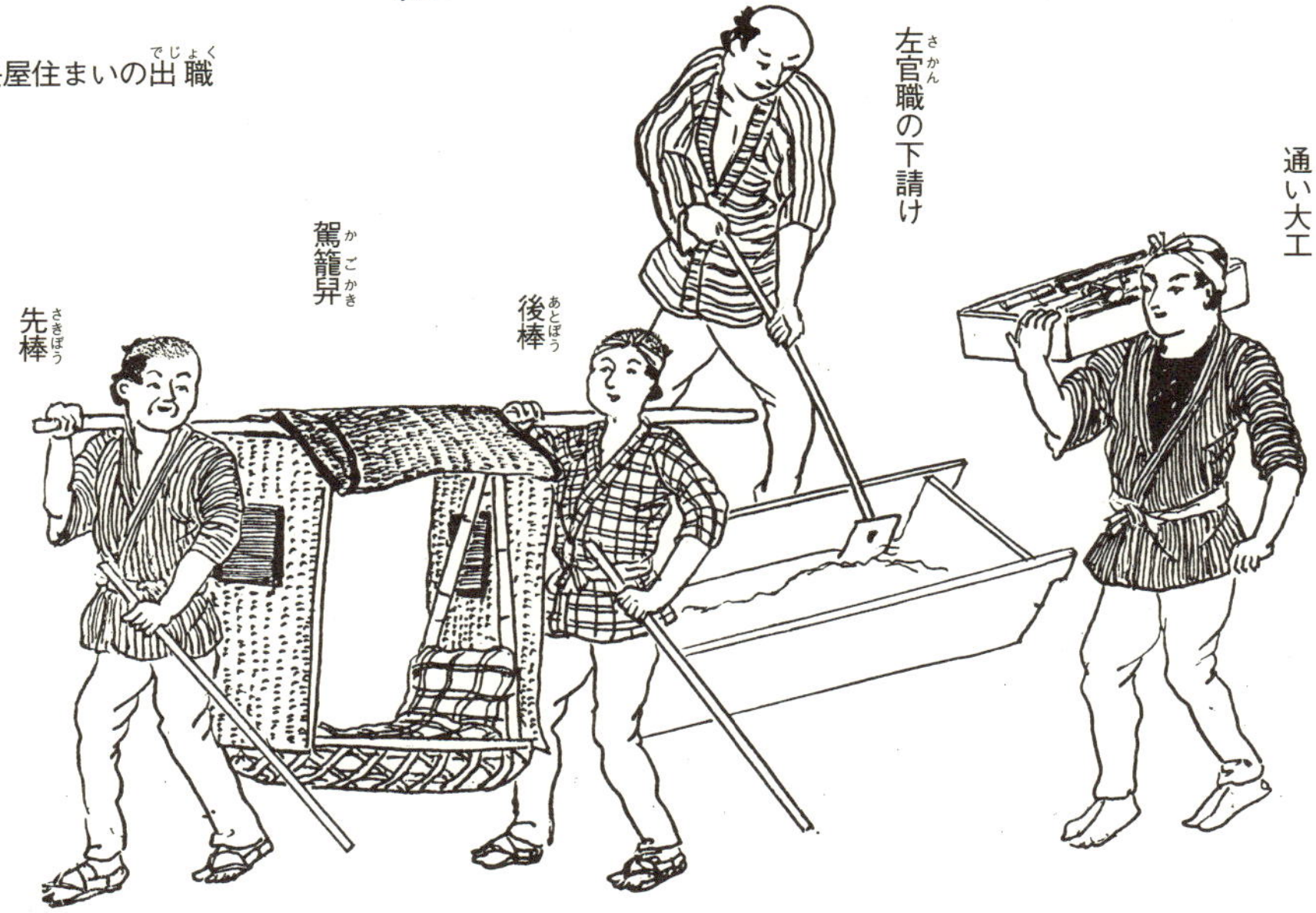

# 棟割《むねわり》長屋

大商店は地主から広い地所を借りて、表通りに間口の広い店を持ち、中庭を隔てて住居とした。店の二階には番頭《ばんとう》・手代《てだい》・丁稚《でっち》が住んだ。それでも裏に広い空き地が残るので、そこに数棟の長屋を建て、大家に命じて管理させた。長屋は、間口二間（約四メートル）から一間半（約三メートル）で、奥行約五間（約十メートル）ほどの平屋が大部分で、三尺（約一メートル）×六尺（約二メートル）の土間と、六帖の部屋に押入れ、便所、台所付きが一般的であった。ただし、こうした長屋は上等なほうで、もっと貧しい庶民は、九尺二間（間口九尺に奥行きが二間から二間半）ほどの狭い棟割長屋に住んだ。

棟割長屋とは、家の中央の棟から下を二分して、前後で二軒分としたものである。片側に五軒あると、その裏側にも五軒、つまり七間半の間口の長屋が十軒分の住居に区分されていた。

一軒ごとにそれぞれ、約一メートル四方の土間の上がり口と、一メートル×二メートルの広さの台所があり、そこに煮炊き用の七輪か小さい竈《かまど》の台があった。また一棟の端に、木戸開きの三、四戸の共同便所があった。井戸は一か所で、そこの流しに主婦たちが集まって洗濯や米とぎをした。こうして家事をしながら世間話をするのを「井戸端会議」という。

年に一回ぐらい長屋中の住人が集まって、井戸屋の指揮で井戸内を掃除したり、各家から排水の流れ出る小溝やそれが流れ込むどぶを掃除する。共同便所には大便用と、小便を溜める枠があり、近在の農民が肥料として買いに来る。その代金は、貸家所有主に代わって家賃を取り立てる大家の副収入となった。

住んでいたのは貧しい庶民ばかりであったから、家賃は毎日何文と取り立てたが、滞っても追い立てたりしないような人情味もあった。大家は差配《さはい》している住民に細かく目を配ったが、それは、その長屋から犯罪人が出ると大家が付き添わねばならないからでもあった。よく面倒をみて、差配内から犯罪人を出さないように注意したのである。

➡関連項目「表通りの商店と裏長屋」50ページ

物干し
天窓（煙出し）
六帖
共同便所
ごみ箱
小便溜め
共同井戸
物干し
路地木戸

# 長屋の井戸と物干し

江戸の裏長屋はたいてい共同井戸が一つあるだけであったから、各家ではその井戸から釣瓶《つるべ》の桶《おけ》で水を汲み、それを自分の家の手桶に入れ、台所の桶か甕《かめ》に溜めて家庭用の水とした。台所に汲みおいた水はすぐになくなるので、洗い物や米とぎなどは、たいてい共同井戸の流しで行った。そのため、朝、夕の食事の準備時や洗濯時には、各家の人々で井戸端が混雑した。

　とくに洗濯はたらいを使うので、井戸端でするほうが便利で、よく女性同士で場所を取り合って喧嘩が起きた。また、町の様子や話題を知ったかぶりして吹聴《ふいちょう》するので、井戸端は一種のニュースの交換場所となり、女性同士の話し合いによって庶民に話題がたちまち広まる場所になった。俗にこれを井戸端会議というが、娯楽の少ない女性たちの息の抜き場であり、自慢話をするところであり、社交場でもあった。

　こうして手桶に水を汲んでは、自分の家の台所の桶に常に水を満たしておくなど、裏長屋や小商店の女性の家事は重労働であった。洗濯するときは、他の人に迷惑がかからないよう井戸端から少し離れて行い、衣類などの干し物は、家の前に柱を二本建てて物干しとした。方角や大家（この場合、家主《いえぬし》）の建物の状況で一日中、日陰の所もあるので、借家はたいてい物干し柱を高く建てて、幅の長い物干し竿で洗濯物を干した。急に夕立があったときには、あわてて洗濯物を取り込み、家の中に綱を張って干すが、狭い家の中であるからずいぶん不自由であった。

　食事の準備や洗濯をする時分には井戸端は大勢で混雑するので、他人に迷惑のかからないように、自然に作法が生まれた。新しく引っ越してきた家の女房は慣れるまで遠慮がちにしていたし、稼ぎのいい亭主の女房や気の強い女性はいつも勝手にふるまった。また、絶えず使っていても井戸に不純物が溜まるので、年に一回は井戸さらいの行事があった。大家の采配のもとに、その井戸を使う家々から一人ずつ出て大勢で行うのだが、これに参加しない家は爪弾《つまはじ》きにされた。

➡関連項目「上水道」22ページ

年に一回、一軒から一人ずつ出て共同で井戸さらいをする

# 家内工業と居職《いじょく》（一）

雇われて外で労働する「出職《でじょく》」に対し、主に屋内を仕事場に必需品を作って生活している者を「居職」といい、細工品などを作る技術者たちであった。

【瓦焼《かわらや》き】江戸初期の家の屋根は檜《ひのき》の薄板の柿葺《こけらぶ》きが多く、瓦を用いるのはよほどの金持ちだけであった。しかし江戸は人口が多く、家屋が密集していたために、いったん失火すると大火事になることも多かった。このため幕府は瓦葺きを奨励し、しだいに瓦葺きの家が多くなった。これらの瓦の生産を担ったのは瓦焼き（瓦を焼く職人）たちである。江戸浅草の近くの今戸には、瓦焼きが多く集まっていた。このほかに、三河《みかわ》（愛知県）の参州瓦《さんしゅうがわら》などが船で運ばれてきた。

【紙衣《かみこ》作り】紙衣作りは、和紙をよくもんで衣服に仕立てる仕事であった。和紙は繊維が入り組んで丈夫で軽く、風を通さないので着て暖かく、また布製より安いのでよく用いられた。肥後の八代《やつしろ》、播磨紙《はりまし》、紀州の花井紙《はないがみ》、美濃十文字紙《みのじゅうもんじがみ》、大阪松下一閑張《いっかんばり》などの紙衣が好まれた。また、これにならって紙で作った蚊帳《かや》があり、麻の蚊帳のように中が透けて見えないので好む者も多かったが、空気を通さないので蒸し暑く、また引火のおそれもあった。売り子がこれを天秤棒でかつぎ、「紙帳、紙帳」と呼んで売った。

【指物師《さしものし》】指物師は、箪笥《たんす》、引き出しのある箱、茶箪笥《ちゃだんす》などを正確な寸法で仕上げる名人芸の持ち主で、桐、檜、桑、紫檀《したん》、黒檀、輸入品の唐木《からき》などを使って丁寧に作った。

【塗師屋《ぬしや》】木工品を漆《うるし》仕上げにする職人。漆を塗って仕上げる木工品には、器物や刀剣の鞘などから駕籠《かご》や駕籠舁棒《かごかきぼう》など大形のものまでさまざまあり、いろいろな漆を使って芸術品に近い技術を誇った。

【彫金師《ちょうきんし》】鉄や金、銀などに彫刻をする職人。刀剣の鍔《つば》などを彫り上げて装飾金《がね》に作る彫物師《ほりものし》、金属を象嵌する象嵌師も含めていった。

【硝子吹《がらすふ》き】中国から輸入した鉛硝子を熱して飴状にしたものに空気を吹き入れて、容器や簪《かんざし》、風鈴、金魚鉢などを作った。製品はビードロ（硝子のこと）と呼ばれ、珍重された。

紙衣《かみこ》作り

瓦焼《かわらや》き

塗師屋《ぬしや》

指物師《さしものし》

硝子吹《がらすふ》き

彫金師《ちょうきんし》

# 家内工業と居職《いじょく》（二）

【時計師】一日の時刻を計測するために、古くは太陽の移動を十二刻に分けたり、水を入れた桶の底に穴をあけて洩れた水の量をはかったり、長い線香を燃やし、その減り方で想像したりした。十四世紀ごろ、ヨーロッパでゼンマイによって歯車を動かし、一日を二十四時間に区分して計る機械が考案され、より正確に時間を計ることができるようになった。日本には十五世紀ごろにこの時計が輸入されたが、需要が多く、時計師がこれを模倣して日本独特の和時計が作られた。たいへん高価であったため、大名や裕福な商人が愛用した。その形には、火《ひ》の見櫓《みやぐら》に似た櫓時計から、枕時計、印籠《いんろう》時計などの精巧なものまであった。

【角細工師《つのざいくし》】角細工師は中国などを通じて輸入される南方の象の牙や鹿の角を加工して緻密な装飾品を作った。堅い象牙や鹿の角に緻密な彫刻が施され、婦人の櫛《くし》や笄《こうがい》、男子の煙草入れを留める根付《ねつけ》などになって、珍重された。仏像や数珠にも加工された。

【曲物師《まげものし》・桶《おけ》作り】曲物師は柾目《まさめ》で木肌の良い檜《ひのき》の薄板を上手に曲げて筒状にし、桜の皮で綴《と》じて木の笊《ざる》や筒を作った。厚い檜を一定の丸さになるように、少しずつ曲線の撓《ため》ができるように削り、つなぎ合せて筒形とし、外側を竹を縒《よ》った輪で締めて、井戸枠にしたり、底を付けて桶や樽に加工した。

【絡繰人形師《からくりにんぎょうし》】ゼンマイで歯車を動かす時計の仕組みをヒントに作られたのが絡繰人形である。技術が進歩して、人形芝居の「竹田からくり」として普及した。また左の図のような茶運《ちゃくみ》人形や曲芸を演じる精巧な人形も作られ、裕福な人々の玩具としてもてはやされた。今日でも高山祭りの山車《だし》の屋台からくり人形として残っている。

【鼈甲師《べっこうし》】南方に生息する玳瑁《たいまい》という亀の甲羅は飴色と黒の斑のある膠質《こうしつ》であり、鼈甲師は、この甲羅で櫛や笄などの装飾品を作った。上等の品は黒斑を除いて飴色の部分だけを熱で溶かし合わせて加工した。

これらの仕事はいずれも経験と熟練を要するので、一人前の技術者になるために、少年時代から親方に弟子入りして修業した。

角細工師《つのざいくし》
時計師
絡繰人形師《からくりにんぎょうし》
山桜の皮で綴《と》じ付ける
曲物師《まげものし》
重い丸木で押し転《ころ》がし撓《ため》を作る
銓《せん》
銓で薄板にする
玳瑁を熱して柔らかくして加工する
鼈甲師《べっこうし》
玳瑁《たいまい》の甲《こう》
桶《おけ》作り
円形をならすカンナ

# 家内工業と居職《いじょく》（三）

【紙作り】和紙を製造するには、まず楮《こうぞ》の繊維をはいで、釜で煮たり水に晒したりして、叩いて細かくする。それを紙漉船《かみすきぶね》の中の水に入れ、漉桁《すきけた》に簀子《すのこ》を敷いたものを浸すと、水に混じった繊維が簀子に薄く乗る。次にそれを水から上げ、簀子を返して紙状になったものを板に移し、天日で乾かして和紙にした。

【鋸《のこぎり》・包丁《ほうちょう》作り】鋸・包丁鍛冶《かじ》は薄い刃物作りと同じで、用途に応じて、刃に焼きを入れて、幅広くも細長くもさまざまに作る。鋸は刃の面を挽き、削りやすいように三角の連続とした。挽き切る用途によって、刃と形はさまざまな種類のものが作られた。鍛冶屋としては特殊な業種であり、需要も多かった。

【経師屋《きょうじや》】経師屋は紙や絹に描いた書画に裏打ちして、巻物や屏風《びょうぶ》、襖《ふすま》に貼り付ける仕事で、上手に貼るのには修練を要した。

【甲冑師《かっちゅうし》】甲冑は武士が戦《いくさ》に用いる防具で、戦闘技術の進歩や武器の発達によって、形式や部分がかなり改良された。武士の必需品であり、泰平の江戸時代にも心掛けのよい武士は自分の身体に合った甲冑を作らせた。このため甲冑師には入念な注文がなされ、甲冑師は堅牢で華麗な作品を作る技術を誇り合った。

【紺屋《こうや》】衣類を模様や地色で染めあげる職業を紺屋といった。模様によっていろいろな染具を用いるが、紺色染めの需要が多いので、庶民は染物屋といわずに紺染屋といい、略して「こうや」と呼んだ。染料を入れた壺に漬け染めにしたり、描いたりした。染めた布を広げて乾かすために、広い場所が必要であった。

【ろうそく作り】古くは菜種油《なたねあぶら》が灯火であったが、室町時代末ごろから、仏教で用いられていたろうそくも一部で使われるようになった。蝋《ろう》は動物または植物から採る脂肪状のもので、一般的には櫨《はぜ》の木から採った。熱して液状にしたものを手の平で棒状に塗り重ね、糸芯を中心として蝋の棒を作り、ろうそくに仕上げていく、技術と根気の要る仕事であった。菜種油より高値であったが、便利なのでしだいに普及し、行灯《あんどん》や雪洞《ぼんぼり》、提灯《ちょうちん》などの明かりとして用いられた。

➡関連項目「ろうそくと提灯」176ページ

鋸《のこぎり》・庖丁《ほうちょう》作り

紙作り

甲冑師《かっちゅうし》

経師屋《きょうじや》

ろうそく作り

紺屋《こうや》

# 女性の居職《いじょく》

【糸繰女《いとくりおんな》・管巻女《くだまきおんな》・機織女《はたおりおんな》】機織はそれほどの力仕事ではないが、根気のいる仕事であり、日本では古代から女性が主に行った。織糸や縫い合せ糸には、蚕《かいこ》の繭《まゆ》をほどき、数本捻《ねじ》って糸とした。この糸作りも女性の仕事で、糸繰と管巻とがあり、これらの仕事をする女性を糸繰女、管巻女といった。こうしてまず、機織に用いるさまざまな太さの糸を作る。これを用いて布地を織るのが機織女で、数百本の縦糸に横から筬《おさ》で、一本置きに上下を違えて横糸を押し詰めて織り上げる。だいたい一本の布を一反といい、鯨尺《くじらじゃく》で二丈八尺（約十メートル）、幅九寸（約三十四センチ）の長さで織り上げた。絹のほか、麻の繊維を糸に用いたものや、江戸時代には木綿も作られた。こうして織った布にいろいろな模様を染めて反物にするが、絣《かすり》などでは最初から模様を織り込むため技巧を要した。

【糸組師《いとくみし》】紐類は便利なので、古代からいろいろな紐が考案された。のちに組紐《くみひも》の丸台が考案されてからは、太紐・細紐・平組《ひらぐみ》・丸組《まるぐみ》などのさまざまな組紐が作られた。これも女性の屋内での仕事として行われた。

【扇師《おうぎし》】江戸時代は今日のような冷房がないので、団扇《うちわ》や扇は涼むための道具として欠かせなかった。なかでも扇は礼装の備品としても用いられたので、四季を通して使われた。扇は木や竹の骨の両面に紙を貼っただけなので傷みやすく、新しい扇や修繕の需要は多かった。また、軽量で、紙の折り畳み寸法さえ正しければ、比較的容易に作業ができることから、女性が内職として行うことが多く、その女性を扇師といった。往来を流して歩いて、「扇やぁ、扇の貼替え」と呼びながら行商する者もいた。

➡関連項目「江戸の行商（十二）」116ページ

【仕立屋《したてや》】庶民は織り上げられた布を買って着物を仕立てるのであるが、この仕立てを専門に行う女性（男性もいた）を仕立屋、裁縫師《さいほうし》、衣屋《ころもや》などと呼んだ。一般家庭の婦女も少女時代から裁縫師に弟子入りし、家族の普段着などを縫ったが、上等な布地を使用する衣服は仕立屋に依頼した。

機織女《はたおりおんな》
糸繰女《いとくりおんな》
鏡《かがみ》
凹《くぼ》み
管巻女《くだまきおんな》
糸組師《いとくみし》
玉《たま》
組まれた糸
組紐《くみひも》の丸台《まるだい》
扇師《おうぎし》
仕立屋《したてや》

# 職人町と出職《でじょく》

江戸の町が形成されていく過程で、江戸にはたくさんの職人たちが集まってきたが、彼らが各所に散って住んでいるのは不便だということで、幕府はそれぞれの業種ごとに職人を一定の場所に集めて、一区域の町を作らせた。このため、江戸には特定の職人たちの町がたくさんできた。

たとえば、建築業の大工たちの南大工町・神田横大《かんだよこだい》工町《くちょう》（番匠町《ばんしょうちょう》）、竪大工町《たてだいくちょう》、壁塗り業の神田白壁町、材木を切る木挽《こび》きの者の集まった大鋸町《おがちょう》、畳職の集まった畳町、桶《おけ》類を作る桶町、檜物細工《ひものざいく》を作る檜物町、鍛冶《かじ》職の集まった南鍛冶町《みなみかじまち》・桜田鍛冶町・神田鍛冶町、染物屋の集まった神田紺屋町《こんやちょう》・南紺屋町・北紺屋町・西紺屋町、駕籠《かご》を作る職人の集まった駕籠町《かごまち》、鋳物師の集まった神田鍋町《なべちょう》などである。

このように職業別に町が作られたので、依頼者はそれぞれの専門の地域へ行けば用が済み、便利であった。もちろんこれらの町にも生活用品を売る店ができたり、裏長屋には他の職種の職人も住むようになったりして、のちにはほとんど他の町と変わらないようになったが、最初にある業種の職人が住んだがための名残りである特殊な町名が、後代にまで伝わっている。

木挽町《こびきちょう》は主に建築用の大材木を必要な太さ、長さに切る大鋸《おが》大工がいたところで、材木町は建築、工事用の材木を売る店が櫛《くし》の歯のように並んでいた所である。当時の建築は、棟梁《とうりょう》が頭《かしら》となって、家屋から寺社、幕府御用の建築までを請け負った。その下には大工や鳶職《とびしょく》だけでなく、左官《さかん》という壁塗り、屋根葺き（柿《こけら》葺き、瓦を含む）、畳職人などが、さらに関連して、植木職、庭師などもいた。

工業技術を細かく分けるとかなりの職種があるが、それらの中で外で仕事をする職人を出職といった。その多くを担ったのがいわゆる江戸っ子で、親代々、古くから同一の職業を受け継いでいた。こういった面から見れば、江戸は工業都市であったともいえる。

また江戸周辺にも、醤油の産地で知られる野田、銚子などの職人町（手工業町）ともいうべき在郷町が形成され、マニュファクチャ形態に発展していった。

鳶職《とびしょく》
基礎工事をする
大工による建
築全般の仕事
棟梁
屋根葺き
屋根瓦の下の柿葺《こけらぶ》きをする
左官職《さかんしょく》による壁塗り
畳職人
畳を作って
現場へ運ぶ

## 飛脚《ひきゃく》、質屋、古着屋、火消しの纏《まとい》作り

【飛脚《ひきゃく》】江戸時代には今のような郵便制度はなく、手紙は飛脚屋に持っていって依頼した。飛脚は、小型の葛籠《つづら》を、武士の奉公人がかつぐような両掛けの箱に棒がついたものに入れてかつぎ、走って届けた。今の郵便に比べると料金は高く、金銭的に余裕のある者や急を要する者だけが使った。料金は、日本橋から浅草まで二十四文、山谷から千住まで、また麹町《こうじまち》から新宿まで三十二文であったが、武士が依頼すると少々高額になった。江戸市内に届けるのは町飛脚である。至急の場合には早飛脚《はやびきゃく》で、遠方になると継飛脚《つぎびきゃく》があり、宿場から宿場へとリレー式に走った。このほかに大名が指定して、国元と江戸藩邸との連絡をする大名飛脚、上方まで六日で届ける定六《じょうろく》飛脚、特別に三日で届ける三日飛脚もあったが、すこぶる高額であった。

➡関連項目「飛脚」26ページ

【質屋】質屋は庶民の簡易で短期的な金融機関といえるもので、庶民は道具類や衣類などの質草を持ち込んで必要な金を得た。質流れになった中古衣類の需要は多く、古着屋とともによく売れた。質に入れた物品は通常、質物価格評価の三分の一が質屋の利益、三分の二が質置主の取り分であった。質置期間は江戸で八か月、大阪は三か月が標準で、利息は質屋によって異なったが、年五割程度であった。また、遊廓にも質屋が置かれ、遊金不足の客が利用した。このように質屋は、庶民には便利な金融機関であり、「質」を「七」に通じさせて、「ななつ屋」ともいった。

【古着屋（湯灌場物屋《ゆかんばものや》）】貧しい人は、なかなか新しい着物を買えないので、和紙で仕立てた紙衣《かみこ》と呼ばれる安価な衣服や古着で間に合わせた。とくに死人が湯灌をしたときに剥《は》いだ着物は安く、湯灌場からただ同然で買って、客に安く売る商売もあった。このため安い着物を湯灌場物といった。

【火消しの纏《まとい》作り】町火消しの纏は組の象徴で、銀箔押しの輝かしいものであった。火消しの各組が用いる纏を作る仕事は、神田竪大工町の石田治郎右衛が一軒だけで独占していて、「まといや」といった。

➡関連項目「町火消し」14ページ

## 江戸の専門職——❻飛脚、質屋、古着屋、火消しの纏作り

# 医者、按摩《あんま》

【医者】江戸には、幕府お抱えの御典医《ごてんい》（御殿医）、江戸上屋敷に出仕する御藩医、そして庶民の治療をする町医の三種類の医者がいた。今のように資格や免許があったわけではないので、少し肉体の構造学の知識がある者が医者の看板を掲げて患者を診察し、病名を判断し、投薬していたから、悪い医者にあたると治る病も治らなかった。

名医ばかりがいたわけではなく、ちょっと漢方薬と医心方《いしんほう》の本を読んだだけで、名医ぶったしゃべり方をしてごまかす医者もいて、ずいぶん非科学的な治療も横行した。患者は医者の言葉を信じて治療や投薬を受けたが、でたらめな病名をつけて、高価な診察代や薬代を要求する者もいて、「医は仁術」ではなく「医は算術」と陰で言われたりした。坊主頭に頭巾をかぶり、患者を往診するときは駕籠《かご》（あんぽつ駕籠）に乗る。これが治療代に加算され、また漢方薬も高価にふっかけるので、病人のいる家は治療代に苦しんだ。

【按摩】凝った筋肉を揉みほぐす業で、盲人が按摩鍼灸《はりきゅう》の坪所《つぼどころ》を指先で学んで、名人になると数人の弟子を抱え、患者が通ってきた。弟子は町を流して歩いて揉み療治をした。

揉み療治を行う者にもランクがあり、町を流して治療するのはもっとも下の衆分である。これを名乗るには、京都綾小路仏光寺東入る角の久我家より許可を得なければならず、衆分でも五十三両、二十五両、二十両、十六両、十二両の金を納めて、はじめて「市《いち》」を名乗ることができた。その上の采名《さいめい》は三百両、勾当《こうとう》は五百両、検校《けんぎょう》は千両を納めた。

目の見えない者は、学問を学ぶか、音曲か揉み療治に励み、ひたすら金を貯めて資格をとるしかないので、盲人に限って、烏金《からすがね》の貸し金が許されていた。烏金とは、朝、烏が鳴くときに微細な金を借りると、夕刻烏が鳴くまでに返さないと翌日分として利子が加算されるものである。

按摩はたいてい夜、杖をついて笛を吹き、「按摩上《かみ》下《しも》（上半身と下半身）三十二文」と呼んで歩いた。

あんぽつ駕籠に乗って往診する

# 風呂屋

風呂屋の記録が最初に出てくるのは『太平記』三十五である。延文五年（一三六〇年）に風呂屋で合戦の評判話があったことが記されていて、南北朝時代の京都には、少なくとも風呂屋があったことがわかるが、どんなものであったかは不明である。

江戸時代の風呂屋（湯屋《ゆや》ともいう）は、天正十九年（一五九一年）に、伊勢国の与一が銭瓶橋《ぜにかめばし》（現在の東京都千代田区丸の内）に開業したのが最初といわれている。入浴料は永楽銭一文であった。慶長（一五九六～一六一五年）ごろには、町ごとに一軒は風呂屋があったという。湯屋には垢《あか》すり女がいて客の世話をしたが、売春も兼ねたため風俗上よろしくないとして慶長元年に禁止され、公衆浴場のみが許可された。

風呂場は一階にあり、二階は庶民がくつろぐ休憩所であり、また社交場でもあったので、江戸っ子は好んで出かけた。最初は男女混浴であったが、風紀上問題があるとして寛政三年（一七九一年）に男女の浴場を分けたが、後にまた乱れ、江戸末期に再度、混浴が禁じられた。

風呂屋の看板は、矢をつがえた弓を長い竿《さお》の先に吊るしたもので、これは弓射る（湯入る）のしゃれである。入浴料は多少上下があるが、江戸末期で大人一人十文～十二文ぐらい、子供八文ぐらいであった。

男の勇み肌は早朝から入湯するが、女性は午後からである。八丁堀の町奉行配下の与力・同心は、無料で朝風呂に入ることができた。というのも、与力・同心が朝から女湯に入っていると、男湯からそれとは知らずに遠慮なしの世間話が聞こえてくる。それが犯罪捜査の手かがりとなるのである。このため、女湯に刀掛けが据えられていて、これは八丁堀の七不思議の一つといわれていた。

浴槽には、「柘榴口《ざくろぐち》」という門状の柱の間をくぐって、板の段を上って入ったが、灯油皿に火が一つともっているだけで暗かった。柘榴口というのは、当時、鏡《かがみ》（青銅製）を磨くのに柘榴の酸を用いたので、この「鏡要る《かがみいる》」と「かがんで入る」をかけたものである。

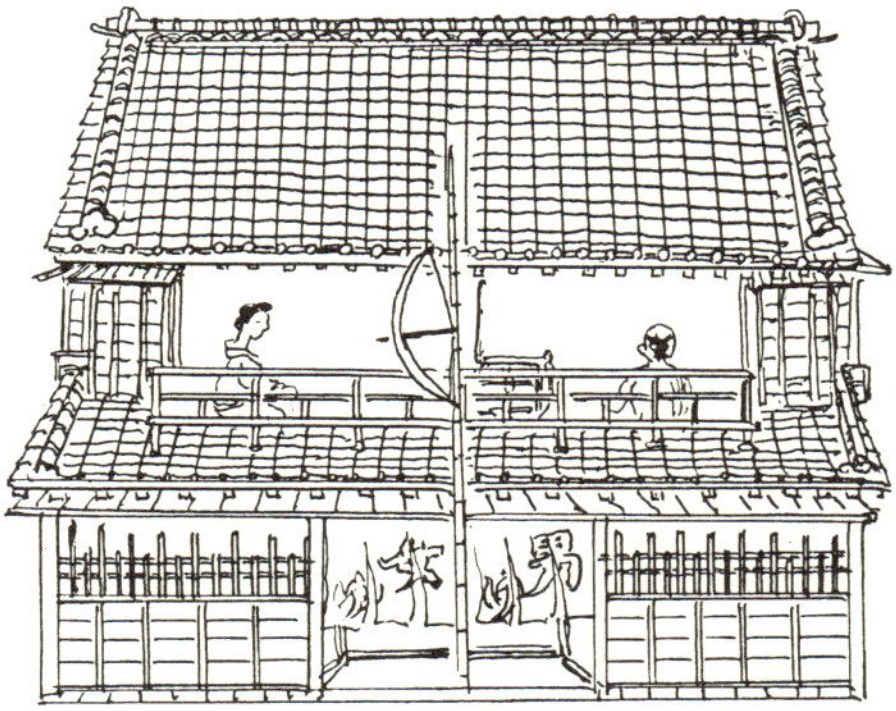

風呂屋の外観

柘榴口《ざくろぐち》

# 髪結床《かみゆいどこ》

江戸時代の男性は、月代《さかやき》を剃って、他の部分の髪の毛を後頭部でまとめ、元結《もとゆい》で結び前に伏せた、いわゆる丁髷《ちょんまげ》にし、これは前髪を付けた少年も同様であった。月代を剃るという風俗が見られるようになったのは鎌倉時代ごろからで、江戸時代には男性の結髪《けっぱつ》法として一般的になった。ただし、その結び上げた髪形や髷《まげ》には流行があり、時期によっていろいろな形があった。また、武士と庶民では違い、庶民は月代部が広く、髷が小さく短いので一目見てわかった。

髪形の崩れをかなり気にしていたようで、鬢《びん》や髷の形を固定するために鬢付油《びんづけあぶら》を塗ったり、髱《たぼ》を形よくふくらませたりしていた。また、月代の毛が伸びるのを好まず、殿様級の武士は毎朝家臣に剃らせ、一般の武士も登城する前には必ず月代をきれいに剃った。余裕のある庶民もこれにならったが、中流以下になると毎日、髪結床（理髪店）に行って剃るわけにいかないから、たいてい無精ひげのように髪が生えていた。

町内に二、三軒は髪結床があり、余裕のある庶民や粋な男性はちょくちょく月代やひげを剃ってもらい、髪を梳《す》いて結い直してもらった。髪結床はいつも混雑し、客が順番を待つ場所には碁や将棋、草双紙《くさぞうし》などが置かれ、町内の社交場にもなっていた。そこに行くと世間の噂話がよくわかるので、町奉行の同心がよく立ち寄り、髪結の中には同心の手下になる者もあった。

自分の順番が来ると、客は土間の縁に座る。調髪は、まず客の元結を切ってから月代を剃るが、客が受板《うけいた》を持ち、それに剃った毛を擦りつける。髪剃りは難しい仕事で、弟子になった子供は毎日、焙烙《ほうろく》の裏で剃る練習をし、それから自分の脚の毛を剃って要領を覚えた。また徳利の口に毛をたくさん結んだもので結髪を練習し、十年ぐらいかかってはじめて剃り役につくことができた。

床屋賃は二十八文ぐらいであったが、一日に百貫を稼ぐ店もあった。また髪結床には、火事があると駆けつけて、高札《こうさつ》（法度《はっと》、掟《おきて》などを書いて目立つように立てた札）を守るという任務があった。

➡関連項目「男の子の結髪」240ページ

見習いの子供は焙烙《ほうろく》の裏で毛剃《けぞり》の練習をする

受板《うけいた》を持つ客

出床《でどこ》（お得意様まわりをして調髪する）

日髪日剃といって八丁堀同心の屋敷には毎朝、出床がまわって来て調髪をした

同心は調髪を受けながら出床から情報を入手した

火事のとき、髪結は高札《こうさつ》の所に集まって警護する

江戸の看板――❶

# 商店の看板（一）

【麺類屋《めんるいや》】行灯《あんどん》型の看板の表に業種を書き、店の軒下や出入口の柱に掛け、夜は明かりを入れる。看板のほか、麺類を売る店とわかるように二枚腰高障子《こしだかしょうじ》に文字を書いたり、縄《なわ》のれんをかけた。店は土間で、粗末な長い食卓に、腰掛けは長い板の相席である。脇に小座敷をつけたり、奥や二階を客用に開放する店もあった。値段は品や時代によっても違うが、江戸時代後期で、うどん十六文、そば十六文、しっぽく二十四文、あんかけ二十四文、小田巻三十六文、大蒸籠御前《だいせいろうごぜん》四十八文、上酒一合四十文前後であった。店を持たずに荷をかついで売る夜鳴《よなき》そばも、そば一杯十六文であった。川柳に、夜鷹《よたか》が夜鳴そばを食べたことを諷《ふう》して「客二つ潰して蕎麦《そば》を三つ食い」とあるから、そば一杯の量は、今よりずいぶん少なかったのかもしれない。

【製薬店】薬屋の看板。店の土間に接した畳敷きの上に立てて衝立《ついたて》代わりにしたもので、文字を彫って金箔や墨で書き、いかにも効果ありそうな雰囲気があった。

【浅草海苔店《あさくさのりてん》】江戸時代、浅草海苔の高級品は「江戸前」といって大森海岸で養殖されたもので、今の海苔よりはるかに美味であった。

➡関連項目「浅草海苔の養殖」378ページ

【お茶漬け屋】家で食べる簡素なお茶漬けではなく、高級な漬物やしゃれた料理を茶漬けにして座敷で食べた。店の構えもしゃれていて、値段は下手な料理より高く六十四文もした。通人や粋な人が食べた。

【呉服屋】店先に掲げる板看板。呉服屋は切り売りをしないから、客は一反をそっくり買う。一反物であるから反物といい、「太物《たんもの》」の字をあてた。

【家伝の薬屋】自家製の伝承の漢方薬を売る老舗《しにせ》の看板。看板専用の柱を立て、額縁仕立てで、雨雪に備えて上に屋根が付いていた。

【紙屋】たくさん積んだ奉書紙を筵《むしろ》で包み店先にわざと置いておくのが、大店《おおだな》の紙屋の目印であった。雨や雪のときは店内に入れた。後には木で大きな大福帳《だいふくちょう》（商店の帳簿）の形を作り、表に紙を貼って「大福帳」と書いたものを竹の枝につけて店先に置いた。

浅草《あさくさ》海苔《のり》店《てん》

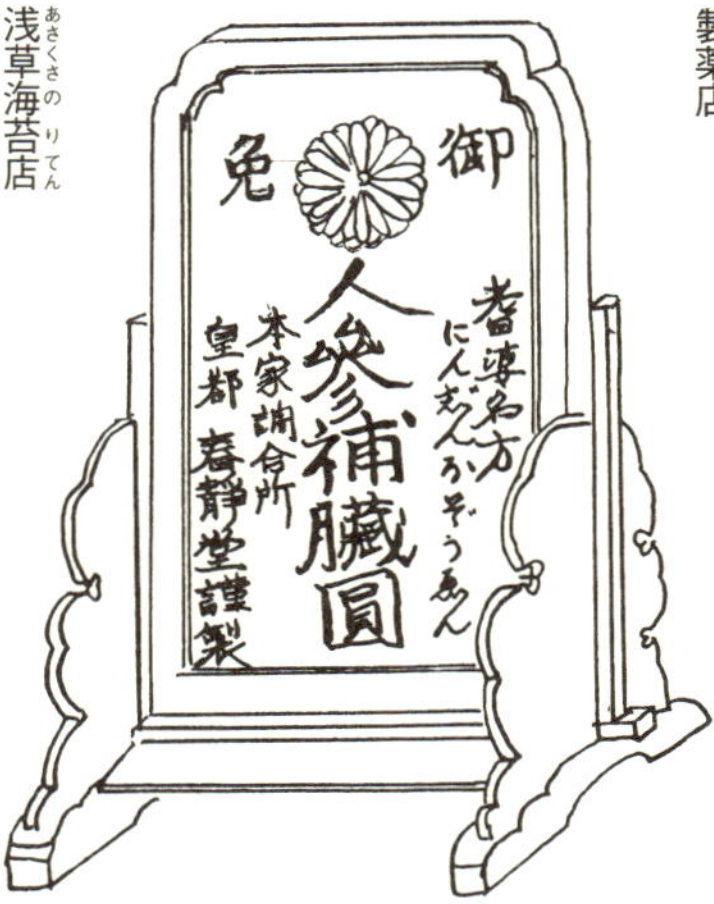


製薬店

麺類屋《めんるいや》（今日のそば屋）

（行灯型《あんどんがた》）

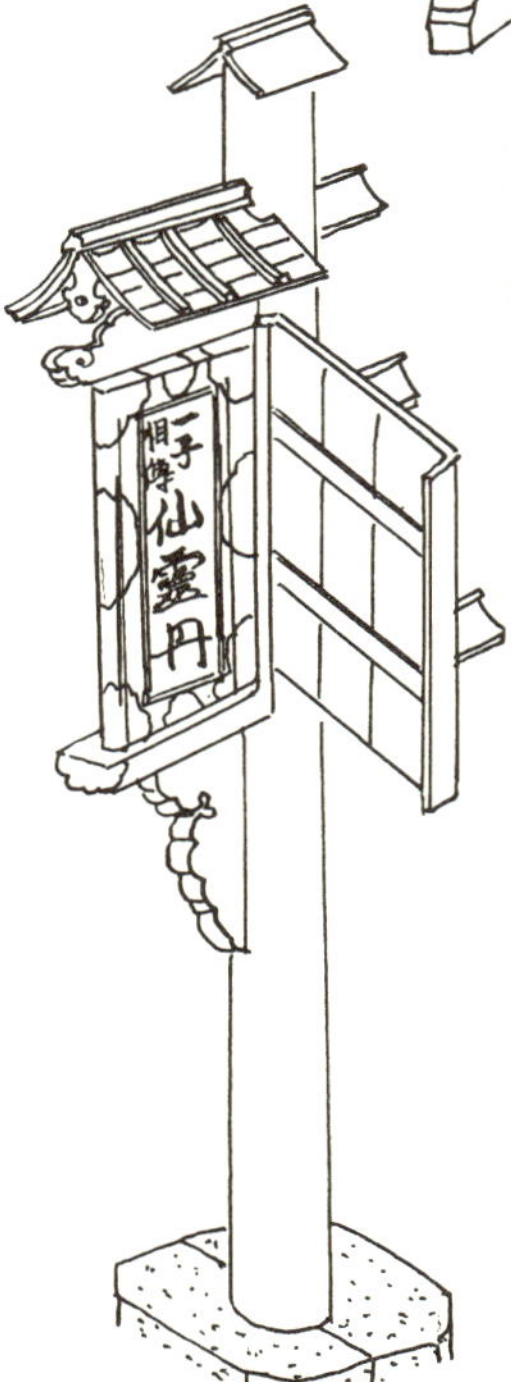


家伝の薬屋

呉服屋

お茶漬け屋

（行灯型）

紙屋

江戸の看板――❷

# 商店の看板（二）

【寄席《よせ》】寄席の行灯《あんどん》看板。江戸時代には、語呂《ごろ》がよく勇壮な雰囲気の『軍書《ぐんしょ》』読みが大衆に好まれ、寄席があちこちにできた。講釈師、講談師が口演した。

【編笠茶屋《あみがさぢゃや》】吉原に徒歩で遊びに行く者は、顔を隠すために、吉原手前の泥町《どろまち》の編笠茶屋で編笠を借りてかぶり、大門をくぐった。茶屋は編笠があるという目印に、軒下に編笠を吊るした。

➡関連項目「編笠茶屋と白馬」330ページ

【饅頭屋《まんじゅうや》】白馬がお多福の面をつけている姿で、「うまよりうまい」というしゃれである。

【桐油屋《とうゆや》】桐油問屋の立看板。江戸時代には、桐油がもっとも安価な防湿塗料であった。武家奉公人が用いる紙の合羽《かっぱ》や唐傘《からかさ》、番傘《ばんがさ》には桐油が塗られた。

【紅梅焼屋《こうばいやきや》】江戸時代末期、紅梅焼という麁《そ》菓子《がし》が流行し、店があちこちにできた。紅で縁取った梅花紋の看板を、小店が軒下に吊り下げた。

【金龍山米饅頭《きんりゅうざんよねまんじゅう》】金龍山聖天麓で売られていた米饅頭は、江戸時代初期に米《よね》という女が作ったからとも、米の粉で作ったからともいわれた。まねをする者が現れて元祖争いもあった。往来に縁台を出し、行灯型の看板を置いて売られていた。

【扇子屋《せんすや》】江戸時代末の扇子屋の看板。のれんに染め抜いたり、板をくり抜いて扇の形にして吊り下げた。

【金銀箔屋《きんぎんはくや》】金銀箔を売る店の看板。軒下に吊り下げた絵馬型の板の二か所に金箔を貼ってあるので、風で動くときらきらしてよく目についた。

【漆屋《うるしや》】漆の技術は古代からあり、江戸時代にも漆職人（塗師屋《ぬしや》）が見事な作品を残している。漆自体は高価なので、塗師屋は問屋から少量ずつ買い、漆問屋はすこぶる小さい樽に詰めて売った。その形のものを軒下に吊るし、目印とした。

【水茶屋《みずぢゃや》】水茶屋とは、寺社の境内などで休憩するための腰掛茶屋である。煎茶を出し、口よごしに饅頭や団子《だんご》なども置いた。やがて美女を雇って客寄せを競うようになり、さらに待合《まちあい》を兼ねる店も現れた。葦簀《よしず》張《ば》りの腰掛けのときは縁台の上に、家作りの場合は入口の柱に、屋号を書いた掛行灯《かけあんどん》型の看板を掛けた。

饅頭屋《まんじゅうや》

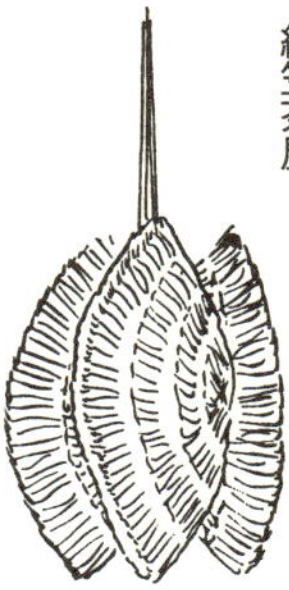

編笠茶屋《あみがさちゃや》

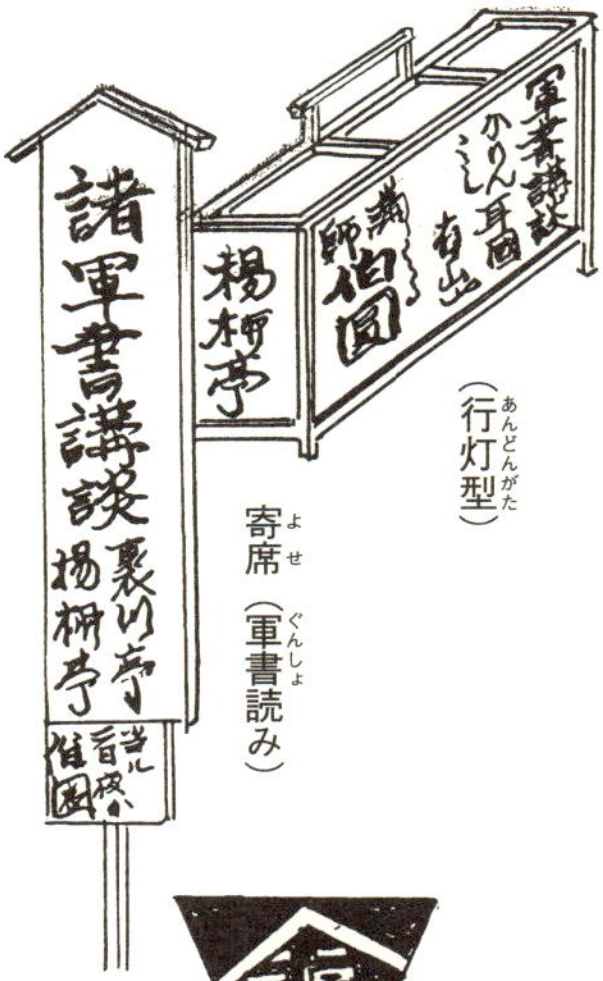


寄席《よせ》（軍書《ぐんしょ》読み）

（行灯型《あんどんがた》）

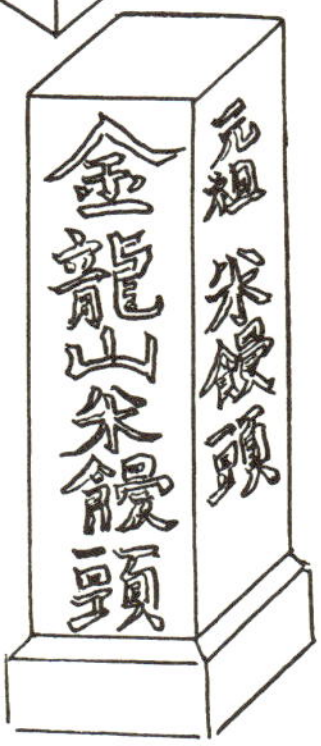


金龍山米饅頭《きんりゅうざんよねまんじゅう》

（行灯型）

紅梅焼屋《こうばいやきや》

桐油屋《とうゆや》

扇子屋《せんすや》

水茶屋《みずちゃや》

（行灯型）

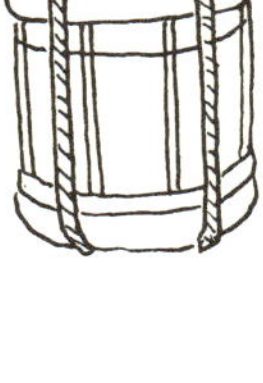

漆屋《うるしや》

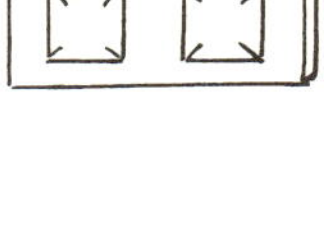

金銀箔屋《きんぎんはくや》

# 商店の看板（三）

【薬屋（神壽散）】家伝の漢方薬「神壽散」の看板。木彫板に彩色したもので、軒から突き出して下げた。

【眼鏡屋《めがねや》】眼鏡屋の木製看板。当時は医学が発達していなかったから、視力に合わせてレンズを作ることができなかった。拡大鏡のようなレンズを入れて無理に目に合わせていたので、かえって目に悪かった。

【湯屋《ゆや》】風呂屋の目印で、弓に矢をつがえたものを長い竹弓から吊り下げた。弓射《ゆみい》る、つまり「湯入る」のしゃれである。

⬇関連項目「風呂屋」76ページ

【薬屋（腹痛止め）】熊《くま》の膽《い》を主体とする漢方薬の看板。一般に熊の膽といっているが本来は胆嚢のことで、苦《にが》みがあってどんな腹痛にも効くといわれていた。赤鬼が鉄棒を持った姿の木彫で、鬼のような力を持っているという意味。

【掛矢《かけや》・木槌《きづち》売り】堅い樫《かし》の木も扱うが、主に樫の木で作った掛矢や木槌を売る店の看板。

【呑口《のみくち》専門店】呑口を売る店の目印。呑口というのは、酒や醤油を詰めた樽の下方に打ち込む管状の木で、それに木栓が付いていて、酒や醤油を必要な量だけ取り出すのに便利であった。酒や醤油を入れる容器に漏斗《じょうご》をあて、この呑口の栓をあけて樽から漏斗に流し込み、止めるときは呑口に栓を押し込む。

【薬屋（奇應丸）】家伝の漢方薬「奇應丸」の看板。厚い板の両面に奇應丸と彫ってある。

【酒屋】酒林《さかばやし》という酒屋の目印。杉の枝先を集めて鞠《まり》状にしたもので、最初は緑色であるが、だんだん枝葉が枯れて灰茶色になる。一般の酒屋でも用いるが、醸造小売をする酒屋が二階の軒下に吊り下げた。

⬇関連項目「江戸時代の酒」166ページ

【水引《みずひき》専門店】水引店の看板。お喜びやお悔やみに目録や金一封などは紙に包んで渡すが、その紙の中央を結ぶ紙紐を水引という。和紙を長い観世捻《かんぜより》にし、胡粉を塗った手でしごいて乾かしたものを紅白や白黒に染め分けたり、金銀を塗ったりして作る。これを専門に作る職人がいた。

薬屋（神壽散）

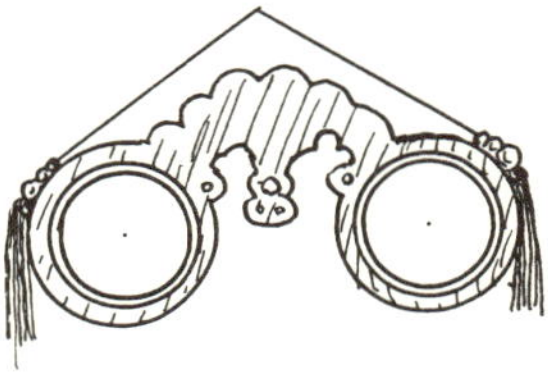
眼鏡屋《めがねや》

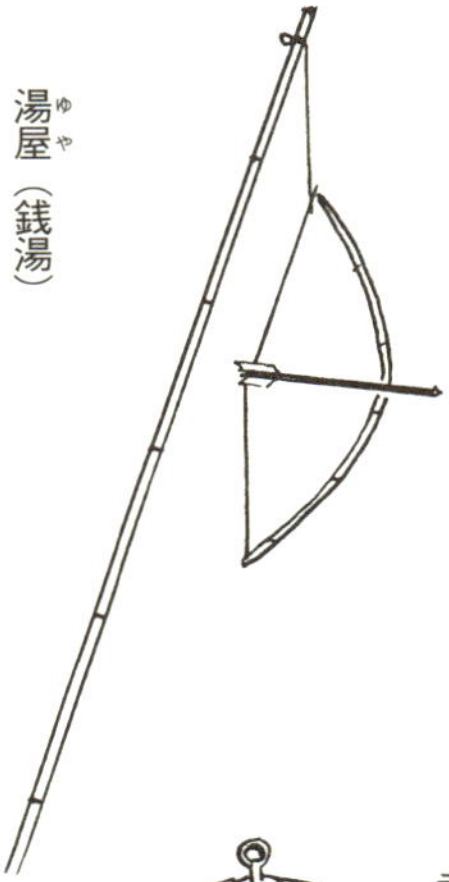
湯屋《ゆや》（銭湯）

薬屋（腹痛止め）

掛矢《かけや》・木槌《きづち》売り

呑口《のみくち》専門店

薬屋（奇應丸）

酒屋（酒林《さかばやし》）

水引《みずひき》専門店

# 商店の看板（四）

【刻み煙草屋《きざたばこや》】刻み煙草は、煙草の葉を重ねて束ねたものを包丁で細く刻んだもので、当時はこれを煙草盆の引き出しや煙草入れに入れておき、煙管《きせる》に詰めて吸った。煙草を刻むという印である。

【櫛屋《くしや》】櫛屋《くしや》の看板で軒下に吊るした。江戸時代は男女ともに結髪《けっぱつ》したので、櫛は必需品であり、たくさんの形や流行があった。笄《こうがい》や簪《かんざし》も売った。

【八百屋《やおや》】大根の打《ぶ》っ違《ちが》えの板製の看板は、八百屋が店の屋根に飾った。最初は野菜のみを扱ったが、後に果物《くだもの》、とうもろこし、花類も扱うようになった。

【鋸《のこぎり》の目立屋《めたてや》】鋸を何度も使うと歯がつぶれて鈍くなるので、目立屋で鋭くしてもらう必要があった。大鋸《おが》の形をした板製の看板を軒下に吊るした。

【唐辛子屋《とうがらしや》】唐辛子の形を赤く塗り、軒下に吊り下げた。

【質屋】質屋の質札の意であるが、形の意味は不明。「質」と書いた木札を下げることもあったが、客が他人に見られるのを嫌うので、判じ物的な看板を軒下に吊るした。

【足袋屋《たびや》】足袋《たび》をかたどった、足袋や股引《ももひき》を仕立てる店の看板。足袋の需要は多く、足形（足の形や足底の大きさによって違う）がたくさんあって、それに応じて作った。足底の長さは穴あき銭を縦に並べて測り、十文《ともん》とか十二文とかいった。

【砂糖屋】砂糖袋の形の板を胡粉《ごふん》で白塗りし、その上に「大吉」という縁起の良い文字を書いた。江戸時代中期ごろから江戸庶民にも白砂糖が流行したが、とくに江戸城大奥の女性による砂糖の乱費がはなはだしく、天保の倹約令が出たほどであった。

【御白粉屋《おしろいや》】主に御白粉《おしろい》を売るので、御白粉の箱を積み重ねた形の看板であった。木で作って白紙を貼り、正面に白鷺《しらさぎ》の絵が描かれていた。

【味噌醤油屋《みそしょうゆや》】味噌や醤油を主として売る店の看板で、味噌や醤油の壺の形をしていた。味噌、醤油の小売店では、酒も売った。

【うどん屋】うどん専門店の看板。絵馬型の板の下に、ひらひらした切り裂きを付けてあるので目立った。

八百屋《やおや》

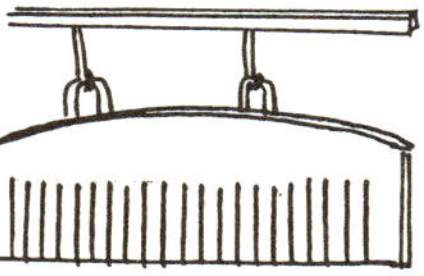

櫛屋《くしや》

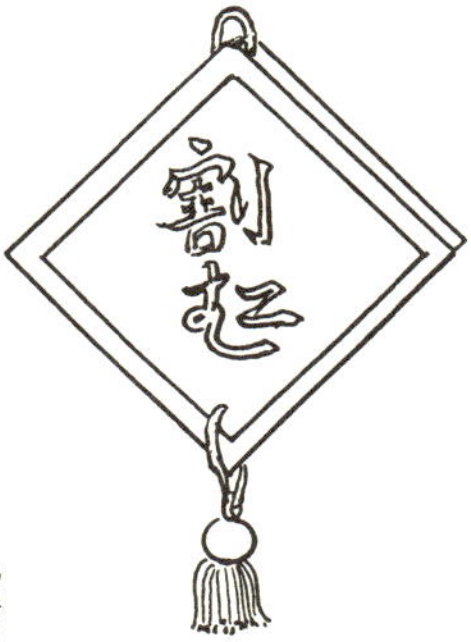

刻《きざ》み煙草屋《たばこや》

唐辛子屋《とうがらしや》

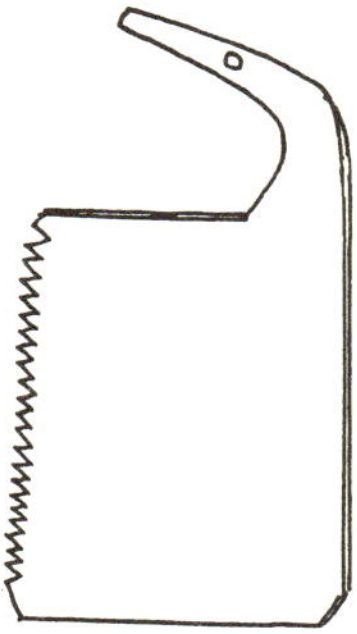

鋸《のこぎり》の目立屋《めたてや》

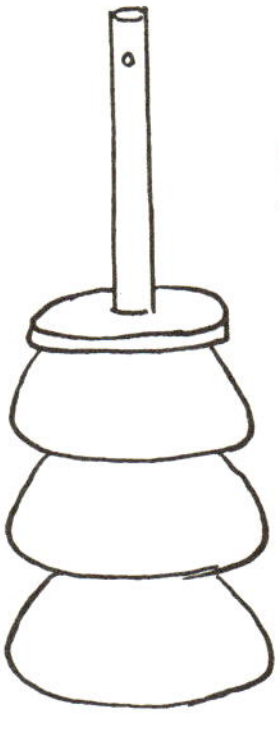

質屋

砂糖屋

足袋屋《たびや》

うどん屋

味噌醤油屋《みそしょうゆや》

御白粉屋《おしろいや》

# 商店の看板（五）

【製茶屋】製茶屋の木の看板。壺に茶を入れて、湿気を防ぐために桐油紙で覆った形を木でかたどったものを軒下に下げた。

【濁酒屋《どぶろくや》】俗にいう貧乏徳利《とっくり》（一升入り、一・八〇三九リットル）の形をした濁酒屋《どぶろく》の看板。漉《こ》した清酒ではなく、糟《かす》の混じった濁《にご》り酒を売る。濁り酒を「どぶ六」というのは、溝《どぶ》のように濁っている白酒の意と、「どっぷり」とした感覚からで、「六」は擬人化してつけたものである。職人や駕籠舁《かごかき》は「白馬《しろうま》」といった。

➡関連項目「江戸時代の酒」166ページ

【髢屋《かもじや》】六角行灯《あんどん》型の下方に長い毛が垂れたものを、店先の軒下に吊るした。江戸時代の結髪には流行があり、髪をふくらませるために入れ毛（髢）をすることもあった。髢に使う髪の毛を売る商売もあり、結構、需要があった。

【大工道具屋】大工道具を売る店の看板。代表的な鋸《のこぎり》の形を板で作り、軒下に吊り下げた。

【こんにゃく屋】絵馬《えま》型の板の下に「こんにゃく」とひらがなで書いた板をつけた。絵馬型の板に「婦」と書くのは、女性によってこんにゃくの柔らかさを表そうとしたためである。

【元結屋《もとゆいや》】元結の束をかたどった看板。江戸時代は男女ともに結髪《けっぱつ》したので、それを結ぶ紐（元結）が必要であった。長くよった紙に胡粉《ごふん》をつけて固め、一定の長さに切って使った。束《たば》ね髪結師《かみゆいし》が使うだけでなく、家庭で結髪するときにも用いた。

➡関連項目「髪結床」78ページ

【石屋】石灯籠《いしどうろう》をかたどった石屋の看板。「石長」というのは江戸時代からの伝統的な石屋で、石灯籠、石の井げた、石垣、仏像彫刻、墓石などを扱った。

【帳簿屋《ちょうぼや》】江戸時代は、和紙を束ねて仕入帳《しいれちょう》、売掛帳《うりかけちょう》、顧客名簿などにし、筆で記入した。これら商人の帳簿を総称して大福帳《だいふくちょう》といった。とくに掛売りをする商人は帳簿が必要であったから、帳簿専門の店があった。大福帳をかたどって板を組み、表に紙を貼って帳簿を売っているという目印にした。今の文具店である。

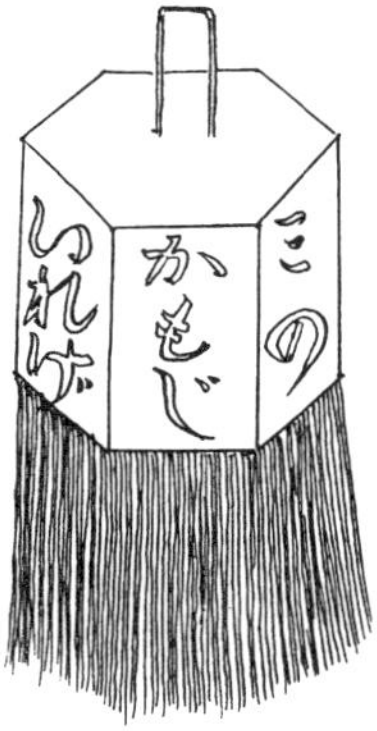


髢屋《かもじや》

（行灯型《あんどんがた》）

濁酒屋《どぶろくや》

製茶屋

元結屋《もとゆいや》

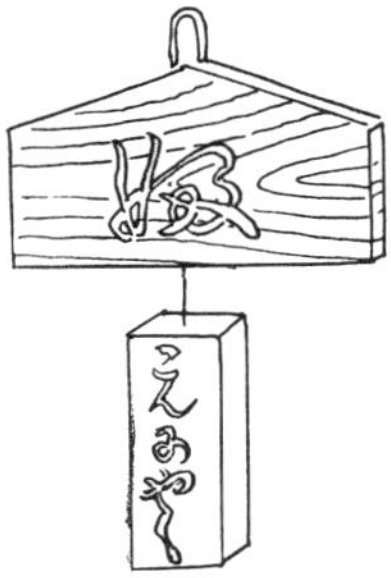


こんにゃく屋

大工道具屋

帳簿屋《ちょうぼや》

石屋

# 商店の看板（六）

【火打鉄屋《ひうちがねや》】火打鉄は発火装置で、火打鉄と火切石を打ち合わせ、散った火花を艾《もぐさ》などに移し、口で吹いて火勢を強くして、行灯《あんどん》の灯心などに火を移した。火打鉄は鍛えの良い鉄を木にはめたもので、看板はこの形をかたどっており、これだけで火打道具の店とわかった。江戸時代は明かりをともすほか、喫煙や炊事にもこれが必要であった。「請合」と彫ってあるのは、鍛えが良く、よく発火することを保証するという意味である。

【唐傘屋《からかさや》】唐傘屋の吊り看板。雨傘、日傘、番傘《ばんがさ》などの傘を作り販売する店。「はり吉」というのは、傘の貼り替えもする吉某という名の店という意味。大黒《だいこく》傘《がさ》という安物の傘を専門に売る店もあった。

➊関連項目「傘」188ページ

【錠前屋《じょうまえや》】錠前屋の吊り看板。鍵の専門店で、木の板で大きな錠をかたどったものである。

【ろうそく売り】ろうそくの形をした看板を店先に吊るした。木製で白く塗ってあった。

➊関連項目「ろうそくと提灯」176ページ

【合羽屋《かっぱや》】合羽屋の吊り看板。江戸時代、厚手の和紙を貼り合わせて桐油《とうゆ》を浸みこませると雨をはじくので、これをマント状の合羽にして、身分の低い武家奉公人や人足が用いた。木の板をマントの形にして表した。

➊関連項目「江戸時代の旅支度（二）」284ページ

【三味線《しゃみせん》の撥《ばち》作りの店】三味線や琵琶《びわ》などの撥を象《ぞう》牙《げ》や黄楊《つげ》の木で作って売る店の看板。現在の楽器屋で、太鼓《たいこ》の桴《ばち》、琴、三味線、太鼓、鉦《かね》、笛なども扱っていたが、「琴・三味線」と書くと「今年や見せん」と読まれるので、楽器の代表として撥の形で表していた。

【筆と墨の店】「古梅園」というのは、奈良の銘墨店で売り出した良質の墨で、良い筆や墨を売っていることを表示していた。

【筆屋①】絵馬状の板に、筆の形を書いたり彫ったりしたものである。軸は細長いので略してある。

【筆屋②】同じく筆屋の看板であるが、これは店先に立てたものである。

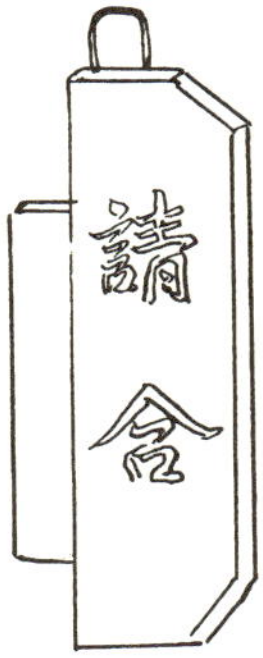

火《ひ》打《うち》鉄《がね》屋《や》

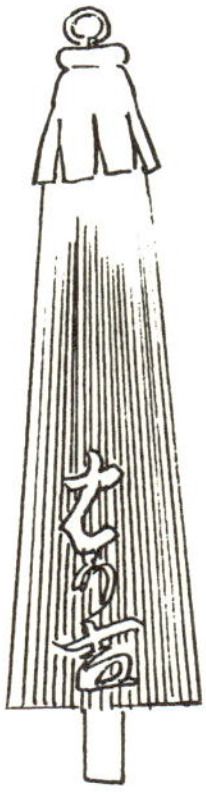
唐《から》傘《かさ》屋《や》

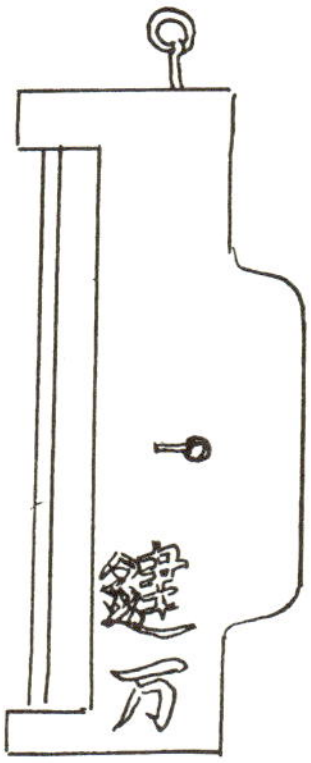

錠《じよう》前《まえ》屋《や》

ろうそく売り

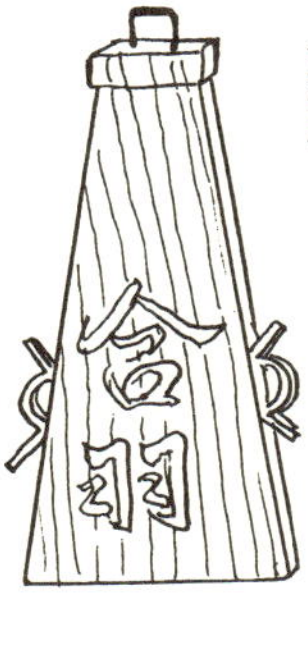

合《か》羽《っぱ》屋《や》

三味線《しゃみせん》の撥《ばち》作りの店

筆と墨の店

筆屋①

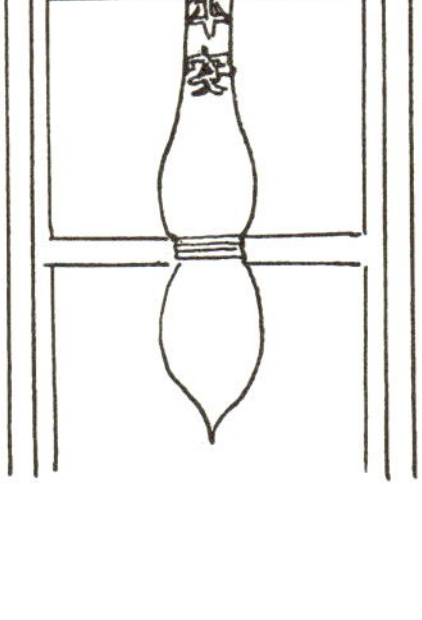

筆屋②

# 商店の看板（七）

【鏡作《かがみつく》りと鏡板作りの店】鏡製造業の店が、柄付丸鏡の形を木板で作り、軒先に吊り下げた。当時の鏡は青銅製で、水銀をこすりつけて磨くとよく物を映すようになるので、それを商売にする鏡磨師もいたが、これは行商して歩くことが多かった。

【床屋《とこや》】丸板に結髪《けっぱつ》の絵を描いたもので、同じ絵を腰高障子《こしだかしょうじ》にも描いた。

【糊屋《のりや》】当時、糊が必要なときは、飯粒をへらで練ったり、小麦を粉にしたものを煮て糊を作った。糊をたくさん使う家では、糊屋で買い求めた。路地裏の長屋で内職に糊を作って売る糊屋があり、丸い枠いっぱい「の」の字、小さく「り」の字を書いた看板を軒先に吊り下げた。

【鍵作《かぎつく》りの店】鍵作《かぎつく》り師《し》の店の吊り看板。壊れた鍵や、新しい錠の鍵を作った。

【両替商《りょうがえしょう》】分銅（目方を量るときに使うおもり。桃山時代にはこの形をした金を保存した）をかたどったもの。大判、小判を細かいお金にしたいときに、替え賃を払って、この店で替えてもらった。零細庶民は小判をもらっても買い物ができないので、両替屋で細かいお金に替えてもらう必要があった。

【絵具屋《えのぐや》】丸板に白・青・赤、あるいは黄・緑・黒などの小さい丸を並べて、目印にした。

【煙管屋《きせるや》】煙管屋の吊り看板。木で煙管の形を作って吊るしたので、遠くからでも見てわかった。

【鬘屋《かつらや》】結髪の代表である丁髷《ちょんまげ》の形で、髪の毛を表現している。

【碁将棋屋《ごしょうぎや》】厚い板で将棋の駒の形を作り、「玉将」と高彫りし、墨書《ぼくしょ》または漆書《うるしがき》して看板にした。将棋盤、碁盤、碁石、碁笥《ごけ》（碁石を入れる木製の小さい壺）などを扱った。

以上、江戸時代の代表的な商売の看板を紹介した。ほかにもいろいろなものがあり、判《はん》じ物《もの》のような看板も多かった。判じ物は意味が理解できるとおもしろく、印象に残りやすいので、そういう効果を狙ったのであろう。

鏡《かがみ》作《つく》りと鏡板作りの店

床《とこ》屋《や》

糊《のり》屋《や》

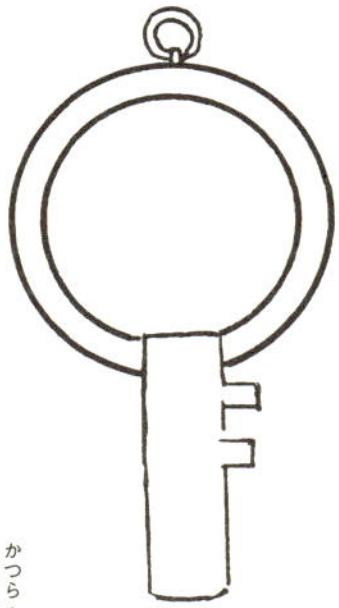

鍵《かぎ》作《つく》りの店

両《りょう》替《がえ》商《しょう》

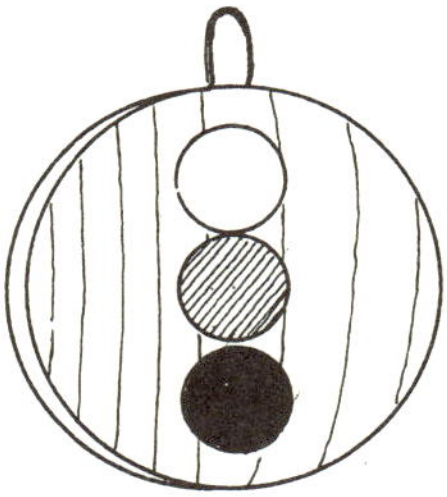

絵《え》具《のぐ》屋《や》

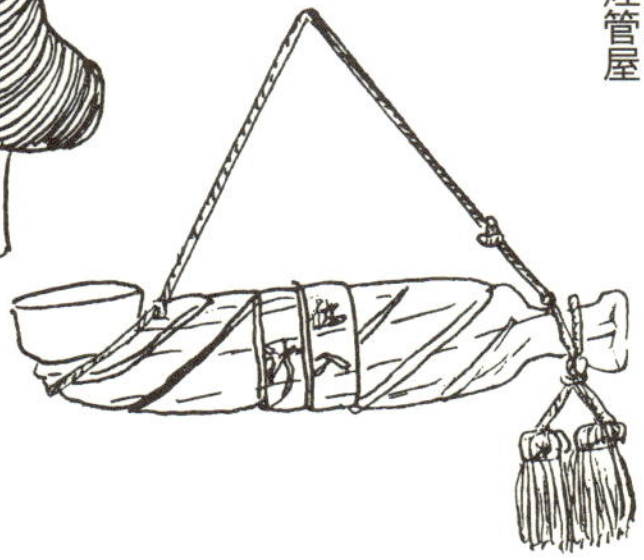

煙管《きせる》屋《や》

鬘《かつら》屋《や》

碁《ご》将《しょう》棋《ぎ》屋《や》

# 障子の絵看板

資産の多い商人は町の表通りに間口《まぐち》十間（約二十メートル）から五、六間（約十〜十二メートル）の店を構えたが、中・小商人は間口三間（約六メートル）から二間（約四メートル）くらいの貸家に住んでいた。

　商売によっていろいろな看板を軒先から吊り下げたり、屋根に付けたりしたが、そのほか入口が引違いの腰高障子《こしだかしょうじ》の戸の店では、商売の内容が一見してわかるような絵や文字を、障子の紙に墨で描いてあった。雨や風のないときは障子の片側だけを開けて、障子の絵看板が外から見えるようにしてあった。

　こういった店は、表通りでも二枚障子のほかは子連《こづれ》桟格子《さんごうし》か壁、あるいは下見板《したみいた》張りであった。夜が更けると雨戸を閉めたが、昼間は雨戸をはずしたから、絵看板の引違い戸だけとなった。はずした雨戸は路地の廂《ひあわい》（路地ほど広くなく、人がやっと裏へ抜けられるほどの狭い空地）に雨戸立てがあり、そこに立てた。

　絵看板には代表的な品物や文字が墨で描かれ、雨風に耐えるように桐油《とうゆ》を塗ってあった。庶民はこれに描かれた模様や文字を見れば、何の店かすぐに見当がついた。山くじら（猪肉）、髪結床《かみゆいどこ》の鬢《びん》、二八の文字の二八そば屋、赤穂行徳の塩屋、中汲もろみ（濁酒《どぶろく》）、御休み所（待合《まちあい》）、薬種（薬屋）、寿司屋、荒物屋《あらものや》（雑貨屋）、天麩羅《てんぷら》屋、甘酒屋《あまざけや》、蒲焼屋《かばやきや》、飯屋《めしや》、団子屋《だんごや》、餅屋、蒲鉾屋《かまぼこや》、豆腐屋、火の番小屋、自身番《じしんばん》小屋などがあり、絵に表しにくいものは文字で書かれていた。

　路地裏で細々と内職をしている家も、入口の腰高障子に糊《のり》や煙草《たばこ》刻みなどの絵や文字を、また職人などは自分の名前を書いた。だいたい間口一間分の腰高障子に絵や文字を描いてあるだけで、何町、何右衛門店《だな》（貸家）の誰それとわかったので、客は目当ての店をすぐに探し当てることができた。障子の絵看板は、店の宣伝だけでなく路地裏の目印にもなった。

　また、看板とともに大きな役割を果たしたのが「のれん」である。「のれんが古い」「のれんにかかわる」「のれんを分ける」などの言葉があるように、商家の象徴でもあった。

➡関連項目「長屋の小商売」52ページ

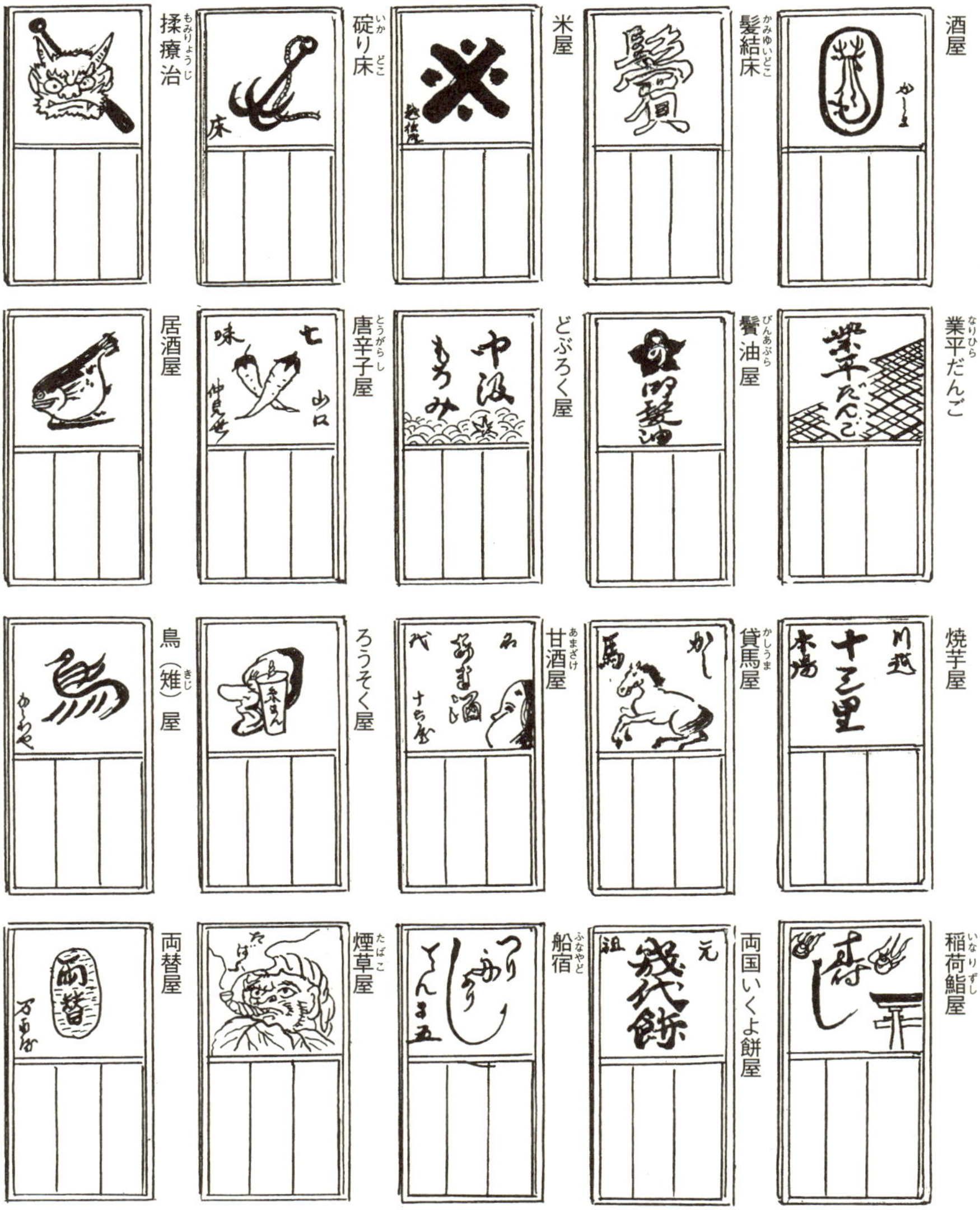

酒屋
髪結床《かみゆいどこ》
米屋
碇り床《いかりどこ》
揉療治《もみりょうじ》
業平《なりひら》だんご
鬢油《びんあぶら》屋
どぶろく屋
唐辛子《とうがらし》屋
居酒屋
焼芋屋
貸馬《かしうま》屋
甘酒《あまざけ》屋
ろうそく屋
鳥（雉《きじ》）屋
稲荷鮨《いなりずし》屋
両国いくよ餅屋
船宿《ふなやど》
煙草《たばこ》屋
両替屋

江戸の行商——❶

# 江戸の行商（一）

【汁粉《しるこ》売り】　汁粉を行商するのは夏を除いた季節で、主に夜、寒いときは昼間でも流して歩いた。夜の町を「汁粉やァ、お汁粉」と呼んで歩き、通行人や夜業の商店に呼びとめられると、その場で熱い汁粉を売った。縦長の箱一荷《いっか》（二つ一組）を天秤棒《てんびんぼう》でかつぐが、前の箱には餡《あん》の固まりの容器、箸、汁粉鍋を沸かす素焼きの七輪《しちりん》、後ろの箱には汁碗、茶碗と餅切れを入れた笊《ざる》、碗を洗う水を入れた樽が入っていて、かなり重いものであった。火を扱う行商なので、町奉行所の取り締まりが厳しかった。夏は、冷えた水玉売り（うどん粉を丸めてゆでて砂糖水をかけ、冷水で冷やした碗に入れて売る）をした。

【定斎屋《じょうさいや》】　漢方薬の定斎は苦い粉薬で、これに塩をつまんで入れ、熱湯をかけてフウフウ言いながら飲むと、暑気あたり、胃のもたれ、腹痛に効くといわれていた。昔の人はこれをよく飲み、昭和の初めごろまでは定斎屋がよく見かけられた。

定斎屋は主に夏の季節に行商した。定斎を入れた樫《かし》の木製の細長い箱一対を天秤棒でかつぎ、荷台の引き出しの環《わ》がカタカタ鳴るように調子をとって歩くので、遠くからでもやってくるのが聞こえた。二人一組で、一人が「定斎屋で御座い」と家ごとに呼びかけて歩いた。定斎屋の髷《まげ》は細いのが特徴で、また、定斎を飲んでいると暑い盛りでも平気だということを示すために、どんなに暑い日でも編笠《あみがさ》や手拭《てぬぐ》いをかぶらなかった。本舗《ほんぽ》は、日本橋、馬喰町《ばくろうちょう》、大坂屋が有名であった。

【焙烙《ほうろく》売り】　浅草の今戸の素焼物《すやきもの》売りである。焙烙というのは素焼きの皿状のもので、大豆やとうもろこしの粒を煎ったりする台所用品である。たいていの家に一つ、二つはあったが、素焼きで壊れやすいので、よく売れた。焙烙のほかに、素焼きの七輪《しちりん》、火消壺《ひけしつぼ》、行火《あんか》・炬燵《こたつ》に用いる火入れ、盃《さかずき》、今戸焼人形、豚形の蚊遣焚《かやりたき》入れ、飴を入れる小壺などを台にのせ、釣台の綱の代わりに竹の吊り手（俗に「馬」という）を天秤棒にかけて「焙烙屋で御座いー」と呼びかけながら歩いた。

汁粉売り
汁粉《しるこ》売りの荷台
火の用心

焙烙《ほうろく》売り
定斎《じょうさい》屋

# 江戸の行商（二）

【風鈴《ふうりん》売り】江戸中期ごろまでの風鈴は青銅の釣鐘型や家型に短冊をつけたものであったが、江戸末期ごろから硝子《ビードロ》の球状の風鈴が作られ、夏に軒下に吊るすと涼しげな音を立てるので流行した。そこで、初夏ごろから風鈴の行商が始まり、両掛けの屋台いっぱいに風鈴を吊り下げて歩く姿は、夏の風物詩のひとつになった。町を流して売り歩くと、その音《ね》につられてつい買ってしまう人も多かった。

【文庫《ぶんこ》売り】文庫は、戯作本《げさくぼん》や暦《こよみ》本を収納するための家紋が描かれた箱で、本を大事にする人は文庫を買った。厚紙製なので、たくさん積んでも文庫売りの荷は軽かった。町で「ぶんこやァ、ぶんこ」という呼び声がすると、娘たちが集まってきて好みの家紋の小文庫を買った。文庫の中に、本だけでなく身のまわりの小物を入れたりすることもあった。

【新海苔《しんのり》売り】江戸大森で採れる、とれたての新海苔を天秤棒でかついで売り歩いた。「新海苔やァ、新海苔、採立《とれたて》の新海苔」と呼んで売り歩き、新海苔という言葉につられて買う人も多かった。

【甘酒《あまざけ》売り】寒い季節になると、往来の脇で「甘酒やァ、三国一の富士の甘酒、甘酒やァ、甘酒」と呼び声がすると、つい「一杯《いっぺえ》くれ」と立ち止まる。荷台の前は七輪《しちりん》と釜、後ろは盆や茶碗、茶碗を洗う水槽である。胡椒《こしょう》の粉を振りかけて、一本箸でかき回しながら立ち飲みすると、体内が暖まった。

【魚売り】各家お出入りの流しの魚屋で、尻《しり》っ端折《ぱしょ》りにねじり鉢巻き姿、元気な声で「ちわー、○魚松で御座い」とてきぱきと声をかける。魚屋がおとなしいと魚の活きがよくないと思われかねないので、上品な家庭に対してもベランメエ口調でしゃべり、いつも走るように行動した。日本橋の魚河岸《うおがし》から仕入れてきて、客の要求どおりに包丁を入れて、差し出された皿にきれいに並べた。

江戸っ子は、初鰹《はつがつお》は女房を質に入れても食わねば恥だとばかりに、高価でも無理をして競って買うので、鰹の出まわるころには、「かつお、かつお」と呼び声をあげて小走りに行き来した。

風鈴《ふうりん》売り
文庫《ぶんこ》売り
甘酒《あまざけ》売り
あま酒
新海苔《しんのり》売り
魚売り

# 江戸の行商（三）

【端切《はぎれ》売り】呉服の老舗などでは太物（反物）を一反売りし、切り売りはしない。一反買って着物を仕立てたときに余ってしまう端切れを安く買い上げ、たくさんの小切れを天秤棒の両端に吊り下げて、「端切れやァ、端切れ」と呼びかけながら売り歩いた。安いので裏長屋の女性たちが求め、好みの柄を選んで襟《えり》や袖口に用いた。

【鯉《こい》売り】利根川あたりで採れた鯉や鮒《ふな》を川魚問屋から仕入れ、「鯉やァ、こい」と言って、天秤棒《てんびんぼう》でかついで売り歩いた。一匹では大きすぎるので、切って量《はか》り売りもした。鯉こく用には胴を輪切りにして鱗をはがさないなど、客の要求に応じて切って処理した。これを味噌汁に入れて食べるのが粋であった。

【苗《なえ》売り】三、四月ごろになると、きゅうり、なす、かぼちゃ、朝顔、瓢簞《ひょうたん》、夕顔の苗などを売って歩いた。「苗や、苗や、きゅうりの苗、糸瓜《へちま》の苗、なす、朝顔、夕顔の苗」と呼んで歩くと、長屋の住民も買って狭い路地の家の前に植え、外から家の中が見えないように目隠しや朝夕の慰めにした。

【絵馬屋《えまや》】初午《はつうま》が近づくと、町内の稲荷《いなり》神社などに、願い事や誓い事を描いて奉納するための絵馬を、天秤棒をかついで売って歩いた。「絵馬、絵馬、絵馬屋で御座い」と呼びながら歩いた。天秤棒ではなく、一本の棒に横手をつけて吊って飾り売る場合もあった。

➡関連項目「絵馬奉納（一）（二）」300～303ページ

【万灯《まんどう》売り】町内の祭りが近づくと、大小さまざまな万灯をかついで売り歩いた。好みの絵や文字、地口《じぐち》（言葉の謎かけのしゃれ）を書いてあるものや、自分で絵や文字を書くための白地のもの、子供用には武者絵、役者の大首絵などが好まれた。万灯は神社の境内、通り、路地にもつけたが、灯油の代わりにろうそくが用いられるようになって、ますます盛んになった。

➡関連項目「掛行灯、金網行灯」178ページ

【柏《かしわ》の葉《は》売り】当時、五月の節句には各家庭で柏餅を作ったので、餡《あん》を入れた餅を包む柏の葉が必要であった。そのため、その季節になると、柏の葉売りが町を流して歩いた。季節の行商である。

鯉《こい》売り
端切《はぎれ》売り
絵馬屋《えまや》
苗《なえ》売り
柏《かしわ》の葉《は》売り
万灯《まんどう》売り

# 江戸の行商（四）

【白酒《しろざけ》（濁酒《どぶろく》）売り】街頭で茶碗飲みの白酒を売った。主に駕籠舁《かごかき》や人足、職人が好んで立ち飲みした。歌舞伎の舞踊風の姿をして、おもしろおかしく通行人に酒をすすめた。

【豆腐屋《とうふや》】行商の豆腐屋である。朝早くから豆腐を作り、朝の客が途絶えると、天秤棒《てんびんぼう》でかついで「豆腐ーい、生揚《なまあげ》、がんもどき」と売り歩いた。買い手に呼びとめられると、「おみよつけにしますか、奴《やっこ》にしますか」ときく。「おみよつけ」は味噌汁用で、細かい賽《さい》の目に切る。奴（武家に仕える下僕のこと。奴の半纏《はんてん》の四角い紋に似ているのでこういう）はその約四倍の大きさで、湯豆腐か冷や奴にする。真鍮《しんちゅう》の包丁で器用に切って、客の持参した丼《どんぶり》に入れた。天秤棒が揺れて桶《おけ》の中の豆腐が崩れないようにかつぐのがコツで、夕刻になると再び町を流して歩いた。

【凧《たこ》売り】年の暮れになると、凧売りが大笊《ざる》にいろいろな凧を入れて、「凧屋で御座い、鳶《とんび》凧に奴凧」などと言って売って歩いた。猪熊《いのくま》凧（武者絵などが描かれている）、鳶《とんび》凧（鳶が翼を広げた形で黒塗り）、奴《やっこ》凧（歌舞伎の奴風の形に彩色）、鴎《かもめ》凧、達磨《だるま》凧、一つ目凧（一つ目小僧の顔）、三番叟《さんばそう》凧（三番叟踊りの顔）、火消《ひけし》凧（勇ましい火消しの姿）、烏賊《いか》凧、鯰《なまず》凧、振袖《ふりそで》凧、瓢簞《ひょうたん》凧、提灯《ちょうちん》凧、福助凧、将棋凧などのほか、「龍」「魚」「桐」「瀧」「鯉」など文字だけのもの、武者絵、金太郎、達磨、龍の絵などを凧絵師が描いた。

➡関連項目「凧揚げ」252ページ

【初午《はつうま》の太鼓《たいこ》売り】春の初午のころ、子供の遊戯用の太鼓を売って歩いた。

【油売り】灯油から食用油まで、真鍮《しんちゅう》の桶《おけ》に積んで、天秤棒でかついで油を量《はか》り売りした。いかにも新鮮そうに、真鍮の桶はいつもきれいに磨かれていた。油を真鍮の小さいひしゃくで汲んで、ゆっくりと垂らすように客の持参した容器に入れることから、「油を売る」という譬えが生まれた。

【青梅《あおうめ》売り】梅の実が熟すころ、「漬け梅やァ、漬け梅やァ」と呼びながら売り歩く。客は自家製の梅干しを作るために買い求めた。

豆腐屋《とうふや》
白酒《しろざけ》（濁酒《どぶろく》）売り
初午《はつうま》の太鼓《たいこ》売り
凧《たこ》売り
青梅《あおうめ》売り
油売り

# 江戸の行商（五）

【蚊帳《かや》売り】【幌蚊帳《ほろがや》売り】夏になると、現代では想像できないぐらい、江戸の町には蚊が多かった。昼間でも、物陰では蚊柱《かばしら》（蚊が空中の一か所に群れて飛び交うこと）が立ち、夕刻ごろから屋内に侵入して、人の血を吸った。宵《よい》の口は、どこの家でも、冬に干しておいたみかんの皮を燻《いぶ》したり、蚊遣《かや》り線香を焚いたりした。寝るときは麻で粗い網目に織った蚊帳を蒲団の上に吊るして蚊を防いだので、初夏のころから蚊帳売りが、「かやァー、幌蚊帳ー」と呼んで売って歩いた。

また幼児は昼間も寝るので、蚊に刺されないよう、小型の幌（母衣）蚊帳（竹枠の上を蚊帳で覆ったもの）に入れた。これを売る幌蚊帳売りもいた。

【煎茶《せんちゃ》・抹茶《まっちゃ》売り】江戸の人々は、往来で喉が乾くと、行商から煎茶や抹茶を買って飲んだ。暑気払いによいといわれる枇杷葉湯《びわのはゆ》を売る行商もあった。これは京都から伝わったものである。

【どじょう売り】夏、どじょうを食べると精がついて夏負けしないというので、江戸ではどじょうを煮た柳川料理が有名で、それを食べさせる店もあった。各家庭でも食べたので、流し売りのどじょう屋が、「どじょうやァー、どじょう」と呼びながら売り歩いた。「何匹」という注文があると、どじょうをまな板で裂いて骨を抜いて売った。

【団扇《うちわ》売り】扇風機のなかった江戸時代には、扇子《せんす》、団扇が夏の必需品で、大商店ではお得意様に団扇を配ったりした。細竹を細かく裂いて広げ、その両面に紙を貼り、表には涼を誘うような涼しげな風景や草花が描かれていた。涼を入れる団扇と火をおこすときに用いる渋《しぶ》団扇があったが、どちらも破れやすく補充が必要なので、団扇売りが町を流して売り歩いていた。

【朝鮮飴《ちょうせんあめ》売り】飴屋の流し売りは朝鮮飴を売り歩いたことから始まったらしい。「飴屋ァ、香《こう》ばしー、香ばしー」と言いながら、朝鮮のチャルメラを吹き、朝鮮風の編笠《あみがさ》をかぶっていた。飴は、さらし飴、ぶつ切り、棒飴などが見本に前の荷台に置いてあった。子供の集まりそうな所や裏店《うらだな》の路地を流して歩いた。

蚊帳《かや》売り
幌蚊帳《ほろがや》売り
煎茶《せんちゃ》・抹茶《まっちゃ》売り
どじょう売り
団扇《うちわ》売り
朝鮮飴《ちょうせんあめ》売り

# 江戸の行商（六）

【羽根売り】正月に遊ぶ羽根つきの羽根玉を売って歩いた。「羽根やァ、つくばねー」と呼びながら、竹ひごにはさんだ羽根を天秤棒《てんびんぼう》の前後に吊り下げ、子供が羽根つきをしている場所を流して歩いた。

【懸想文《けそうぶみ》売り】懸想文というのは一種の縁起物で、縁起の良い文を書いた付け文《つぶみ》（ラブレター）風のものである。毎年正月初めに、烏帽子《えぼし》に白布で顔を包み、白の水干《すいかん》（脇のあいた装束）に藁沓《わらぐつ》を履き、懸想文を梅の枝にたくさん結んで、町の若い者に売って歩いた。

【恵方《えほう》のまゆ玉《だま》売り】柳の小枝に「まゆ玉」に見立てた餅や縁起物をかたどったものを吊り下げて、往来で売った。これを買った人は、神棚などの傍《かたわ》らに挿しておいた。

【鮨《すし》売り】「すしやァ、こはだの鮨」などと呼び声を上げて、鮨箱を七、八段積み、弓張提灯《ゆみはりじょうちん》を持って売り歩いた。日本橋の「うの丸」が美味で有名であったので、夜遅くまで起きている人や盛り場、吉原、岡場所で歓迎された。売り子は美男で美声の者が多かった。

【手車《てぐるま》売り】小さい車輪の溝に糸を巻き、糸が伸びると反動で車輪が糸を伝わって捲き上がる。素焼きの土製であるが、今のヨーヨーと同じである。「ぐるぐるまわる、てんぐるま、こゥれはだァれのてんぐるま」と呼び声に合わせて見せるので、子供たちは親にねだって買ってもらった。

【蝶々《ちょうちょう》売り】紙で蝶を作って紐で棒につないで振り回すと、蝶がひらひら飛んでいるように見える。「蝶々とまれや、菜の葉にとまれ」と節をつけながら、子供の集まっているところで売った。

【唐辛子《とうがらし》売り】唐辛子の形をした張り子の容器に、七色唐辛子の小袋を入れて売って歩いた。

【玉屋《たまや》】椋《むく》の実を煮て、冷やした水に、小さい容器と藁《わら》をつけて売った。今のシャボン玉と同じように、泡が玉になって空気中を飛んだ。

【貸本屋】江戸時代、本は貴重で、貸本屋がお得意様をまわって期限付きで貸し、貸し賃を取った。上流の家庭にも出入りするから、腰が低く、言葉もていねいであった。

羽根売り
懸想文《けそうぶみ》売り
恵方《えほう》のまゆ玉《だま》売り
鮨《すし》売り
手車《てぐるま》売り
蝶々《ちょうちょう》売り
唐辛子《とうがらし》売り
玉屋《たまや》（シャボン玉売り）
貸本屋

# 江戸の行商（七）

【目鬘《めかつら》売り】目鬘というのは顔の上半分のいろいろな面相を紙に描いたもので、江戸庶民が花見などに出かけるときに付ける一種の顔隠しである。爺さんが娘の目鬘を付けたり、子供が鬼の目鬘をつけたりしておどける。この目鬘を売って歩いた。

【糊《のり》売り】糊売りは、たいてい裏長屋の老婆の内職であった。「のりやァ、姫糊《ひめのり》」と呼んで売り歩いた。

【納豆《なっとう》売り】納豆売りも裏長屋の老婆の内職で、納豆屋からわずかばかりの納豆を仕入れてきて、朝寒いうちから売り歩いた。

【お釜《かま》おこし売り】「お釜おこし」（生活が良くなるという意味がある）は、釜の形をした縁起物のおこし（米をふかして乾燥させ砂糖や蜜で固めた菓子）で、景気よく踊りながら売って歩いた。

【孫太郎虫《まごたろうむし》売り】孫太郎という川に棲む虫（ヘビトンボの幼虫）を乾燥させた子供の疳《かん》の薬を売り歩いた。「奥州はアサイ川の名産、まごたろむしー、五《ご》疳驚風虫《かんきょうふうむし》、一切の妙薬う」と呼んで戸別に訪ねて回った。ほかに山椒魚《さんしょううお》の燻《いぶ》したものなども売った。

【練物《ねりもの》の番付《ばんづけ》売り】祭礼のときに町を練り歩く練物の番付などの刷物《すりもの》を、通行人に呼びかけて売った。

【取換《とっけ》べえ屋《や》】壊れた金属製品と、持参の菓子などを取り換える金属回収業。鉦《かね》をたたいて「煙管《きせる》の潰《つぶ》れでも、鏡の壊《こわ》れでも、鼈甲《べっこう》の折れでも目つけただけ持ってこい。とっけえべえ」と、わめくように言った。

【羅宇屋《らおや》】煙管の竹の部分を「らお」または「らう」というが、傷んだ「らお」を交換したり、詰まっている脂《やに》を掃除する商売である。「らおやで御座い」と言って歩いた。

【砂糖売り】江戸時代、砂糖は貴重であったので、少量ずつ量《はか》り売りをした。

【眼鏡屋《めがねや》】眼鏡は、今のように度を合わせたものではなく、ほとんど拡大鏡であったが、それでも老人には貴重であった。拡大鏡で見ても視力が弱ってくると、さらに度の強いものが必要になる。そのため「めがね屋で御座い、めがねの玉を取り換えます」と言って、いろいろなレンズを持って行商する眼鏡屋がいた。

目鬘《めかつら》売り
糊《のり》売り
納豆《なっとう》売り
お釜《かま》おこし売り
孫太郎虫《まごたろうむし》売り
練物《ねりもの》の番付《ばんづけ》売り
取換《とっけ》べえ屋《や》
羅宇屋《らおや》
砂糖売り
眼鏡屋《めがねや》

# 江戸の行商（八）

【細見《さいけん》売り】吉原土手や浅草の盛り場の往来で、新吉原の遊女の格や値段などの明細を書いた木版刷りを、呼び声を出して売り歩いた。

【寒紅《かんべに》売り】紅は蛤《はまぐり》の殻に厚く塗り重ねてあり、浅草の紅勘《べにかん》の雇い人が、寒紅の行商をして歩いた。「寒紅はよろしう御座いますか」と、女性のいる家を戸別に訪ねた。のりがよい紅なので歓迎された。

【暦《こよみ》売り】暦は木版刷りで、一年の吉凶、物日《ものび》を詳細に記してあり、暦売りが戸別に訪ねて売り歩いた。

【古椀《ふるわん》買い】漆《うるし》がはげたり欠けたりした木椀を安く買い、問屋に売る商売である。椀は修理されて再び店頭に並ぶ。売ると子供の菓子代ぐらいにはなった。

【辻占《つじうら》売り】「深川名物、かりんとう、かりんとう」と呼びながら、「恋の辻占ー」と言って、辻占（うらないの紙）と花林糖《かりんとう》（小麦粉を油で揚げた菓子）を若い男女に売りつけた。

【短冊《たんざく》・色紙《しきし》売り】七夕が近づくと、七夕に使用する短冊や色紙を行商が売って歩いた。

【枝豆《えだまめ》売り】実ってまだ若いさや付きの大豆をゆで、塩を振りかけたものを持って、屋敷町を「枝豆やァー、玉子玉子」と流して歩き、ゆで卵も売った。武家奉公人などが一人で酒を飲むときのつまみによく買い求めた。

【線香《せんこう》売り】裏店の老婆などの内職で、線香やしきみを線香屋や花屋から仕入れ、「おせんこうや、おせんこう、しきみも御座います」と通りを流して歩いた。

【草餅《くさもち》売り】よもぎの若芽を餅に混ぜてつき、団子や餡《あん》入りにしたものを笊《ざる》に入れて背負い、商店街や裏店を売って歩いた。餅を仕入れて売るので、もうけはわずかであった。農家の老婆の内職が多かった。

【印肉《いんにく》売り】印肉は朱を油で練ったもので、綿に浸ませて判を押すのに用いる。商店などで必要な道具で、朱肉を詰め替えるのに用いた。

【味噌漉《みそこ》し・笊《ざる》売り】味噌漉し、笊などの竹製品を天秤棒《てんびんぼう》の両側に付けるが、軽いものなのでかつぎ手が見えないぐらい大量に積み込む。「味噌漉しや、みそこし、笊に万年ひしゃくー」と呼んで歩いた。

古椀買《ふるわんか》い
暦《こよみ》売り
寒紅《かんべに》売り
細見《さいけん》売り
枝豆《えだまめ》売り
短冊《たんざく》・色紙《しきし》売り
線香《せんこう》売り
辻占《つじうら》売り
味噌漉《みそこ》し・笊《ざる》売り
印肉《いんにく》売り
草餅《くさもち》売り

# 江戸の行商（九）

【下駄屋《げたや》】店を持てない下駄屋や下駄屋の使用人が、たくさんの下駄類を天秤棒《てんびんぼう》でかついで町を流して売り歩いた。「下駄屋で御座い」とのんびりと呼びかけた。

⬇関連項目「下駄」194ページ

【国分《こくぶ》の煙草《たばこ》売り】江戸時代の煙草は国分が有名で、刻んだ葉を量《はか》り売りした。縞《しま》の着物に尻《しり》っ端折《ぱしょ》り、紺股引《ももひき》、紺足袋《たび》、頭に手拭《てぬぐ》いをのせ、粋な姿に「国分」と書いた箱を背負って、客の集まる盛り場や髪結床《かみゆいどこ》などを一軒一軒訪ねて葉煙草や刻み煙草を売った。

【七夕《たなばた》の竹売り】七夕には竹に短冊などを下げて祭るので、そのための竹を七月七日前に売って歩いた。「竹やァ、竹屋、七夕の竹や」と呼び声をかけながら、町を流して歩いた。

【銭緡《ぜにさし》売り】江戸時代は、穴あき銭百枚を紐で通してまとめ百文とした（ただし、中期以降は、九十六文でも百文として通用した）。麻屑《あさくず》か藁《わら》をよって、銭に通してまとめるが、その緡紐《さしひも》はたいてい身分の低い武家奉公人ややくざの下っ端が内職に、十緡を一把、十把を一束として商店などに強制して売った。

⬇関連項目「貨幣と銭貨入れ」46ページ

【古傘《ふるがさ》買い】唐傘《からかさ》の破れたものや骨の折れたものをただ同然に買う。買った傘は修理して売ったり、傘の油紙を上手にはがして、ももんじや（猪、鹿、熊などの肉を売る店）に包み紙用として売ったりした。

⬇関連項目「傘」188ページ

【煤払《すすはら》いの竹売り】年の暮れの煤払いでは、高くて手の届かない所の煤や埃《ほこり》を、先端に葉の付いた竹で払うが、これを売って歩いた。

【空樽《あきだる》買い】醤油《しょうゆ》樽や酒樽の空いたものを安値で買い集めて再生品にする商売である。「空樽屋で御座い、空樽のお払いは御座いませんか、空樽ー」と、呼んで歩いた。

【神様の供え物売り】年の暮れには、神仏を祀った祠《ほこら》をきれいに掃除し、一年間、飾ってあった御神酒《おみき》徳利《とっくり》の御幣《ごへい》型に彫った銅の栓も新しいものに交換する。これを扱う行商で、木や土製の恵比須《えびす》、大黒《だいこく》の像なども売った。

下駄屋《げたや》
国分《こくぶ》の煙草《たばこ》売り
七夕《たなばた》の竹売り
銭緡《ぜにさし》売り
古傘《ふるがさ》買い
煤払《すすはら》いの竹売り
空樽《あきだる》買い
神様の供え物売り

# 江戸の行商（十）

【お宝《たから》売り】正月二日の夜に良い夢を見るための、木版刷りの宝船に七福神を描いた紙を元旦に売った。若いいなせな男性が、たたんだ手拭《てぬぐ》いを頭にのせ、尻《しり》っ端折《ぱしょ》り、紺股引《ももひき》、紺足袋《たび》、草履《ぞうり》姿で「おたからァ、おたからァ、おたから、お宝、お宝、お宝」と、よくとおる声で夜の町を売って歩いた。

これを枕の下に敷いて寝ると良い夢を見るというので、縁起かつぎの江戸っ子は喜んで買った。絵は龍頭の帆掛《ほか》け船《ぶね》で、帆には「宝」か「寿」の文字が書いてあり、船中には七福神と金銀珊瑚《さんご》、米俵《こめだわら》、千両箱などが山積みしてある。上方に「ながきよのとおのねぶりのみなめざめなみのりぶねのおとのよきかな」という和歌（回文歌という）が書かれているが、これは下から逆に読んでも同文で、めでたい唄として喜ばれた。

年頭から不吉な夢を見たくないというので、夢を食うという獏《ばく》（想像上の動物）の絵を枕の下に敷いて寝ることもあったが、お宝売りの絵のほうが好まれた。

【読売《よみ》り】ニュースや怪奇な事件などを紙に刷って、町で売った。俗に「瓦版《かわらばん》」というのは、もともと瓦を作る泥板に文字を彫って乾燥させ、これに墨をつけて数十枚刷って売ったからで、後に木版刷りとなった。今の号外にあたり、ときには彩色された絵も入った。

二人連れで、事件や怪奇なことなどの一節を、声高におもしろおかしく読み、肝心なところになると「詳しいことはこの紙に書いてある」と言うので、庶民は知りたくて先を争って買った。色町の醜聞なども「新版、くどき節」などと称して売った。

【一つとせ節《ぶし》の流し】鈴木主水《もんど》が新宿の遊女屋で人斬りをした経緯を唄にした「鈴木主水のクドキ」などをうたって、歌詞の木版刷りを売って歩いた。

当時の流行歌のようなもので、「一つとせ、何々」と数え上げる。粋な姿の男女が一組となって、盛り場を流して歩いた。男性がよくとおる声でうたい、女性がこれに三味線を合わせた。新内流《しんないなが》しのようであるが、唄の文句を書いた紙を売った。

お宝《たから》売り

一つとせ節《ぶし》の流し

読《よみ》売り

# 江戸の行商（十一）

【売卜者《ばいぼくしゃ》】往来での占い者で、組み立てた机に布を敷き、筮竹《ぜいちく》の筒、八卦《はっけ》、大きな虫眼鏡、観相《かんそう》の看板でもある小さいろうそく行灯《あんどん》を置いて、通行人で観相を求める人を待つ。場所には縄張りがあり、いつも定位置にいて、手相、面相、運勢を占い、わずかの口銭をとった。だいたい禄《ろく》を離れた浪士で、卦相を学んだ者の職であったらしく、みすぼらしい衣服で、古織の羽織《はおり》や被布《ひふ》をつけて、顔が見えないように編笠《あみがさ》をかぶり、小脇差《こわきざし》一刀を腰にさしていた。

【古書売り】外神田の御成道に面して筵《むしろ》を敷き、古くなった記録本や写本を並べて、古本好きの客を待つ。草双紙《くさぞうし》など雑多なものが多いが、なかには資料的に有効な書もあり、こういったところから思わぬ貴重な資料が出ることもあった。

これも禄を離れた浪士のたつき（生活のもと）であったらしい。古書の価値を判断するのが上手で、紙屑《かみくず》屋《や》がただ同然に買い集めてくる紙屑買取所から安く分けてもらい、価値に応じた値を付けて売った。客には一文も値引きしなかった。

【岩見銀山《いわみぎんざん》鼠《ねずみ》取《と》り売り】猛毒のヒ素を食物に混ぜて置いておくと、これを食った鼠は死ぬ。そこで、岩見銀山（岩見国大森）から銀を採取するときに採れるヒ素を入手して、鼠取りの毒薬として売って歩いた。

岩見銀山鼠取りと書いた小さい幟旗《のぼりばた》を片手に、肩から薬を入れた小箱を吊って、「いたずら者（鼠のこと）はいないかな」と呼んで歩くと、いたずら盛りの子供は自分を探していると勘違いして、家の中に逃げ込んだ。

【扇の地紙《じがみ》売り】扇は涼を得るためや儀礼用に一年中使用するので、地紙が破れたり傷んだりすることがある。その扇面の貼り替えをする商売であった。

たくさんの種類の地紙を肩にして、粋な格好の女性が町を流して歩いた。「扇の地紙屋で御座い」と、破れたり骨の折れた扇を器用にたちまち貼り替え、しかも廉価であった。

⬇関連項目「いろいろな女性の風俗」238ページ

売卜者《ばいぼくしゃ》（占《うらな》い）

古書売り

岩見銀山《いわみぎんざん》 鼠取《ねずみと》り売り

扇の地紙《じがみ》売り

# 江戸の行商（十二）

【扇《おうぎ》の空箱《からばこ》買い】江戸時代は祝儀に扇を贈る慣習があったが、必ず箱に入れて贈るので、祝儀の折には扇箱がたくさん集まり、どの家にもいくつか空箱があった。それを買い集めて、再生品として用いる商売である。また、物を贈るときは目録台に載せて呈上するが、目録台は後で使いようがないので、これも買い集めた。汚れたり傷んだりしたものは直して献残屋《けんざんや》（不要な献上物の台を買い取る商売）に売り、献残屋はこれをまた客に売った。当時はわずかのものでも、なかなか捨てなかった。

【灯心《とうしん》売り】灯油皿に浸して明かりをつける灯心（「とうしみ」「とうすみ」ともいった）は、日々少しずつではあるが、当時の生活になくてはならない日用品であった。綿糸や、藺草《いぐさ》の外皮をむいたものを用いるが、武家奉公人や貧しい人が、藺草の外皮をていねいにむいた灯心の束をかついで、町屋に売って歩いた。程度の良くない武家奉公人ややくざの下《した》っ端《ぱ》が、富裕な商店に標準より高く売りつけることもあった。

➡関連項目「行灯」174ページ

【張板《はりいた》売り】当時、着物を洗濯するには、縫い糸をほどいてバラバラにし、洗ってから「ふのり」（フノリ科の海草で、乾かして紙のようにしてある）を溶かした液か、飯を粥《かゆ》よりも薄くしたものにつけ、張板（長さ約二メートル×幅約六十センチ）という板に張って乾かした。すると新品のような布になるので、どの家でも張板が必要であった。これを三十枚ぐらい束にしてかつぎ、「はりいたやァー、はりいた」と呼んで歩いた。

【梯子《はしご》売り】梯子を五つぐらいまとめて肩にかつぎ、「はしごやァー、はしご」と呼びながら町を流して歩いた。一軒に一脚あれば、壊れない限り新しいものは要らないので、一日に一脚売れるとよいほうであった。

【竹とんぼ売り】竹を削ってプロペラ状にし、中心に細竹を挿し、両手で細竹をしごいて離すと、竹とんぼのプロペラが回転して空中に飛ぶ。子供の玩具で、これを売り歩く行商人がいた。

灯心《とうしん》売り

扇《おうぎ》の空箱《からばこ》買い

張板《はりいた》売り
梯子《はしご》売り
竹とんぼ売り
竹とんぼ

# 江戸の行商（十三）

【研屋《とぎや》】剃刀《かみそり》、包丁、はさみ、小刀などから鋸《のこぎり》の歯研ぎまで研ぎ上げる行商である。「研ぎや、研屋で御座い、はさみ、包丁、かみそりの研ぎ」と呼びながら歩き、注文があると、その家の前で研ぎ上げ、工賃をもらった。

【鋳掛屋《いかけや》】鋳掛屋《いかけや》とも書く。鉄や銅の鍋、釜、やかん、銅壺の壊れたものを熱で溶接して修理する仕事。炭火や鞴《ふいご》を天秤棒《てんびんぼう》でかつぎ、「鋳掛屋で御座い、鍋、釜の継ぎ」と言って歩いた。注文があると、その家の前に荷を降ろして仕事を始める。熱を使う仕事なので、夏などは木陰などの日陰で行った。

【小間物屋《こまものや》】高麗《こま》と音が似ているので「高麗売り」ともいう。笄《こうがい》、櫛《くし》、簪《かんざし》、元結《もとゆい》、丈長《たけなが》、白粉《おしろい》、紅《べに》、紙入れ類、煙草《たばこ》入れ、韋《かわ》財布など主に女性用の小間物を扱った。引き出しがたくさん付いた細長い箱を、紺の大風呂敷《おおぶろしき》で包んで背負い、「小間物屋で御座い」と呼びながら屋敷町を流したり、日ごろから出入りしているお得意様をまわって歩いた。支払いは月末なので、帳面と、筒に筆を入れた矢立《やたて》をいつも腰にしていた。

【鰻《うなぎ》の蒲焼屋《かばやきや》】四角い台を天秤棒でかついで「鰻、蒲焼」と言って歩いた。注文があると、桶から鰻を出し、器用な手つきで裂いて大骨をとり、二、三寸（六〜九センチ）くらいに切って竹串二本で貫き、鉄が二本炭火に渡してあるのに載せて焼き、陶器の皿に載せて出す。醤油《しょうゆ》にみりんを混ぜたたれに漬けて出すが、飯は出さない。客は皿を持って立ち食いする。だいたい二百文ぐらいであった。

➡関連項目「鮨、天麩羅、鰻」164ページ

【提灯《ちょうちん》の張替屋《はりかえや》】「提灯の張替」と傘に文字を書き、箱を二つ天秤棒でかついで、「提灯の張替」と言って歩いた。提灯の折れた骨を巧みに補修し、破れた紙を張り変え、ろうそく立てや釣り手の損傷も直す。注文によっては図案や文字を描き入れ、ついでに番傘《ばんがさ》にも文字を書く。紙は破れた面だけを張り替えるので修理の跡が目立った。また、客の注文で、台所の煙出しの天窓の修理もした。これには柿渋《かきしぶ》を塗った。

鋳鉄屋《いかけや》
研屋《とぎや》
小間物屋《こまものや》
提灯《ちょうちん》の張替屋《はりかえや》
鰻《うなぎ》の蒲焼屋《かばやきや》

# 江戸の行商（十四）

【水弾《みずはじき》売り】水弾は水鉄砲ともいい、子供の玩具の水鉄砲の大型のもので、消火用に使った。木製で、大きな筒の下の方に小さい筒が付いている。筒を桶に入った水に入れ、取っ手を力一杯押すと、小さい筒から水が噴き出す。桶の水はたちまちなくなってしまうので、次々と補給する必要があった。今の消火器のようなもので、江戸では火災が多かったので、商家では水弾を天水桶《てんすいおけ》、玄蕃桶《げんばおけ》とともに備えていた。ただし、火勢が強いとあまり役に立たなかった。

➡関連項目「男の子の遊び」254ページ

【墨渋《すみしぶ》売り】柱や板塀に墨渋を塗ると長持ちする。墨渋は墨に灰を混ぜたもので、これを樽に詰めて天秤棒《てんびんぼう》でかつぎ、板塀や門を立て直した所を見つけ、請け負って塗った。塀などは一間四方を一坪と見積もりして値段を決めた。「黒板塀に見越しの松」というしゃれた風情は、この墨渋売りの仕事によるものであった。

【塩辛《しおから》売り】塩辛は、鰹《かつお》、小海老《えび》、烏賊《いか》などを塩と糟漬けにしたもので、細かく刻んで、酒の肴やおかずにした。当時、魚屋や惣菜屋《そうざいや》では売っていなくて、行商から量《はか》り売りで買った。行商は、小田原から船で直接送られてくる問屋から仕入れて売り歩いたが、収入としてはわずかであった。

【茶飯《ちゃめし》売り】夜遅くまで起きていたり、夜更けてまで遊んでいる者が空腹を覚えると、茶飯売りの行商にちょっと立ち寄って腹を満たした。茶飯のほか、あんかけ豆腐などもおかずに出した。葛粉《くずこ》と醤油《しょうゆ》を沸かしたあんを豆腐にかけたものである。

【枇杷葉湯《びわのはゆ》売り】枇杷の葉を煮出した湯が暑気払いにいいというので、酷暑のころ、菅笠《すげがさ》に夏の半纏《はんてん》の軽装で枇杷葉湯を天秤棒でかつぎ、木陰などで茶碗に汲んで売った。京都が本場であるが、江戸でも流行し、橋のたもとなどでよく、「御存じ、本家天満難波橋朝《てんまなんばばしあさ》田枇杷湯《だのびわゆ》」とか、「本家は京都からす丸枇杷葉湯」と通行人に呼びかけた。あまりおいしいものではないが、原料が安いために廉価で、のどが乾くとつい一杯買ってしまう人も多く、熱いのをふうふう言いながら飲んだ。

墨渋《すみしぶ》売り
水弾《みずはじき》売り
塩辛《しおから》売り
枇杷葉湯《びわのはゆ》売り
茶飯《ちゃめし》売り

# 江戸の行商（十五）

【醤油《しょうゆ》売り】【塩売り】醤油や塩を桶《おけ》に入れて天秤棒《てんびんぼう》でかつぎ、「醤油やァ、しょうゆ」と言って売り歩いた。裏長屋に住む日雇いの貧しい人は稼ぎが低くて、一度に醤油一升や塩一袋を買えないので、一合、二合と量《はか》り売りした。ときには酒も売った。

【箒《ほうき》売り】天秤棒の前後に、いろいろな箒を入れた木の枠台をかついで、「箒やァ、ほうき、座敷箒《ざしきぼうき》に竹箒」と呼んで歩いた。座敷箒は箒草を平たくまとめて竹の柄の先につけたもので、庭箒は竹の小枝や棕櫚《しゅろ》で作られている。手箒は箒草をまとめたもので竈《かまど》の清掃に用い、別名「荒神箒《こうじんぼうき》」ともいう。藁《わら》を一握り束ねた箒も同じように用いられた。

➡関連項目「商店の掃除」42ページ

【漬物売り】当時、普通の家庭では菜や大根を大量に買って自分の家で漬物にしたが、そうした費用の出ない低所得者や独身者、不精者《ぶしょうもの》は、一度に食べるだけの量を漬物売りから買った。

【灰《はい》買い】竈《かまど》の灰や落ち葉などを燃やした灰を買って歩いた。灰は灰汁《あく》抜きに用いるほか、墨渋《すみしぶ》といって板塀などに塗る墨に混ぜると長持ちするので必要品であった。量が多くても軽く、ただ同然で安く買った。

【野菜売り】店舗を持つ余裕のない八百屋が、大根、葱、人参、なす、きゅうり、菜などを青物市場から少量ずつ仕入れ、目笊《めざる》に入れて天秤棒でかつぎ、日ごろ出入りのお得意様まわりや裏長屋の路地を売り歩いた。「八百屋で御座い、なすにきゅうりに大根……」など、その日の荷によって呼びかけ方が違った。

【三宝荒神《さんぽうこうじん》の松《まつ》売り】毎月晦日ごとに台所の三宝荒神に供える松の枝を目籠《めかご》に入れて、天秤棒でかついで「松やァ、荒神松。お花やァ」と言いながら売って歩いた。だいたい一枝四文であった。三宝とは仏・法・僧のことで、これを祀ったのを三宝荒神といったが、江戸時代は竈《かまど》の守護の神として町屋では台所に祀った。なかには片手に松を入れた目籠、片手に鶏を描いた絵馬を持つ行商もいた。これは鶏の絵馬が油虫を食ってくれるというおまじないのようなもので、台所の壁に掛けた。

箒《ほうき》売り
醤油《しょうゆ》売り
漬物売り
塩売り
三宝荒神《さんぼうこうじん》の松《まつ》売り
野菜売り（天秤棒振《ぼてふり》八百屋《やおや》）
灰《はい》買い

# 江戸の行商（十六）

【植木売り】二本の竹を中央から二つ折りにして交叉させ、これに台を固定したものを竹馬《たけうま》という。この台に草花の植木鉢や盆栽などを載せ、天秤棒《てんびんぼう》でかつぎ、「植木屋で御座い、○○（季節の草花の名前）」と呼んで売り歩いた。江戸では裏長屋の住民も、こうした小さい鉢植えを入口に並べて楽しんだ。苗売りから朝顔や夕顔の苗を買い、入口に竹を立てて蔓《つる》をはわせ、中をのぞかれないよう目隠しにする風流な家もあった。また、きゅうりやなすはおかずの足しにもした。

【花売り】京都では季節の草花を編笊《ざる》や薦《こも》に入れて頭に載せて行商するが、江戸では、大笊や箱段、竹の管に挿したものを天秤棒でかついで売った。一枝五文から十二文ぐらいであった。ハサミをパチンパチンと鳴らしながら、「花屋で御座い」と呼んで歩いた。

【金魚売り】夏が近づくと金魚売りが来た。岡持《おかもち》の形をした大型の桶《おけ》に、緋鯉《ひごい》の類の小さい金魚、腹のふくらんだ蘭虫《らんちゅう》（丸《まる》っ子《こ》ともいう）、めだかなどを入れて天秤棒でかついで売り歩いたが、かつぎ方や歩き方が上手で、桶の水があまり揺れなかった。買った金魚は壺に入れ、台所の隅や裏口に置いて楽しんだ。また、裕福な家では硝子《ビードロ》の鉢に入れて飾った。

また暑くなると、裏長屋でも窓や障子《しょうじ》を開け放して簾《すだれ》を掛けるので、これを丸くたたんで前後に積み、天秤棒でかついで売り歩く簾売りも来た。上等なのは竹簾、安いものは葭《よし》簾であった。

➡関連項目「六月の行事」314ページ

【虫売り】天秤棒の付いた屋台に市松模様に障子を張り、竹ひごで作ったいろいろな形の虫かごを吊り下げ、こおろぎ、松虫、鈴虫、轡《くつわ》虫、玉虫、ひぐらし、蛍《ほたる》などを売って歩いた。とくに夕涼みのころには、蛍がよく売れた。秋の夜長にこおろぎや鈴虫が鳴くのを聞くのは涼しげで風流なので、貧しい裏長屋の住民も虫を飼った。餌は西瓜《すいか》の皮やなす、きゅうりなどで、ときにはよい声を出させようと、砂糖水をやることもあった。縁日でも虫売りが往来に店を開いてにぎやかな鳴き声をあげるので、子供たちが欲しがったが、虫より籠の値段のほうが高かった。

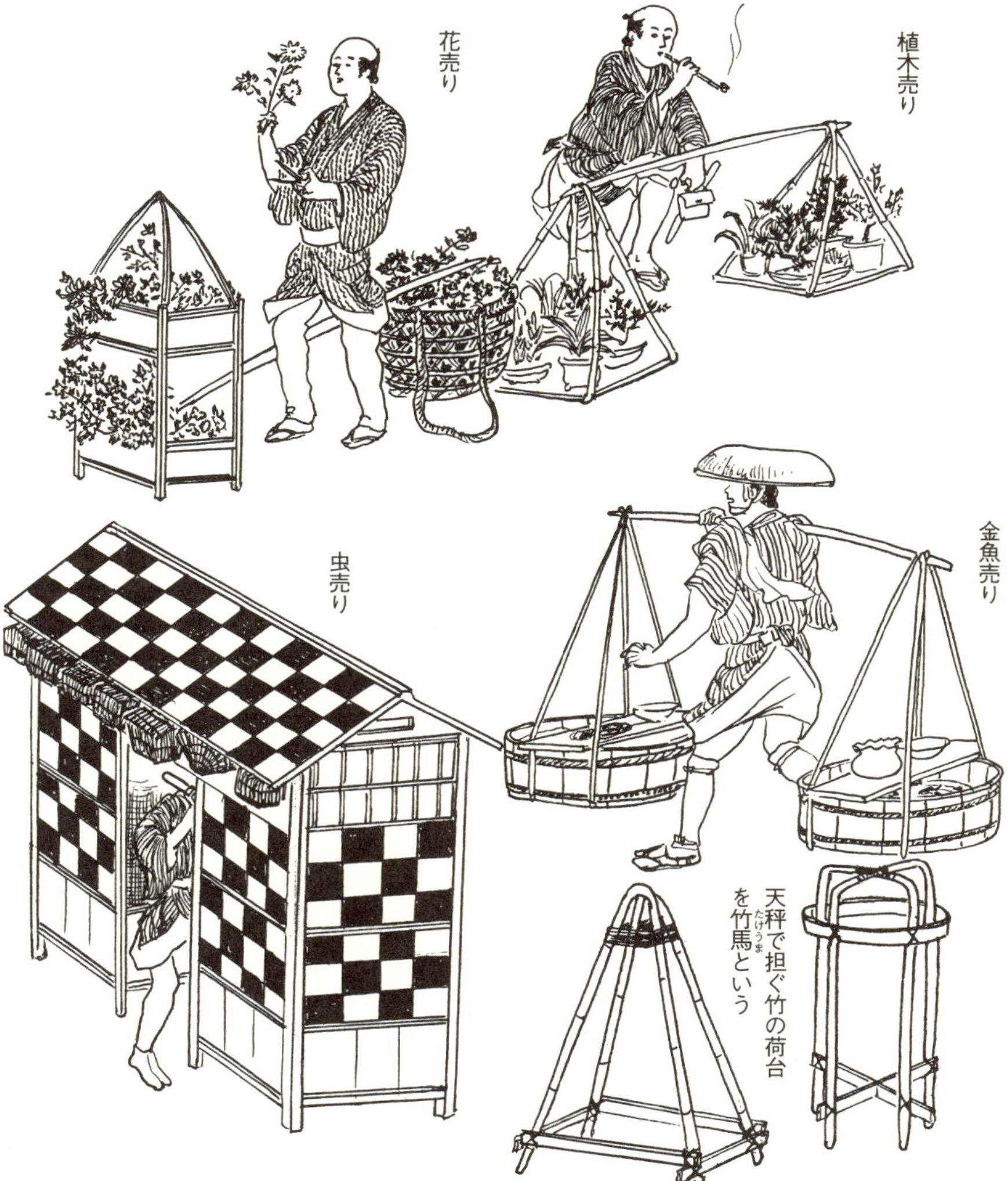
花売り
植木売り
虫売り
金魚売り
天秤で担ぐ竹の荷台を竹馬《たけうま》という

# 江戸の行商（十七）

【冷水《ひやみず》売り】夏になると、冷水売りが、井戸水を桶《おけ》に汲んで売って歩いた。ただし、ただの水ではなく、砂糖と寒晒《かんざら》し粉を団子《だんご》にしたものを水に浸しておき、これを冷たい水に二、三個入れて売った。天秤棒《てんびんぼう》の前には団子と容器、後ろには水桶をかつぎ、盛り場などで立ち売りした。水は絶えず汲み替えて冷たくしていた。

【飴《あめ》売り】前後に箱の付いた天秤棒をかつぐが、必ず薦《こも》などで屋根を付け、「下り、くだり」と呼んで歩いたのは京阪式の飴も売るという意味だろうか。紅白の薄い飴を巻いて丸棒にしたものをぶつ切りにすると渦巻きの飴ができるが、箱の両側には、必ずこの渦の絵が描いてあった。

【付木《つけぎ》売り】付木というのは、今の燐寸《まっち》のようなもので、当時は行灯《あんどん》の灯心や竈《かまど》に火を移すために必要であった。柿葺《こけらぶ》きの板のような薄い小片の板の先に硫黄《いおう》が付いていて、火打石の火花をここに移すと発火して燃える。その炎を行灯の灯心やろうそくの芯、薪《まき》などに移して点火した。この付木の束を天秤棒でかついで売り歩いた。

付木は、明治以降、燐寸が用いられるようになるまでは、どこの家庭にもあった必需品で、祝いの食べ物を重箱に入れて近所に配ると、もらった方は返礼のしるしに、重箱に付木を入れて返すという習慣もあった。付木は幅十九センチぐらいの檜《ひのき》の薄板（木の目肌を縦にして裂きやすくしてある）でできていて、必要なときに五センチぐらい折りとって使う。火打石の火花を硫黄の部分に移すと燃え出すので、その火を鉋屑《かんなくず》や紙屑に移し、薪《まき》などに燃え移らせた。

【ところてん売り】ところてん売りは夏、柳の木陰などに荷を降ろして商売をした。客が注文すると、底が四角い網目になった水鉄砲状のものに、ところてんを入れ突棒を押すと、先端から太い麺状になって出てくるので、それを皿に受け、酢醤油《じょうゆ》をかけて出した。ところてんは、海草のテングサを煮てどろどろにしたものを冷やし、寒天を加えて再び煮て、柔らかく固めたものである。

飴《あめ》売り
冷水《ひやみず》売り
付木《つけぎ》売り
硫黄《いおう》
薄板
突棒
金網《かなあみ》
突棒でところてんを押し出す
ところてん売り

# 江戸の行商（十八）

【札納《ふだおさ》め】当時、各家庭では十二月下旬に神棚の煤払いをして、お供えしてあるお札や御幣《ごへい》を新しいものと交換した。その古いお札や御幣を集めてまわる商売である。「お払いおさめよ、古札おさめ」と呼びながら町を歩き、お札となにがしかの銭をもらう。集めたものは新年に神社に持っていって焚き上げた。

【銭蓙売《ぜにござう》り】銭蓙は反故紙《ほごがみ》（書き損じなどの不用の紙）を観世捻《かんぜより》にして筵《むしろ》に編んだもので、だいたい半帖ぐらいの大きさ（約一メートル四方）である。主に夏などに畳が汗でべとつかないようにこれを敷くが、貧しい家庭では畳代わりに用いたりした。武家の奉公人がこれをかついで内職に売り歩いたが、ときには強引に押し売りすることもあった。

【くわい売り】くわいの根が熟したころ、葉をとって根だけを籠に入れて売り歩いた。芋のような味で、煮て食べた。

【節句の白酒売り】雛《ひな》人形に供える白酒は、江戸では神田豊島屋の白酒が有名であったが、三月の節句が近づくと、樽を天秤棒《てんびんぼう》でかついだ行商も売りに来た。少量でも量り売りした。女性や子供が飲める酒類は白酒だけであった。

【大根売り】大根の穫れる季節になると、前後に二、三籠ずつ積んで天秤棒でかつぎ、「大根ゃァ、なす……」などと呼んで売り歩いた。季節によって他の野菜も売り、八百屋まで買いに行く暇のない者にとっては便利であった。大根は一般には農家が小川などで泥を落として八百屋に売ったが、穫れたてを強調するために泥付きのままのものもあった。買った大根はよく洗って干してから樽に重ねて入れ、重石を置いて塩漬けにして沢庵《たくあん》漬けにした。茎も細かく刻んで茎漬けにして、保存食料にした。

【芋《いも》売り】秋になって薩摩芋が穫れるころになると、芋売りが笊《ざる》籠に入れた芋を天秤棒でかついで、「芋ゃァ、いもう」と呼び声を出して裏通りなどを売って歩いた。買った芋は空腹のときにふかしたり煮たりして食べ、貧しい人にとっては食事の代わりにもなった。

札納《ふだおさ》め
銭蓙《ぜにござ》売り
くわい売り
節句の白酒売り
大根売り
芋《いも》売り

# 江戸の大道芸（一）

【獅子舞《ししまい》】太神楽《だいかぐら》の一種で、悪魔邪障《あくまじゃしょう》を年頭に払う縁起《えんぎ》のよい舞である。獅子の渦巻き毛を染め抜いた布の先端に獅子面をつけ、中に二人が入って踊る。笛や太鼓に合わせて門口で踊り、ときには家の中まで入り、各部屋を浄め踊って、ご祝儀《しゅうぎ》を集めて歩く。この祝儀獅子舞から曲芸的太神楽、天鈿女《あまのうずめ》の舞、鹿島《かしま》の舞などに分かれ、寺社奉行支配で諸派があった。

【鳥追《とりお》い】老若二人連れで、三味線を弾き歌をうたって門付けして歩く大道芸人をいう。清元《きよもと》、富本《とみもと》、常磐津《ときわず》、長唄《ながうた》、新内《しんない》などをうたった。女太夫《おんなたゆう》ともいい、乞胸頭《ごうむねがしら》山本仁太夫から鑑札をもらい、五十人に限られていた。鳥追いの衣裳は、木綿の着物しか許されず、また正月元旦から十五日までは編笠《あみがさ》をかぶり、それ以外は菅笠《すげがさ》に替えた。

鳥追いというのは、もとは農民が田畑の害鳥を追い払って豊作を願う行事として、正月十五日（小正月）ごろに、子供が鳥追い歌をうたって各農家をまわったことをいった。

【綾織《あやおり》】江戸時代の大道芸人の一種で、乞胸の支配下にあった。往来の一画に場所を占め、手鎌、手鞠《てまり》、総《ふさ》付き棒などを空中に投げ上げ、太鼓の調子に合わせて、身振り、手振りで、おもしろおかしく調子をとった。この大道芸は、悪天候や厳しい寒暑で人が集まらないとき以外は、一年中往来に立って、見物人が銭を投げるまで演技した。

【香具師《やし》】俗に「十三番香具師」ともいう。香具師は本来は、歯磨粉、楊枝《ようじ》、簡単な家庭医薬品などを、店舗を持たずに往来で売る商売だが、人寄せのために、居合抜《いあいぬ》き、曲鞠《きょくまり》、曲独楽《こま》、唄回しなど、何かしら目立つようなことを演じた。

『絵本御伽品鏡』には、富山の売薬反魂丹《はんごんたん》売りの曲鞠芸の図が描かれている。享保二十年（一七三五年）、香具師の親方村富庄兵衛の書上の『香具師起源』によると、文治年間（一一八五〜九〇年）に源頼朝の家臣、長野録郎高友に始まるとされている。

元日の獅子舞《ししまい》

鳥追《とりお》い
正月一日から十五日まで編笠《あみがさ》姿
正月十五日以後は菅笠《すげがさ》姿

綾織《あやおり》
総《ふさ》付き棒
手鞠《てまり》
手鎌

香具師《やし》
反魂丹《はんごんたん》売りの
曲鞠《きょくまり》芸

# 江戸の大道芸（二）

【太神楽《だいかぐら》①（どんつく）】太神楽の中で、籠鞠《かごまり》のことを「どんつく」という。正月に「天照皇太神」の御《ご》幣《へい》を先頭に、笛や太鼓を鳴らしながら、棒の先に付けた細長い筒状の籠に、演技者が手鞠《てまり》を投げ上げて、この籠をくぐらせる。笛、太鼓で音頭をとり、踊るように調子を合わせる。この一行には武家の奉公人のように、挟箱《はさみばこ》を両掛《りょうが》けにした荷かつぎがつき、この者を「どんつく」といったともいう。太神楽の丸一と大丸の二家は、山王祭に将軍家の上覧に供されるというので、諸大名家も屋敷に呼んで見物したという。

【太神楽《だいかぐら》②】古くは狩衣《かりぎぬ》白袴で、中啓《ちゅうけい》（半開きの扇）や鈴を持ち、獅子頭をつけて踊り、笛、小鼓、大太鼓を鳴らして神楽舞をしたが、後には、常人の格好で、笛、太鼓、鉦《かね》に合わせて、一人が曲芸を行って銭を乞うようになった。

【角兵衛獅子《かくべえじし》（越後獅子）】宝暦（一七五一～六四年）ごろの文献にすでに見られ、また天明元年（一七八一年）、越後国月潟村庄屋代理與頭《よとう》忠兵衛が石津江代官所に提出した『越後国獅子踊由来』によると、「この業の渡世の家七十五軒」とある。各組が七、八人の獅子児を教育し、全国を巡業したが、とくに江戸に多く集まり、獅子頭を頭につけた子が往来で演技した。はじめは笛や太鼓に合わせて演技をしたが、後には獅子児が胸につけた羯鼓《かっこ》を打ちつつ、逆立ちやとんぼ返りをして見せた。関西では越後獅子といった。

【万歳《まんざい》】万歳の伝来は古い。江戸の万歳は三河《みかわ》万歳と呼ばれ、森下万歳と別所万歳があった。太夫《たゆう》と才蔵《さいぞう》の二人一組で、正月のはじめに、江戸城、諸大名の屋敷、庶民の家を訪れてめでたい謡《うた》を鼓《つづみ》に合わせてうたった。太夫が麻の素襖《すおう》に烏帽子《えぼし》、才蔵は着物に半袴《はんばかま》をはいて、手で鼓を打ち、肩に布袋《ぬのぶくろ》をかけ、喜捨された米や銭を入れた。

歌詞は「三羽鶴の舞」「七草の餅」「天の岩戸開きの舞」であった。三河万歳が江戸に下るときには、土御《つちみ》門《かど》家の証状が必要であった。三河から来るので品川に宿をとり、ときには日本橋の東の四日市で、才蔵市といって才蔵を募集することもあった。

獅子面を頭につけた子供が、親方の太鼓や笛に合わせて舞う

# 江戸の大道芸（三）

【わいわい天王】貧しい神道者が、黒羽織《はおり》に袴《はかま》をはき、粗末な大小刀を差して、顔に天狗《てんぐ》（猿田彦）の面をつけ、扇を開いて、門口で「わいわい天王、騒ぐがお好き」と踊りながら、紅摺《べにずり》の牛頭天王《ごずてんのう》のお札をまく。だいたい一軒で一文をもらって歩いた。

【鹿島《かしま》の事触《ことぶ》れ】常陸国（茨城県）の鹿島大明神の御告げと称して町を踊り歩き、天災や人災を避ける鹿島明神の神占のお札を売り歩いた。お札の値段は、大きさによって異なった。烏帽子《えぼし》に白の狩衣《かりぎぬ》、袴に草履《ぞうり》ばきで、柄の長い御幣《ごへい》を持ち、片手に鈴を振って踊りながら、神勅と称していろいろなことを言う。

御幣のすぐ下に赤地の丸をつけ、一面は太陽で、赤に黒鴉、反面には赤に白兎が描かれている。神占《しんせん》と称して人々を欺き、二朱から一分、二、三百文を受け取るまで帰らない。物もらいであるが、神職の身分であった。しかし、神職でない鹿島の事触れもいて、まったくいいかげんな御告げをしてまわった。

【和尚《おしょう》こんにちは】乞食《こじき》の子供が、小さい素焼きの泥人形を袂《たもと》に入れ、「和尚、こんにちは。お金がなぁ、どっさりもうかりました。是は是でもな、日本は惣鎮守、伏見の御稲荷《いなり》大明神な、こちらん立たせ給うはな」と言いながら、大商店の店先のしきいに土偶を次々と並べて、諸稲荷の戯《たわむ》れ言《ごと》を混ぜながらべらべらしゃべる。店先で迷惑であるから小銭を与えると、土偶を納めて次の店へ行く。

【猿回《さるまわ》し】猿曳《さるひき》ともいう。猿に芸を仕込んで、往来で人を集めて見せる旅芸人。いろいろな伝承があるが、猿は馬の息災を守るという信仰もあり、猿は古くから人に親しまれてきた。江戸では浅草猿屋町に住む猿飼頭長太夫が猿回し芸人を束《たば》ねていた。

猿を題材にした芸能には、能の「靭猿《うつぼざる》」、舞踏の「花舞台霞の猿曳」など多くの作品がある。芭蕉にも「猿引は猿の小袖のきぬた哉」（続有磯海）の句があり、明治の俳人正岡子規も「猿曳や猿に着せたる春小袖」（子規句集）と詠んでいる。

鹿島《かしま》の事触《ことぶ》れ
わいわい天王
猿回《さるまわ》し
和尚《おしょう》こんにちは

# 江戸の大道芸（四）

【飴屋踊《あめやおど》り】江戸時代中期ごろから、往来で踊りながら飴を売る飴屋踊りが現れた。『続飛鳥川』によれば明和年間（一七六四～七二年）に四谷に住んだ土平は、表は黄、裏は紅絹《もみ》色の袖無羽織《はおり》に黒の襟《えり》、浅葱《あさぎ》の木綿頭巾《ずきん》で飴を入れた箱を天秤棒《てんびんぼう》で両掛《りょうが》けにし、あるいは足のある桶《おけ》を抱え、日傘をさして踊り歩いたという（太田南畝『飴売土平伝』）。

やがて、踊りながら飴を売る女性も現れ、おまんが飴売り、お駒飴売りなどが、はでな衣装で踊りながら売って歩いた。いずれも芸人のなれの果てとみえて、おまん等は中に飴を入れた籠を天秤棒でかつぎ、「ほんに思えば昨日今日《きのうきょう》、小さいときからお前に抱かれ……」などと常磐津《ときわず》の一節を身振りもおかしく踊ったので、大人もつられてつい買ったりした。

また、少し変わったものとして、中国人の服と笠をつけ、チャルメラを吹いて目立つようにした「唐人飴売り」という行商もあった。

文久（一八六一～六四年）ごろになると、粋な姿で三味線をひく鎌倉節の飴売りが現れたこともあり、これらの飴売りは、歌舞伎で風俗舞踊としてとりあげられるくらい人気があった。

【願人踊《がんにんおど》り】江戸の町民や農民が忙しくて寺社に参詣できないとき、願人坊主が代参や水垢離《みずごり》をとってお布施をもらうのが本来であったが、いつしか堕落して物乞いとなり、やがて数組で戯開帳《ぎかいちょう》、戯経《ぎきょう》を誦して、踊って他人を誘うようになった。播州住吉の願人が踊って喜捨を乞うたので、住吉踊り（本来は住吉大社の御田植神事の踊り）ともいうようになった。

延宝四年（一六七六年）の『日次記事』によると、「乞食法師或ひは四人、或ひは三人、頭上の笠の端に赤絹を垂れ、団扇《うちわ》をとり、其中一人大蓋《たいがい》（大傘）を擁して其下各歌謡を唱へて踊躍《ようやく》し、市中を徘徊して米銭を乞ふ」とあるから、歌舞して物乞いする乞食と同じで、ふざけた動作で収入を得る業であったらしい。結局、踊りも歌も多種類となり、川崎音頭の「ヤートコセ」とか、鳥羽節、住吉節の「かっぽれ」という流行歌を生むもとになった。

飴《あめ》屋《や》踊《おど》りのいろいろ

御幣《ごへい》を立てた傘《かさ》のまわりを赤で飾り、
赤い絹布を垂らした菅笠《すげがさ》をかぶって踊る

# 江戸の大道芸（五）

【一人相撲《ひとりずもう》】元は相撲取りかと思うくらい体格のいい男が褌《ふんどし》一張で町を歩き、人の集まっている所で、突然、扇を開いて、「東ぁシー荒馬、西ぃシー小柳」などと相撲の行司《ぎょうじ》の声をかける。一人相撲の演技が始まるぞと見物人がまわりを囲むと、「こなた荒馬々々、此方小柳々々」と言う。見物人がそれぞれに声をかけると、力士が土俵に上がるまねをし、数回仕切り直しや水を飲むさま、鼻をかむさまをして見物人を笑わせ、「ハッケヨイヤ、見合って見合って」と言い、機が熟したさまをして、二人の相撲取りが組み合って技をかけるようすをさまざま見せる。見物人に「さあさあ看客《みなさん》銭を投げたり、投げたり、荒馬が多ければ荒馬を勝たせ、小柳が多ければ小柳を勝たす」と催促して、投げ銭を見計らって、一方が相手を投げた技《わざ》を披露する。投げ銭が少ないと引き分けにする。一人で荒馬になったり、小柳になったりし、本当に二人で相撲を取っているように見せる大道芸である。

【辻謡《つじうたい》】元はおそらく身分のある武士で、なにかの都合で浪士になったが、生活の方法もなく、昔習った謡をうたってわずかの恵みを受ける。香具師《やし》や乞胸《ごうむね》の仲間にも入れないので、人通りの少ない橋のたもとに筵《むしろ》を敷いて深編笠をかぶり、色のさめた黒紋付きの破れ目のある着物に大小刀を差して、朗々とうたう。その美声につられて思わず近寄り、同情してなにがしかを恵む人もいた。

【辻琴曲《つじこと》】元は相当の身分の武士の妻女であろうが、切れた琴糸をつないで曲をはじいて、通行人からなにがしかの小銭を与えられるみじめな女性で、辻琴曲と呼ばれた。

【紅《べに》かん】幕末から明治初年（一八六八年）まで生きていた鳴物《なりもの》の流しである。元は浅草駒形の老舗《しにせ》の息子であったが、道楽で身を持ちくずし、家をつぶし、陋巷《ろうこう》に住んで鳴物を持ち町を流して歩いた。三味線、金網《かなあみ》と打鉦《うちかね》、三味線の胴につけた小太鼓と、一人三役であった。しかも、三味線の胴は枡《ます》、棹は竹、撥《ばち》はお玉じゃくしというありさまであったので、同情した人が酔興に呼んだりした。

一人相撲《ひとりずもう》

辻謡《つじうたい》

辻琴曲《つじこと》

紅《べに》かん

# 江戸の大道芸（六）

【一人芝居】芝居好きや遊蕩のあげく身を持ちくずし、家産を傾け落ちぶれて乞食《こじき》の類に入った者は、商店を一軒一軒訪ねて、一人芝居をやって見せた。紙で作った鬘《かつら》にはでな衣装で、芝居の仁木弾正、五郎丸などの演技をやって見せ、その家から喜捨があるまで店ふさぎに演技した。

また器用な者は、藁縄《わらなわ》を解いて鬘から衣装まで工夫して作って演技をし、ときどきこっけいな見栄をきって見物人から銭を投げてもらった。

大道で一人二役をする乞食芝居もあり、半面女、半面男の顔を作り、衣装も中央から半分に縫い合わせた。たとえば、男の名が「ふか七」だと、その片面を見物人に見せて男の声色《こわいろ》と仕草《しぐさ》をし、芝居の展開で、くるりと逆の面を見せて女役となる。この素早い変わり身が受けて、見物人は銭を投げた。なかでも、『忠臣蔵』五段目の与兵衛と斧定九郎《おのさだくろう》の一人二役の芝居は有名であった。

【お千代舟《ちよふね》】竹骨《たけほね》に張子《はりこ》の舟を自分の胴にはめて、舟の中でお千代という女が男を慕うありさまを、人形芝居形式で声色《こわいろ》を使い分けて演技した。俗にお千代舟といい、人形を生きているように動かしたので、これが来ると子供は集まるが、投げ銭がない。多くは商店の前で行い、買い物客の邪魔になるので、番頭が銭を包んで立ち去らせた。

【狐舞《きつねまい》】ちょっと特殊なのは、新吉原の狐舞である。一般に仮面舞は年頭の獅子舞《ししまい》であるが、ここに限っては、赤熊《しゃぐま》をかぶった狐面が笛、太鼓の者を連れて大晦日の夜、各楼の門口で舞った。新吉原の廓《くるわ》の四隅には稲荷《いなり》が祀られており、狐のように遊女が客をだますというわけでもあるまいが、ここだけは獅子舞ではなく狐舞であった。新吉原の大晦日の重要行事で、各楼が縁起かつぎに喜捨をはずんだから、収入はよかった。

大晦日と狐は縁があり、王子稲荷門前の畑中の大榎《えのき》には江戸中の狐が集まって狐火が燃えると伝えられていたことも有名で、わざわざ狐火見物に行く者もいたくらいであった。

乞食《こじき》の一人芝居《ひとりしばい》

乞食の一人芝居（二役《ふたやく》）

お千代舟《ちよふね》

新吉原大晦日の狐舞《きつねまい》

# 江戸の大道芸（七）

**【歯磨粉《はみがきこ》売りの居合抜《いあいぬ》き】** 浅草奥山《おくやま》、両国の広小路、上野山下あたりの人の多く集まる場所に露店を出して天幕を張り、襷《たすき》、はちまきに高下駄を履いた姿で、積み重ねた三方《さんぽう》の上に乗り、長い刀の居合抜きをやって歯磨粉を売る。前口上《まえこうじょう》が長くて、長い刀はなかなか抜かない。弟子たちが歯磨粉の小袋を十六文で見物人に売ってから、おもむろに長刀を刀掛けにある普通の長さのものに換えて、居合抜きを見せた。長井兵助というのが有名であった。

➡関連項目「歯磨き用具」196ページ

**【軍中蟇《がま》の膏薬《こうやく》売り】** 図は省略したが、軍中蟇の膏薬売りは、自分の腕に刀で傷をつけ、蟇の油薬を塗って一度に血が止まるのを見せる。仰々しい口上を述べ、刀がよく切れることを見物人に示すために紙を折って斬り、「一枚が二枚、二枚が四枚、四枚が八枚、八枚が十六枚、十六枚が三十と二枚、嵐山落花の吹雪」と言って細かい紙片を吹き散らす。

刀で腕を引いて血をにじませ、蟇の膏薬を塗り、「このように血がぴたりと止まることお立ち合い」と言う。付き添いの者が見物人に、蛤《はまぐり》の貝殻に入った膏薬を売ってまわった。

**【籠抜《かごぬ》け】** 江戸浅草奥山（浅草寺境内裏の方面の空き地で大道芸人や露店商がたくさん並んでいた）の一画に「籠抜け芸人」が場所を占めていた。籠は竹を編んだ荒目のもので、直径約二尺（約六十センチ）長さ約一メートルぐらいで、筒状になっており、中にろうそくを二、三本立てて灯《とも》し、足付台にのせてある。訓練された子供が走ってきて、これを飛んで上手にくぐり抜けるが、中のろうそくの火は消えない。

大人の演技になると、籠の中央に抜身の刀が刺し込んであるのを、褌《ふんどし》一丁の裸で走ってきて、籠の中の刀身には触れず、見事にくぐり抜ける。籠筒を飛び抜けることさえ難しいのに、筒の中の刀に触れないというのは神業《かみわざ》に近く、見物人は拍手して銭を投げた。上手な者になると、抜身の刀を二、三本刺し込み、その間を巧みに飛び抜けるという命がけの曲芸を披露した。

長井兵助の歯磨粉《はみがきこ》売りの居合抜《いあいぬ》き
籠抜《かごぬ》けの曲芸
歯磨粉の入った小袋を売る

# 江戸の大道芸（八）

【砂絵描き】色砂を手に握って、地面にこぼしながら文字か、たいていは絵を描く。芝増上寺の御成門《おなりもん》の借り馬の馬場の土堤際に、いつも朝早く来て、石や瓦のかけらを取り除いて水を注いで地面を湿らせ、人々がぞろぞろ通りはじめると、五色の砂を両手に握っていろいろな絵を描いていく。その手振りがおもしろいので、通行人が足をとめて見る。盆絵（盆灯籠）などの絵を描いていたが、大酒飲みで身を持ちくずし、砂絵描きに落ちぶれたという。

【丹波で生け捕られた荒熊】身体中を煤墨《すすずみ》で真っ黒に塗って荒縄《あらなわ》で鉢巻きし、目をぎょろつかせて、商店の前で這《は》った格好をし、手に持った細竹で地面をたたきながら、「丹波で生け捕りました荒熊で御座い、一つ鳴いてお目にかけましょう」と唇をぶるぶる震わせて店の者を嫌がらせるので、しかたなく一文を投げると立ち去る。乞食の一種である。

【淡島大明神《あわしまだいみょうじん》】浅葱《あさぎ》布で頭を包み、棒の上に淡島明神の小さい社を取り付け、格子戸《こうしど》造りの粋家のみを訪れて銭を乞う。奉納された折鶴やくくり猿を社殿の棟下にいくつも吊り下げ、鈴を鳴らして銭を乞うて歩いた。淡島明神は現在の和歌山市にある加太神社の俗称で、くくりの猿は不吉を去るとの縁起である。

【墓所《はかしょ》の幽霊《ゆうれい》】墓石の台石に見立てたものを木枠に紙を貼って作り、自分の腰にくくりつけて、子供や見物人が集まると、墓石を前に倒して、血みどろに化粧した姿を見せて驚かす。これが家の門口で「大評判大仕掛けの幽霊でござい」と言って立つので、縁起が悪いと、早く立ち去ってもらうために小銭を与えた。

【節季候《せきぞろ》】門付けの物乞い芸人。歳末から新年にかけて二、三人が一組になり、烏帽子《えぼし》や裏白をつけた編笠《あみがさ》をかぶり、赤絹や茜木綿《あかねもめん》で覆面をし、紙に松竹梅を描いた前垂《まえだれ》をした特異な扮装をして、太鼓や割竹を叩き「せきぞろござれや、せっせせきぞろ毎年毎歳」などと囃《はや》し踊りながら家々をまわり、歳末や新春の祝言をのべ、米銭を乞い歩いた。芭蕉の句にも「節季候を雀のわらふ出立《でたち》かな」「節季候の来れば風雅も師走哉」とある。

淡島大明神《あわしまだいみょうじん》
丹波で生け捕られた荒熊
砂絵描き
節季候《せきぞろ》
墓所《はかしょ》の幽霊《ゆうれい》

## 江戸の大道芸（九）

【道楽寺和尚《どうらくじおしょう》の阿房陀羅経《あほだらきょう》読み】道楽をして親からゆずられた資産をすっかり食いつぶした者が、他人の情けでわずかの小銭を恵んでもらって生きていく方法として考えたのであろう。どこで手に入れたのか、ぼろではあるが僧衣をまとい、小さい木魚《もくぎょ》をたたいて音頭をとりながら、読経の調子をまねて「ジャカボコ、ジャカボコ」と言いながら、くだらないしゃれや世を皮肉った文句を唱え、一軒一軒門口を訪れて一文、二文と金をもらう者を道楽寺和尚の阿房陀羅経読みといった。

【物まねの猫八】鳥や動物の鳴き声をまねて銭を乞う芸なしの物もらいで、雀、鶯《うぐいす》などもまねしたが、猫のさかりのついた鳴き声や喧嘩の声が得意なので猫八と呼ばれた。以後、動物の鳴きまねをする芸人を猫八というようになった。

門口で鳴きまねをするとうるさいので、早く立ち去るように一、二文を与えられ、その金で辛うじて飢えをしのいだ。乞食《こじき》同様であるが、このようにしても江戸では生きていけた。

【歯力《はぢから》】「はりき」ともいう。人のいる所で太鼓をたたいて人を集め、小さなたらいに水を入れ、その中に土を混ぜ、たらいの水を全部を呑み干す。集まった見物人に銭を乞うてから、口上を言って、清水を吐き出し、しばらくしてから泥水を吐く。見物人があきれて見ていると、再び投げ銭を強要してから、板をくわえ、その両端に水を満たした手桶《おけ》を乗せて群衆の前をまわって歩く。その歯の力の異常さに、見物人は拍手して銭を投げた。

【デロレン祭文《さいもん》】「デロレン左衛門」ともいう。二人連れの銭もらい説教祭文の一種で、短い錫杖《しゃくじょう》を鳴らしながら人を集め、法螺貝《ほらがい》を吹くが、貝の音はせず「デロレン、デロレン」と聞こえる。口で声を貝に吹き込むのであるが、法螺貝がデロレンと言っているように聞こえる。これを合いの手にして説教を語る。見物人は説教を聞きながら、法螺貝の音がしないので不思議がって銭を投げた。

道楽寺《どうらくじ》和尚《おしょう》の阿房陀羅経《あほだらきょう》読み

動物の鳴声をまねる物まねの猫八

歯力《はぢから》

デロレン祭文《さいもん》（デロレン左衛門）

# 江戸の大道芸（十）

【豆蔵《まめぞう》】乞食《こじき》の一種であるが、通行人が穴あき銭（一文銭、四文銭）を空中に投げると、右手に持って立てた串でそれを受ける。自分で右手を背後に回して上に投げても、串で受け取る独特の芸を持っていた。立ちどまって見ている者がいると、「さあ、見物衆の方、投げねえか、投げねえか、今日の見物はなんてしみったれなんだ。さあ投げた、投げた」と見物人を揶《や》揄《ゆ》し、わざと高く上げても見事受けとめた。愛宕下の源次が有名であった。

【釣鐘建立《つりがねこんりゅう》の偽坊主《にせぼうず》】寺院の釣鐘建立のために、僧侶が庶民から喜捨を乞うて歩くのが建前であったが、江戸時代には、自分の生活費のためにこれを行う者がいた。おそらく破戒僧として寺を追放された者であろう。釣鐘建立の幟旗《のぼりばた》を持って、鉦《かね》か鈴を鳴らして編笠《あみがさ》僧の姿で、戸別に訪問して、得体の知れない経文を誦した。必ず一戸一文をもらい、家によっては門口に何文も串に挿して置いてあるが、几帳面に一文しか取っていかなかった。

【熊野比丘尼《くまのびくに》】熊野で修業した女性が、経文をうたうように唱えながら町を歩き、呼ばれると中に入って、経を唱えてから持参した地獄、極楽の絵巻物を出して、因果応報を説き、何がしかの布施《ふせ》をもらったのがはじめである。熊野牛王宝印《ごおうのほういん》の札を置いていくので熊野比丘尼と、また、うたうように因果応報を説くので唄《うた》比丘尼《びくに》ともいわれた。老若二人連れであった。白衣に黒繻子《くろじゅす》の帯、踵《かかと》の持ち上がった雪駄《せった》を履き、片手に地獄・極楽絵巻と牛王宝印の札を入れた箱を抱え、片手にひしゃくを持った。

【虚無僧《こむそう》】虚無僧の歴史は古いが、江戸時代は、京都では妙安寺、関東では下総《しもふさ》の小金井村の一月寺などに所属していた。丸ぐけの帯、小袖、袈裟《けさ》をつけ、深《ふか》編笠《あみがさ》をかぶって顔を隠し、腰には繻子《しゅす》か緞子《どんす》の袋に入れた予備の尺八か腰刀をさし、白足袋《たび》に黒の塗り下駄《げた》を履いた。各戸口に立って尺八を吹奏し、喜捨を乞うた。仇《かたき》持ちがこの姿に変装したり、なかには尺八上手な者が虚無僧の格好をしたくて、まねをすることもあった。

豆蔵《まめぞう》

投げた銭を串で受けとめる

釣鐘《つりがね》建立《こんりゅう》の偽坊主《にせぼうず》

熊野比丘尼《くまのびくに》

虚無僧《こむそう》

江戸の大道芸――⑪

# 見世物小屋

江戸時代、祭礼には寺社の境内にいろいろな香具師《やし》の仲間が店を出し、また丸太組みに薦《こも》掛けの見世物小屋ができて参詣人の興味をそそり、安い値段で見物させた。曲芸、軽演劇といったまじめな見世物だけでなく、客をだまして苦笑させるだけのようなものもあったが、だまされても、つられて入ったほうが悪かったのだと、江戸っ子はあきらめがよかった。

たとえば、入口の口上《こうじょう》呼びが「六尺の大鼬《おおいたち》、珍しいものを見たければ入らなければ損だ」と言うので、つられて入場料を払って小屋に入ると、雨戸のような板に血のような赤いものが付着しているだけだったり、「捕れたての珍しい河童《かっぱ》」と言うので入ってみると、棒の先に吊るした紙製桐油塗りの雨合羽《あまがっぱ》だったり、「べなべな」という怪物だというので入ってみると鍋がひっくり返っているだけだったり……。それでも江戸っ子は、一杯食わされたと苦笑して出てきた。

もちろんなかには、いかさまではない見世物もあった。肩や足の裏にいろいろな重い物を乗せて見せたり、曲独楽《こま》を演じて見せたり、手品や水芸を演じるのもあった。

特殊なのは蛇使い女で、花魁《おいらん》のように化粧して衣装をつけた女性（もと遊女だった者が多かった）が、体中に蛇をはわせ、最後に股間に蛇を入れて見せる。また、花魁仕立ての女性が下半身に赤い布を垂らし、入場者に火吹竹で布を吹き上げさせる「やれ吹け、それ吹け」というのもあった。たいていの客は、自分の好色心が滑稽なことを恥じて出ていった。

操り人形のお化けの見世物、獣の腹を指で破って臓腑（新粉《しんこ》細工や鶏の臓腑で本物のように作ったもの）をむしゃむしゃ食べてみせる鬼娘の見世物、竹ひごに紙を貼って大蛇のように色をつけ、小屋のなかに作った藪《やぶ》からはい出させる見世物などもあり、薦囲いの薄暗い小屋の中であるから、女性や子供は結構怖がった。

今では通用しないようなこんな見世物でも、当時は十文くらい払って見に入る客がいた。

独楽《こま》の曲芸

六戸の大鼬《おおいたち》（大板血のしゃれ）

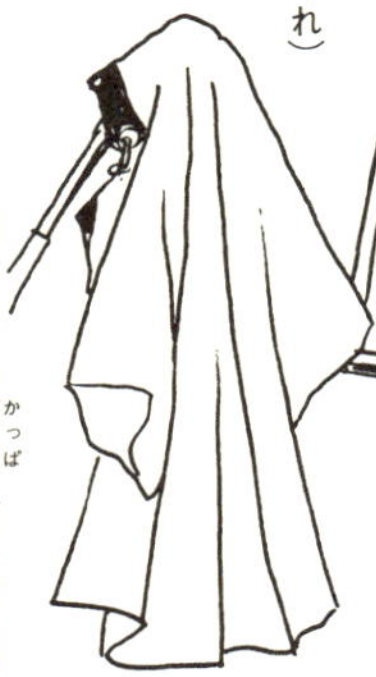

捕れたての河童《かっぱ》（実は雨合羽）

べなべなという怪物（実はさかさまの鍋）

やれ吹けそれ吹け

蛇女《へびおんな》

江戸の大道芸――⑫

# いかさまの見世物

丸太に薦《こも》掛けの小屋の入口で、客寄せの口上《こうじょう》呼びが大声で、「世にも珍しき大海鰻《おおあなご》、見るのは得だよ、さあ見ていらっしゃい、見ていらっしゃい」と呼び込むので、わずか三文ほどを払って中に入ると、暗い中に大きい穴が掘ってあり、中に子供の人形が転がっている。大きい穴に子だから大穴子《おおあなご》で、あまりにだまし方が上手なので、怒ることもできず、笑って別の出口から出てくる。現代なら怒って大変だろうが、江戸っ子は鷹揚《おうよう》で、友人などが言葉に誘われて入っていっても注意せず、「あいつもだまされるぞ」と笑って済ますだけであった。

こうした駄《だ》じゃれの見世物は多く、木戸口で「さあさあ、御覧じろ、世にも珍しい生き物がいる。身体が四角で目が三つ、歯が二本しかなく、それでゲタゲタと笑う珍物じゃ」と言うので、やはり三文ほど払って中に入ると、鼻緒のない下駄が置いてあるきり、というものもあった。

また、看板に大きな灯籠《とうろう》が描かれ、「珍しい大とうろう、御覧じろ、ごらんじろ」と呼びかけるので、どんな珍しい灯籠かと金を払って中に入ると、中は真暗で明るい出口が一つあり、そこから出ると町の大通りである。大通りと灯籠、通ろうをかけた言葉のしゃれで、客は入場料三文だまされたと思っても、文句も言わず苦笑いして済んでしまった。

「水の中を自由に動く小さい鵜《う》だよ。泳いだりもぐったりする珍しい小鵜だよ。さあ見たり見たり、欲しいお方は二文をお出しな、木で作った鵜が自由に動く方法を書いた紙を差し上げるよ」という宣伝文句に、人々は不思議がってのぞきこむ。何のことはない。桐の木を彫り墨を塗って鵜らしい形にし、その底に天蚕糸《てぐす》を結んで鮒《ふな》の背びれとつないであるのだが、鮒が水面に上がってこないように、樽の途中に網を張ってある。鮒が動くと木片の鵜も泳ぎ、鮒が底に向かって動くと木片の鵜はもぐる。まるで子供だましであるが、大人でも不思議がって秘伝の紙を買った。

こうしたいかさまの見世物屋を「てきや」といったが、別に役人が咎《とが》めることもなかった。

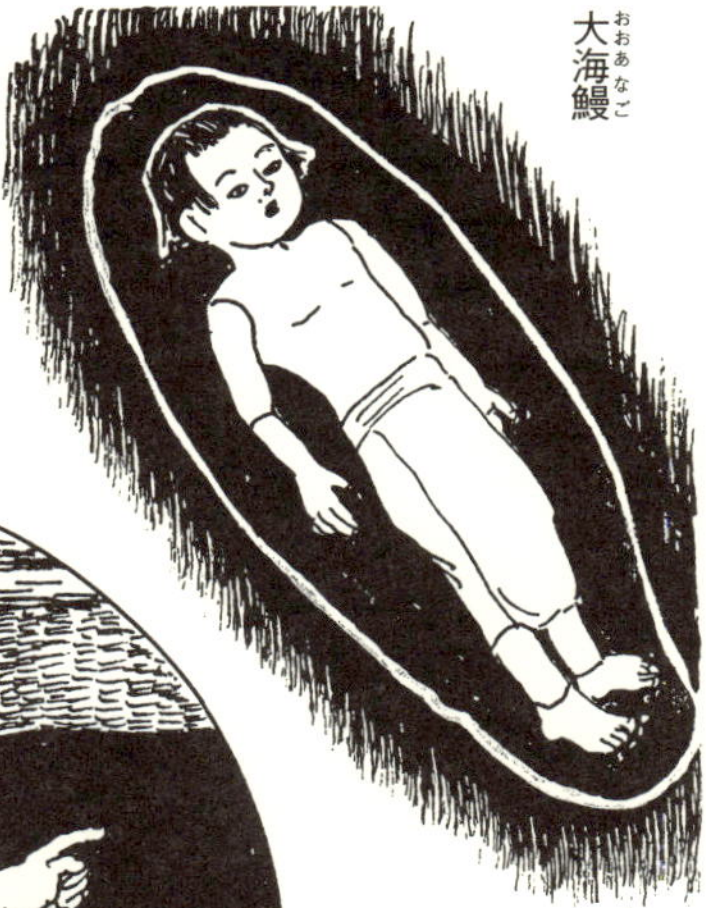

大海鰻《おおあなご》
（実は大きな穴に入った子）

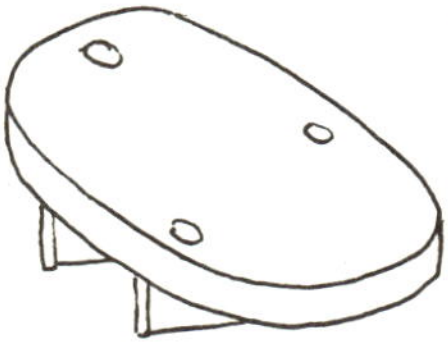

身体が四角で目が三つ歯が二つ
（実は鼻緒のない下駄）

客寄せの口上《こうじょう》呼び

大灯籠《おおとうろう》
（大通り通《とお》ろうの駄《だ》じゃれ）

木の鵜《う》が生きている

# 食事の献立

裕福で贅沢な人や身分の高い武士は別にして、江戸時代の一日の食事の献立は、だいたい次のようなものであった。

朝食は、飯、味噌汁、香《こう》の物《もの》が一般的で、味噌汁の代わりに納豆汁を食べることもあった。朝早く、明け方から、納豆売りが路地から路地へ「納豆、味噌豆」と言って歩くのを呼びとめて買う。納豆売りは、貧しい家の老婆や娘の内職であった。味噌豆は大豆を煮て水気を切ったもので、納豆は藁苞《わらづと》に入っていた。納豆汁は、これをまな板の上に出して包丁でたたくように細かく切り砕き、鍋に入れて沸かし、豆腐や菜類を加えて作る。味噌汁には、蛤《はまぐり》、あさり、しじみを貝ごと入れたり、小さく刻んだ豆腐、瓜、なす、菜類などを入れる。これに、糠味噌《ぬかみそ》漬けの香の物を添えて、飯を食べた。大商店の使用人もこれと同じで、貧富を問わず一年中同じようなものであった。少し贅沢をするときは、鶏の生卵が出た。生卵を容器に割り入れて味付けに醤油を入れてかき回し、炊きたての温かい飯にかけて食べた。

昼飯は、朝炊いた冷えた飯に、ときに売りに来る煮豆屋や惣菜《そうざい》屋から買ったものを添えるが、主食はあくまで米である。食欲をすすめるために、香の物や梅干しを添えるぐらいであった。

晩飯は、魚屋から適当な魚を買って、煮たり焼いたりして、飯とともに食べた。毎日のように煮たり焼いたりができるようになったのは江戸後期ごろからで、炭を使う素焼《すや》きの七輪《しちりん》ができて、薪《まき》の必要がなくなったことが大きかった。この魚がその日一番のごちそうで、まれに野菜の煮物などがあった。外で労働して帰ってきた者は、これらを肴《さかな》に酒を飲んだ。

今の食生活から見るときわめて粗食であるが、江戸の庶民にとっては、おかずよりも米を十分食べられることのほうが重要であった。一日に三度食事ができるだけでもまだよいほうで、貧しい人は、わずかの玄米や雪花菜《おから》（豆腐を作るときにできる豆の絞り滓《かす》）で腹を満たした。

➊関連項目「台所の道具」170ページ

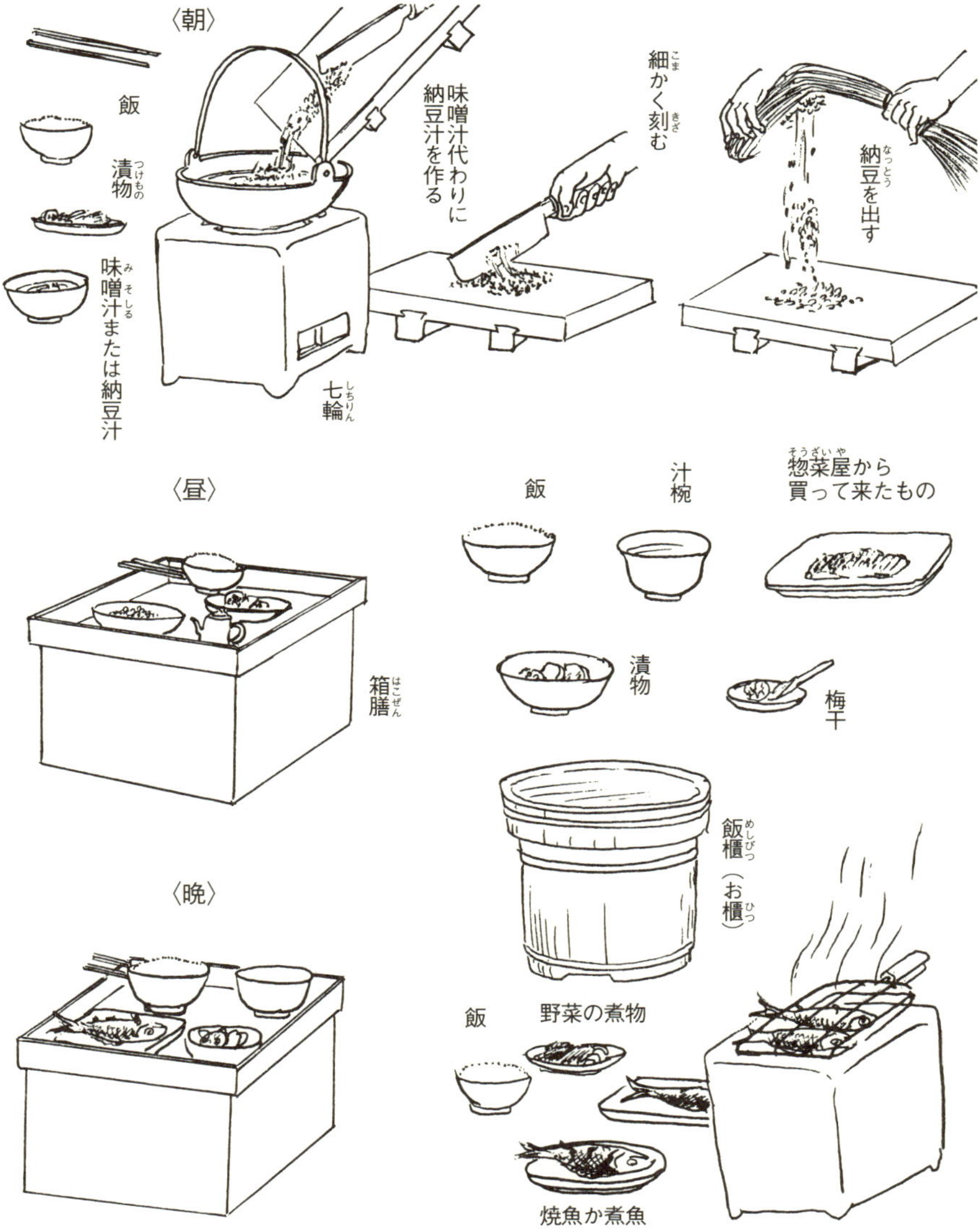
〈朝〉
飯
漬物《つけもの》
味噌汁《みそしる》または納豆汁
七輪《しちりん》
味噌汁代わりに納豆汁を作る
細《こま》かく刻《きざ》む
納豆《なっとう》を出す
〈昼〉
箱膳《はこぜん》
飯
汁椀
惣菜屋《そうざいや》から買って来たもの
漬物
梅干
〈晩〉
飯櫃《めしびつ》（お櫃《ひつ》）
飯
野菜の煮物
焼魚か煮魚

# 台所

江戸庶民の台所といっても、裕福な商人と長屋住まいでは、ずいぶんと様子が違った。

九尺二間（間口約三メートル×奥行き約四メートル）の棟割長屋だと、部屋は約六帖だけで、出入口に三尺（約一メートル）四方の土間がある。三尺四方に竈《かまど》、その下に薪《まき》入れがあり（または竈の代わりに七輪《しちりん》に炭を入れて用いた）、その隣の三尺四方が台所である。水桶と棚があるが、狭いので余分なものはいっさい置けない。かなり不便であったが、これで毎日の調理をこなしていた。

やや収入のよい者が住んだ二間三間（間口約四メートル×奥行き約六メートル）の長屋で、やっと台所は一間（約二メートル）四方であった。竈、七輪（鍋で食事を煮炊きするための素焼きの道具）、火消壺《ひけしつぼ》があり、洗い物をするための三尺四方ぐらいの流しが付いていた。部屋は六帖の座敷、あとは廊下（約一メートル×約二メートル）と玄関である。

裕福な大商人などの住居は、主人の一家のほかに使用人も多く大所帯なので、大きくて部屋数も多い。台所も広くて、漆喰《しっくい》塗りの竈が二つか三つ、広い土間に据えられ、土間の隅の流しも広かった。

土間には、渋紙を貼った腰高障子《こしだかしょうじ》の明かりとりがあり、外の地所内には続いて物置があり、そこから裏路地に出られるようになっていた。

使用人が箱膳《はこぜん》を並べて食事をとる板の間は、床板が取り外しできるようになっていて、下に薪や炭を入れたり、漬物の壺を置いたりした。主人一家は、別に奥座敷で食事をした。

台所には食べ物や食器を入れる食器戸棚があり、大きさは、一間（約二メートル）四方、奥行き一尺五寸（約四十五センチ）ほどであった。米を入れておく米櫃《こめびつ》、客用に予備の食膳をしまっておく棚、調理や食事のときに手もとを明るくする行灯《あんどん》もあった。

また、家によっては板の間に炉《ろ》を切ってあり、夜などに集まって暖をとることもあった。

➡関連項目「裏長屋の暮らし」54ページ、「台所の道具」170ページ

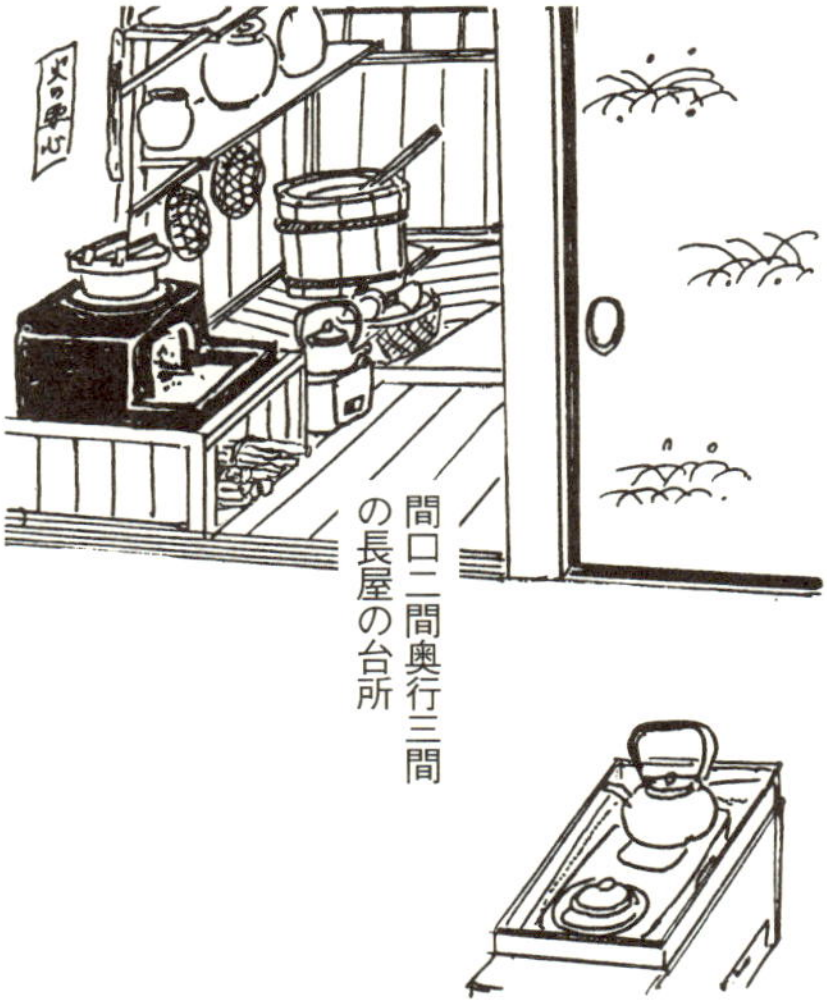
火の用心
間口二間奥行三間の長屋の台所

九尺二間の棟割《むねわり》長屋の台所

食器戸棚
水桶《おけ》
竈《かまど》
流し
箱膳
富豪《ふごう》や大商人の家の台所

# 商店の食事

庶民の主食は、最初は玄米であったから、炊き方が難しく、食べると口の中でゴソゴソするが慣れていたらしい。安土・桃山時代以来、武士の一日の食糧分は五合と決まっていて、庶民もこれに準じていた。これは籾米《もみ》であるから、脱穀《だっこく》するともっと少なくなる。もとは一日二食であったが、安土・桃山時代に、戦闘や労働で疲労するために中間に一食加わって三食となった。これが平和な江戸時代にも伝わり、庶民もしだいに朝、昼、晩の三食をとるようになった。

やがて玄米をついて白米を食べるようになったが、白米の常食が普及したのは元禄（十七世紀の末）ごろからである。糠《ぬか》に含まれているビタミン$B_1$が不足して脚気《かっけ》になる者が増えたが、白米に慣れると、玄米はよほど貧しい者しか食べなかった。ただし、白米にするときに取れる糠が漬物の材料になり、精米した米が俗に銀舎利《ぎんしゃり》（舎利は仏陀の骨）と呼ばれたように、白米になったことによって、食種が豊富になって現在に受け継がれている。

庶民の日常の食事を例にとると、当時は家族で一つの食卓を囲んで食べるのではなく、一人ひとりが箱膳《はこぜん》という膳を持っていた。大商人《おおあきんど》になると、店の後ろに中庭を隔てて住居があるので、商人の家族は奥の住居で食べた。一人ずつの脚付き膳に、汁、菜《さい》、食事茶碗、茶飲茶碗が配置されていて、主人を上座にして家族がそれぞれの順位にしたがって並び、主人が箸《はし》をとるまでは、家族も食べずに待っていた。

使用人、つまり番頭《ばんとう》の長、番頭、手代《てだい》、丁稚《でっち》は、台所の板の間に、順位にしたがって配置された箱膳に向かって食事をした。箱膳とは四十七センチ四方の蓋《ふた》付きの箱で、中に飯茶碗、汁椀、副食物をのせる皿や小皿、漬物の皿、箸などが入れてある。その蓋を取って裏返した上に、台所係りの婢女《はしため》（女中）が食事を並べる。食事が終わると、汁椀や飯茶碗に茶か湯を入れて箸で洗うようにかき回して飲み、箱膳に収納して蓋をする。こうすると碗を洗わなくて済み、捨てるのも魚の尾鰭と骨だけであった。

➡関連項目「食膳」172ページ

大商人の家族は奥の住居で食事をした
食事は各自に膳《ぜん》がある

大商人の住居は店と中庭を隔てた奥にある

使用人は台所で
箱膳で食べる

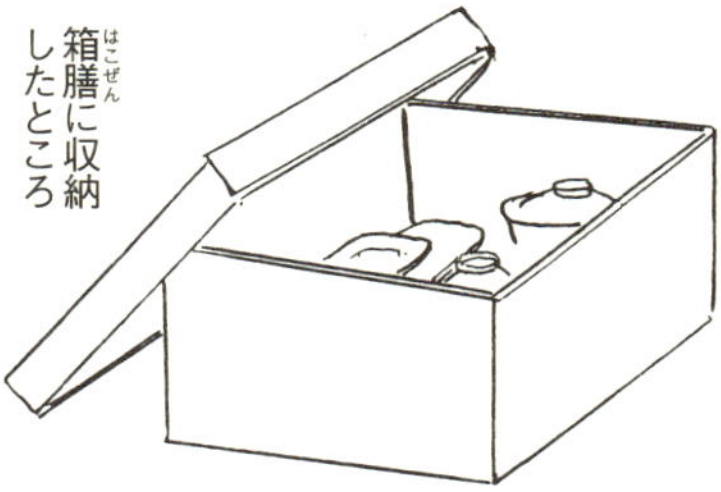

箱膳《はこぜん》に収納
したところ

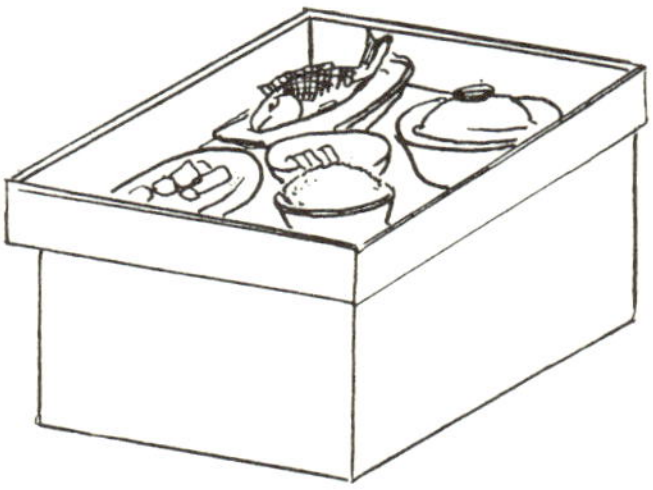

箱膳に一人前ずつ
並べたところ

# 長屋住まいの食事

番頭《ばんとう》、丁稚《でっち》、婢女《はしため》（女中）を使っている中商人も、だいたい大商人に準じた食事のしかたであった。使用人のいない小商人や居職《いじょく》（自分の家で仕事をしている職人）は、女房、子供とともに食事をした。食べるのは居間であるが、座敷が一つしかないので、客間にも、寝室にもなった。食卓が用いられるようになったのは、江戸時代もほとんど終わるころからで、それまでは各人が箱膳《はこぜん》で食事をした。

菜は、女房や娘が八百屋、魚屋などに、岡持《おかもち》を持って買い出しにいった。岡持は蓋《ふた》付きの浅い桶《おけ》で、手で持つための柄が付いていた。肉類は鶏肉ぐらいで、特殊な獣類は「ももんじや」で食べるから、江戸時代の菜はほとんど魚か野菜に限られていた。労働者のために、まれに裏路地に惣菜屋《ぞうさい》があって、いろいろなおかずを売っていたので、煮炊きの手間が省けた。梅干しや漬物は各家庭で作った。

白米に慣れてくると、日雇労働者でも白米の弁当を持つようになった。また茶飯《ちゃめし》、天麩羅《てんぷら》、鮨《すし》などを食べさせる屋台や専門店ができ、食生活の範囲が広がった。

鮨は、古くは魚の腹を裂き臓腑を取り出して白米を詰め、日数をかけて酸味を出したものであったが、やがて、酢飯に新鮮な魚の切り身をのせて食べさせる鮨店ができた。稲荷《いなり》鮨は、はじめは行商が売っていた。

鮨はしだいに発達していって、飯の中心に干瓢《かんぴょう》を入れて海苔《のり》で巻いた海苔巻、卵焼きで巻いた玉子巻き（鳴門《なると》巻き）、鮪《まぐろ》を中心にして海苔で巻いた鉄火巻《てっかまき》などが生まれた。鉄火巻きは、鉄火場（賭博場）で、鮨を簡単に食べられることから付いた名である。のせる材料もいろいろと工夫されて、現在の鮨に近くなっていった。

天麩羅（貝をうどん粉をといたものに浸して油で揚げたもの）を食べさせる屋台や専門店もできた。うどん屋やそば屋は、もともとは往来の屋台で庶民がちょっと腹ごしらえに立ち寄るところであったが、粉の打ち方によって風味が違ってくるために、やがて店舗を構えるようになった。

➡関連項目「鮨、天麩羅、鰻」164ページ

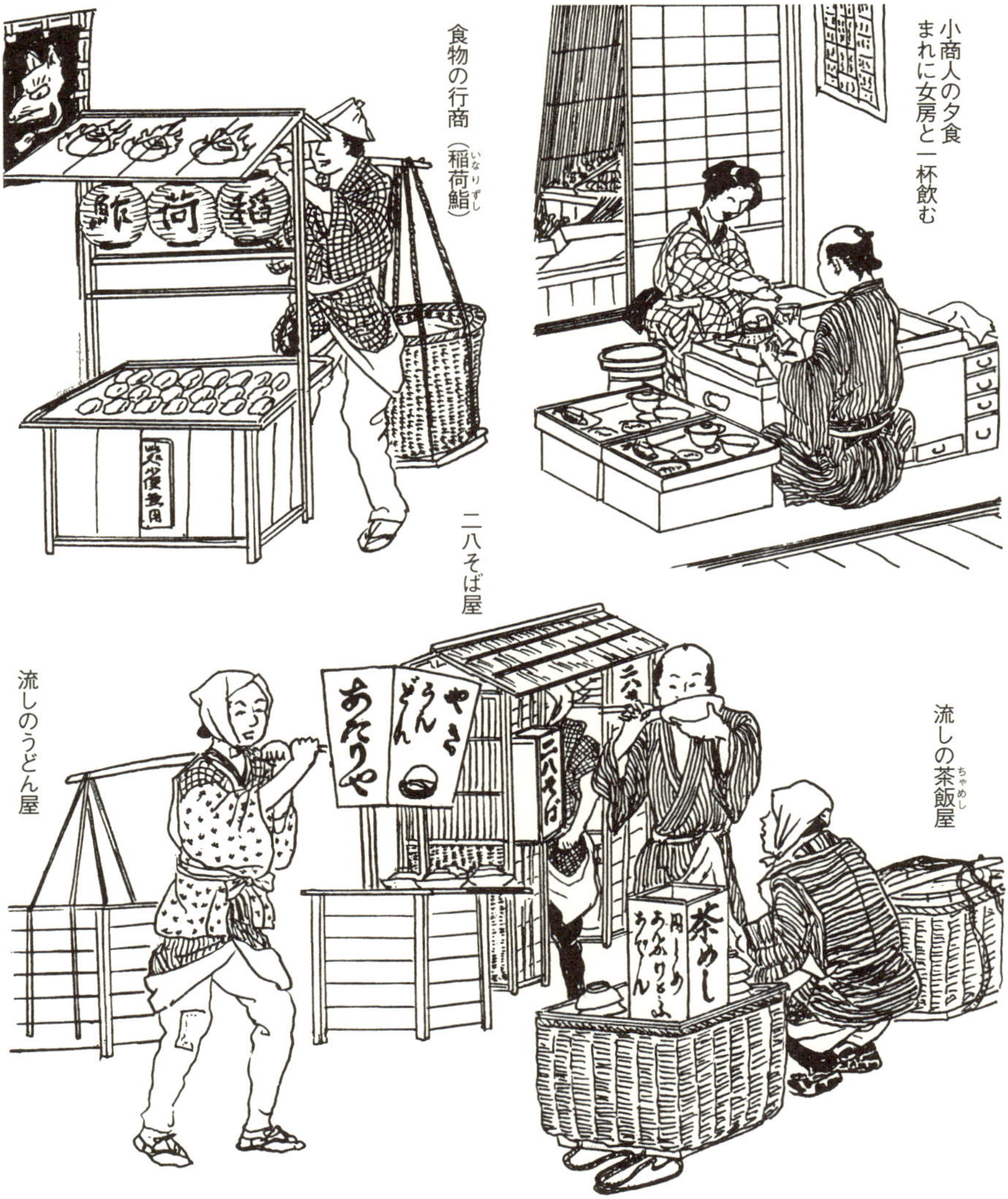
食物の行商（稲荷鮨《いなりずし》）
稲荷鮨
小商人の夕食
まれに女房と一杯飲む
二八そば屋
やきうどん
あたりや
二八そば
流しのうどん屋
流しの茶飯《ちゃめし》屋
茶めし

# 鮨《すし》、天麩羅《てんぷら》、鰻《うなぎ》

江戸では、天秤棒《てんびんぼう》をかついだ行商が、往来でいろいろな食べ物を売っていた。鮨、鰻の蒲焼《かばや》き、天麩羅、稲荷鮨《いなりずし》などは、これら行商によって広まった食べ物である。庶民は、これらの食べ物を往来で買って食べ、あるいは入れ物を持参して持って帰った。ただし、立ち食いなので、体裁を気にする武士や裕福な人は、なかなか口にすることができなかった。

やがて店構えの食堂ができると、そうした人たちもこれらの食べ物を座敷で食べるようになった。なかには、高級料理屋兼茶屋として体裁を整える店もあり、浅草山谷の八百善《やおぜん》などがその代表であった。武士や裕福な人が通ったので、料理も急速に進歩した。また一時の腹しのぎに食べるようなお茶漬けにも、凝った店が現れ、高級なお茶漬けを高い値段で出した。これにならって次々と高級料理屋ができたが、利用する客は主に高級武士や豪商で、一般庶民には縁が遠いものであった。

庶民が通ったのは、まだ高級化していなかった鮨屋、天麩羅屋、鰻屋である。

鮨は、最初は馴鮨《なれずし》といって、塩漬けの魚の腹を裂いて中に飯をつめたり、桶《おけ》の中に魚と飯を交互に重ね、重石をして発酵させたもので、臭いがきつくて普通の人には好まれなかった。そこで、臭いがないように酢をよく混ぜた飯に魚をのせて桶に入れ、重石をのせて一晩置《お》く押し鮨《ずし》が考案されて、これを早鮨《はやずし》（一夜鮨）といった。まだ魚臭かったが、屋台の露店で売られ、安価なので庶民が買って食べた。その後いろいろと工夫され、本所横網町の花屋與兵衛が酢飯に魚をのせる手早い方法を考案した。魚も飯も新鮮で、客の目の前にすぐ出されるので、江戸っ子に好まれ、たちまち江戸中に流行した。これが握り鮨のはじまりで、種《ねた》の種類が増えて今日に至っている。

天麩羅や鰻の蒲焼きを、丼《どんぶり》に盛った飯の上にのせ、たれをかけて食べる丼物も流行した。小さい店舗を構えて、これらの食事を出す店もでき、江戸の庶民に利用された。

屋台で売っていた天麩羅《てんぷら》

早鮨《はやずし》（一夜鮨）を売って歩く行商

押《お》し鮨《ずし》（早鮨・一夜鮨）

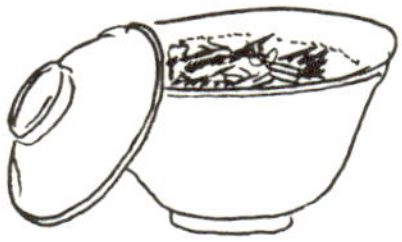

散《ち》らし丼《どんぶり》

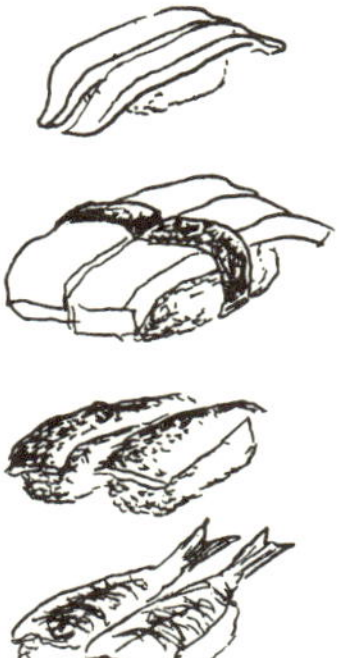

握《にぎ》り鮨《ずし》

鰻丼（俗にうなどん）

海苔巻《のりまき》

天麩羅丼（俗にてんどん）

屋台《やたい》で売っていた鰻《うなぎ》の蒲焼《かばや》き

# 江戸時代の酒

酒は古代より好まれたが、清酒として飲まれるようになったのは江戸時代からである。清酒を「諸白《もろはく》」といい、古来の濁酒《にごりざけ》を「片白《かたじろ》」といった。濁酒を駕籠舁《かごかき》などは「白馬《しろうま》」ともいった。江戸時代は伊丹、池田、灘《なだ》の酒が上等とされ、剣菱《けんびし》、七つ梅《むめ》、紙屋の菊、三つ鱗、米喜のよね、近江の正宗のほか、猿若《さるわか》なども聞こえていた。酒屋は、「酒林《さかばやし》」という、杉葉を束ねて丸くしたものを店の屋根に吊るして看板とした。

右にあげた酒はほとんど、四斗樽《しとだる》に詰めて船で江戸に運ばれた。またときには、二樽を一荷、馬一駄《いちだ》（馬一頭分の荷）として東海道を使って運ばれた。四斗樽は薦《こも》に包んであったが、京阪では二、三升から五升の樽もあった。樽は、やがて江戸に入って用が済むと、飲み屋の椅子代わりに用いられた。これらの酒は、慶事には、指樽《さしだる》、角樽《つのだる》に詰め替えて贈り物に用いられた。ふだん家庭では、俗に貧乏徳利《とっくり》と呼ばれる、焼物の一升入りの壺に詰めた。古くは瓶子《へいし》であったが、江戸時代には、錫《すず》で瓶子型に作られたものが用いられた。

酒の飲み方は冷酒が一般的であったが、酒の容器を温めて人肌の温度にして飲むことが流行し、料理屋や中流以上の家庭では温めて飲んだ。これを燗酒《かんざけ》と呼んだ。酒を燗にするには、燗鍋という銅製の鍋に入れたが、そのうち銅製の「ちろり」というものができて、それを火鉢の銅壺《どうこ》に入れて温めたり、あるいは燗徳利に入れて、やかんの蓋《ふた》をとって湯に入れて温めたりした。

酒は、ふつう盃《さかずき》に入れて飲んだが、江戸時代には一升入りの大盃から二、三勺くらいの盃になり、やがて陶磁器の盃となり、盃よりふくらんだ猪口《ちょこ》が流行した。このほか、茶碗型の「ぐい呑《のみ》」も用いられた。

夏は、燗酒ではなく冷酒が好まれ、これにみりんと焼酎を混ぜたものを「柳蔭《やなぎかげ》」「ほんなおし」ともいった。

また、琉球から泡盛《あわもり》というアルコール分の高い酒が入るようになり、酒に強い庶民に歓迎された。焼物の壺を藁《わら》で包み、「ひとわかし」と名づけられていた。

➡関連項目「居酒屋」168ページ

〈酒屋の看板と商標〉

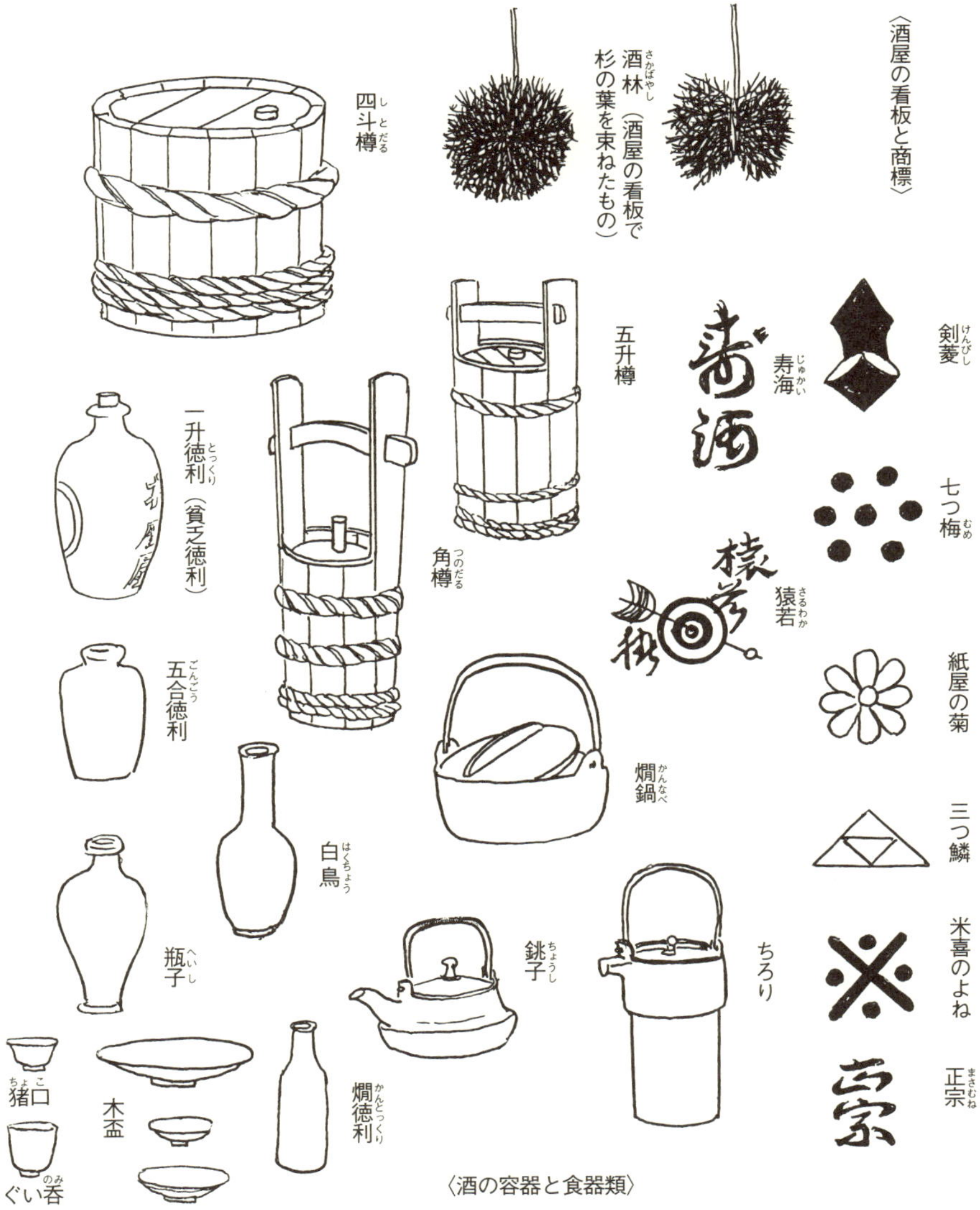
酒林《さかばやし》（酒屋の看板で杉の葉を束ねたもの）
剣菱《けんびし》
寿海《じゅかい》
七つ梅《むめ》
猿若《さるわか》
紙屋の菊
三つ鱗
米喜のよね
正宗《まさむね》
四斗樽《しとだる》
五升樽
一升徳利《とっくり》（貧乏徳利）
角樽《つのだる》
五合《ごんごう》徳利
燗鍋《かんなべ》
白鳥《はくちょう》
瓶子《へいし》
銚子《ちょうし》
ちろり
猪口《ちょこ》
木盃
燗徳利《かんとっくり》
ぐい呑《のみ》

〈酒の容器と食器類〉

# 居酒屋

江戸時代にも外で酒を飲む人は多く、裕福な人は料亭や専門店に行ったが、庶民は往来に店を出している燗酒屋《かんざけ》で飲んだり、わずかのその日の働きから、女房が亭主慰労のために貧乏徳利《とっくり》を持って一合、二合程度の安酒を買ってきたりした。しかし、労働して日銭を稼ぐ者のなかには家に帰るまで我慢できず、道端の「おでん燗酒売り」や安酒を扱う居酒屋に立ち寄って、一杯飲んで疲れをねぎらって家に戻る者も多かった。

当時の川柳に「居酒屋に馬駕籠車三ツ鼎《かなえ》」とあるように、荷車屋や馬（駄馬）で荷や人を運ぶ者、駕籠舁《かごかき》は、一日中歩いたり重いものをかついで働くから、夕方、家に戻るまでの一時的な疲れ休めに、往来の安酒売りの魅力に勝てずに立ち飲みをする者もいた。

こうした連中を相手にしたのが、天秤棒《てんびんぼう》で酒やつまみの肴《さかな》を売る「燗酒屋」で、夕刻ごろ「おでん、かんざけー」と呼んで歩き、往来を行く人は気軽に立って飲み食いをした。

また、こうした労働者が通る町には、彼ら専門の居酒屋があり、障子《しょうじ》に「酒さかな」「居酒屋」と書いてあって、なかなか素通りしにくい雰囲気を演出していた。居酒屋に入る障子戸の前には麻縄をよった縄のれんが垂れていて、少し開いた障子の隙間から、先客が歓談したり、気炎を上げている声がもれると、往来の人はつい誘われて入ってしまう。

席は、分厚い頑丈な長いテーブルの両側に酒の空樽《あきだる》が椅子代わりに置いてあり、注文した安酒を向かい合って飲んだ。アルコールがまわると機嫌がよくなり、つい飲み過ぎて長尻《ながっちり》になったりする。テーブルをはさんで相対しているので、酒樽に腰掛けているようすを三月の節句の雛人形に見立てて、矢大臣（親王雛の二段目の左右に並んでいる胡《や》ぐいと弓を持った人形）とあだ名した。樽を腰掛けに利用した思いつきはしゃれているが、当時としては下品な部類に属した。気の利いた肴《さかな》（つまみの副食物）などはなく、せいぜい豆腐かがんもどき、おでんの類で、金のない者は塩をつまみに酒を飲んだ。

➡関連項目「江戸時代の酒」166ページ

燗酒屋《かんざけや》の安酒を飲んでくつろぐ駕籠舁《かごかき》

荷車屋、馬方《うまかた》、駕篭舁などが仕事帰りに立ち寄る居酒屋

# 台所の道具

食生活で一番大切な道具は米櫃《こめびつ》であった。ここに米を入れておき、その日の必要分だけ枡《ます》で量《はか》って笊《ざる》か釜、鍋に入れ、流しでといで一定の洗米にしてから、竈《かまど》か七輪《しちりん》で炊いて飯にした。竈は、瓦を積み重ねて、漆喰《しっくい》で形造ったものである。使用人が多い家では飯炊き、湯沸かしなどができる竈が二、三個連結されてあり、専門の飯炊《めした》き爺《じい》やを雇っていた。

また、味噌は今のように精製されていないので、すり鉢に入れてすりこ木ですったり、底に細かい金網を張ってある経木《きょうぎ》の枠（笊状の物）に入れて漉《こ》し、煮沸した湯に入れた。したがって味噌汁を作るためには、包丁、まな板のほかにもこういった道具が必要で、これらは貧しい家にもあった。すりこ木はたいてい直径三センチぐらいの山椒《さんしょ》の棒で、毎日使うので木肌が露出していた。味噌漉しには、豆腐屋から買った豆腐を入れたりすることもあった。笊は野菜や魚を入れるのに用いた。

調味料として欠かせないのは塩である。塩はたいてい湿気を帯びないように焼物の甕《かめ》に入れていた。余裕のある家には、砂糖壺もあった。

また煮物の風味付けに使う鰹節《かつおぶし》を削る鰹節削器、食器を洗う手桶《ておけ》、水がすぐに間に合うよう流しの隅に汲んでおく水甕か水桶とひしゃく、汚れ物を洗うたわしか藁縄《わらなわ》の束も必要であった。

これらのほか台所には、洗濯物を洗うためのたらいと凸凹の筋が入った洗濯板、井戸から水を運んでくる手桶、持ち柄がつき低くて蓋《ふた》のある、買い物のときに食料品を入れる岡持桶《おかもちおけ》もあった。ところどころめくり上げられる揚《あ》げ板《いた》の下には、薪《まき》や炭、ときには貯金のつもりで、土甕《どがめ》に小銭や小判、銀を入れて隠しておくこともあった。これらは、中流の庶民の台所の備品であった。

裕福な家では内井戸といって台所の土間か裏庭に井戸があったが、一般には裏路地に一か所、流し付きの共同井戸があるだけで、女性たちは、そこで世間話をしながら、米をといだり洗濯したりした。

➡関連項目「台所」158ページ

漆食《しっくい》で仕上げる
土と瓦で形造る
〈竈《かまど》の作り方〉
米櫃《こめびつ》
すりこ木《ぎ》
洗《あら》い桶《おけ》
素焼《すや》きの七輪《しちりん》
味《み》噌《そ》漉《こ》し
すり鉢《ばち》
包丁《ほうちょう》
笊《ざる》
まな板
しゃもじ
飯《めし》しゃもじ
藁縄《わらなわ》
水汲《みずく》みの手桶《ておけ》
火消壺《ひけしつぼ》
塩壺《しおつぼ》
岡持桶《おかもちおけ》
たわし
洗濯板《せんたくいた》
台所の揚《あ》げ板《いた》
（下に炭・薪《まき》を収納）
たらい

江戸庶民の生活用具――❷

## 食膳《しょくぜん》

もともと食事は朝夕の二食であったが、戦時中の武士や、重労働をする農民や労働者などが空腹を覚えるために中間に一食加わり、江戸時代ごろから朝・昼・夜の三食をとる習慣が定着した。

農民は米を生産していても、苛酷な貢納のために米を食べられない者が多く、麦や稗《ひえ》、粟《あわ》を食べた。また、米が食べられるときは玄米《くろごめ》（米粒を覆っている糠《ぬか》の成分が付いたもの）を食べた。江戸の庶民も同様であったが、明暦（一六五五〜五八年）ごろから、玄米をついて白米にして食べるようになった。白米は口当たりがいいので、貧しい人以外はほとんど白米を食べるようになったが、玄米の糠に含まれるビタミン$B_1$がとれてしまうので、脚気《かっけ》になる者が増え、いわゆる「江戸患《わずら》い」といわれた。ただし、糠を漬物に用いたので、いくぶんはビタミンを補給できた。

当時の食事は、今日のように家族そろって食卓につくのではなく、一人ひとりが小さい膳の前に座って、並んで食べた。つまり、一人ずつに小さい脚付き膳があり、そこに飯碗《めしわん》、汁椀《しるわん》、魚（肴）物、漬物の容器が並べてあった。料理店でも一人ずつの脚付き膳が用いられた。脚付き膳にはいくつか種類がある。

**【蝶脚膳《ちょうあしぜん》】**婚礼など祝い用の膳である。黒漆《うるし》塗りで、角取《かどと》り、脚は刳《く》られている。

**【宗和膳《そうわぜん》】**本膳ともいい、黒漆塗りで猫足である。

**【中足膳《なかあしぜん》】**本膳に添えものを出すときの膳で、脚は低く猫足のため、猫足膳とも通称された。

また、丸膳や、根来《ねごろ》塗りの角取りで、二本板足の中を刳ったしゃれた客用の膳もある。

商店の使用人などは箱膳《はこぜん》を用いた。箱膳は飯台《はんだい》ともいい、中に飯碗、汁椀、小皿、皿、湯飲み、箸《はし》などが入っている。蓋《ふた》を取って裏返して載せ、中の容器を並べて食事をし、食事が終わると再び中にしまう。使わないときは積んでおいた。蓋の代わりに上部の板に枠をつけ、容器を入れるところが引き出しになった箱膳もある。また、箱状で上部に枠のついたものは重箱などを載せる台ともなった。ほかに、単に角取りの盆状のものもあった。

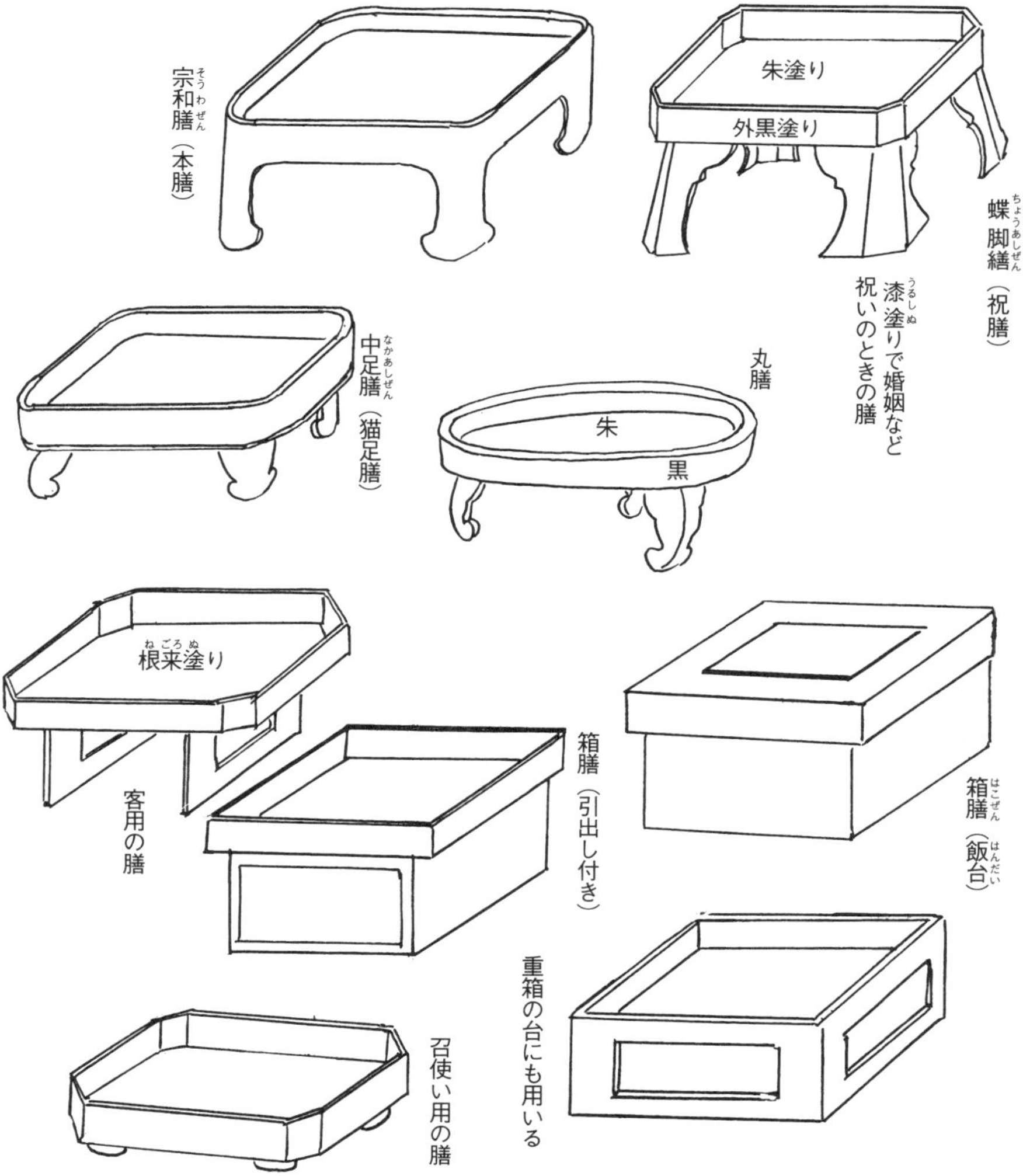
宗《そう》和《わ》膳《ぜん》（本膳）
朱塗り
外黒塗り
蝶《ちょう》脚《あし》膳《ぜん》（祝膳）
漆《うるし》塗《ぬ》りで婚姻など祝いのときの膳
中《なか》足《あし》膳《ぜん》（猫足膳）
丸膳
朱
黒
根《ね》来《ごろ》塗《ぬ》り
客用の膳
箱膳（引出し付き）
箱《はこ》膳《ぜん》（飯《はん》台《だい》）
重箱の台にも用いる
召使い用の膳

# 行灯《あんどん》

江戸時代の灯火は、ほとんど菜種《なたね》を絞って採った油を用いた。藺草科《いぐさ》のホソイの外皮をむいた髄《ずい》や、白木綿糸をまとめたものを芯にして菜種油を入れた皿に浸すと、油が浸みこむので、その先端に火をつける。すると芯に浸みこんだ油が燃え、芯の先端だけが燃えるので、油が燃え尽きるまでには時間がかかる。芯が燃えきると明かりは消える。

直接の火光はまぶしいので、その灯火の明かりを紙障子《しょうじ》状のもので囲ったのが行灯で、当時の室内用の灯火であった。現在の電灯の五ワットよりも暗かったが、当時の人はその明かりの傍《かたわ》らで、裁縫や読書、手仕事などをした。

移動用に手提げの取っ手がついた行灯もあったが、移動させると、菜種油が揺れて失火のもとになるので、そっと持ち運びするだけであった。灯火の部分は、風に当たって菜種油に火がついたり、皿が転がらないようにに作ってあった。家の灯火として、また看板、町の目印などに、いろいろな行灯が用いられた。

江戸在住の各大名屋敷の外の辻番屋《つじばんや》や、町の木戸番《きどばん》屋《や》などには、倒れないよう末広がりになった土台のしっかりした大行灯があり、一晩中油を切らさないよう、時間を見計らって油を補給した。

裕福な家では、絹張りのもの、風流な草花を描いたもの、光の漏れを少なくするために板に月などを透かした有明《ありあけ》行灯などを用いた。また寝室などでは、かすかな明かりにするために、行灯に衣類をかぶせたりした。遊廓などでは、油が切れて暗くならないように、「油指《あぶらさし》」という下男が各部屋をまわって歩いた。

当時、菜種油は高級品で、菜種油一升の値段で米が二升買えた。裏長屋住まいの人にはすこぶる貴重な明かりで、夜仕事（夜鍋《よなべ》という）をするほかは灯火を倹約して早く寝た。また、魚の油、とくに鯨《くじら》の油などで代用したが、臭気が強く、毎日用いると家中に臭いが浸みついてなかなかとれなかった。

角行灯
菜種《なたね》油
灯心《とうしん》
補充の油瓶《びん》
角行灯《あんどん》
丸行灯
角行灯
角行灯
片側の障子《しょうじ》が上に上がる
有明《ありあけ》行灯
引き出し箱
高口《たかくち》行灯

# ろうそくと提灯《ちょうちん》

ろうそくは、中国では古代から用いられており、仏教伝来とともに日本の仏寺では用いられていたが、国内では生産されず、特殊な高級品であった。室町時代末期にヨーロッパ人によって輸入されたが、高価なもので、特殊な身分の人しか用いることができなかった。

ろうそくが日本で作られはじめたのは江戸初期のころからで、はじめは荏桐《えぎり》、榛《ほう》・だまの木、水蝋樹《いぼたのき》などから蝋質《ろうしつ》を摘出して作り、とくに越後ろうそくが有名であった。やがて、漆《うるし》やはぜの木からも蝋を採るようになり、ろうそく作りが産業として成立するようになった。白糸を芯にして丸い筒状に蝋を手で塗りつけて作っていたので、手数がかかり高価であったが、菜種《なたね》油《あぶら》の行灯《あんどん》よりはるかに明るかったので、大名や高級武士が代わりに用いた。

ろうそくの底の穴を釘の出た燭台《しょくだい》に固定しておけば、蝋が燃え尽きるまで、菜種油の四、五倍の明るさが得られた。ただし、風に弱く吹き消されてしまうので、燭台のろうそくを中心にして紙で囲った。

一般庶民でも裕福な人は、しだいにろうそくを用いるようになった。燭台に柄をつけて持てば移動がきくし、行灯のように紙を張った竹や木の枠の中に固定しておけば、行灯より明るく便利であった。

こうして、ろうそくを明かりにした手に持てる道具として発達したのが提灯《ちょうちん》である。竹を輪状に削って紙を貼り、使うときは行灯のようにし、不要なときは縮めてたたむことができる便利な提灯が考案された。

もとは中国から来た提灯であるが、日本では使用目的により、さまざまな形の提灯が作られた。武家の下男や新吉原の遊女の足もとを照らす箱提灯、たたんだ形を固定することができて、細長い筒や卵形に中をふくらませた弓張提灯《ゆみはりぢょうちん》、揺れても安定を保てるように柄がしなう馬上提灯《ばじょうぢょうちん》、店の名や官職役の印の文字を入れた御用提灯《ごようぢょうちん》(これも弓張提灯のひとつである)、細長い筒状で、たたむと懐中できるぐらい小型になる小田原提灯、その他いろいろな提灯ができ、ろうそくも安くなって普及したので、提灯は夜の江戸に欠かせない道具となった。

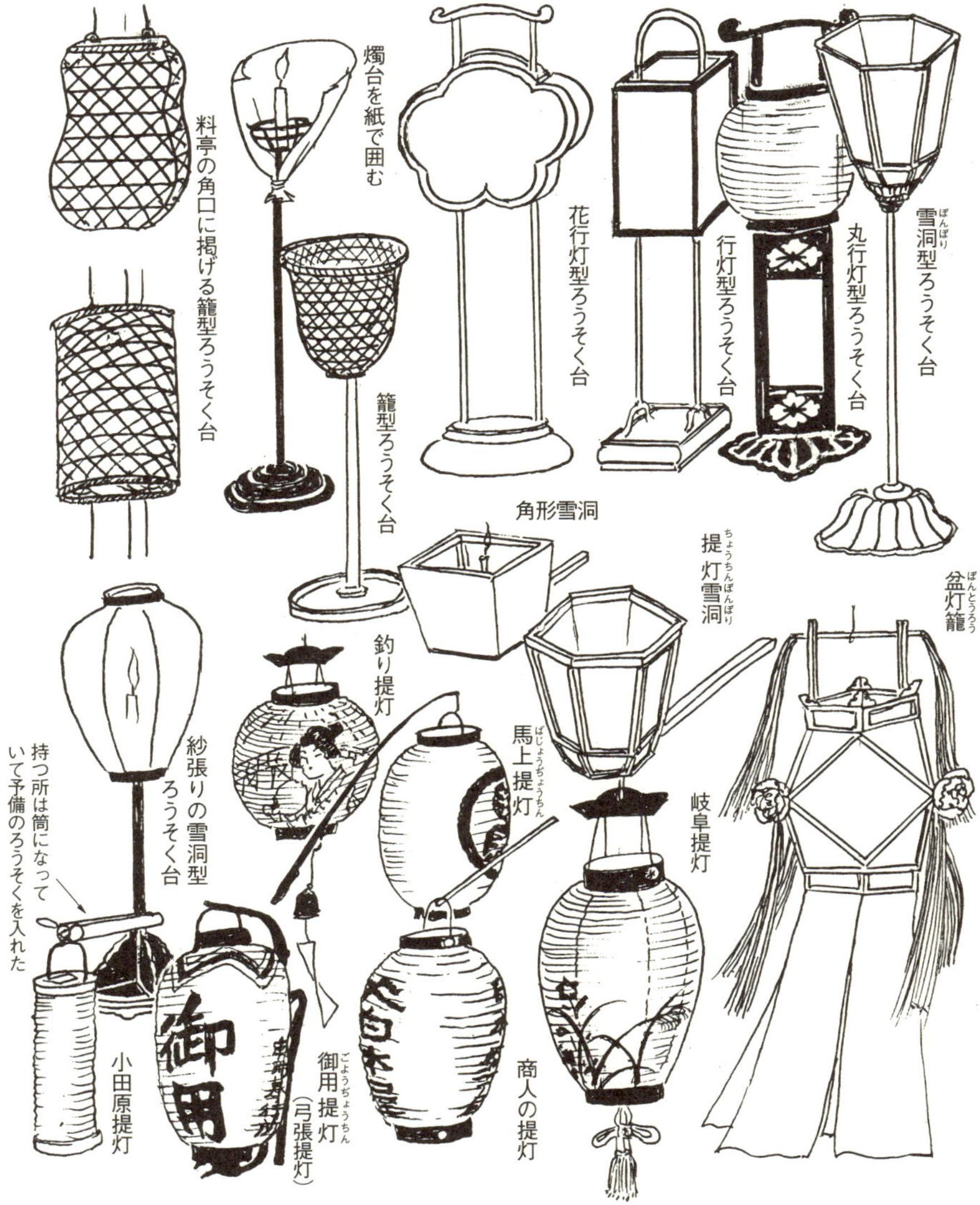

雪洞《ぼんぼり》型ろうそく台
丸行灯型ろうそく台
行灯型ろうそく台
花行灯型ろうそく台
燭台を紙で囲む
料亭の角口に掲げる籠型ろうそく台
籠型ろうそく台
角形雪洞
提灯《ちょうちん》雪洞《ぼんぼり》
盆灯籠《ぼんとうろう》
釣り提灯
馬上《ばじょう》提灯《ちょうちん》
岐阜提灯
紗張りの雪洞型ろうそく台
持つ所は筒になっていて予備のろうそくを入れた
小田原提灯
御用《ごよう》提灯《ちょうちん》（弓張提灯）
商人の提灯
御用

## 掛行灯《かけあんどん》、金網行灯

ろうそくは菜種油《なたねあぶら》や鰯《いわし》から採った油より高価で、貧しい階級には手が出なかったが、油よりもはるかに明るく、松明《たいまつ》のような不便さもなかったので、しだいに普及し、提灯《ちょうちん》や灯台に用いられるようになった。

一番多く利用したのは商人で、軒先に吊るす掛行灯に、油がわりの明かりとして用いた。掛行灯に文字を書けば一目で何の商売かがわかるので、各店は戸を閉めるまで軒下に提灯、柱に掛行灯を設けた。掛行灯をつけるのは食べ物屋が多く、あとは待合《まちあい》、船宿《ふなやど》、駕籠《かご》屋《や》などである。余裕のある店や夜遅くまで営業する店は、何本もろうそくを付け替えたが、一般の家では、ろうそくがもったいないので早く寝た。寝るときは、ろうそくの焔《ほのお》を「つまみ」(金属のとげ抜きに似たもの)で消したり、吹き消したりした。

掛行灯は和紙を張ったものであるが、座敷や暗い廊下には、倒れても火が燃え移らないように鉄骨に金網を張った行灯が置かれた。この金網行灯には、角金網行灯(図①②④)、提灯形金網行灯(図③)、通常の金網行灯(図⑤)、家形金網行灯(図⑥)などがあった。

そして、祭りのときには「地口《じぐち》あんどん」が軒にかけられた。「地口あんどん」とは、行灯の面に地口(よく知られた諺《ことわざ》や言葉に、読みの似た別の語をあてはめ、違った意味を表すしゃれの一種)を絵にして描いたもので、それぞれ角口にかけ、通行人に何のしゃれの絵なのかを考えさせる謎かけであった。

看板形の行灯には、横長、縦長、屋根付きなどの形があった。また料亭などで、長い廊下の暗さを避けるために用いた柱行灯は、ただの角形ではなく、しゃれた形をしていた。

なお、このろうそくは提灯にも多く用いられ、祭りのときの万灯《まんどう》として、「またぎの提灯」「積み樽のほおずき提灯」「十二豆提灯《じゅうにとうちょうちん》」などの光源となった。このほか、芸妓屋などでは縁起をかついで玄関や軒下に「御神灯《ごじんとう》」と書いた丸提灯を下げ、火消しは火事のとき、棹《さお》の先に細長い円筒状の長提灯をつけた。

➡関連項目「ろうそくと提灯」176ページ

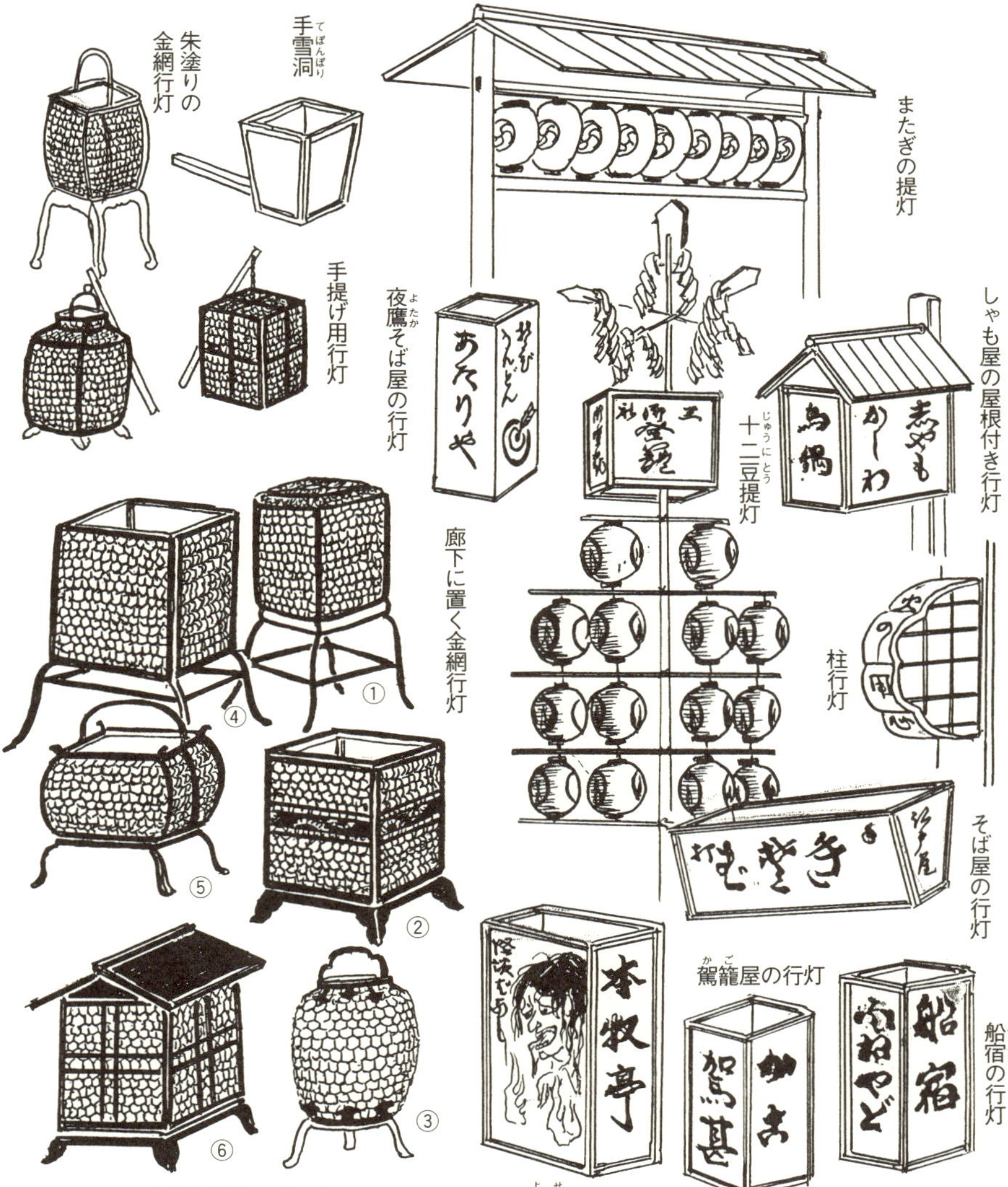


金網行灯のいろいろ

寄席《よせ》の行灯

江戸庶民の生活用具――⑥

# 火鉢《ひばち》、炬燵《こたつ》、行火《あんか》、手あぶりなど

火鉢は、古い形式のものは平安時代のころからあったが、いろいろと便利なものが考案され、庶民が畳の部屋に置いて防寒や湯沸かしに使うようになったのは江戸時代からである。

【長火鉢《ながひばち》】もっとも一般的なのは、長火鉢であった。たいてい一家の主《あるじ》が、神棚を背にして長火鉢の前にあぐらをかき、それに向かって女房が座る。脇で子供や客が暖まることもあった。寒いとき、猫が上で丸くなって寝ることから名づけられた猫板《ねこいた》には、茶飲み道具を布巾《ふきん》で覆って置いた。炭火が燃えている間は、銅壺《どうこ》に満たされた湯が常に沸いていて、そこに銅製の湯沸かしや燗徳利《かんとっくり》を入れた。炭火を入れた部分にやかんや鉄瓶《てつびん》を置けば、いつも湯気を上げて室内を暖めた。さらに引き出しが付いていて、こまごました日用品を入れることもできた。便利なものなので、よほど貧しくないかぎり、ほとんどの家にあった。

【陶器の火鉢】江戸時代中ごろから、陶器製の丸い火鉢も作られた。

【一人用の火鉢】一人用の素焼きの火鉢は、職人などがまたがって暖をとることから、俗に「睾丸《きんたま》あぶり」などといった。客一人ひとりに出すための、陶器製や木肌の美しい木製の上等な火鉢もあった。

【炬燵、行火】櫓炬燵《やぐらこたつ》は、木で作った枠の中に、四角い素焼きに入った炭団《たどん》を入れ、蒲団《ふとん》で覆って使う。素焼きの竈《かまど》状の行火なども同じように用いた。

【手あぶり】炬燵に似ているのが、寄席などで客の求めに応じて出す箱形の小さい手あぶりで、これは、手あぶり兼煙草の点火用に用いられた。

【獅噛《しがみ》火鉢】真鍮《しんちゅう》製で、獅子面の三本足を樫の厚い盤にはめ込んだ贅沢なものである。これは主に武家が用い、庶民には珍しかった。

【懐炉《かいろ》】金属製で蓋《ふた》が財布のように開き、中になすの茎を蒸し焼きにして粉にしたものなどを棒状に紙に包んで入れて点火し、蓋を閉めて懐《ふところ》に入れたり腰に当てたりする。一刻《いっとき》ぐらい（約二時間）は火が消えず、保温の役目をした。

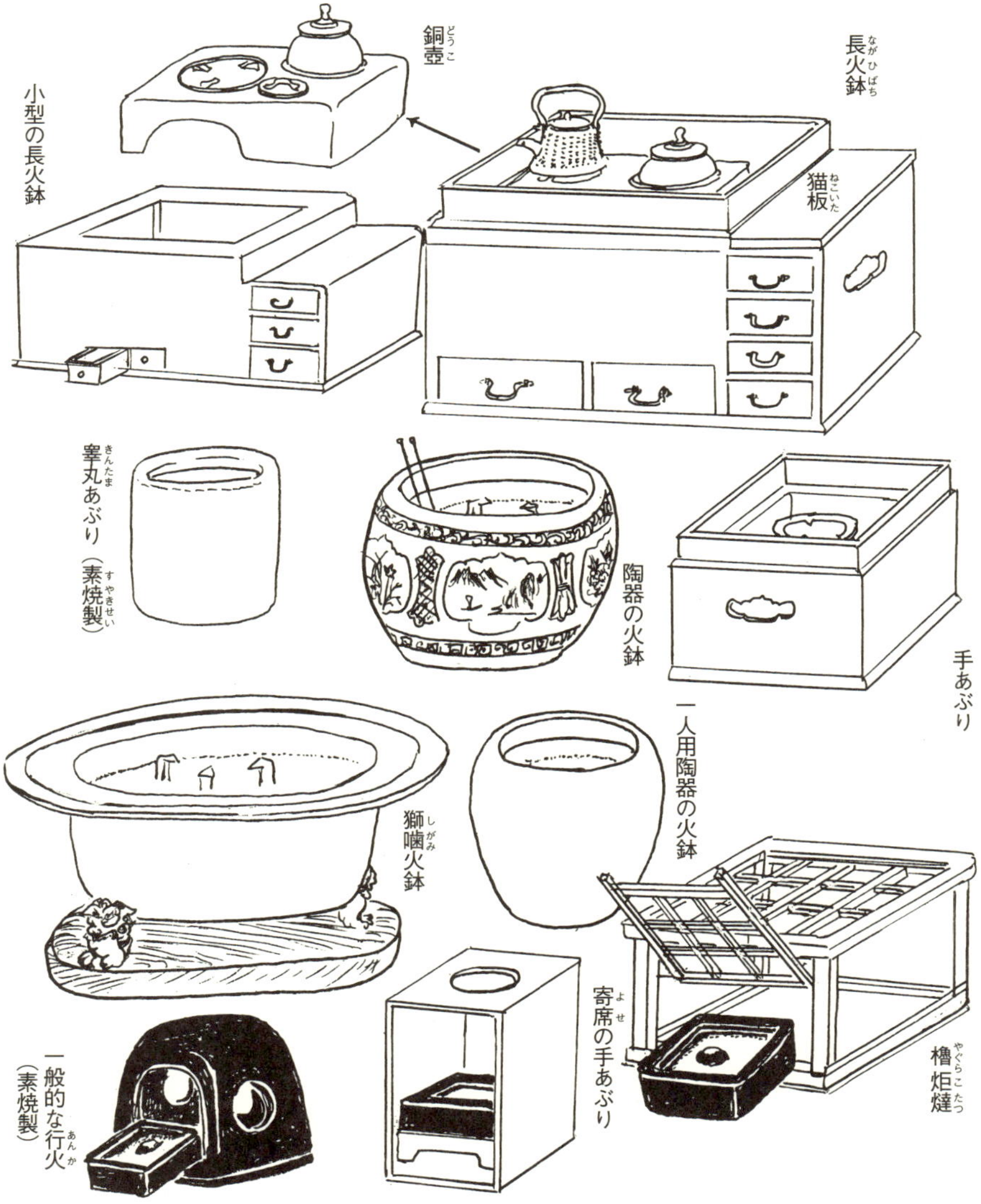
銅壺《どうこ》
長火鉢《ながひばち》
小型の長火鉢
猫板《ねこいた》
睾丸《きんたま》あぶり（素焼製《すやきせい》）
陶器の火鉢
手あぶり
一人用陶器の火鉢
獅噛《しがみ》火鉢
寄席《よせ》の手あぶり
櫓炬燵《やぐらこたつ》
一般的な行火《あんか》（素焼製）

## 衣桁《いこう》、鏡台《きょうだい》、針箱《はりばこ》など

江戸庶民の家には、これまで述べたほかにも日常生活に必要なこまごまとした道具があった。

【踏台】高さ二尺（約六十センチ）ぐらいで、足をかけるところが二段になったもの。棚の上や高い所の物を取るのに使った。中は紙屑《かみくず》入れ用に穴があいていた。

【針箱】糸、はさみ、針、針山、熨斗小手《のしごて》など、裁縫道具がすべて収められている箱。衣服のつくろいだけでなく、家族が着る普段着などを家庭内で仕立てていたため、家庭での必需品であった。

【衣桁】脱いだ着物を掛けておく屛風《びょうぶ》状のもので、これに掛けておくと、着ていたときの皺《しわ》や癖が自然に伸びるし、上等な衣装やはでな柄のものは室内の装飾にもなった。

また、皺伸ばしには、鉄や銅、真鍮《しんちゅう》の柄付きの容器に炭火を入れて熱し、アイロンのように用いた。

【鏡台】当時の鏡は、現在のようなガラスの裏に水銀を塗ったものとは違い、青銅で鋳造されたものであった。桃山時代のころから、鋳造の丸鏡に、持ちやすいように柄をつけたものがあったが、江戸時代後期に、それを固定して置く鏡台が作られた。最初は枠を組み合わせただけであったが、後に台にいくつか引き出しが付いて、化粧道具などを入れられるようになった。

【鉄漿付道具《かねつけどうぐ》】庶民でも人妻になると必ず御歯黒《おはぐろ》（鉄を酢などで酸化させた液に五倍子《ふし》の粉をつけて歯を黒く染める習慣）で歯を染めたので、鉄漿付道具は必需品であった。貧しい家庭で鉄漿を付けない人妻は、白歯者《しらはもの》といって軽蔑された。

【長持《ながもち》】長持は、衣類その他の雑品を収納するために必要であった。ただし、大きくて場所をとるので、裏長屋の住人には邪魔な存在であった。

【屛風《びょうぶ》】他人に見せたくないものを覆ったり、部屋の装飾としたり、また部屋を区画したりするために屛風を用いた。屛風は、六曲（六面）のもの、四曲（四面）のもの、二つそろった一双のものがあった。また、寝ている所を隠すための半屛風（高さ約一メートルの二つ折りのもの）があり、枕屛風《まくらびょうぶ》ともいった。

江戸庶民の生活用具――❼ 衣桁、鏡台、針箱など

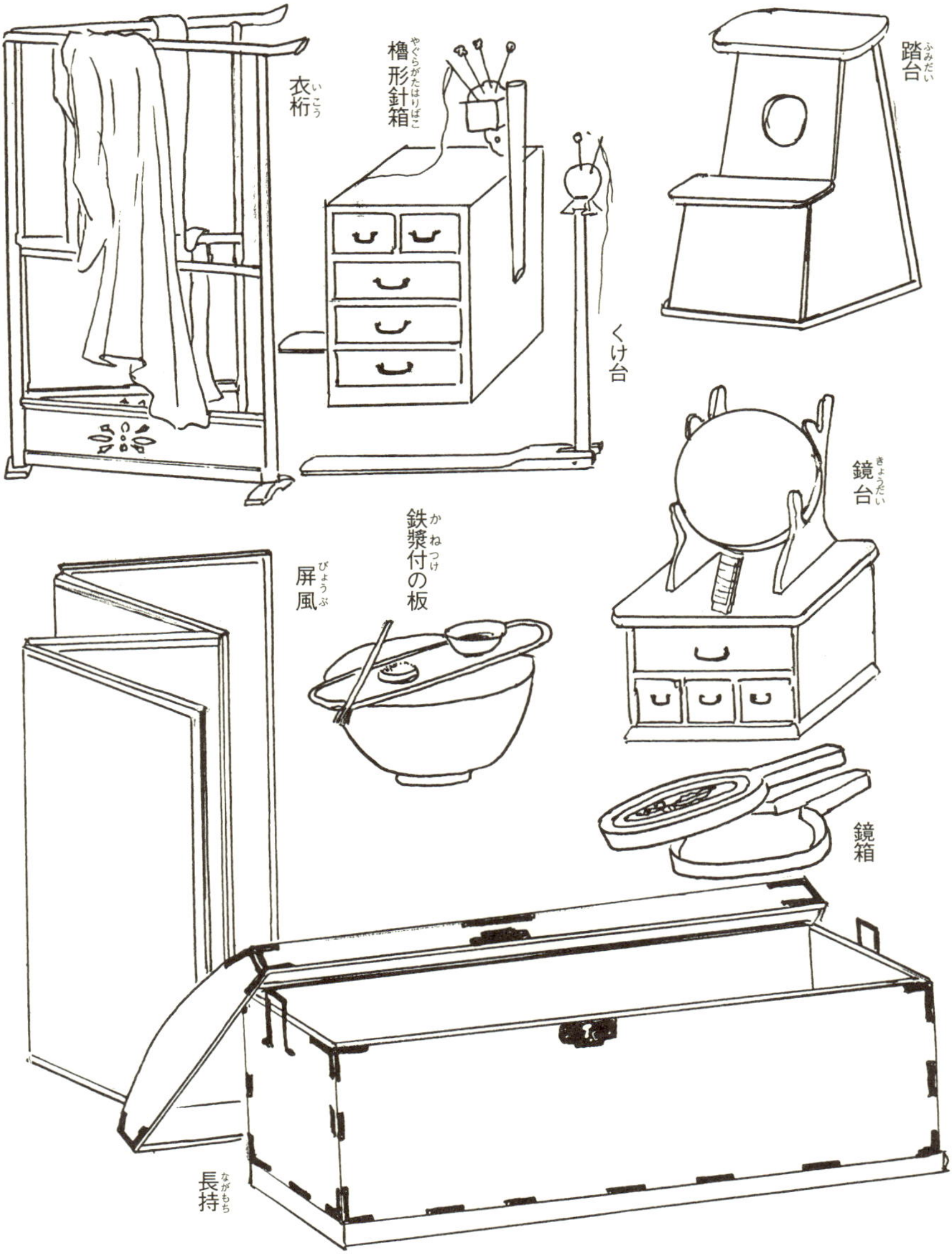
衣桁《いこう》
櫓形針箱《やぐらがたはりばこ》
踏台《ふみだい》
くけ台
鏡台《きょうだい》
鉄漿《かねつけ》付の板
屏風《びょうぶ》
鏡箱
長持《ながもち》

# 箪笥《たんす》、茶箪笥

江戸時代の九尺二間（約三メートル×約四メートル）の棟割長屋や二間三間（約四メートル×約六メートル）の裏長屋には、満足に家具といえるようなものはなかった。もし、妻が良家から嫁入りして大きな家具を持ち込んだとしても置く場所がない。押入れもないので、夜具はたたんで隅に積み、枕《まくら》屏風《びょうぶ》などで囲った。衣類は柳行李《やなぎごうり》か葛籠《つづら》に入れた。日常とりあえず必要なのは、台所用品と食器類だけであった。

中流以上になると、嫁入り道具として、箪笥、長持《ながもち》に衣類を入れ、履物《はきもの》、傘《かさ》、食事用具、場合によっては、たらい、洗濯板、張板《はりいた》（洗濯した着物や布などを張って乾かすための板）、手桶《ておけ》、たわし、はたき、箒《ほうき》なども新所帯用具《しんじょたい》として持っていくので、親と同居する場合も、別に世帯をかまえる場合も、生活用具には困らなかった。

江戸時代初期には、火事のとき難を避けて持ち出せるように、小さい車が付いた車箪笥や車長持が流行した。しかし、混雑しているときにこれらの車にひかれる人が出て危険なため、車付きの家具は禁じられた。そのため、箪笥などは持ち運びやすいように、二段、三段に分解できるものになった。

概して箪笥は桐製で、外出用などの上等の衣類を入れ、ふだん身につけるものは葛籠に入れた。長持には衣類も入れるが、小さい予備の道具類や美術嗜好品などをしまった。柳行李は柳の枝を編んで作ったもの、葛籠は薄板を網代《あじろ》に編んで紙を貼り黒塗りにしたものである。

大商人など裕福な家では、趣味に合わせて格調の高い贅沢な家具を並べた。箪笥の表面には桐の木目の良いもの、また茶箪笥には紅葉《もみじ》、杉の木目の良いものが好んで用いられた。さらに漆塗《うるしぬ》りにしたり、豪華なものでは、黒漆塗りに螺鈿《らでん》、象嵌《ぞうがん》入りや金蒔絵《きんまきえ》で装飾を施した。こういったものは実用品というより、一種の室内装飾品として置かれた。家具を専門に作る建具師《たてぐし》がたくさんいて、引き出し一つをとっても、木が乾燥してもゆるんだりしない見事な家具が作られ、その技術は現在にも伝えられている。

柳《やなぎ》行李《ごうり》

葛籠《つづら》

三つ重ねの箪笥《たんす》
（一般的には二つ重ね）

茶箪笥《ちゃだんす》

# 煙草盆《たばこぼん》

江戸時代には男女の区別なく喫煙が流行し、煙草は、日常生活や大人のつきあいに欠かせないものであった。

武士の間でも公式の場以外では煙草盆が出され、大商人が客に応対するときには、相手が子供でなければ、まず煙草盆が出された。したがって刻《きざ》み煙草と煙管《きせる》は、日常生活の必需品であった。

今ではほとんど紙巻煙草か葉巻であるが、大正時代ごろまでは煙管が用いられた。灰を入れた中心に小さい炭火の燃えている小壺で煙草に火をつけ、吸殻《すいがら》は竹の筒に蓋のある吐月峰《とげっぽう》（灰吹《はいふき》）にたたき入れた。煙草盆にはこの二つがそろい、どの家庭にも用意されていた。

煙草盆にはさまざまなデザインがあり、とくに接待用には技巧を凝らしたものがあった。身分の高い武家や裕福な商人は、漆塗《うるしぬ》り、金蒔絵《きんまきえ》の豪華な煙草盆に、上等の煙管を添え、引き出しには客用の刻み煙草を入れた。一般の庶民でも、客の接待には茶菓とともに煙草盆を出して客に自由に喫わせた。その接待用の煙草を「お先煙草」といったが、江戸っ子は出された煙草を喫うのは卑しい根性として嫌い、自分用に煙草入れを携帯するのが普通であった。

このほか、女性が男性の客をもてなす「吸付け煙草」用の煙草盆、商売にふさわしい粋な煙草盆、一般家庭用のごく簡単な煙草盆などがあった。もっとも簡単なのは、枕元に置く寝覚形《ねざめがた》煙草盆で、これは傍《かたわ》らに置いた行灯《あんどん》の灯心から火を取るので、火種の入った小壺は不要であった。

また、農民や労働者が屋外で煙草を吸うときは、火が消えないうちに、燃え残りの煙草を手のひらにころがし、雁首《がんくび》に新しい煙草を詰めて、燃え残りから火を移して吸った。燃えかすは地面に捨てた。

「一服しよう」というのは「一休みしよう」ということを意味するが、一服とは刻み煙草を一回詰めて吸うことで、二、三度、詰め替えて吸えば、二、三服である。

➊関連項目「財布と煙草入れ、煙管」224ページ

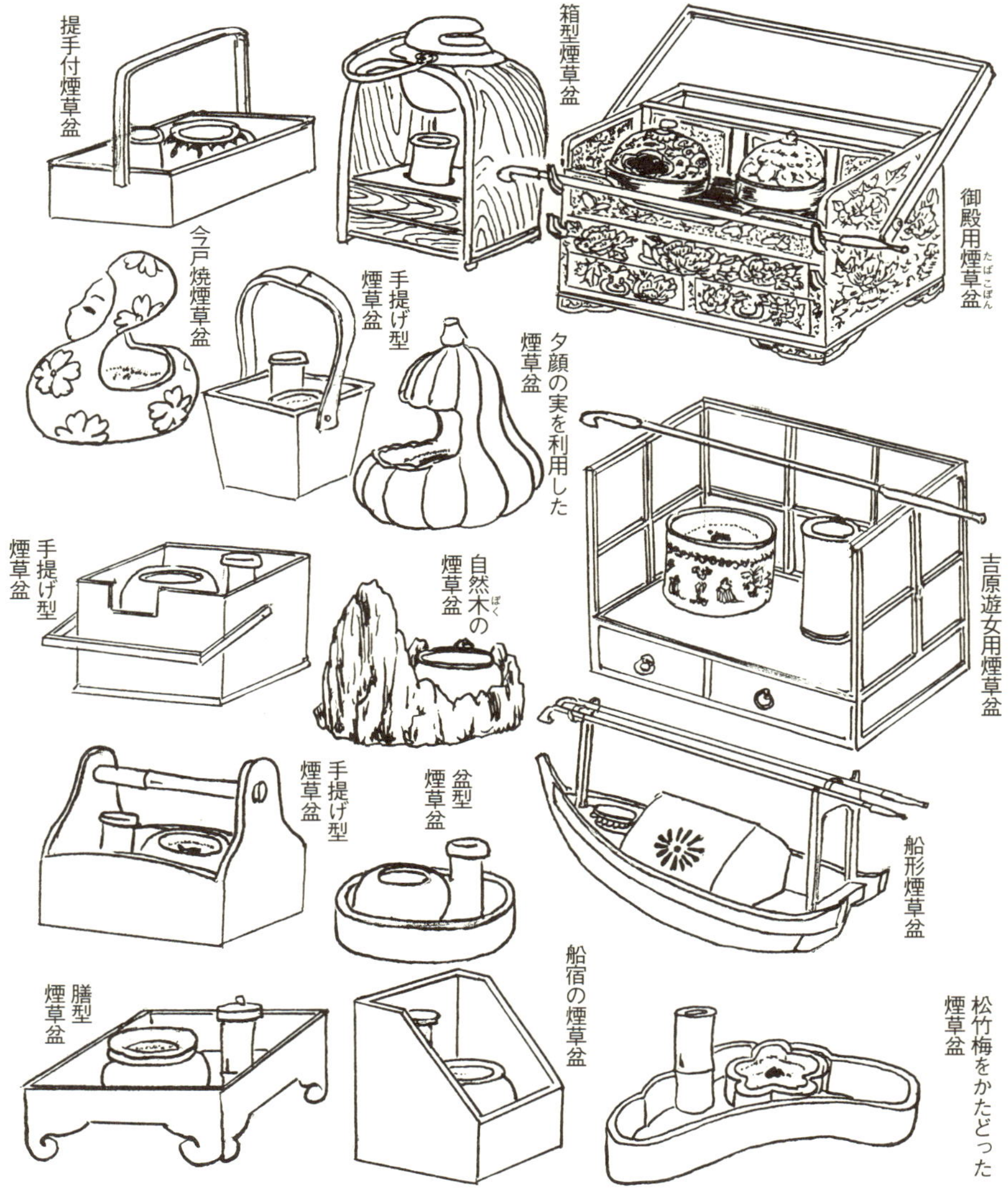
提手付煙草盆
箱型煙草盆
御殿用煙草盆《たばこぼん》
今戸焼煙草盆
手提げ型煙草盆
夕顔の実を利用した煙草盆
手提げ型煙草盆
自然木《ぼく》の煙草盆
吉原遊女用煙草盆
手提げ型煙草盆
盆型煙草盆
船形煙草盆
膳型煙草盆
船宿の煙草盆
松竹梅をかたどった煙草盆

## 傘《かさ》

江戸時代には傘が普及し、武士も庶民も雨よけに傘を用いた。江戸初期には長柄のものが多く、元禄ごろから短い柄の傘が作られ、種類もいろいろあった。もっとも普及したのは番傘《ばんがさ》という、柄も骨も竹でできた太いものであった。蛇《じゃ》の目傘《めがさ》は高級品で、広げたときに傘の円形になぞらえて黒か紺で太い輪状の模様を入れてあり、値段はだいたい二朱《しゅ》ぐらいであった。

番傘は無地であるが、商店などでは店の名前を書いた。骨も柄も太く、今のように細く巻くことができなかったから、雨が降らないときに持ち歩くには不便だった。

細い竹骨を車輪のように広げて、雨よけの紙を貼り、それに桐油《とうゆ》を塗って作ったので、長く使うと破れやすかった。傘の細竹を削る職人や、それに紙を貼り桐油を塗って仕上げる職人がおり、傘屋という独立した商人もいた。

女性などが日よけに使う軽くて模様入りのものがあり、また、紙を紺染めにしたものは医者が用いたが、これは寛延年間（一七四八～五一年）に贅沢品として禁止になった。

一番安かったのは大黒傘《だいこくがさ》である。これは大黒屋という店で売っていた番傘で、粗悪品であった。京都の壺《つぼ》屋《や》でも売っていたから、別名「壺傘《つぼがさ》」ともいった。

当時の傘は紙であるから破れやすく、また骨も竹であるから折れやすく、一軒に一、二本は使えない傘があった。これを急須《きゅうす》や行平鍋《ゆきひらなべ》と交換して歩く古傘買いという商売があり、再生される傘も多かった。傘の骨作りは専門の職人でないとうまくいかないが、骨と骨の間に紙を貼る仕事は、禄《ろく》をはなれて生活が苦しい浪人が内職にして、糊口《ここう》をしのいだ。

雨が降ると、裕福な人は傘だけでなく、長合羽《なががっぱ》（袖付き）で、今の雨合羽と同じように着物を覆った。これは木綿を黒、紺、縹《はなだ》に染め、裾長にしたものである。また、相愛の男女が一本の傘に二人で入って雨をよけたので、俗に相愛の仲を「相合傘《あいあいがさ》」と呼んだりした。

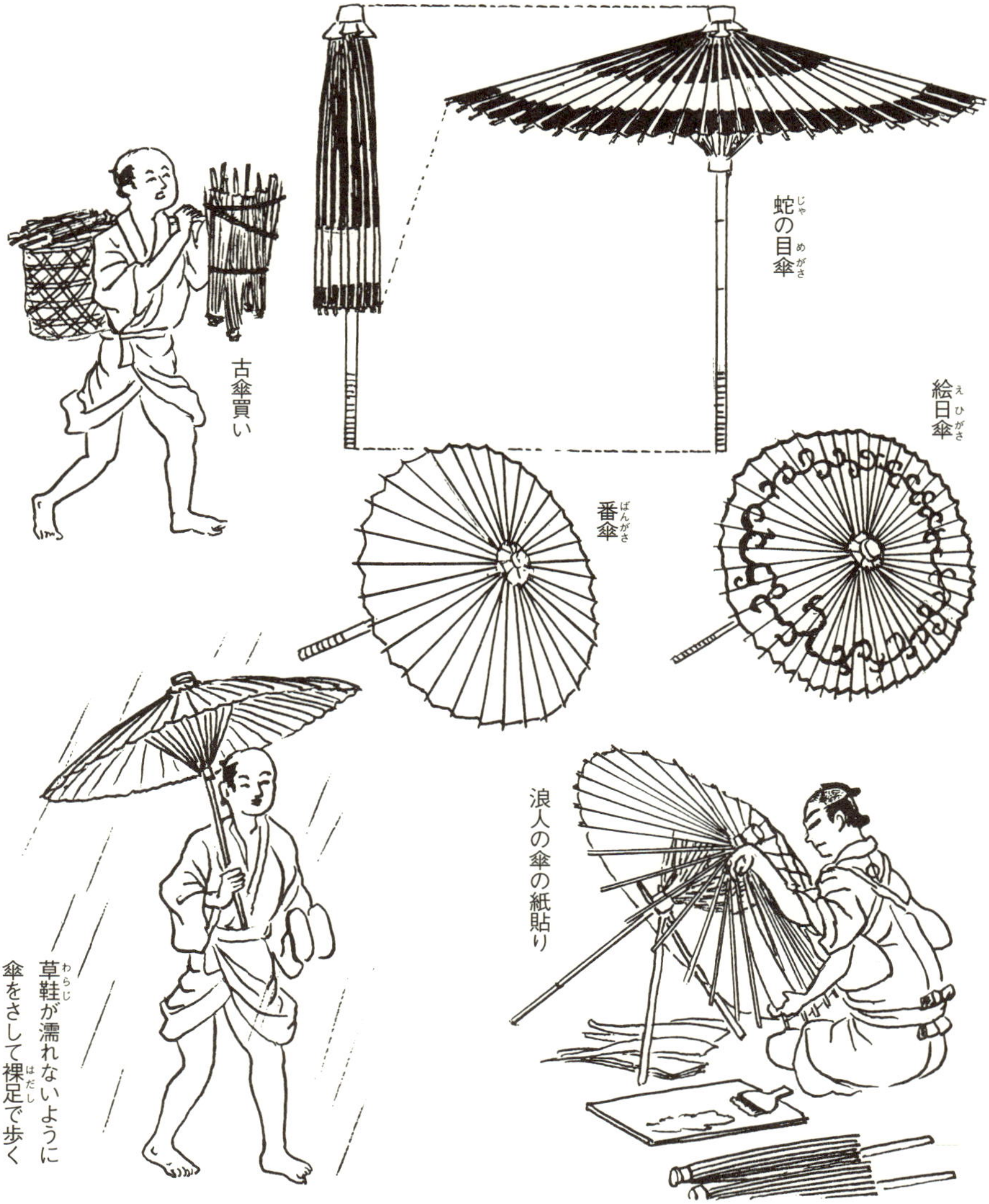
古傘買い
蛇《じゃ》の目《め》傘《がさ》
絵《え》日《ひ》傘《がさ》
番《ばん》傘《がさ》
浪人の傘の紙貼り
草鞋《わらじ》が濡れないように
傘をさして裸足《はだし》で歩く

江戸庶民の生活用具――⑪

# 笠《かさ》

日よけに頭にかぶる笠の歴史は古く、種類も多い。江戸時代の庶民も、身分や立場によっていろいろな笠を用いた。笠には大別して編笠《あみがさ》と塗笠《ぬりがさ》があり、どちらも時代によって形や材質が違っていた。

塗笠は竹を編んで紙を貼り黒漆《うるし》を塗ったもので、武士は陣笠といい、裏朱《うらしゅ》、裏金《うらきん》、定紋蒔絵《じょうもんまきえ》、庶民は藺草《いぐさ》編み、僧侶は竹を薄く削いで網代《あじろ》編みにしたもの、修《しゅ》験者《げんじゃ》は檜《ひのき》の薄板で編んだ檜笠、子供は葛籠笠《つづらがさ》に模様入りの布を貼ったものを用いた。このほか、筍《たけのこ》の皮を重ねて竹骨に貼ったはちく貝尻笠、中央の尖った男笠などがあった。

女性は日よけや旅行に菅笠《すげがさ》をかぶったが、京都では一時、中央が尖った菅笠が流行した。また、娘は舞踊の折に、笠の骨に銀箔を貼り、淡紅色の造花をつけた花笠を用いたが、これは現代の花笠音頭に引き継がれている。また、宝暦（一七五一～六四年）のころには、三度飛脚が用いた三度笠の形が流行した。菅笠で中央が尖っているのは鳥刺《とりさし》用であった。

新吉原に通う遊蕩者は、頬被《ほっかむ》りや頭巾《ずきん》の代わりに編笠をかぶった。

編笠は加賀国で多く作られたが、いろいろな形や材質のものがあった。傾斜の緩い一文字《いちもんじ》笠、中央突起の蝙蝠《かわほり》形、ふくらみのある杉形《すぎなり》、頂上が平らなすり鉢形、葛籠《つづら》編みの葛籠笠、籐で編んだ直径二尺（約六十センチ）もある大形の籐編竹笠などがあった。籐は輸入品で、竹のように裂いて編むのであるが、はじめは竹を裂いて網代《あじろ》編みにしたので、この名がついた。また、この笠に紙を貼って柿渋《かきしぶ》を塗ったものを破竹笠《はちくがさ》といい、これにも中央が尖ったものがあった。

菅笠の一種で、紙捻《かみより》（観世捻《かんぜより》）で編み、二つに折れるようにして黒漆を塗ったものを韮山笠《にらやまがさ》といい、幕末に砲術訓練用の武士が用いた。このほか、真竹《まだけ》の筍の皮を用いた竹の皮笠、蛇の目傘のように紺木綿を貼った六部《ろくぶ》笠、虚無僧《こむそう》のかぶる天蓋《てんがい》、路傍の芸人のかぶる八つ折笠、縁を上に折り返す藺編み編笠など、いろいろな種類の笠があった。

三度笠《さんどがさ》（大深《おおぶか》）
杉形笠《すぎなりがさ》
蝙蝠形《こうもりがた》の編笠
桔梗笠《ききょうかさ》
瞽女笠《ごぜがさ》
すり鉢形の笠
蜻蛉笠《とんぼがさ》
竹網代笠《たけあじろがさ》
編笠《あみがさ》（元禄ごろ）
網代笠《あじろがさ》
六部笠《ろくぶがさ》
島笠《しまがさ》
葛籠笠《つづらがさ》
檜笠《ひのきがさ》
虚無僧笠《こむそうがさ》（天蓋《てんがい》）
藤折竹笠《とうおりたけがさ》
八《や》つ折笠《おりがさ》
深編笠《ふかあみがさ》
子供笠《がさ》
農夫の竹の皮笠
塗笠《ぬりがさ》
葛籠笠
菅笠
網笠《あみがさ》（ざんぎり笠）
漁夫用の笠
網笠《あみがさ》
菅笠《すげがさ》（元禄ごろ）
一文字笠
貝尻笠
尖《とが》った編笠《あみがさ》
花笠
願人坊主《がんにんぼうず》の笠
僧侶用竹網代笠
吉原通《よしわらかよ》いの編笠
ばっちょう笠
韮山笠《にらやまがさ》

# 草鞋《わらじ》

江戸時代、一日中足を使って労働する者（駕籠舁《かごかき》、馬方《うまかた》、飛脚《ひきゃく》、火消し、土木工事など）は、裸足では足の裏を怪我してしまうので、藁《わら》で編んだ草履《ぞうり》が足から脱げ落ちないように工夫した。それが草鞋《わらじ》である。

もともと、武士に従って走りまわる足軽《あしがる》や武家奉公人は、藁で作った足半《あしなか》（足の裏前半に当てる藁草履）を履いたが、足裏の後ろ半分が痛むので足裏全体を守る草鞋が工夫された。鎌倉時代の後期ごろと思われるが、武士が戦場で履く毛沓《けぐつ》よりも便利なので、馬上の武士も草鞋を履くようになった。

草鞋は、農民が暇な折に内職として、たたいて柔らかくした稲藁を編んで作り、江戸の雑貨屋や街道の宿場で売られた。廉価なために俗に二束三文といわれ、安価の代名詞となった。一般に広く利用され、長い道を旅して歩く旅人や農民も草鞋を履いた。

下駄《げた》と違って鼻緒《はなお》の中央が端にあるので、履くと足の指先が少し草鞋よりはみ出る格好になる。慣れるとその方が歩きやすかった。鼻緒は縄が綰《わな》状（輪にした状態）になり、足を結びつけるには、踵《かかと》についた二条の縄紐を鼻緒の綰に通して、足首のところで結ぶが、それだけだと緩んで履きにくいので、途中の両側にも縄綰を付けて、それに通して用いた。

武家の草鞋は武者草鞋《むしゃわらじ》といって、鼻緒や踵の縄緒を通す綰が左右三つずつ付いて厳重であったが、一般には左右二つずつであった。武者用には、藁だけでなく絹や木綿を捻ったもの、茗荷《みょうが》の茎を陰干しにしたものなどを用い、使い方にもいろいろと流儀があったが、庶民や農民の草鞋は、藁編み、藁縄だけの簡単なものであった。

慣れた者は素足にそのまま草鞋を履いたが、慣れない者は、布製の甲懸《こうがけ》をかけたり、足袋《たび》の上から履いた。それでも一日歩くと足が汚れるので、宿に着くと、まず足洗女という雇い人がたらいに水を入れてきて、足を洗ってから上にあげた。

草鞋の結び方を左の図に示したが、これは一例で、宗旨や地方によってもさまざまであった。

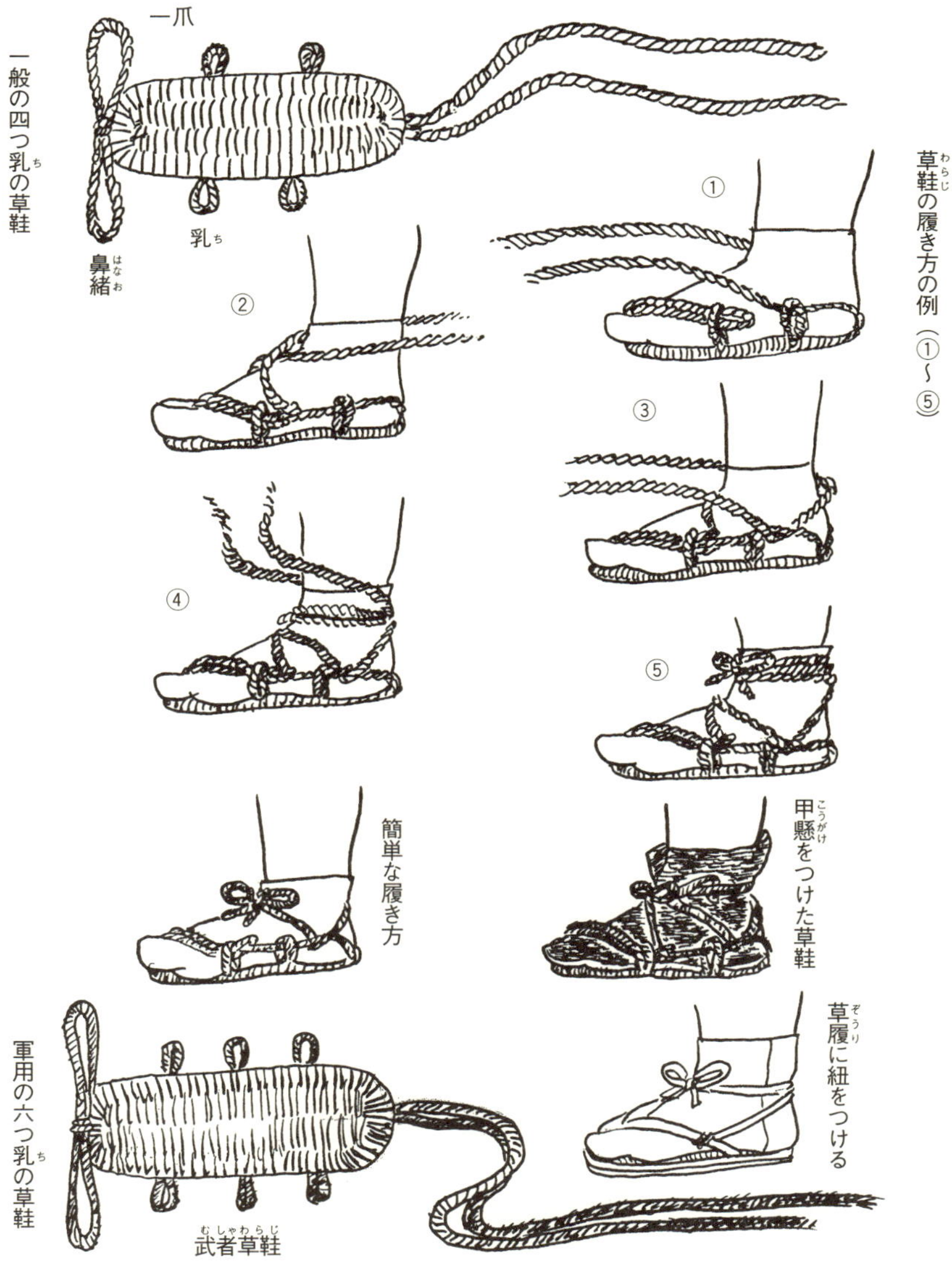
一般の四つ乳《ち》の草鞋
一爪
乳《ち》
鼻緒《はなお》
草鞋《わらじ》の履き方の例（①〜⑤）
①
②
③
④
⑤
簡単な履き方
甲懸《こうがけ》をつけた草鞋
草履《ぞうり》に紐をつける
軍用の六つ乳《ち》の草鞋
武者草鞋《むしゃわらじ》

# 下駄《げた》

江戸時代、履物は男女ともに下駄が多かった。弥生時代の遺跡から田下駄《たげた》が発掘されているように、日本で稲作が始まったころから、木の板に鼻緒《はなお》状のものを付けて用いており、下駄の起源は古い。

時代が下がると、労働する者、主に歩く者は裸足《はだし》であったが、やがて草鞋《わらじ》が用いられるようになった。武士は馬上沓《ばじょうぐつ》や貫《つらぬき》（毛沓《けぐつ》）を、足軽《あしがる》（歩兵）は足半《あしなか》か草鞋を履いたが、便利なので上級武士も草鞋を履くようになり、馬にまで馬草鞋《うまわらじ》を履かせた。

泰平の江戸時代になると、特殊な仕事をするとき以外は男女とも主として木の下駄を用いるようになり、いろいろな形式の下駄ができた。

下駄の基本は、足の裏に当てる板、板に密着するように足の甲を支える鼻緒、板が直接地面につかないようにする歯の三つから成る。鼻緒は、親指と次の指ではさんで板の裏で結んでとめる。これの歯がないものが草履《ぞうり》である。

下駄の歯は、別に作って板の裏に差し込んだものと、厚い木を使い裏の不要な部分を削って二枚歯などにしたものがあった。女子用の木履《ぽっくり》（「こっぽり」ともいう）は、厚い木の底の真中と鼻緒の結び目の部分だけを削ったものである。

使用される材料も、好みや用途によりさまざまであった。朴《ほう》の木は頑丈で、桐の木は足の裏への当たりが柔らかく、杉の木は柾目《まさめ》が通って美しかった。畳表を貼った凝ったもの、漆塗《うるしぬ》りの高級品もあった。雪駄《せった》は、下駄の表に畳表を用い、裏に革を貼ったものである。鼻緒は麻の束か木綿で、贅沢なものは天鵞絨《ビロード》で包んであった。

女性用には楕円の華奢《きゃしゃ》な形が、男性用には角張った形が好まれた。ふだんの外出に履くもの、正装用の上等なもの、またお天気の具合や職業の種類によっても形式の違う下駄が用いられ、江戸時代には、草履とともに実に多種多様な下駄が作られた。左の図に示したのは、その一部である。

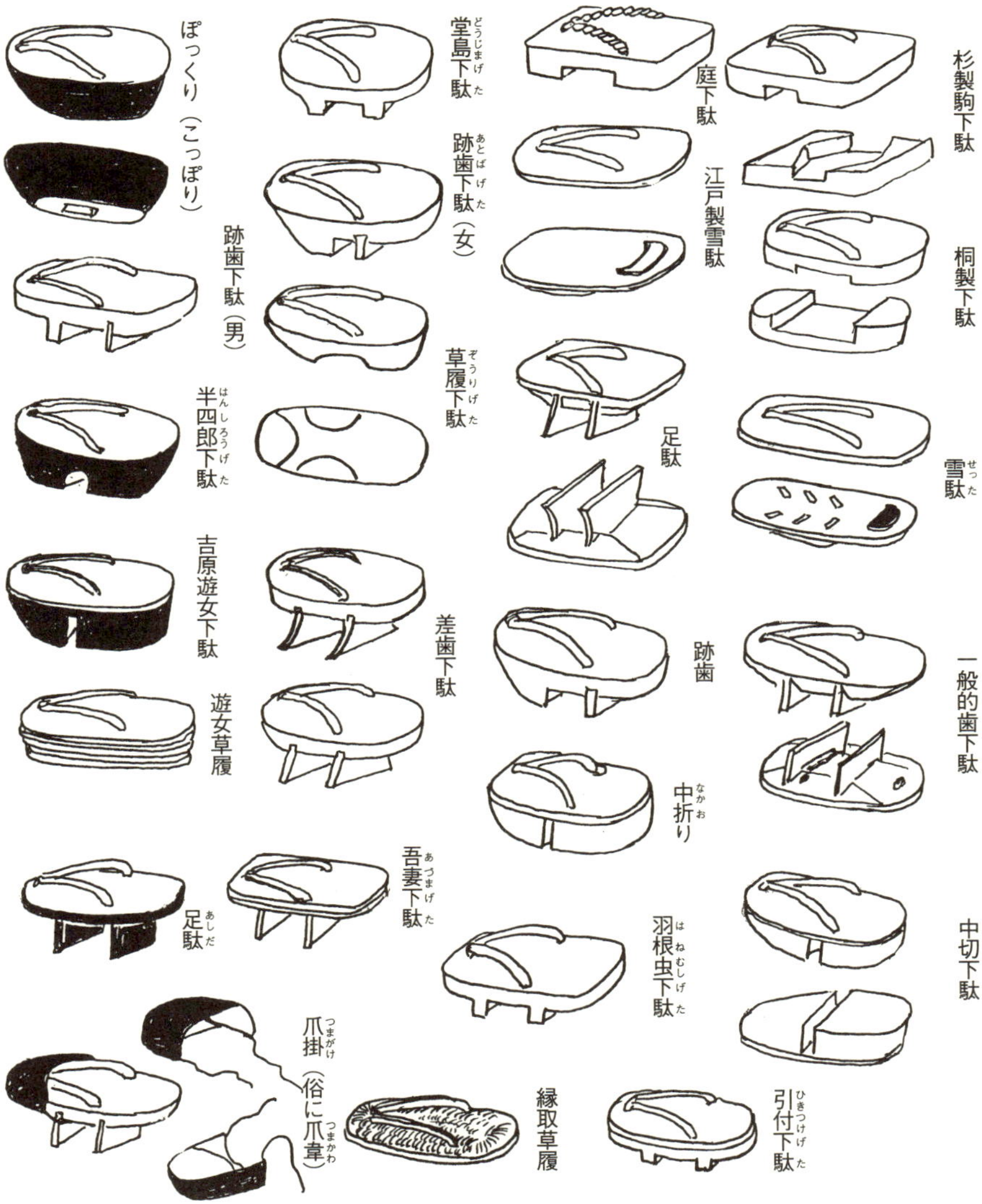

杉製駒下駄
庭下駄
堂島下駄《どうじまげた》
ぽっくり（こっぽり）
江戸製雪駄
跡歯下駄《あとばげた》（女）
跡歯下駄（男）
桐製下駄
草履下駄《ぞうりげた》
半四郎下駄《はんしろうげた》
足駄
雪駄《せった》
吉原遊女下駄
差歯下駄
跡歯
一般的歯下駄
遊女草履
中折《なかお》り
中切下駄
吾妻下駄《あづまげた》
足駄《あしだ》
羽根虫下駄《はねむしげた》
爪掛《つまがけ》（俗に爪韋《つまかわ》）
縁取草履
引付下駄《ひきつけげた》

# 歯磨き用具

江戸時代前期の風俗史料である『人倫訓蒙図彙《じんりんきんもうずい》』には歯医師の図があるが、江戸時代には今日のような歯を治療する専門の歯医者がいなかったので、虫歯になって悪化すると歯が欠けたり、抜けたりした。裕福な人は木で総入歯をしたが、入歯の技術が発達していないので、歯らしいものが並んでいるだけで、ガクガクして喋るのも食べるのも不自由であった。

口内が臭い者も多く嫌われたが、なによりも江戸っ子にとって、明眸皓歯《めいぼうこうし》（澄んだ瞳と白い歯）は自慢の一つでもあったので、裏長屋の住民たちも歯磨きをした。

歯磨粉は、寛永二十年（一六四三年）に江戸の丁字《ちょうじ》屋喜左衛門が長崎に来た外国人から製造法を教わって広めたといわれる。初めは房州《ぼうしゅう》（千葉県）砂をさらに細かくすりつぶして、胡椒《こしょう》、唐辛子《とうがらし》、薄荷《はっか》の粉を混ぜたものであった。歯を磨くと口中がすっきりし、歯肉にも刺激を与えたが、あまり歯の表面を強く磨くと歯牙《しが》がすり減って、もろくなったりした。

歯磨粉を売るのは、歯磨粉屋や化粧品店、薬種売りであったが、長井兵助の抜刀術《ばっとうじゅつ》を見せて歯磨粉を売る大道芸人も有名であった。

また、歯ブラシの代わりには歯磨楊枝《はみがきようじ》を用いた。これは今の歯ブラシと違って、柳の小枝を手に持てるぐらいに削り、先の方を鉄槌で打ち砕いたものである。これに歯磨粉をつけて歯の表裏をこすり、水でうがいをした。

この歯磨楊枝を自分で作ろうとしてもなかなかうまくできないので、専門に売る店があった。金龍山浅草寺境内の仲見世には、その店が数軒あって有名であった。値段はだいたい二文から十六文ぐらいであったが、柳の繊維がすぐぼろぼろに折れてしまうようなものであった。豚毛の束を並べた歯ブラシができたのは明治時代以降であったから、江戸時代はこういった楊枝でも、しゃれていたのである。貧しくて歯磨粉や歯磨楊枝を買えない者は、指に塩をつけて磨いた。

➡関連項目「江戸の大道芸（七）」144ページ

房州砂《ぼうしゅう》
胡椒《こしょう》
唐辛子《とうがらし》
薄荷《はっか》
歯磨粉
歯磨粉袋
柳の小枝の先を砕いた歯磨楊枝《はみがきようじ》
塩をつけて磨く

歯磨粉屋

水でうがいする

# 小袖《こそで》、褌《ふんどし》

いつでも出陣できるようにしておかねばならなかった時代の武士の平服は、小袖に袴《はかま》（ときには半袴、裁《たっ》着袴《つけばかま》）であった。泰平の江戸時代には、足首まで届く長さの小袖に袴（正式のときはその上に古式の衣装を着ける）、家でくつろぐときは小袖だけであった。

小袖の形式は左の図のようになっていて、上は江戸以前の、下は江戸時代の小袖である（喜田川守貞『守貞漫稿』による）。江戸時代以降、角袖になり袖中も小さくなったのは、袖の中に小物を入れるようになったからである。江戸時代の小袖は、武士も庶民も同じ形式であった。

一般的に小袖を着るには、まず裸になり、六尺（約二メートル）ほどの長さの小幅の布で褌（六尺褌という）を締める（後にその約半分の長さの越中褌《えっちゅうふんどし》ができた）。次に襦袢《じゅばん》を着てから小袖の着物を着け、腰に帯を締めた。

貧富にかかわらず小袖の形式は同じであったが、裕福な人やおしゃれな人は絹物を、一般の人は木綿や麻の物を、それも買えない貧しい人は紙衣《かみこ》（紙を貼り合わせて着物の形にしたもの）を着ていた。地主や大商人などはしゃれた小袖の上に上等の羽織《はおり》をはおったが、大部分の庶民は着たきり雀であった。

貧しい人は衣服をなかなか新調することができないので、できるだけ長持ちさせるためにつぎはぎだらけで、新しく買うときは古着屋から買った。それら古着のなかには、病死した人を焼く仕事をする人（隠亡《おんぼう》という）が屍人の衣類をはいで古着屋に安く売ったものも多く、庶民はこれを廉価で買った。

寒いとき、裕福な人は綿入れや綿入れの袖無しを着たが、貧しい人はぼろ衣を重ねて着て、足袋《たび》もはけず、貧富の差がはっきりとしていた。また、もともと湯に入るときに着た浴衣《ゆかた》は、一般には湯上がり後の涼みの衣服となったが、貧しい人は日常の衣服さえ入手できないので、寒い冬でも浴衣を着て、古股引《ももひき》に綿のはみ出た袖無しのちゃんちゃんこを重ね、辛うじて寒さをしのぐような状況であった。

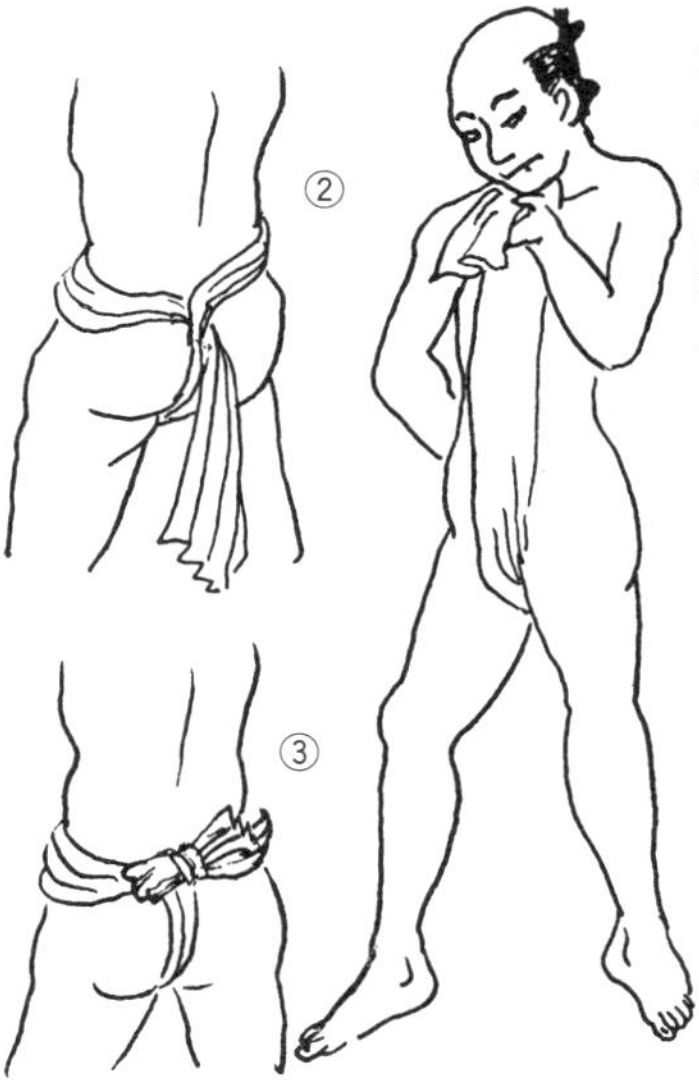


六尺《ろくしゃく》褌《ふんどし》の締め方

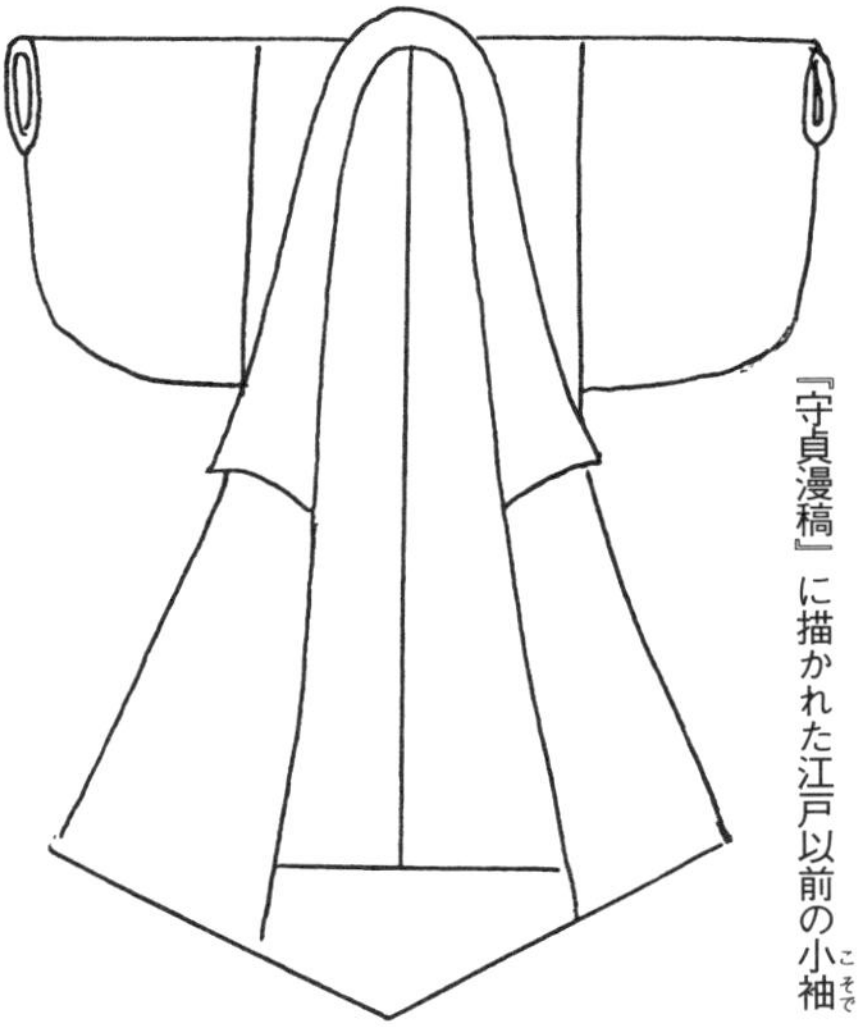

『守貞漫稿』に描かれた江戸以前の小袖《こそで》

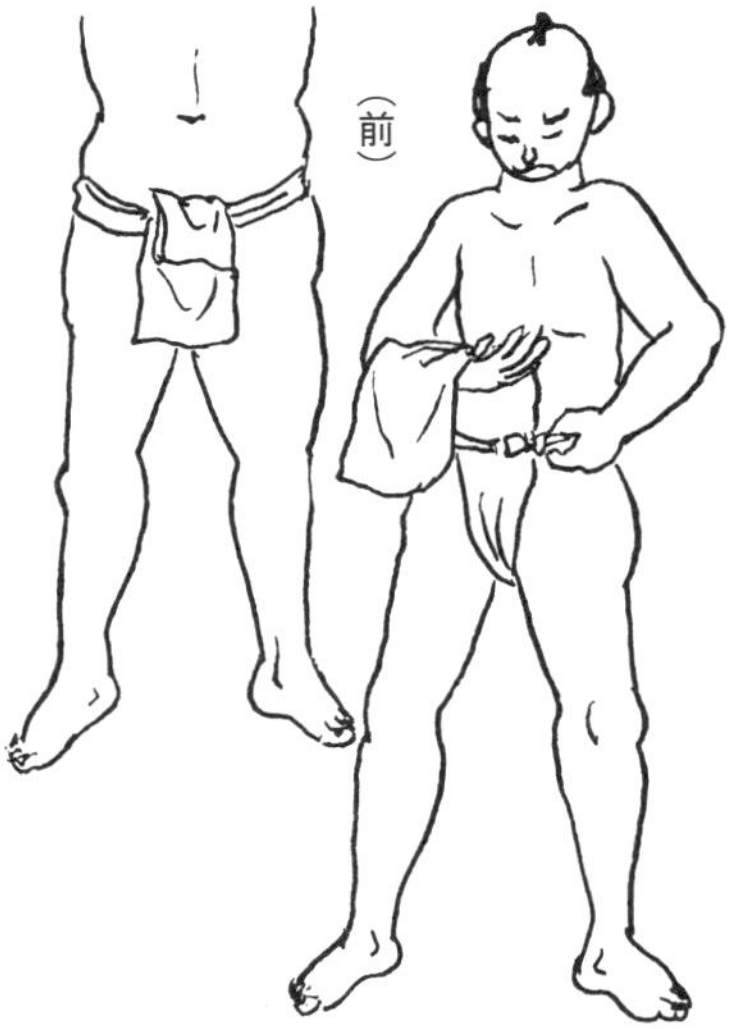


越中《えっちゅう》褌《ふんどし》（三尺ともいう）

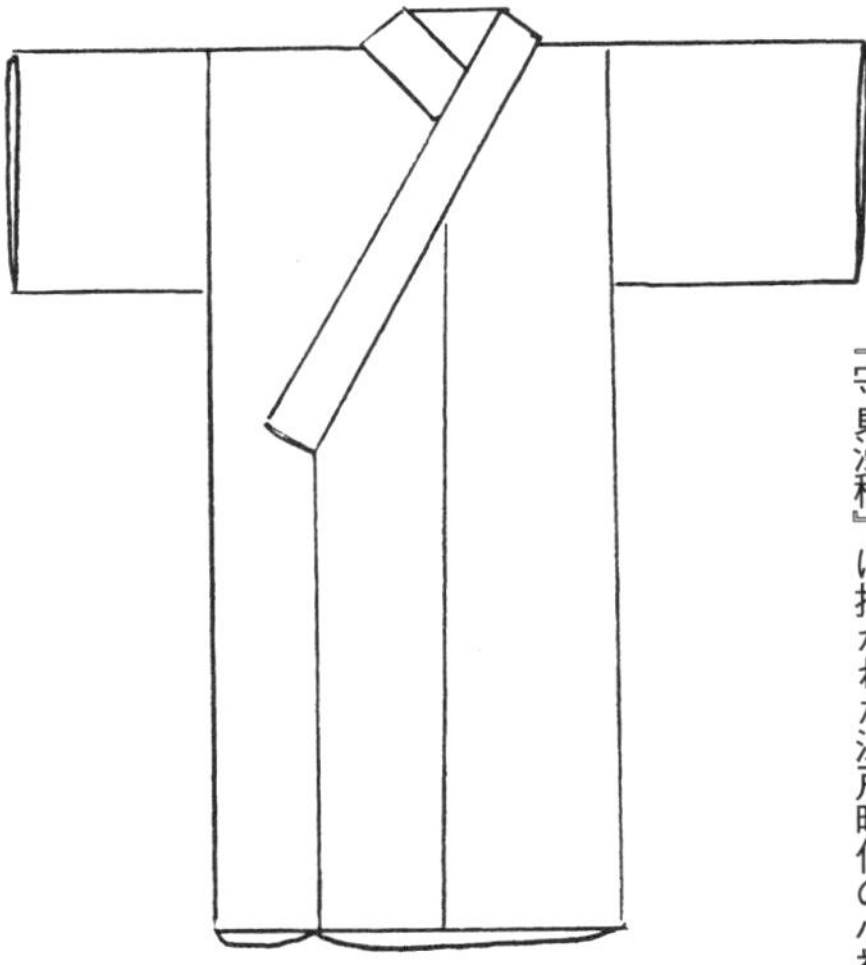

『守貞漫稿』に描かれた江戸時代の小袖

小袖の形式

# 着物と帯

庶民の着物の掛襟《かけえり》、袖口などに黒布を用いることがあった。主に黒木綿であったが、なかには京阪をまねて黒魚子《ななこ》、魚子《ななこ》紗綾《あや》、黒紗綾などを用いたり、少ししゃれて黒八丈絹を用いる者もあった。ただし、文化・文政（一八〇四〜三〇年）ごろになると、黒の掛襟をする男性は細工師、雇夫、幇間《ほうかん》（太鼓持ち）、俳優、色街の下僕、博徒などに限られ、一般庶民は女性以外用いなかった。

庶民の着物に用いる布はほとんど木綿であるが、裕福な商人などは絹物を用い、袷《あわせ》も同様であった。柄は縞か格子《こうし》、魚子《ななこ》霰《あられ》などが主で、絣《かすり》もよく用いられた。とくに江戸時代は縞が流行し、紺地、浅葱地《あさぎじ》、鼠地《ねずみじ》などに多種類の縞柄があった。改まったときの服装は黒であったが、これは庶民には関係がなかった。

寒い折には羽織《はおり》を着た。一時、着物に近い長さの羽織がはやったこともあったが、腰からやや下ぐらいが一般的で、腰までの半羽織も流行した。材質は着物と同じか、裕福な人は渋い色や霰地《あられじ》の絹物を好んだ。

下着は女性と同じような長襦袢もあったが、たいてい腰切り（腰までの長さ）であった。ふつうは白無垢の木綿で、襟を紺か黒としたが、江戸末期ごろには、下着の袖先や腰下などに着物と同じ柄をあしらった「比翼下着」（裾は着物と同じか少し短くする）や、同布、同模様の下着を二枚重ねる「対の下着」などが用いられた。また、はでに見えるのを避けて、上の着物には唐桟《とうざん》、下着には琉球紬縞《つむぎじま》を用いたりした。

また、庶民は木綿の着物の下着に、南京染めという藍染めをよく用いたが、これは輸入品ではなく、藍地小紋にわずかに茶色を混ぜたものや、縞毛木綿であった。庶民の着物や下着にも時代によって、多少の変遷があった。

帯は、貴賎老少を問わず筑前博多織の平帯であったが、本場の品は高価なので、廉価な模造品が出まわった。だいたい白地に連続模様が織り込まれていたが、弘化（一八四四〜四八年）ごろに紺地に一筋のものが流行し、これを俗に一本独鈷《いっぽんとっこ》といった。

➡関連項目「文様（縞と格子）」204ページ

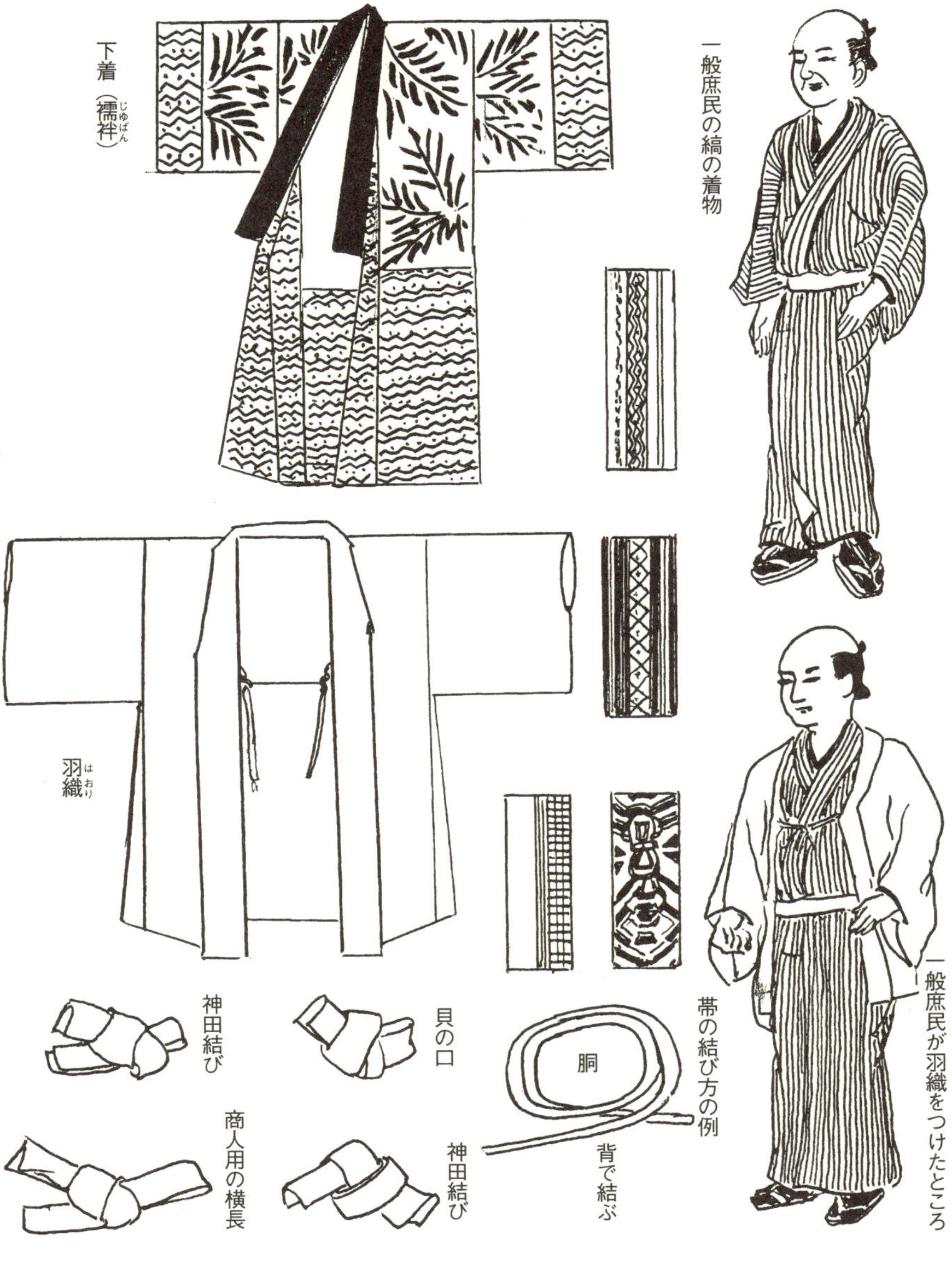
一般庶民の縞の着物
下着（襦袢《じゅばん》）
羽織《はおり》
一般庶民が羽織をつけたところ
帯の結び方の例
胴
背で結ぶ
貝の口
神田結び
神田結び
商人用の横長

# 羽織《はおり》

羽織・袴《はかま》というと、今では正装の代表のように考えられているが、羽織が生まれた室町時代のころには、外出のときに着物の汚れを防ぎ、寒さを防ぐために簡単にはおったもので、決して正装用ではなかった。当時の正装や平服には、束帯《そくたい》、直垂《ひたたれ》、大紋《だいもん》、狩衣《かりぎぬ》、水干《すいかん》などが用いられた。

安土・桃山時代以降、小袖が多く用いられるようになり、武士の袖付き陣羽織から考案された羽織が武士や庶民に用いられるようになったが、それでも正式の場合には遠慮された。羽織が正装として認められるようになったのは、江戸時代からである。ただし、武士の場合、羽織・袴は略礼装で、御目見《おめみえ》以下（江戸幕府の将軍直参の武士で、将軍に拝謁する資格のない武士）の場合のみに許された。幕末になり、御目見でも羽織・袴が正装として認められた。なお、江戸町奉行所の同心は裃《かみしも》・袴の正装は許されず、羽織・袴（お目見以下の正装）であるが、刀の鞘《さや》がじゃまにならないように、羽織（背の中央が割れていない）の裾を内側にめくって帯にはさみ、茶羽織のように短く着たので、それが粋に見えた。

江戸の庶民は正装として、あるいは伊達男《だておとこ》などが好んで羽織を着たが、丈《たけ》の長さや形式はいろいろであった。丈が袖よりも短い蝙蝠《かわほり》羽織、腰近くまでの茶羽織のほか背丈が長い羽織もあり、それぞれに単衣《ひとえ》と袷《あわせ》があった。また、武士の羽織と庶民の羽織は、左の図のように形が違っていた。武士の羽織は大小刀を腰にさすために、背の中央下が割れた形になっている。さらに特殊なものに、町《まち》火消しの鳶《とび》の頭などが着た印半纏《しるしばんてん》式燻韋《ふすべがわ》の韋羽織、武家の火事羽織があった。

羽織の袖口が全部開いていないのは、袂《たもと》に物を入れておく習慣があったためである。胸前の返し襟《えり》のところに同じ生地で綰《わな》を作り、小さなS状の金具でそれに羽織の胸紐をとめた。庶民は羽織と小袖の色や柄を合わせるのが一般的であったが、裕福な人は単衣のちりめんや麻を用いたりした。

なお、火消しの長半纏、法被《はっぴ》（印半纏）、旅行用の被布も羽織の一種である。

江戸初期の少年の蝙蝠《かわほり》羽織
元禄時代ごろの羽織《はおり》
鳶《とび》の頭《かしら》の燻韋《ふすべがわ》の羽織
〈一般庶民の羽織〉
背の中央下が割れている
〈武家羽織〉
蝙蝠羽織

# 文様（縞《しま》と格子《こうし》）

多少の変遷はあるが、江戸時代を通して庶民に一番人気のあった着物の文様は縞であった。一口に縞といっても織り縞と染め縞があり、はでなもの、地味なもの、粋なもの、手のこんだものなど、織地の精粗、材質の違いなどを駆使して、実に多様なデザインが展開された。代表的な縞物として次のような種類があった。

【万筋縞《まんすじじま》】縞の中で一番筋の数が多く、細かいものである。白と紺、白と茶、茶と紺、紺と浅葱《あさぎ》（藍万ともいう）がある。

【微塵縞《みじんじま》】経緯《たてよこ》ともに、それぞれ二糸を連ねて織ったものを微塵いう。茶微塵、藍微塵、藍の濃淡のほか、紺と白を片羽混ぜしたり一糸ごとに織ったものを刷毛目といい、表裏も縦横となる。

【大名縞《だいみょうじま》】白地に紺、あるいは紺地に白の一筋で、粗目に織ったもの。

【碁盤縞《ごばんじま》】碁盤の目のように、格子が密な模様の縞である。

【格子縞《こうしじま》】格子模様に織ったもの。

【弁慶縞《べんけいじま》】幾筋かの集まりを格子状にしたもの。豆腐縞というのもあり、格子の角が豆腐の四角に似ているのでいう。

【棒縞《ぼうじま》】白紺、茶紺で、三筋、四筋、五筋などを順送りの縞にしたものをいう。

【三筋立《みすじだて》】唐桟のように、三筋ずつ、間隔をおいて織ったもの。唐桟織りは奥島といった。商店の手代《てだい》が晴れ着に用いたが、やがて風呂敷《ふろしき》に用いられた。

【子持縞《こもちじま》】大小の縞を交互に織り上げたもの。織糸を二色から五、六色混ぜたものもある。

【絣《かすり》入《い》り縞《しま》】細かい縦縞のところどころ筋が途切れたもので、絣の織物に似ていることから名付けられたもの。

【矢鱈縞《やたらじま》】模様の筋や色糸の配列を不規則にしたもの。

【味噌漉縞《みそこしじま》】細かい格子の中にところどころ太い織りを格子状に入れたもので、浅葱地に紺縞を入れたものが、江戸末期に女性の間で流行した。

大名縞《だいみょうじま》

微塵縞《みじんじま》

万筋縞《まんすじじま》

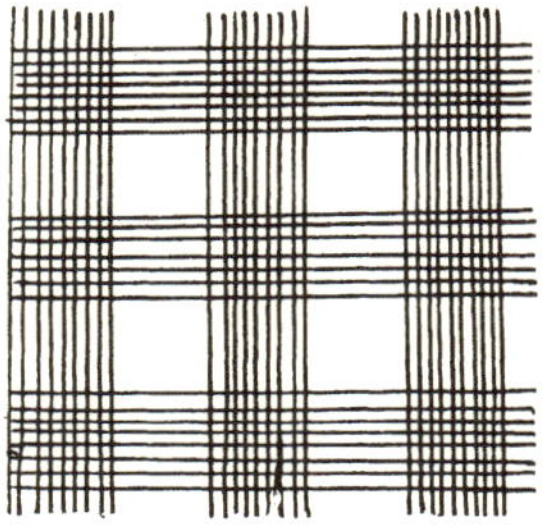
弁慶縞《べんけいじま》

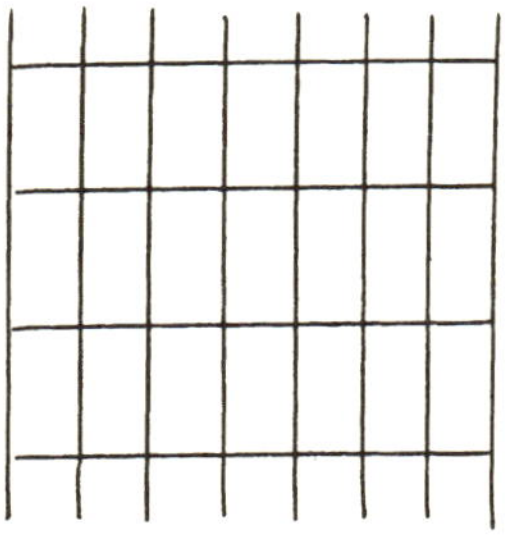
格子縞《こうしじま》

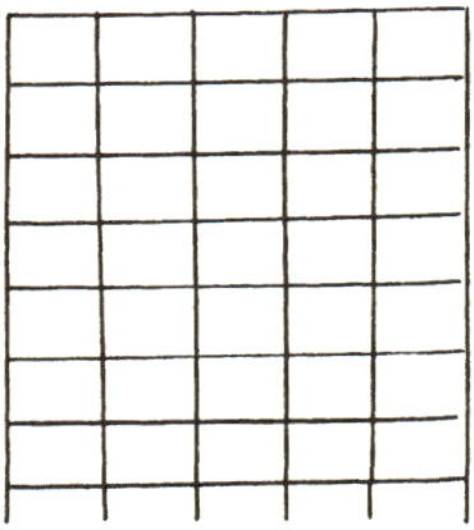
碁盤縞《ごばんじま》

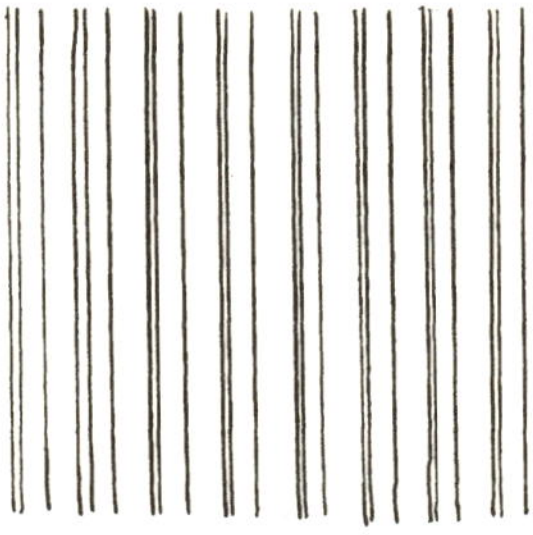
子持縞《こもちじま》

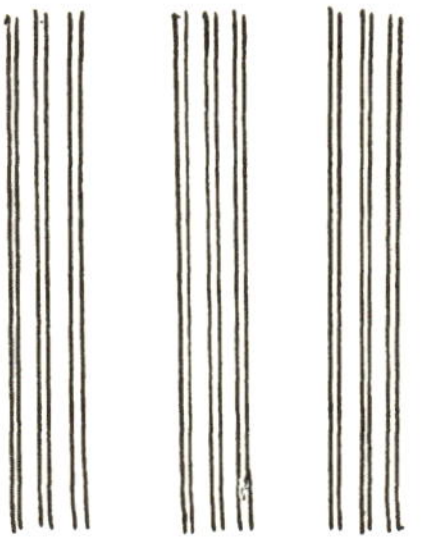
三筋立《みすじだて》

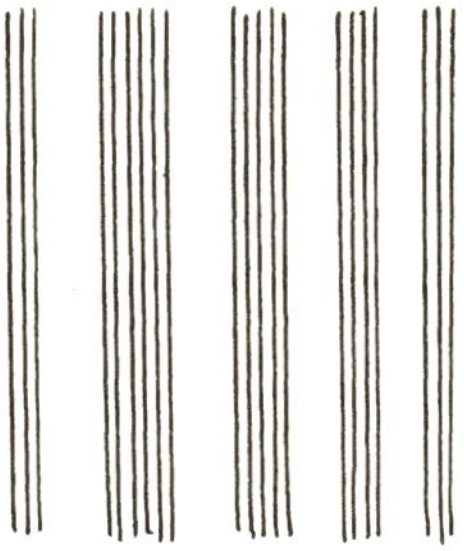
棒縞《ぼうじま》

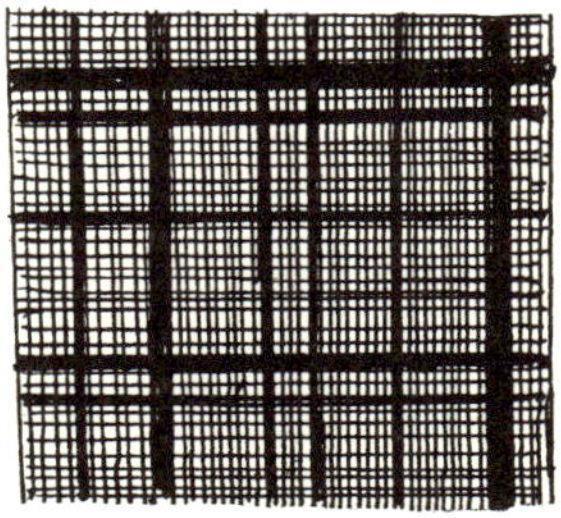
味噌漉縞《みそこしじま》

矢鱈縞《やたらじま》

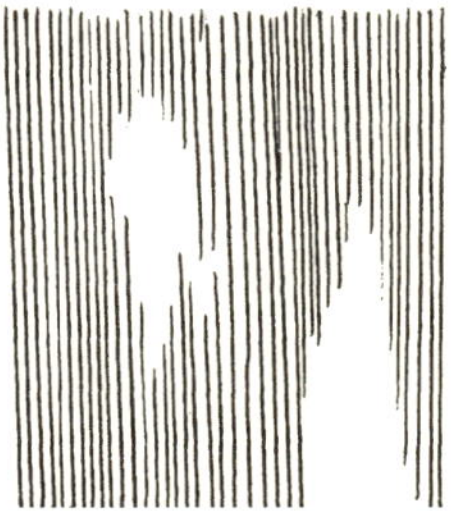
絣《かすり》入《い》り縞《しま》

# 商人の服装

　江戸時代の大きな商店では、主人と使用人の区別が厳然と守られていた。使用人のトップには、長年勤めていて店の運営に詳しい最古参または古参の番頭《ばんとう》がおり、番頭頭《がしら》として、他の番頭、手代《てだい》、丁稚《でっち》を仕切っていた。番頭には、女房を持って長屋などに住み、通勤してくる者が多かったが、なかには何かの都合でいつまでも店に住み込んでいる者もいた。また、番頭になるまでに給金を貯め、「のれん分け」して独立する者も多かった。

　商店の使用人たちは店の二階で寝起きしていたが、主人の家族は、台所や便所などがある中庭を隔てた奥に別に住んでいた。主人はときどき店に出て、帳簿をつけたり、金銭の出入りを扱う番頭に様子を聞いたり、必要な事を命じたりした。だいたい、絹の縞柄の着物と羽織《はおり》を着ていたが、なかには質実な主人もいて、木綿や麻の着物に平絎《ひらぐけ》の帯を締め、使用人と同じ紺か茶の前掛けをつけていた。

　十二、三歳で奉公に入ったばかりの丁稚《でっち》は、与えられた紺や茶地に縞柄《しまがら》の着物に角帯を締め、主に廊下や店のふき掃除、庭や店の前、路地などの掃除をした。寒い季節には股引《ももひき》をはいた。育ち盛りなので肩上げ、腰上げをし、着物の上には腹掛《はらが》け式の前掛けをしたが、成長して肩上げ、腰上げがとれたころには、前掛けだけになった。成人とみなす時期は店によって異なるが、だいたい十七、八歳で前髪がとれて一人前の小僧（丁稚）となり、手腕にもよるが、二十歳を過ぎてから手代となる。

　いつまでも仕事の要領を覚えられないと、二十五歳から三十歳を過ぎても番頭になれない。依然として縞の着物に前掛け姿で、ほかから見れば手代か番頭かわからなかった。

　番頭が羽織を着ることもあったが、個人的な外出のときだけで、店内やお得意様まわりなどでは着けなかった。また古参の番頭は、主人が黙許すれば、絹物や贅沢な着物を着ることがあった。

➡関連項目「商店の奉公人」40ページ

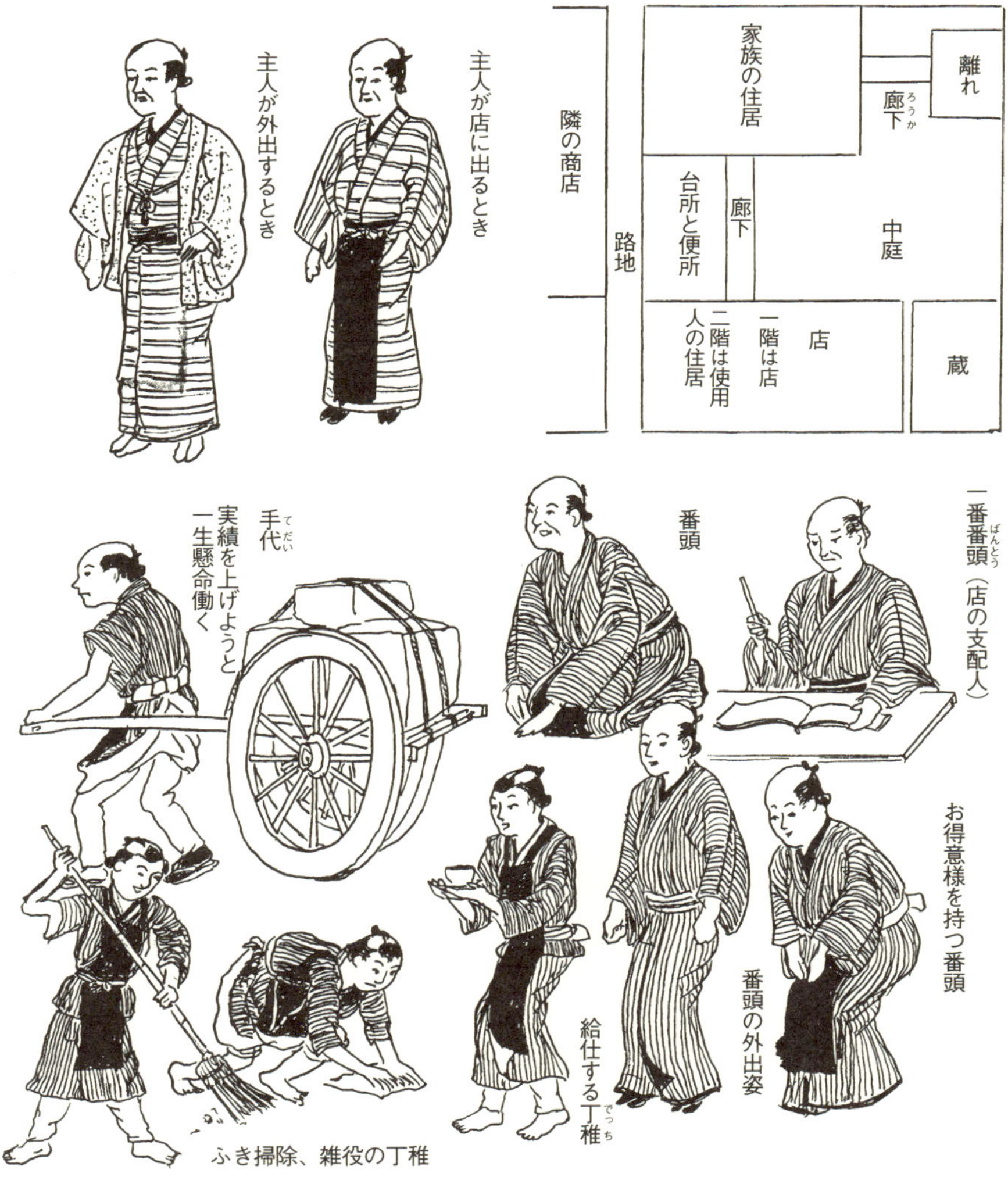
主人が店に出るとき
主人が外出するとき
隣の商店
路地
家族の住居
離れ
廊下《ろうか》
台所と便所
廊下
中庭
店
一階は店
二階は使用人の住居
蔵
一番番頭《ばんとう》（店の支配人）
番頭
手代《てだい》
実績を上げようと一生懸命働く
お得意様を持つ番頭
番頭の外出姿
給仕する丁稚《でっち》
ふき掃除、雑役の丁稚

# 半纏《はんてん》と股引《ももひき》

江戸時代、半纏は、労働者が着る作業着であった。ふだん家にいるときは小袖《こそで》を着ていても、作業をしたり、町に出て商売をするときは半纏に着替えることが多かった。働きやすいように筒袖《つつそで》で、丈《たけ》は腰までと短い。印半纏《しるしばんてん》というのは、この半纏の背中や襟《えり》に、従事する仕事や団体の紋や名前を染め抜いたものである。

半纏を着る習慣のない労働者もいたが、重いものや天秤棒《てんびんぼう》をかつぐときなどは、半纏に似た腰までのものを着て、寒いときは綿入り半纏を着た。ただし、袖が邪魔になるので、筒袖か、袖無しのものであった。これを俗に「ちゃんちゃんこ」といい、寒さのこたえる老人なども着物の上に着た。

また、ふつうの小袖を着て歩くときに着物の裾がもたついて邪魔なときは、足さばきをよくするために、着物の後ろ裾の下端を持ち上げて帯にはさみ込んだ。これを俗に「尻《しり》っ端折《ばしょ》り」とか「ぢんぢんばしょり」などという。旅人や行商人によく見られた。また、粋に見せるために、片端折《かたばしょ》りといって、着物の前の上重なりの角を持ち上げて前帯にはさむこともあった。

このような尻っ端折りをすると下肢が露出して寒いので、たいてい着物の下に股引《ももひき》をはいた。主に木綿であるが、上等なものでは絹や袷《あわせ》の股引もあった。旅行や遊山《ゆさん》の人も股引をはいた。

上に半纏を着る場合、ほとんど下は股引で、たとえば火消しは、組の印を染め抜いたそろいの印半纏に、同色の股引、草鞋《わらじ》がけで動きやすい格好をしていた。

農民も股引姿で田畑仕事をしたが、すねに脚絆《きゃはん》（ゲートルのようなもの）をつけるときは、半股引という膝頭《ひざがしら》下までの短い股引をはいた。脚絆は、古くから武士が用いてきた軍装の必需品で、下肢を覆って上下を紐で締め結んだ。

農作業に限らず働くときや旅行のときは、半股引をはいて脚絆をつけ、足には草鞋《わらじ》を履くのが一般的であった。草鞋は足袋の上に履いたが、慣れた人は素足のままで履いた。

➡関連項目「股引（ぱっち）」210ページ

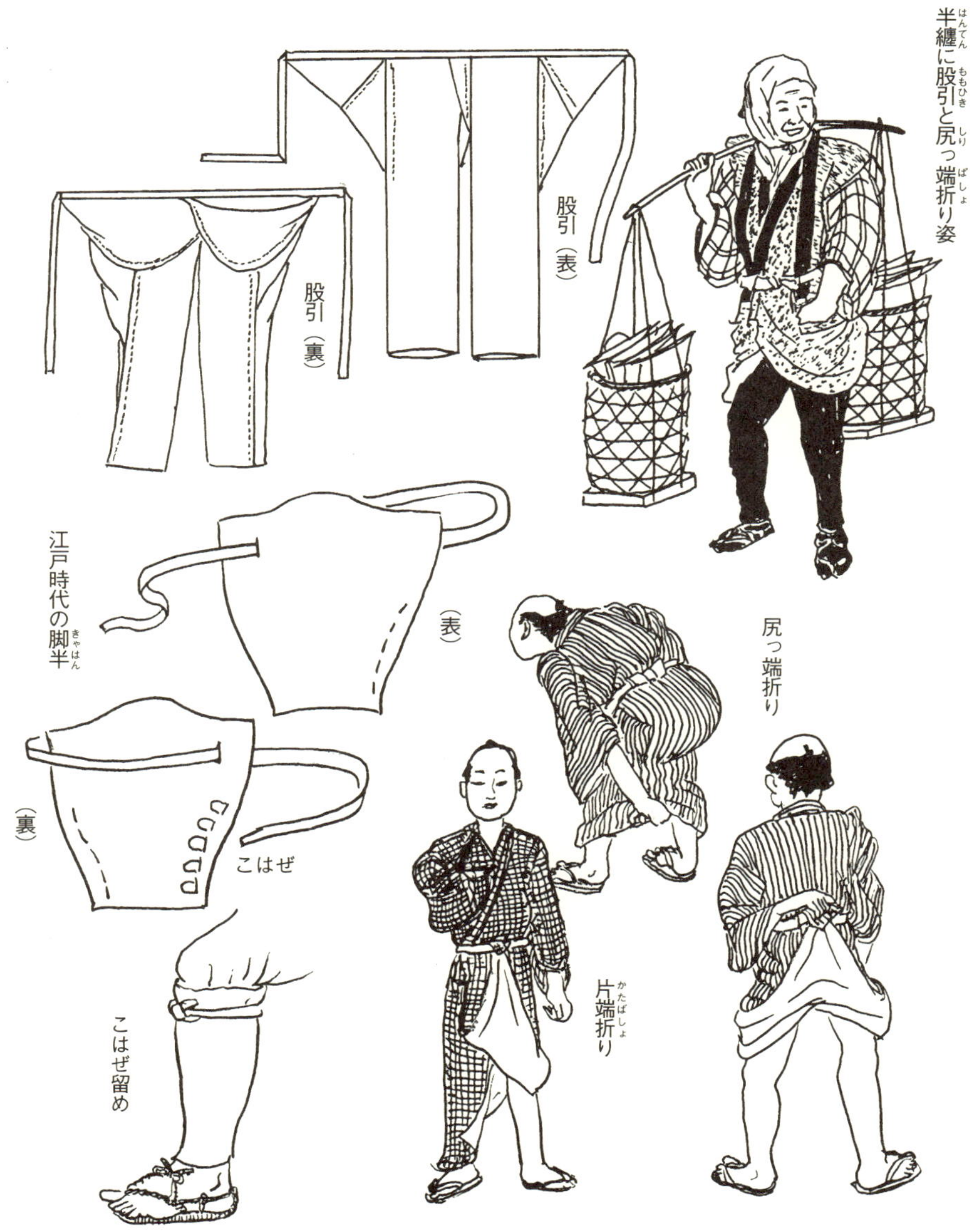
半纏《はんてん》に股引《ももひき》と尻《しり》っ端折《ばしょ》り姿
股引（表）
股引（裏）
江戸時代の脚半《きゃはん》
（表）
（裏）
こはぜ
こはぜ留め
尻っ端折り
片端折《かたばしょ》り

# 股引《ももひき》（ぱっち）

江戸時代、職人などの労働者は股引をはいて仕事をした。この股引には足首までの長いものと、膝ぐらいまでの短いものがあり、足首までの長いものを俗に「ぱっち」といった。

ぱっちは主に木綿で作られているが、絹製のものもあった。色は白と紺染めがあった。今の股引のように脚にぴったりとはかぎらず、好みによって少し太めの五寸だるみ（約十五センチゆるい）と一寸だるみ（約三センチゆるい）があったが、江戸後期ごろから、脚にぴったりと密着させてはくのが流行した。ふくらはぎの線をきれいに見せるために、下肢の部分を二分してこはぜ（爪形のもので、足袋《たび》などを合わせとめるのに使う）をつけ、「こはぜ掛け」にする者もいた。着物を尻《しり》っ端折《ばしょ》りし、あるいは片裾をあげて帯にはさんで、それを見せた。同心に従って歩く岡《おか》っ引《ぴき》がよく用い、江戸っ子は白地の汚れが目立たないことが見栄であったが、行商人などは往々にして汚れたぱっちをいく日もはいていた。

火消しのぱっちは、半纏《はんてん》同様、群衆に紛れないよう、はでな連続模様であった。紺染め白抜き模様で、組によって図案が異なった。

庶民の金毘羅参りや伊勢参りは、白股引に白脚絆《きゃはん》姿であった。脚絆はすねの上下を紐で結んだが、あまった布がふくらんで格好がよくないので、ふくらはぎの太さに合わせてこはぜをつけて、それでとめるように工夫がされた。

また、草鞋《わらじ》の鼻緒がすれて足が傷むので、必ず足袋をはいたが（ただし駕籠舁《かごかき》、馬方《うまかた》、飛脚《ひきゃく》ははかない）、当時の足袋は足首まであって長く、足首に紐で結んだ。

その上にさらに、武士が軍装の折に防御のために足の甲に当てた甲懸《こうがけ》をはいた。庶民の甲懸は、木綿の袷《あわせ》を細かく縫ったもので、底のない足袋のような形をしていた。武士の甲懸は、足の甲の形に鉄を打ち出し、いくつかの鉄片に分けて鎖でつなぎ、足の甲を傷めないように当てたもので、軍装以外には用いなかった。

➡関連項目「半纏と股引」208ページ

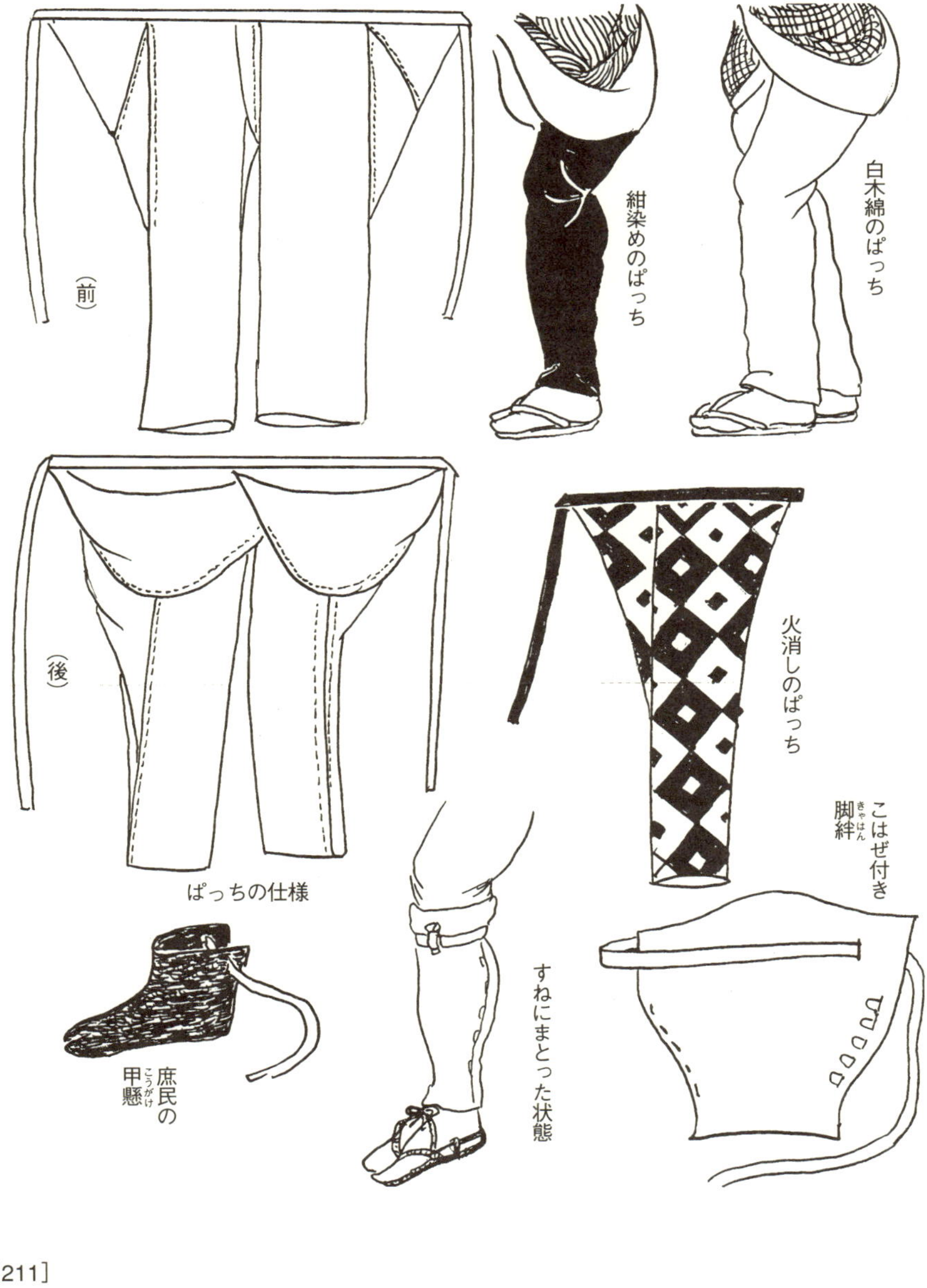

（前）
紺染めのぱっち
白木綿のぱっち
（後）
火消しのぱっち
ぱっちの仕様
こはぜ付き脚絆《きゃはん》
庶民の甲懸《こうがけ》
すねにまとった状態

江戸庶民の男性の服装――⑧

# 腹掛《はらが》け

裾の長い着物を着て走ったり、登ったりするには危険が伴う。そこで高いところに上る植木職や火消し人足、天秤棒《てんびんぼう》をかついで物を売る行商、土木工事や大工職などは、たいてい活動のしやすい腰切半纏《こしきりばんてん》に股引《ももひき》姿であった。この場合、半纏の下には小袖《こそで》を着ないで(旦那のお供をするときや、仕事以外のときは、小袖の上に半纏を着ることもあった)、代わりに腹掛けをした。

胸と腹を覆う腹掛けは江戸独特のもので、便利な仕事着のひとつであった。甲冑の腹当てのような形をしていて、二本の帯状の布を肩から背中で交差させ、脇で縫いつけてある。たいてい、黒紺木綿の表に、浅葱《あさぎ》か薄緑の木綿(上等なものは絹)の袷《あわせ》で、胴の部分は腰のあたりでボタンを掛けてとめるようになっていた。腹にあたる部分に丼《どんぶり》という大きなポケットがあり、袂《たもと》の代わりに、小銭や煙草入れ、鼻紙などの小物を入れた。そのため、丼腹掛《どんぶりはらが》けと通称された。これは武士の旅行用の胸当てや、幼児が裸のときにつけた腹当て(俗に金太郎という)などから考案されたものであろう。

この腹掛けは、医師の駕籠舁《かごかき》や薬箱持ちが防御のために小袖の上から前に着けたり、江戸の人足が火災のときに防災用として着用したりしているから、江戸ではかなり広く用いられていたと考えられる。

大工や火消しは、腹掛けをして股引をはき、その上に印半纏《しるしばんてん》(法被《はっぴ》)をつけていたから、印半纏を見れば、一見してどこの組の者かがわかった。火消しの場合、印半纏、丼腹掛け、股引、足袋《たび》の姿が通常であるが、火焔に近いところで働く者は、刺子《さしこ》の袷《あわせ》の外套のようなものを着て、同じく刺子の袷の火事場頭巾《ずきん》(猫頭巾)をかぶった。これに仲間が水をかけて、火を浴びても燃え移らないようにしたのである。

また江戸の駕籠舁も、よく法被をぬいで丼腹掛け姿で走ったので、その格好は威勢がよかった。

➡関連項目「半纏と股引」208ページ

腹掛《はらが》けと股引《ももひき》
(前)
(後)
胸当《むねあ》て
腹掛け
(前)
(後)
幼児の腹当《はらあ》て
すっぽり腹当て
火消しの腰切半纏《こしきりばんてん》と腹掛《はらが》け
着物の下につけた腹掛け
医師の薬箱持ちの腹掛け
医師の駕籠舁《かごかき》の腹掛け

江戸庶民の男性の服装――⑨

## 綿《わた》入り半纏《はんてん》

江戸時代の庶民は、寒いときは、襦袢《じゅばん》の上に重ね着を二、三枚するか羽織を着たが、改まった客に接しないで家にいるときは上に綿入り半纏を着た。これは、女性も着ることがあった。

綿入り半纏は、新しい布で作る場合もあったが、たいていは古着を直して、全体に薄く綿を入れて作った。襟《えり》は黒布か、しゃれて黒天鵞絨《ビロード》とし、長さは大腿部を覆うぐらいである。袖口はすべて開け、男性の場合には小袖の口のようにした。

もう少し目立たなく暖かくしたいときは、薄い綿入れの胴着を着た。これは襦袢の上、着物の下（重ね着をするときは一番下の着物の下）に着るもので、裾は腰切半纏《こしきりばんてん》のように短い。これも、だいたい着古した木綿の着物をといて作ったが、上等なものはちりめんで作った。黒襟がかかっていて半纏に似ているが、脇の下を三寸（約十センチ）ぐらい裂いて開けてあった。

もっと簡単なものは吾妻胴着《あづまどうぎ》といって、肩、胸、背だけを覆うもので、袖はなく、丈《たけ》も短い。これは、襦袢の下にわからないように着た。

また、肩、上胸背部を暖かくするために、目立たないように袖無し胴着を着ることもあった。武士が甲冑の下につける満智羅《まんちら》の形に薄く綿を入れて胴着としたもの、あるいはちゃんちゃんこの丈を短くしたような形で、老人などが衣服の下に着込む。このほか背中を温めるために亀甲型の綿入れに、両端に襦袢と手を出せる切れ込みが付いているものもあった。

なお、職人など仕事をする人は、襦袢の袖が大きいと邪魔になってわずらわしいので、袖口を狭くして斜めに削いだ形のものを着た。これを筒袖襦袢《つつそでじゅばん》、俗に「筒っぽ襦袢」といい、上にふつうの着物を着ていても、働くときに着物の片袖を脱ぐと、半纏《はんてん》のように動きやすかった。

また、蝙蝠《かわほり》襦袢というのは、広袖で、胴を覆う部分が短いものである。

綿入り半纏
綿入《わた》り半纏《はんてん》を着た姿
蝙蝠襦袢
蝙蝠《かわほり》襦袢姿
筒袖襦袢《つつそでじゅばん》を見せたところ
筒袖襦袢
綿入り半纏
吾妻胴着《あづまどうぎ》

# 丹前《たんぜん》（褞袍《どてら》）

丹前（褞袍）は、着物の丈《たけ》よりやや長い、厚く綿を入れた袷《あわせ》の着物で、冬に寒さを防ぐために家のなかで着たり、寝るときに蒲団の下にかけ、袖を寄せて肩を覆ったりして用いる。正式の衣装ではなく、家でくつろぐときに着るもので、よほど遠慮のいらぬ親しい間柄でなければ、これを着たままの格好で他人に会うことはなかった。

江戸時代初めのころ、堀丹後守《たんごのかみ》邸の前に風呂屋があり、当時の若い武士や庶民が盛んに通った。男たちは互いに粋な格好を競ったが、なかでも広袖綿入れの着物が目新しい風俗として流行し、娼妓も着るようになった。丹後守の前なので「丹前」と呼ばれ、これが名前の由来だといわれている。

やがて薄い綿入れの広口の着物となり、庶民が家で着る服装として定着し、とくに職人などが家で愛用したが、武家や庶民良家の婦人、奉公人などは着なかった。下着は本来、襦袢《じゅばん》であるが、褞袍を着るときは粋がって大柄の浴衣を着、帯も木綿のむきみ絞りをしごいて前で結んだ。

この褞袍の丈を短くしたのが「ねんねこ半纏《ばんてん》」である。赤ん坊の世話をするため雇われた守っ児《もり》（子守）が、赤ん坊を紐で背負うが、それだけでは冬の寒風で赤ん坊が風邪をひくので、おぶった上からねんねこ半纏で覆い、守っ児は広袖口から手を出し、再び背と腰を紐で結んだ。

さらに、褞袍を大きくしたのが掻巻《かいまき》である。掛蒲団として用いるので、夜着蒲団ともいった。掛蒲団が三《み》幅《の》（並幅の布を三枚縫い合わせた幅）であるので、掻巻の裾も三幅で、襟と肩の部分に黒の天鵞絨《ビロード》の掛襟《かけえり》をあしらった。

男性用の丹前（褞袍）は、家庭用の着物として残っているが、女性は、まれにねんねこ半纏を用いる程度であろう。また、丹前を着るとくつろいだ気分になるために、現在でも日本旅館では丹前を浴衣と一緒に出し、浴衣に丹前掛けの客が外を散歩している姿をよく見かける。

江戸時代よりはやり始めた丹前

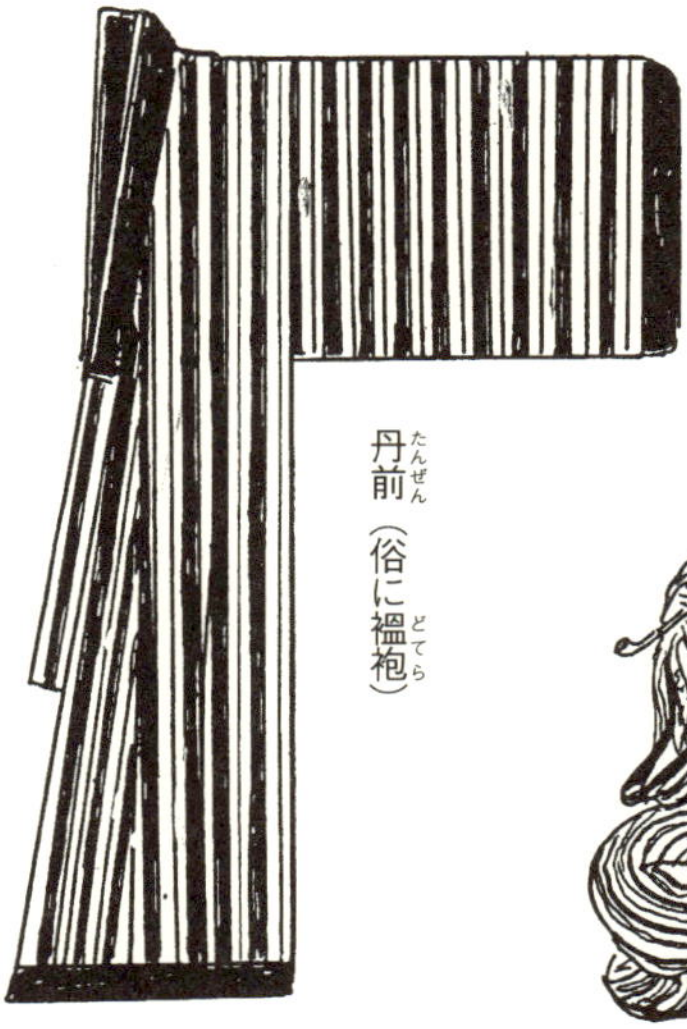

丹前《たんぜん》（俗に褞袍《どてら》）

鳶《とび》の者が冬、家庭で着ていた褞袍

褞袍の一種のねんねこ半纏《ばんてん》

# 手拭《てぬぐ》いと頬被《ほっかむ》り

江戸時代には汗拭きや手拭きに、よく手拭いを用いた。手拭いは木綿で、幅約一尺（約三十センチ）、長さ二尺五寸（約七十五センチ）の大きさである。だいたい藍で模様が染めてあるが、豆絞《まめしぼ》りという、芥子《けし》玉のような絞り染めもあった。また、半染手拭いという半分を斜めに藍染めしたもの、片白《かたじろ》、水浅葱《あさぎ》、浅葱小紋、両端に歌を書いたものなどがあり、大阪の商人は、橋の欄干の擬宝珠《ぎぼし》模様の手拭いを四つ折りにして肩に掛けた。手拭いの値段は、天保（一八三〇～四四年）のころで約六、七十文から百文ぐらいであった。

手拭いで頭や顔を覆うこともあった。月代《さかやき》に日が当たるのを防ぐため、暑さ寒さや埃から髪や顔を守るため、また他人に顔を知られないように、上品な庶民は頭巾で覆面をしたが、頭巾を持たない者は、てっとり早く手拭いで顔を包んだ。

**【頭巾の上からかぶる】**船底頭巾などをかぶった上に、目の下から顎《あご》までを手拭いで包む。

**【頬被り】**手拭いを頭からかけ、一端を鼻の下か顎下にまわして、左か右の耳のあたりで結ぶ。顎の下にまわさず、鼻の下で結ぶこともある。江戸っ子は「ほおかむり」とはいわず、「ほっかむり」といった。

**【大臣被り】**髷《まげ》や元取《もとどり》が埃で汚れるのを防ぐために、手拭いを二つに折り、月代の上に載せて、端で元取に結びつけた。粋な行商人がよくやった。

**【米屋被り】**頭を包むようにして、両端を前で重ねてはさみ込む結び方。精米のときに糠《ぬか》が飛び散って頭が汚れるのを防ぐために、米屋がかぶった方法で、江戸っ子は、手拭いの中央を眉が隠れるくらいに当て、両端を後ろの鬢《びん》で交差させて前に取り、額のところで両端をはさみ込んだ。

**【喧嘩《けんか》被り】**米屋被りに似たかぶり方で、手拭いの中央部で額から月代にかけて覆い、両端を髷尻で合わせて結ぶ。火消鳶《ひけしとび》が消口争いなどで他の組と喧嘩するとき、棒や鳶口が当たっても深傷《ふかで》にならないように、半紙二、三十枚を水に浸して頭上に載せ、上からこのように手拭いをかぶったことから名前が付いた。

➡関連項目「頭巾」220ページ

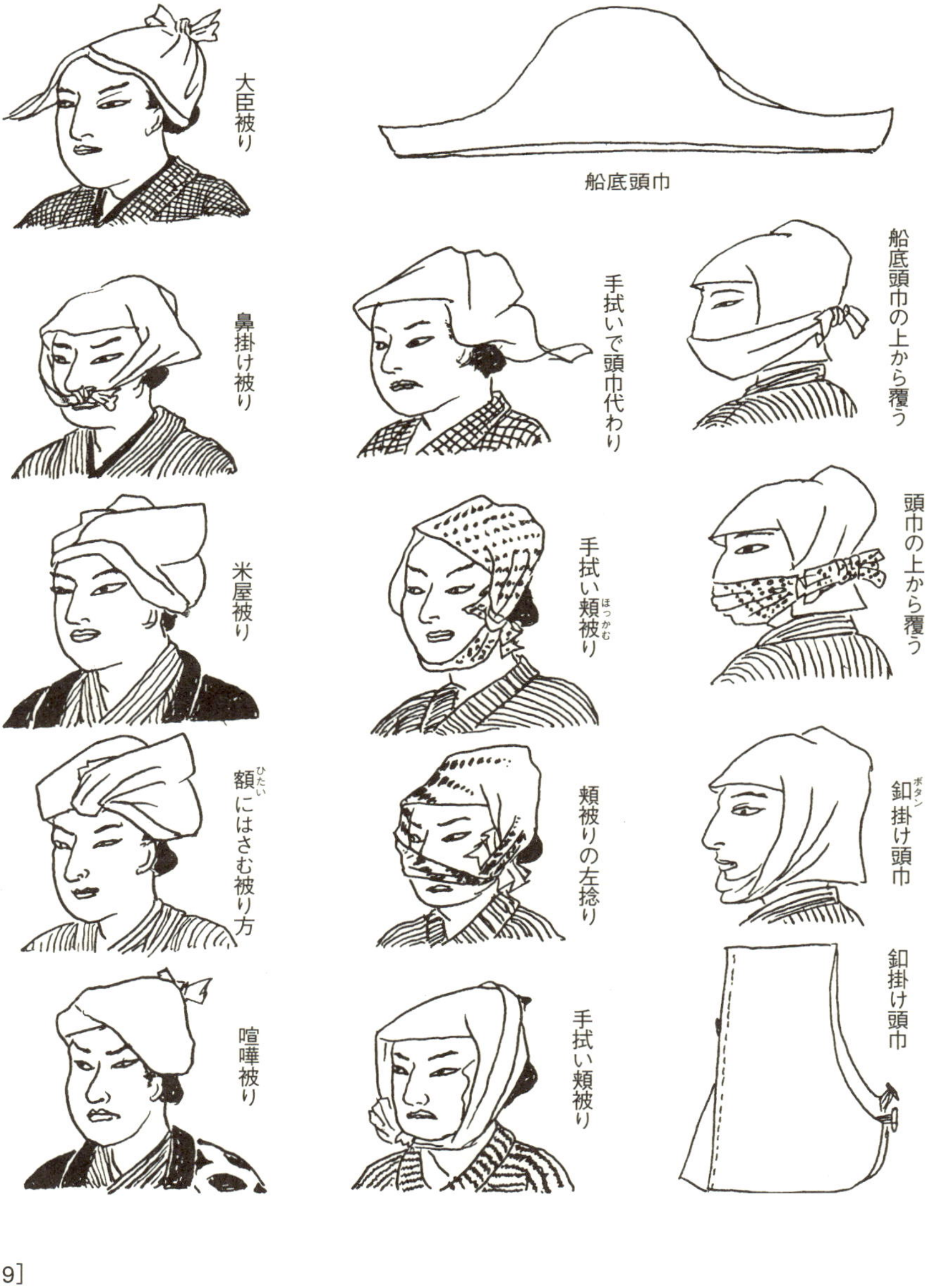
大臣被り
船底頭巾
鼻掛け被り
手拭いで頭巾代わり
船底頭巾の上から覆う
米屋被り
手拭い頬被《ほっかむ》り
頭巾の上から覆う
額《ひたい》にはさむ被り方
頬被りの左捻り
釦《ボタン》掛け頭巾
喧嘩被り
手拭い頬被り
釦掛け頭巾

# 頭巾《ずきん》

江戸時代の男性は、月代《さかやき》が寒いためか、よく頭巾をかぶった。武家の老人の間では、ベレー帽のような丸頭巾が流行し、晩年の徳川家康がこれをかぶった肖像画がある。

狩猟や山仕事をする人は、古くから苧《からむし》の枯茎を編んで二つ折にしたような苧屑《ほくそ》頭巾を用いてきたが、これをもとに、江戸時代にいろいろな頭巾が考案されたのであろう。江戸初期には、長い布を二つに折って片側だけを縫い、目だけが出るようにした頭巾があり、他人に顔を見られたくないときに用いられた。

丸頭巾は、頭上がふっくらとふくらみ、頭の径に合わせて下を絞ってある。後頭部や襟《えり》の寒さをしのぐため、これに同じ布で袷《あわせ》の覆いを付けたものが、錣付《しころつき》丸頭巾である。この錣が背に垂れるぐらい長く、表ちりめん、裏紅のものを熊坂頭巾といい、享保（一七一六～三六年）のころ、庶民も用いた。

また、紙袋のように両角のある角頭巾《すみずきん》もあり、やはり錣付きで両頬を覆った。火消しが用いた猫頭巾は、この錣を刺子《さしこ》の袷《あわせ》にし、前までまわるぐらい長くしたもので、背から顎下までを覆った。

寛保（一七四一～四四年）のころには、短い角頭巾の目の下をわずかに開けて一幅を垂らした気侭頭巾《きままずきん》（奇特頭巾《きとくずきん》）が作られた。表は小紋のちりめんの黒で、裏は朱絹という凝ったものもあり、金持ちや遊蕩者が他人に顔を見られたくないときにかぶった。

もっとも簡単な頭巾は、長い布を二つに折って、頭から襟まで縫いとじた頬被《ほっかむ》り頭巾で、竹田頭巾はこの一種である。竹田頭巾は、浄瑠璃操《あやつり》の竹田が用いたといわれている。

また、宗十郎頭巾は、角頭巾の錣を後ろで二分して垂らしたり、錣で前半分を結んで顔を隠したりした。山岡頭巾は、背後に三角布が縫いつけてあり、目だけ出したり、口も出したりと調整できる紐がついていた。これらは、京阪では武士も庶民も用いたが、江戸では庶民には禁じられていた。

これらのほか、船底頭巾というのもあった。

➡関連項目「手拭いと頬被り」218ページ

竹田頭巾
熊坂頭巾
丸頭巾《まるずきん》
錣付《しころつき》丸頭巾
気儘《きまま》頭巾
宗十郎頭巾
苧屑《ほくそ》頭巾
山岡頭巾
頬被《ほっかむ》り頭巾
目だけ出る頭巾

# 煙管《きせる》入れと煙草《たばこ》入れ

江戸時代は煙管に刻み煙草を詰めて吸ったので、携帯用の煙草入れは、たいてい煙管入れとつながって一組になっていて、腰に挿して用いた。

煙管入れは、紙捻りの漆《うるしぬ》塗りか、籐で編んで、かぶせ筒になったもので煙草入れと紐でつながっていた。また、別に持つときは、布で作った袋に煙管を入れて腰に挿した。

煙草入れは馬韋《かわ》で作ったものが多く、なかには熏韋《ふすべがわ》や印伝《いんでん》を用いたものもあった。印伝は、韋に漆で模様を描いたり、漆の点々で模様をつけたもので、とくに甲州のものが精巧で、甲州印伝といった。油紙製の「かます煙草入れ（羊羹《ようかん》）」もあったが、落としやすいので、七宝《しっぽう》型に編んだ袋と長い紐でつないで、衣の内側から両袖の袂《たもと》に分けて入れるようにしたものもあった。

煙草入れの形式には、蓋付きの財布状のものと、胴《どう》乱《らん》形のものがあった。胴乱とは鉄砲の早盒《はやごう》入れのような、蓋付きの角張った形をしていて、固い皮製で、一緒に小銭や薬を入れた。根付《ねつけ》（紐の端に付ける留め具）と紐でつながっていて、根付を帯にかけて下げた。

外で煙草を吸いたくなったときは、近くに誰か煙草を吸っている人がいれば火を借りるが、そうでないときは、火打袋から火打石を出して自分で火種を作る。そのために、なめし韋の火打袋も腰に携帯していた。

このほか、しゃれた男は腰に印籠《いんろう》も下げた。印籠は本来、薬入れであったが、後に印鑑や印肉を入れるものとして小型化し、装飾品となって、蒔絵《まきえ》や螺鈿《らでん》の高価なものができた。また印籠は、根付を帯の下からくぐらせて下げたが、象牙などの高価な材質に凝った彫刻を施した根付を用いるのが自慢であった。これは、武士の習慣を庶民がまねしたものである。

また江戸っ子は、巾着（今の財布）や二つ折り煙草入れを帯にはさみかけて、精巧に細工された根付で留めておくのが見栄であったが、これらを巧みにすり取る犯罪者もいて、「巾着切り」といった。

➡関連項目「財布と煙草入れ、煙管」224ページ

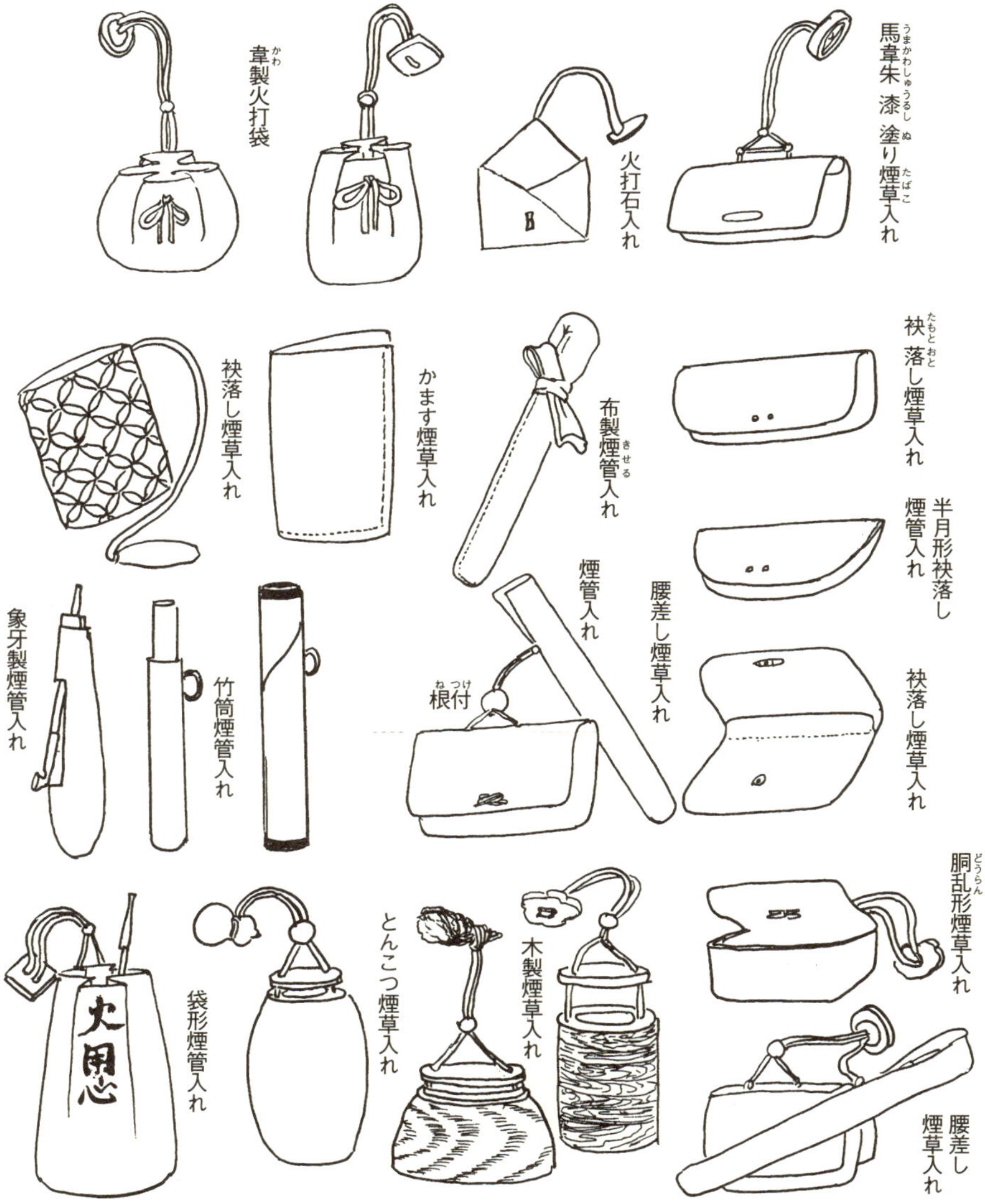
韋《かわ》製火打袋
火打石入れ
馬《うま》韋《かわ》朱《しゅ》漆《うるし》塗《ぬ》り煙草《たばこ》入れ
袂落し煙草入れ
かます煙草入れ
布製煙管《きせる》入れ
袂《たもと》落《おと》し煙草入れ
半月形袂落し煙管入れ
象牙製煙管入れ
竹筒煙管入れ
根付《ねつけ》
煙管入れ
腰差し煙草入れ
袂落し煙草入れ
袋形煙管入れ
とんこつ煙草入れ
木製煙草入れ
胴乱《どうらん》形煙草入れ
腰差し煙草入れ

# 財布と煙草《たばこ》入れ、煙管《きせる》

今も昔も外出のときまず持っていくのは、財布である。「男は敷居をまたげば（自分の家から一歩外へ出れば）七人の敵がいる」というように、よほどの素寒貧《すかんぴん》（貧乏人）でもないかぎり、わずかでも金を持っていないと、男として恥をかく。そこで、必ず小粒（銀銭や穴あき銭など）を入れた財布を懐《ふところ》に入れていた。

江戸時代の財布は、縞物《しまもの》の丈夫な袷《あわせ》の布か、羅紗《らしゃ》、熏韋《ふすべがわ》、甲州印伝を三つ折にしてたたみ、ボタン掛けしてとめたものが多かった。金銭だけでなくたたんだ紙や小物も入れられるようになっていて、用心のいい人はそれに紐をつけて首からかけ、懐に入れていた。ほかに、柄物を合わせ縫いして口を絞って締めるようにした巾着袋、忠臣蔵の与次兵衛の持った縞の財布の五拾両という財布もあったが、江戸っ子は三つ折財布が多かった。

財布ではないが、煙草入れを腰に下げるための根付《ねつけ》で、ねじると二つに割れて、中に銅銭や銀の小粒を入れられるものがあった。また庶民でも旅行のときは、用心のために脇差しをさしたが、そこに刀身の代わりに銀の小粒や銅銭を仕込める形式のものもあった。

また、当時の大人の男性はたいてい煙草を吸うので、煙草入れも大事な持ち物であった。よその家に客になっていくと、招いた方は、茶菓の前に、まず煙草盆を出してすすめる。家によって違うが、豪華なものは漆《うるし》に金蒔絵《まきえ》で、長煙管《きせる》が付き、火入れの小壺と灰吹き（灰捨て）があって、引き出しに刻み煙草が入っている。ただし、遊里でもない限り、出された煙草を吸うのは「お先煙草」といって、江戸っ子は嫌った。

したがって、自分の腰帯に挿して持参した煙管入れから短い煙管を取り出し、煙草入れから刻み煙草を出して詰めて吸う。余裕のある人は、煙管入れや煙草入れを、皺韋《しぼかわ》、甲州印伝、熏韋などの凝った材料で作り、この二つをつないで帯に吊るすためには、豪華な彫金や象牙、鹿角などの彫刻物を用いた。こうした小物に金をかけたり、表を地味にして裏地を凝ったりするのが江戸っ子の粋（おしゃれ）であった。

➡関連項目「煙管入れと煙草入れ」222ページ

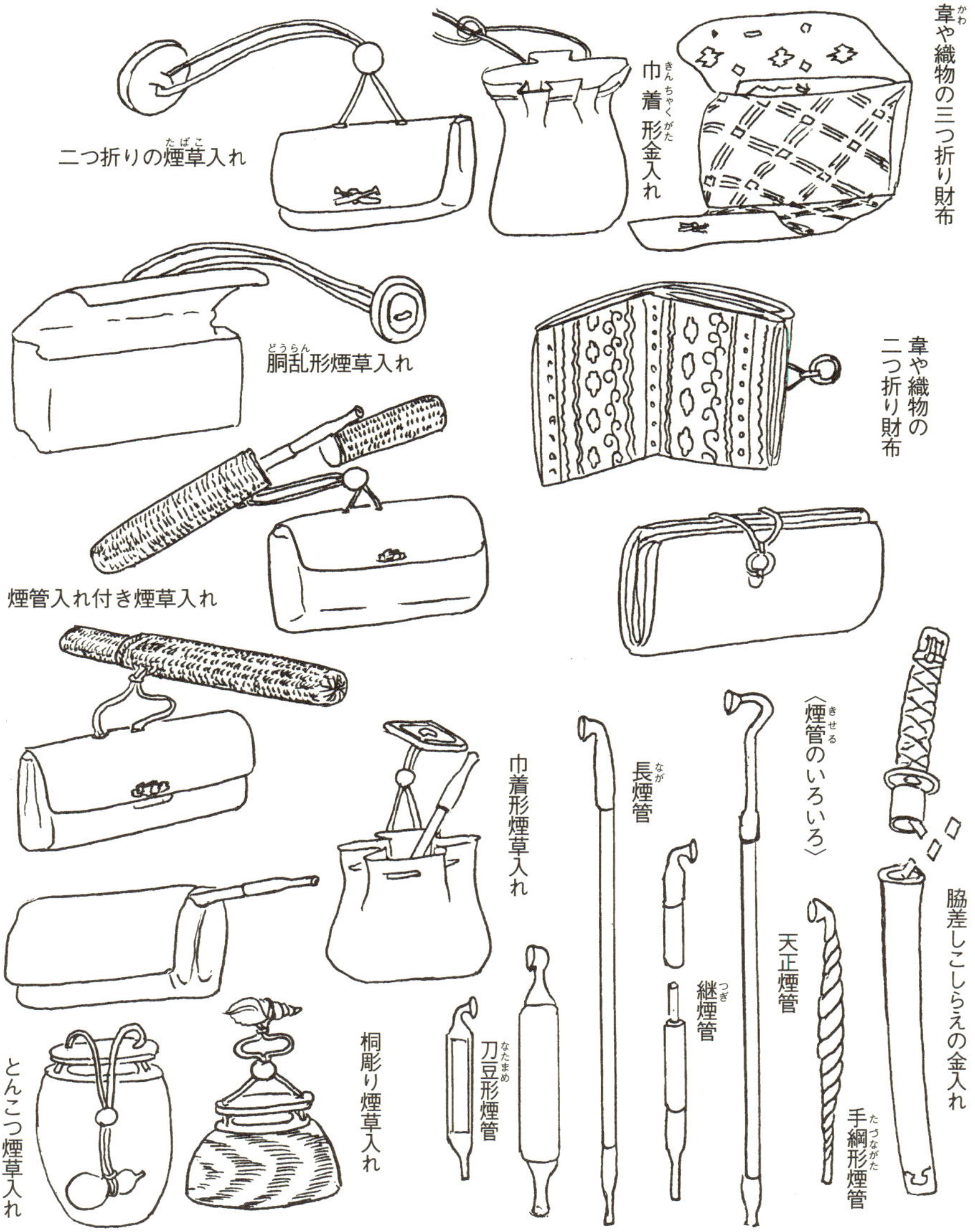
韋《かわ》や織物の三つ折り財布
巾着《きんちゃく》形《がた》金入れ
二つ折りの煙草《たばこ》入れ
胴乱《どうらん》形煙草入れ
韋や織物の二つ折り財布
煙管入れ付き煙草入れ
〈煙管《きせる》のいろいろ〉
長《なが》煙管
巾着形煙草入れ
脇差しこしらえの金入れ
天正煙管
継《つぎ》煙管
手綱《たづな》形《がた》煙管
刀豆《なたまめ》形煙管
桐彫り煙草入れ
とんこつ煙草入れ

# 腰巻《こしまき》と襦袢《じゅばん》

中世に身分のある女性が礼装として用いた上衣に腰巻というものがあり、小袖を着た上に、豪華な衣装を腕を通さず、中ほどから腰に巻き付けて着たものをいった。しかし、江戸時代に庶民がいう腰巻とは一枚湯文字《ゆもじ》のことであった。

湯文字とは文字どおり、入浴のときに女性が腰から下を覆うために着けたものであるが、いつのまにか着物の下に着けるものを指すようになった。着物を着用するとき、その下に着るもので、二布《ふたの》（並幅の二倍のさらし木綿二枚を縫い合わせて、上部両端に十三センチぐらいの紐をつけ、腰に左前に重ねて締める。だいたい、足首ぐらいまでの長さであるが、すねの下が見えるぐらいに着けることもある。

一般には、さらし木綿であるが、若い女性は赤い色の絹物を好み、これが歩くときに着物の裾から少しだけ見えるので、裾除《すそよけ》、蹴出《けだし》ともいうようになった。お年寄りは白木綿であるが、粋な中年女性は薄浅葱《うすあさぎ》色や緋《ひ》ちりめんを使ったりした。

襦袢《じゅばん》は、十六世紀中ごろ渡来したオランダ人がつけていた肌着を日本的に工夫したもので、はじめは袖がなかった。江戸時代ごろより、武士の間で長着（小袖）が着用されるようになったが、長さは腰ぐらいまでであった。やがて広袖と半襟《はんえり》が付き、背丈が着物と同じくらいになり、しゃれたものは、袖と半襟に凝った布を用いるようになった。

女性も同様に、長襦袢が下着として定着した。襟は後ろが幅約五センチ、裾は広襟仕立てである。小紋染めの布を用いて、袖口には紫や緋のちりめんをあしらった。いろいろな布地があり、はでな色や柄、綸子《りんず》、ちりめん、季節によっては絽《ろ》が用いられた。若い娘などは緋ちりめんを好んだが、歩くときに着物の裾が割れて緋ちりめんや紋綸子などがちらりと見え、粋であった。礼装には半襟に白絹や白綸子を用いた。

身頃（袖、衿などを除いた着物の前後の部分）は単《ひとえ》仕立てのものや、袖だけ袷《あわせ》にすることもあった。着るときは襟を合わせて右下に着て、余分の身幅を前に折り返して合わせた。

江戸庶民の女性の服装——❶腰巻と襦袢

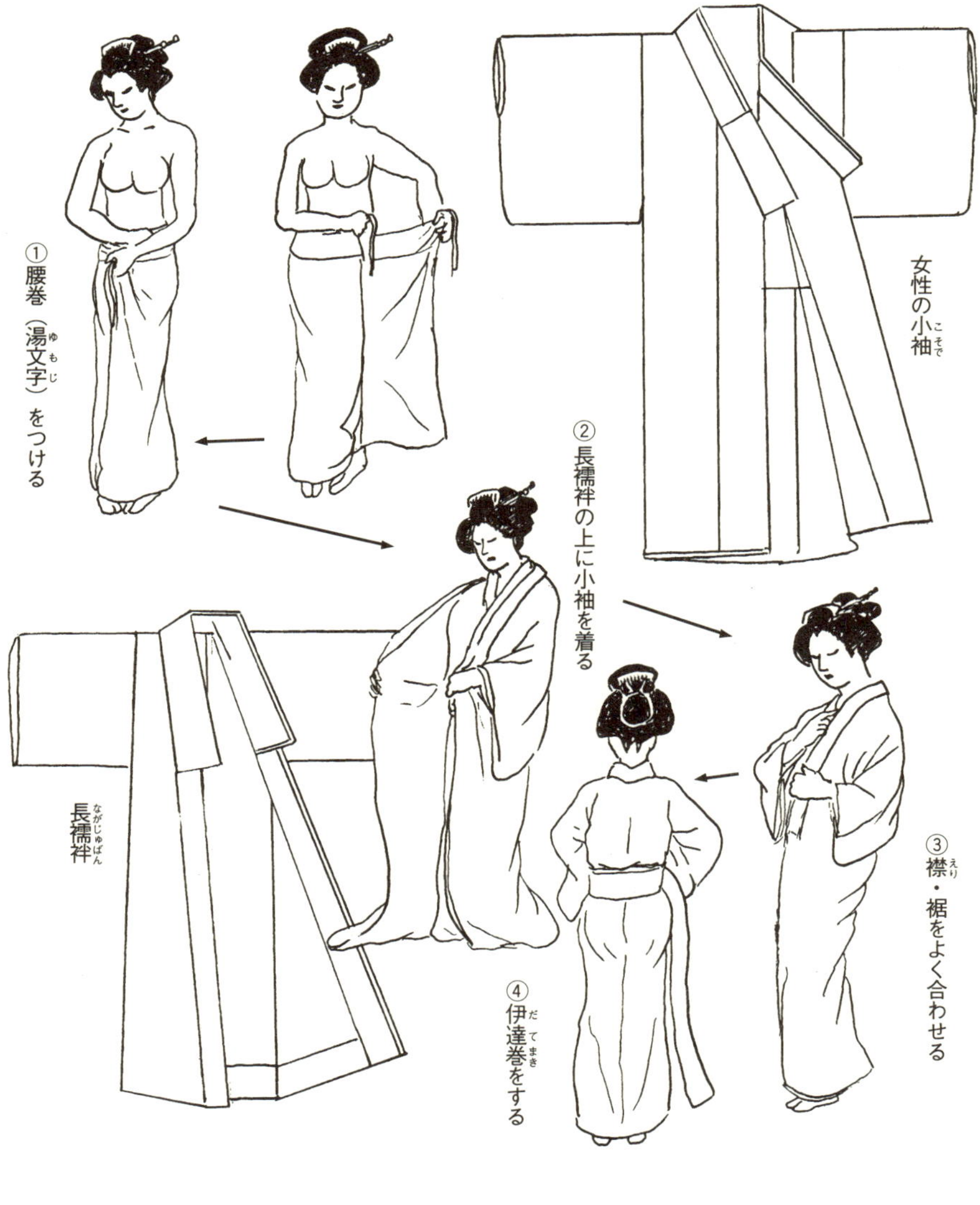
①腰巻（湯文字《ゆもじ》）をつける
女性の小袖《こそで》
②長襦袢の上に小袖を着る
長襦袢《ながじゅばん》
③襟《えり》・裾をよく合わせる
④伊達巻《だてまき》をする

# 帯の結び方

着物を着るときは、長襦袢《ながじゅばん》の両袖を通し、襟《えり》を合わせて背縫いが背の中心に来るようにして前を合わせるが、そのときに「お端折り《はしょ》」をして、着物の下から足の爪先が見えるくらいの丈にする。皺をよく伸ばして形を整え、伊達巻で巻き留め、さらに帯を締める。帯には前結びと後ろ結びがあり、また時代によってもいろいろな型があった。

帯の結び方にもよるが、背部で結んだ帯がくずれないように、ちりめんなどの扱帯《しごきおび》を通し、帯の結び目を押さえるようにして前で結び、あまりは帯の上端にはさみ込んでおく。さらに、帯の幅の中央ぐらいを帯締《おびじめ》で締め、前で結んであまりは左右の帯締にはさんでおく。

これは標準的な着物の着付けであるが、身分や立場、職業などによって、着物の丈《たけ》や着方に多少の違いがみられた。帯の幅も職業によって違い、締め方もいろいろである。

たとえば、下働きの女性や、男性とともに働く八百屋、魚屋などの女性は、着物を 踝《くるぶし》が見えるぐらい短かめに着て、湯文字《ゆもじ》（腰巻）も、着物を尻っ端折り《しりぱしょ》（着物の裾をめくって帯にはさみ込むこと）したときにすねが露出しないぐらいの短めのものを着けた。

丸帯、袋帯、名護屋帯、合わせ帯など、現代でも帯にはいろいろな種類があるが、江戸時代にはより簡略化した帯もあった。

江戸時代のころから、帯は実用品というより衣装を代表する装飾品のひとつとなり、また身分や職業を示す看板にもなった。たとえば遊女の帯などは装飾品化し、着物より豪華なものを前結びにして長く垂らした。また芸妓は粋な帯を選んだ。一般の女性も帯の結び方にさまざまに工夫を凝らし、多様な結び方が生まれ、本来の帯としての役割よりも、装飾品としての面がより強調されるようになった。帯の結び方は時代によって流行があり、また年齢や身分によっても違っていた。

➡関連項目「着物と帯」200ページ

〈帯の結び方の手順〉

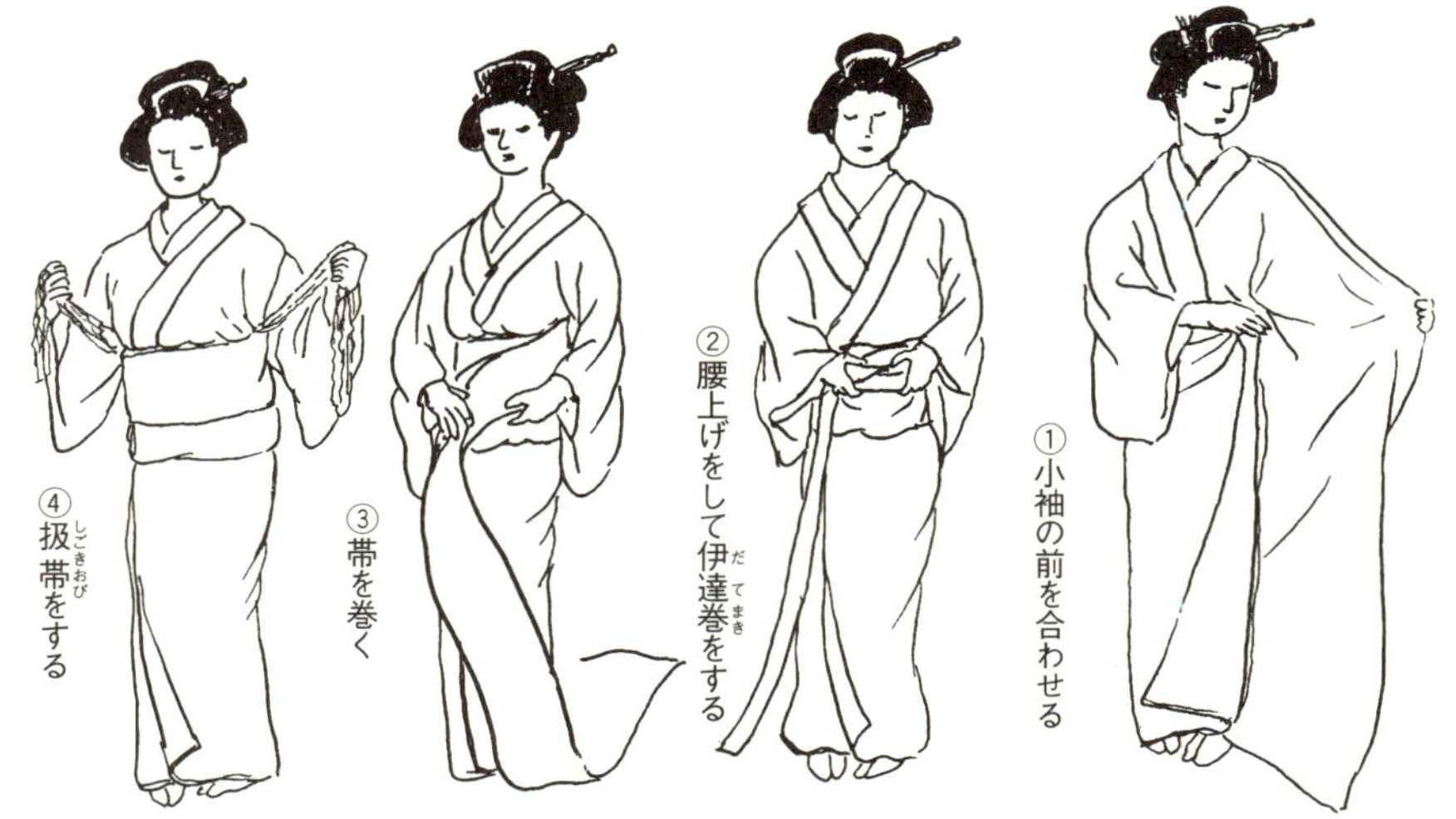


〈帯の結び方の例〉

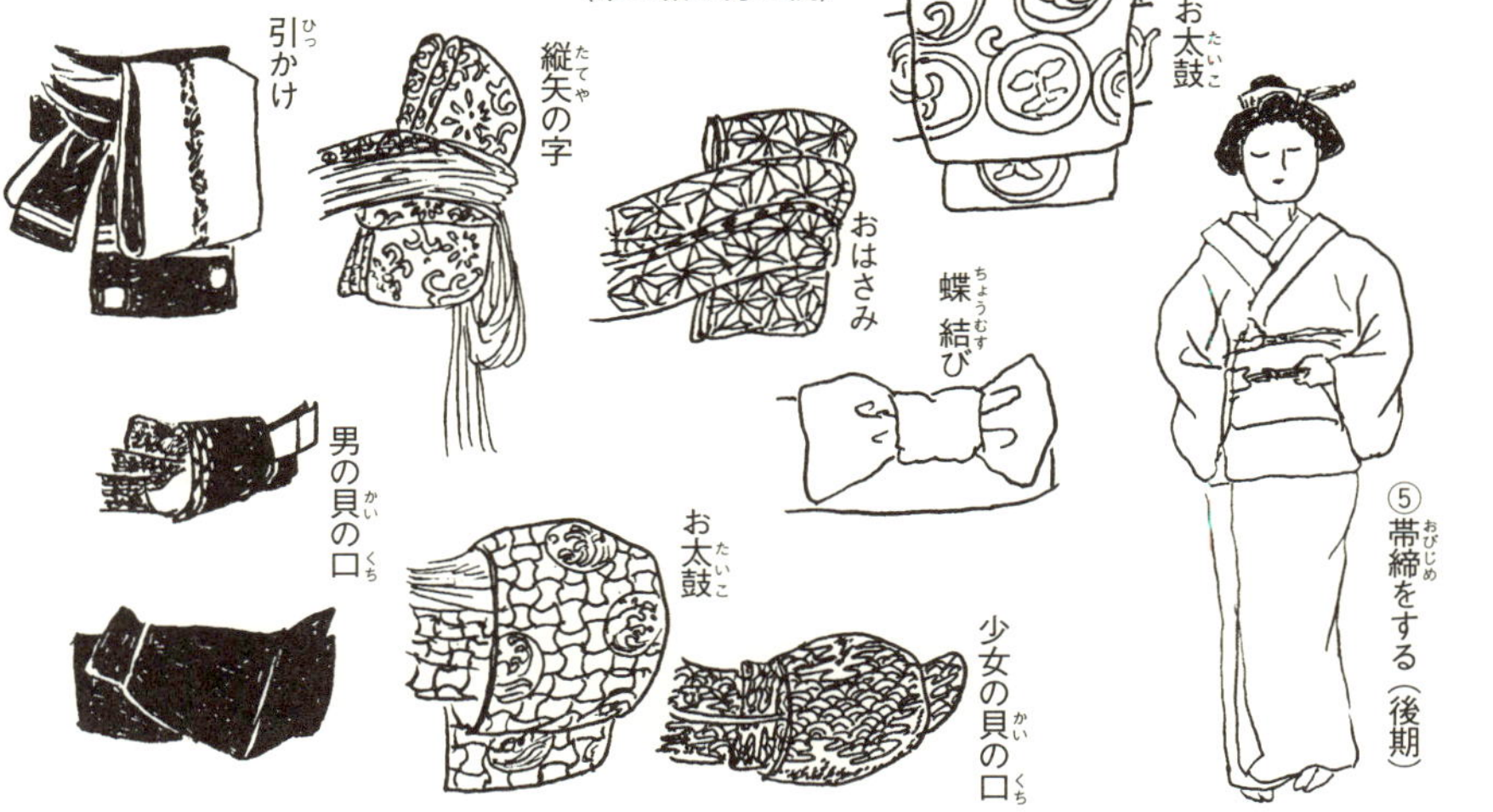

## 絣織《かすりおり》と型染め

着物の文様としては、江戸初期から、女性の衣装の裾に大柄な模様を入れることが好まれた。淀の水車、立浪《たてなみ》、渦《うず》、輪違《わちがい》、魚網、桜花、籬《まがき》の菊模様、御所車、沢瀉《おもだか》、丸尽《まるづく》しなどの絵柄を多色で染めた。やがて、全体にも石畳《いしだたみ》、重ね菊、八つ藤などの連続した模様を入れるようになり、曙染《あけぼのぞめ》、憲法染《けんぼうぞめ》（宮本武蔵に討たれた吉岡清十郎の父・吉岡憲法が発明した染め方。吉岡家は本来、染物屋であった）、加賀染、高砂染、纐纈《こうけつ》、目結《めゆい》、太夫鹿子《たゆうかのこ》などさまざまな染めの技法が発達し、新たにおっこち絞りが考案された。

贅沢な衣装には金襴《きんらん》、銀襴《ぎんらん》、繻子《しゅす》、緞子《どんす》、天鵞絨《ビロード》、刺繍なども使われたが、実用的なものではなかった。これらは高級品で、一般庶民は男女とも、ほとんど綿布の縞《しま》や絣であった。

絣は、江戸時代になって考案されたものらしい。一定の間隔で染めた織り糸や、染め残した経緯《たてよこ》の糸で布を織ると、いろいろな模様ができる。布一面に散らしたような独特の文様が歓迎され、子供や大人の着物に多用された。

たいてい白地に紺の絣模様であるが、その逆もあった。白地に紺の絣模様を白絣、紺地に白の絣模様を紺絣といった。布一面に模様がひろがり、大きい柄は大人用に、小さい柄は子供用によく用いられた。江戸初期には大柄物が好まれたが、中・後期になるにしたがって小ぶりの柄に変化していった。また、縞柄のものもあった。

薩摩（今の鹿児島県）で生産された薩摩《さつま》絣《がすり》に人気があったが、高価で、四、五両からものによっては十両ぐらいした。これは紺絣が主で、白絣は安価であった。絣には絹上物もあったので、木綿のものを薩摩絣ともいった。

また、越後《えちご》縮《ちぢみ》や奈良晒《さらし》、近江麻布にも絣織があり、江戸っ子が夏物に好んで用いた。大人は紺絣を上にもはおり、これを俗に「上《うわ》っ張《ぱ》り」といった。

⇩関連項目「文様（縞と格子）」204ページ

〈型染めの文様の例〉

〈絣織《かすりおり》の文様の例〉

江戸庶民の女性の服装――④

## 振袖《ふりそで》、留袖《とめそで》、浴衣《ゆかた》

泰平に慣れると、江戸庶民もしだいに贅沢になり、とくに裕福な家の女性は豪華な衣装を好むようになった。袖はしだいに長くなり、娘は晴れ着として振袖を着るようになった。ただし日常は、裕福な家でも貧しい家でも昔ながらの小袖であった。

延宝・天和（一六七三～八四年）のころには、庶民の娘も、金糸や銀糸を用いた、はでな絵模様の晴れ着を競い合った。袖は振袖で、下端を船形に刳《く》り、衣全体に大柄の派手な絵模様を施したものであった。

またそのころ、八丈島で織られた格子柄が男女ともに流行した。紺または黄地に大柄な格子で、鬢髷《びんまげ》の油が付いても汚れないように、女性は襟《えり》に黒繻子《しゅす》か黒地の布を当てた。

娘の晴れ着は振袖であるが、既婚者やお年寄りは留袖を着た。袖口六寸（約十八センチ）、袖丈一尺一寸（約三十三センチ）ぐらい、衣の丈《たけ》は四尺二、三寸（約百三十センチ）であった。当時の女性はお端折《はしょ》りをして、足首すれすれの丈で着ることが多かったが、芸者などは、座敷で裾を引きずるように着ていたので、外出のときは、褄《つま》（着物の端）を持って引きあげるようにした。安政（一八五四～六〇年）のころには袖丈が長くなり、一尺五寸（約四十五センチ）ぐらいであった。

夏には「かたびら」という麻の単衣《ひとえ》を着たので、湯文字《ゆもじ》は必ず着けた。また江戸末期には薩摩紺地絣木綿《かすりもめん》が流行した。襟には装飾としてちりめんを用いたが、新婦は緋色、中年は紫色、老人は浅葱《あさぎ》色を好んだ。また無地のちりめんか大絞りを一分ぐらい（約〇・三センチ）内に折ったものを袖口にあしらった。

浴衣は本来、女性が湯に入るときに着たものであるが、後に雨降り時にはおるようになり、やがて夏の単衣として用いられるようになった。本来、外出用ではなかったが、夜になると浴衣姿で外出した。娘の浴衣には緋や紫柄のものもあった。下着は二、三枚着用したが、貧しいと一枚の場合もあった。

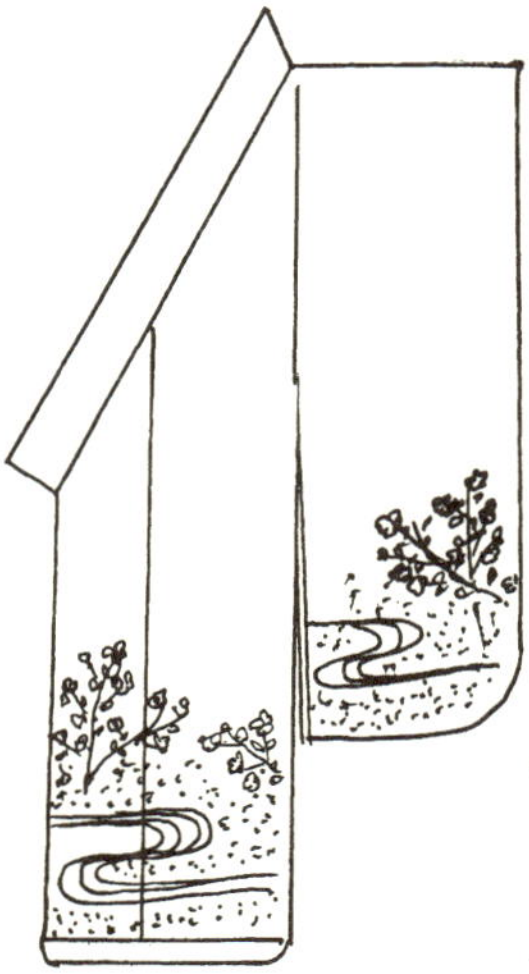

裾模様の振袖

延宝・天和（一六七三～八四年）ごろの女衣

初期の模様

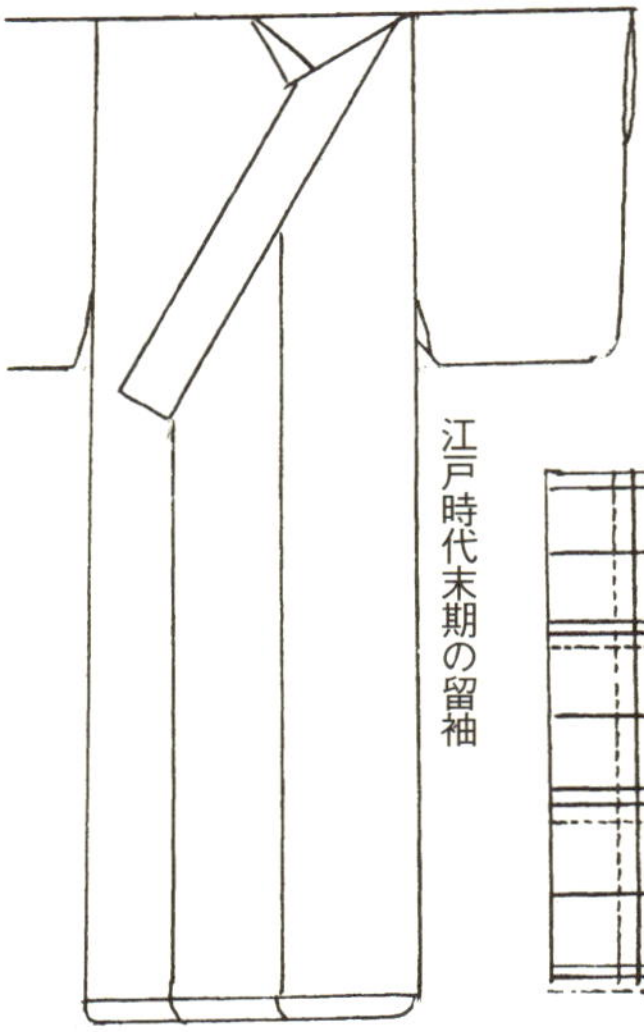

江戸時代末期の留袖

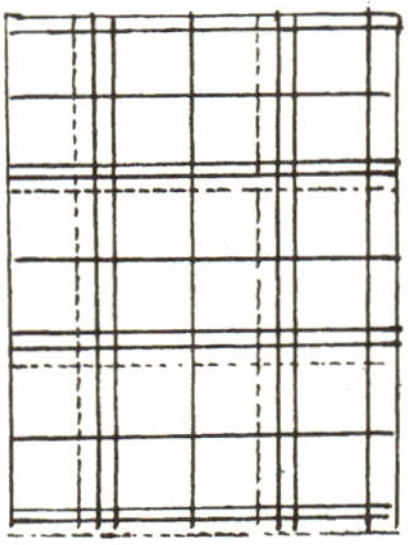

八丈織

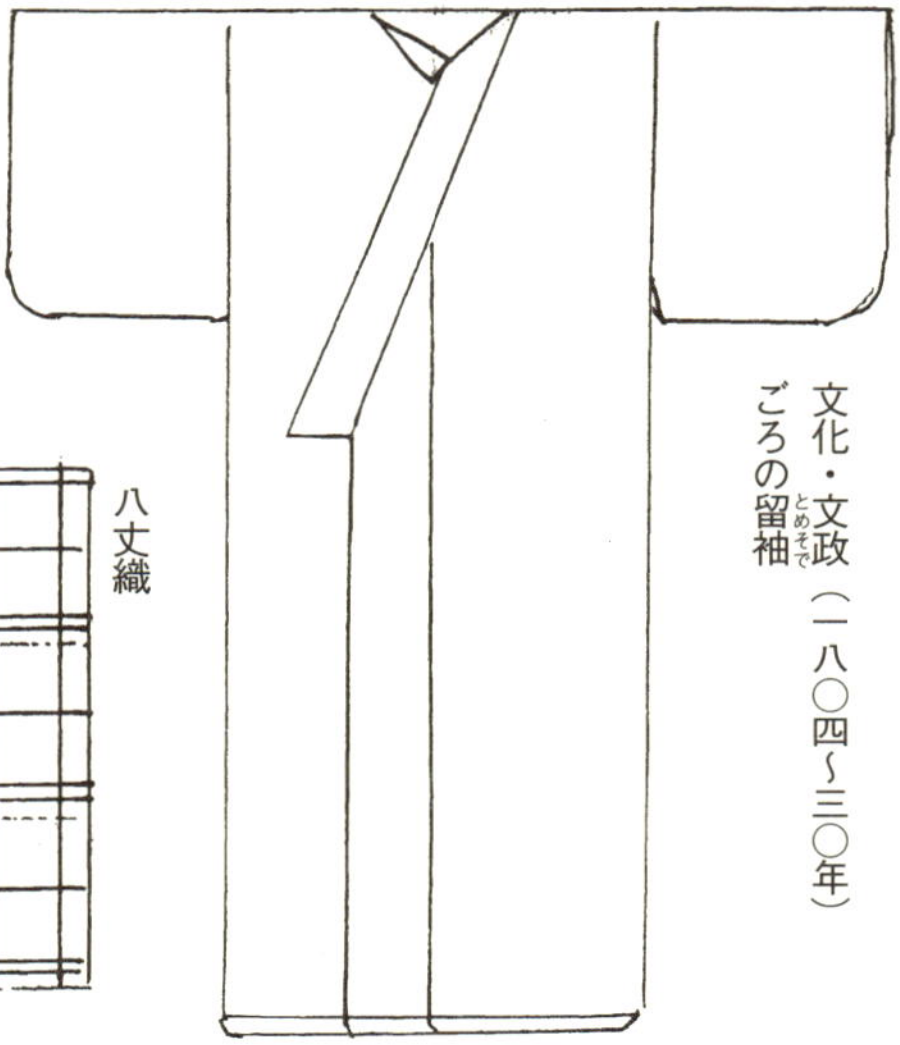

文化・文政（一八〇四～三〇年）ごろの留袖《とめそで》

# 尻《しり》っ端折《ばしょ》りと手拭《てぬぐ》い

下働きや行商などで働く女性は、足さばきをよくするために、男性と同じように着物の裾をはしょったが、はしょり方は、男性とは少し違った。

男性は裾後ろの中央をつまんで引き上げ、帯の後ろにはさみ込んだが、女性は着物の左右の褄先《つま》をたくし上げていって帯か紐にはさみ込んだ。男性と違って下肢は露出せず、湯文字《ゆもじ》（腰巻）で覆われていた。枝豆売り、納豆売り、糊売りなど、荷を抱えたり、頭に載せて運ぶ女性たち、また、潮干狩りなどでもこういった姿が見られた。

また、着物をはしょらない場合は、使い古したあまり布で前掛けをした。帯は幅広のものは用いず、結び目は後ろが多かった。

行商のなかでも、上品めかした扇の紙売りは、着物の裾をはしょらず、引きずりそうなぐらいに長く着たが、これは胸前を細紐でたるませて、古風に見せるためであった。

また働く女性は、髪の乱れや埃を防ぐために手拭いをかぶったが、そのかぶり方にもいろいろあった。行商の女性は、額中央に手拭いの真中をあて、後ろにまわして髷《まげ》のところで結んだが、ただ頭にかけて一端を口で加えるのは夜鷹《よたか》や引っ張り（下級の遊女）であった。老婆などは頭巾《ずきん》代わりに頭にかけ、顎の下で入れ違いにまわして、頬のところで端をはさみ込んだりした。

元禄（一六八八〜一七〇四年）のころには、髪の乱れを防ぐために、若い女性の間で姉《あね》さんかぶりや綿帽子が流行した。姉《あね》さんかぶりは、手拭いを前から後ろにとって、あまりで頭上を覆ったり、額際で重ねて折り返したりし、先端を額際の下端にはさみ込む方法で、人によって多少違っていた。

綿帽子は、頭全体を包んで、髪の毛に塵埃が付着するのを防いだものである。後に頭巾《ずきん》状になり、結婚式の際に花嫁がかぶったが、これは現在では折り目の付いた帽子になっている。

➡関連項目「半纏と股引」208ページ、「手拭いと頬被り」218ページ

女性の尻《しり》っ端折《ばしょ》り（前）

埃よけの手拭い被り

元禄（一六八八～一七〇四年）ごろの髪覆い

手拭いを頭にかけただけ

綿帽子

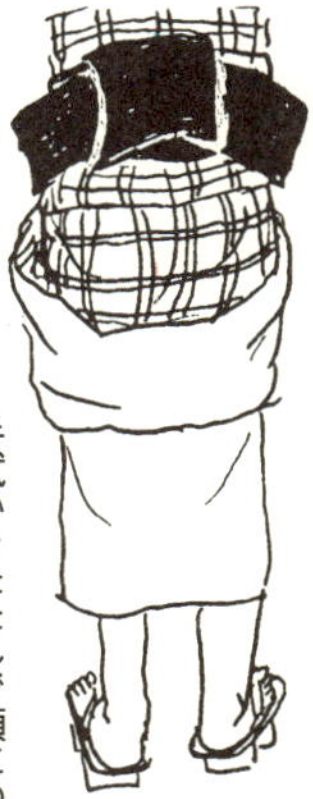
後から見ると端折りに皺《しわ》がない

姉さんかぶりの一種

姉《あね》さんかぶり

手拭いをたたんで頭にのせる

綿帽子

# 外出用の持ち物

女性が外出するときは、小さな手提袋《てさげぶくろ》（上刺袋《うわざしぶくろ》など）を持った。華やかな刺繍をした布や模様の入った織物を四角い袋状に縫ったもので、口には丈夫な紐で綰《わな》をたくさん作ってある。その綰に紐を通してゆるめれば口が広がり、締めると閉まるので、その紐を手に持って運んだ。今のハンドバッグのようなもので、俗に「だんぶくろ」ともいった。だいたい四、五寸（約十二～十五センチ）くらいの大きさのものが多く、口紅を入れた貝や小銭、煙草を吸う女性は小さい煙管や刻み煙草の袋を入れた。大きめの手提袋には衣類なども入れた。この手提袋は、江戸より京阪ではやった。

江戸では、幅二寸（約六センチ）ぐらいの「早道《はやみち》」というものが一般に用いられた。これには紐は使わず、二つ折りにして、小銭入れ代わりに帯の間にはさんだ。お年寄りは、左右の両端を開け締めできるもの（平安時代に経巻を入れて胸に下げたものに似た形）にお守りや金銭を入れて懐《ふところ》に入れた。また、五種類ぐらいのきれいな模様の布で、紐を通すところを袋縫いにした小袋を懐に入れるか、女帯の前に結び下げた。これを撫《さす》り袋といい、これに他の布で底を縫い合わせたものを桔梗袋《ききょうぶくろ》といった。

このほか懐紙などを入れる鼻紙袋《はながみぶくろ》を懐中に入れたが、これを「紙入れ」「紙挟み」といった。羅紗《らしゃ》、天鵞絨《ビロード》、緞子《どんす》、錦《にしき》などでできていて、財布のように三つ折りにして、上下に金子、小楊枝、用書類を、三つ折りのところに小菊紙などを入れた。上部中央に象牙の輪を付け、たたんだとき、これを外側の中央にある鍵状のものにひっかけて留めた。『世事談』（山崎美成著、天保十二年（一八四一年））によると、鼻紙袋は近世（江戸時代後期）のものだという。今日では函迫《はこせこ》という、茶席などで菓子を取るときに必要な懐紙を用意しておくものである。

お守り袋は子供のように帯にはさまず、懐の中にも納められないので、小さい巾着状のものに神仏の守り札を入れて左腕に巻いてつけたが、これはやがて男性が用いるようになった。

❶関連項目「財布と煙草入れ、煙管」224ページ

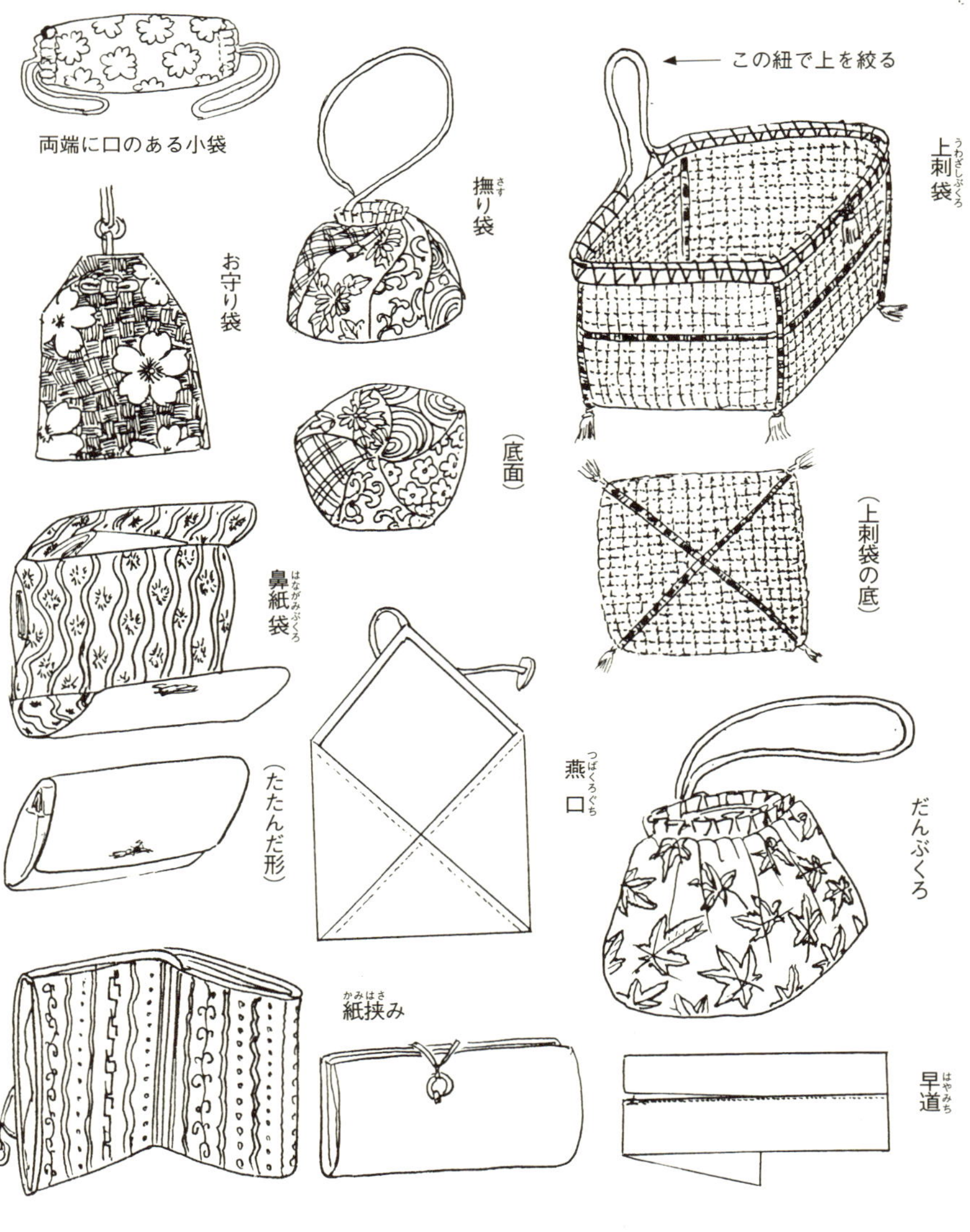
両端に口のある小袋
撫《さす》り袋
この紐で上を絞る
上刺袋《うわざしぶくろ》
お守り袋
（底面）
（上刺袋の底）
鼻紙袋《はながみぶくろ》
（たたんだ形）
燕口《つばくろぐち》
だんぶくろ
紙挟《かみはさ》み
早道《はやみち》

# いろいろな女性の風俗

江戸時代の女性が、みんな同じように着物を着たわけではない。年齢や職業によっても違うし、貧しい人はより簡素な着物を着た。ここでは、貧しい女性の風俗の一部を紹介する。

【熊野比丘尼《くまのびくに》】熊野比丘尼は白小袖の着流しで、お端折《はしょ》りはせず、黒帯を前で結んだ。はじめは黒の幅の狭い帯であったが、しだいに幅広の帯を前で結ぶようになり、剃った頭に黒繻子《くろじゅす》の布をかぶって歩いた。

➡関連項目「江戸の大道芸（十）」150ページ

【扇貼替え女】扇の地紙の貼替えの行商をする女性は、髪が埃で汚れないように古風な頬被《ほっかむ》りをし、はでな衣装を腰紐で締めて、扇紙の箱を肩にして、古風な姿で歩いた。

➡関連項目「江戸の行商（十二）」116ページ

【納豆売り】裏長屋住まいの貧しい家では、よく老婆が内職として早朝に納豆を仕入れ、売って歩いた。寒い早朝であるから、綿入れの半纏《はんてん》を着て、他人が使い捨てたような布を襟巻《えりま》きのように巻き、霜を踏んで売り声を出して歩いた。

➡関連項目「江戸の行商（七）」108ページ

【海ほおずき売り】貧しい家の老婆が内職に海ほおずき売りに出ることもあった。テング螺《にし》や赤螺の卵が巾着形なので海ほおずきといったが、それを藁《わら》づとに入れたものを飾った台を持って売り歩いた。着物は古着屋から仕入れるので、丈が合わずに足首が見え、手拭《てぬぐ》いをかぶって日よけにし、古布の前掛けをした。

【草餅売り】女性も働くときには着物を尻《しり》っ端折《ぱしょ》りするが、腰巻ははしょらず、着物の裾をめくって腰帯にはさみ込んだ。貧しい農家では、よく老婆が草餅を売って歩いたが、やはり尻っ端折りに草鞋《わらじ》がけであった。重労働で、衣服も汚れていた。

【枝豆売り】若い女性が行う内職で、小粋な浴衣《ゆかた》を尻っ端折りして、薄浅葱《うすあさぎ》色の腰巻を見せ、武家屋敷の奉公人相手に売って歩いた。正式の長襦袢《ながじゅばん》は着ず口紅を塗って手拭いの端を加え、夜鷹《よたか》のような風情があり、なかには昼間から夜鷹のような仕事をする者もいた。

➡関連項目「江戸の行商（八）」110ページ

熊野比丘尼《くまのびくに》の白衣前帯

扇貼替え女のお端折《はしょ》りしない服装

納豆売りの綿入れ半纏《はんてん》に襟巻《えりま》き

主婦や下働きの女性は襷《たすき》にお端折り

すねの出た古着《ふるぎ》を着た海ほおずき売り

尻《しり》っ端折《ばしょ》りの草餅売り

半尻っ端折りの枝豆売り

# 男の子の結髪《けっぱつ》

江戸時代の大人の男女の髪形は、職業や芝居の影響もあって、数えきれないほどあった。また、同じ髪形でも時期によって流行があり、少しずつ違いがあった。

庶民の子供（男子）の髪形は、子供が生まれて少年から大人になるまでの過程で変わっていくが、これも江戸初期、中期、後期でずいぶん差があった。なお、上方と江戸でも多少違いがあるが、ここでは概略だけを述べることにする。

まず、赤ん坊が生まれると七日目に頭を剃った。百会《ひゃくえ》といって頭の中央だけ髪を残して剃《そ》るが、これを俗に「芥子《けし》」または「芥子坊主」といった（①）。ときには後頭部の盆の窪あたりの産毛《うぶげ》を残して剃り、これを「盆《ぼん》の窪《くぼ》」といった（②）。少し月日が経つと芥子も剃り、その代わり両耳の上と後頭部だけ生やす。これを奴《やっこ》といった（③）。

二、三歳ぐらいになると、再び芥子の部分を生やす（④）。七、八歳になると前髪を伸ばしはじめ、他の部分を剃らない、お河童《かっぱ》に似た芥子坊の「喝僧《がっそう》」にした（⑤）。

やがて芥子を元結《もとゆい》で結び（⑥）、芥子が長くなると髷《まげ》にする。これを角大師《つのだいし》という（⑦）。長くなって若前髪になるまで、前、左右、後ろ、頭上それぞれを元結で結んだ（⑧、⑨）。

十四、五歳になってはじめて月代《さかやき》を少し剃り、前髪に髷の姿になるが、これも地域によって多少異なる（⑩〜⑮）。前髪は顔の縁の鬢を剃って形を整えたが、髷と鬢の形には流行があり、また武士と庶民でも多少違いがあった。

なお、江戸時代を扱った映画やテレビの番組を見ると、残念なことに髪形や風俗の時代考証が正確にできていないことが多い。男の髷《まげ》（俗にいう丁髷《ちょんまげ》）の形が、初期、中期、後期で区別されていないことが多く、既婚女性が眉を剃ったり、御歯黒《おはぐろ》で歯を染めたりする風習もあまり再現されていない。実際には、武士の髪形である大髻《おおたぶさ》、大髷《おおまげ》にしても、初期と末期ではずいぶん違いがあった。女性の島田髷、丸髷も同様である。

➡関連項目「髪結床」78ページ

①芥子坊主《けしぼうず》（おけし）
⑤芥子坊（喝僧《がっそう》）
⑨⑧の後姿
⑬角前髪《かくまえがみ》
『女用訓蒙図彙』
②盆の窪《ぼんのくぼ》
⑥芥子坊
⑩一般的前髪
⑭若衆髷《わかしゅまげ》
『女用訓蒙図彙』
③奴《やっこ》
⑦角大師《つのだいし》
⑪角前髪《かくまえがみ》
⑮若衆髷《わかしゅまげ》
『女用訓蒙図彙』
④芥子坊
⑧⑨を前から見た形
⑫下撫《したなぜ》
髷《まげ》
月代《さかやき》（中剃《なかぞり》）
前髪
鬢《びん》
髱《たぼ》
〈結髪《けっぱつ》の各部の名称〉

# 男性の結髪《けっぱつ》

庶民の男性の髪形も、流行によってずいぶん変遷している。武士との違いは月代《さかやき》が広く髷《まげ》が細く短いことで、遠方から見てもわかる。ただし、江戸初期までは前の時代の影響から、武士でも髷が小さく、広い月代が流行したが、その傾向は庶民に移っていった。そして、髱《たぼ》はひっつめであったのが、時代が下るとともに髱を女性の髪形のように後ろに突き出すようになったのは、歌舞伎の影響であろう。

庶民の間でも、月代や鬢《びん》の形を垂直に剃って整えたり、髷の毛をすいて先を割れさせ小銀杏《いちょう》にしたり、職人は刷毛先をわざと乱したりと、好みによりいろいろな形が流行しはじめた。初期には、茶筅《ちゃせん》髷や銀杏髷、若い衆には折柳《おりやなぎ》（形は不明。『男色大鑑』に掲載）、たてかけ、海老折、蝉折、のんこなどの形がはやった。

中期には、人形遣いの辰松八郎兵衛が結った特殊な巻鬢《まきびん》（辰松風《たつまつふう》）が評判になり、一時はこれが流行した。

やがてこの辰松風にとって代わったのが文金風《ぶんきんふう》で、これは豊後節の祖宮古路豊後が考案した髪形である。豊後は都一中《みやこいっちゅう》の門から出て、当時の民衆に歓迎された節回《ふしまわ》しで、享保十五年（一七三〇年）に江戸に下って流行し、その流派からさらに富本《とみもと》、新内《しんない》、清元《きよもと》が発展した。この豊後の髪形が粋であったので、江戸っ子がこれにならい、俗に文金《ぶんきん》風として一世を風靡した。文金風では、辰松風より髷の根を上げて、月代に向かって鋭角に髷尻を下していた。

この辰松風と文金風の髷を、さらに前七分、後ろ三分に分けて髪捻《かみより》で七度巻いたものが本多家の武士に流行し、これを庶民もまねて結い、俗に本多風《ほんだふう》と称した。細部は次々と変化したが、宝暦（一七五一～六四年）ごろには、武士も庶民もこの髪形を好んで結った。

しかし、後期になるとまた初期の二つ折になり、髷の大小、曲直、太さによって身分の区別がつくようになり、銀杏髷にも変化を生じた。

月代には常に短毛が生えてくるので、武士や心がけのよい庶民は毎日剃って剃り跡が青々としていたが、貧しい人はそうもできず、伸びるにまかせ見苦しかった。

疫病《やくびょう》本多
円髷《まるまげ》本多
二つ折《おり》
団七《だんしち》本多
浪速《おおさか》本多
辰松風《たつまつふう》（巻鬢）
金角丹府《きんかくたんぷ》
令兄《あにさま》本多
文金風《ぶんきんふう》
惣髪《そうはつ》
金魚《きんぎょ》本多
五《ご》分《ぶ》下《さ》げ本多《ほんだ》

# 女の子の結髪《けっぱつ》

江戸時代の女の子は、生まれてから七日目に髪の毛を全部剃った。これは、男の子とまったく同じである。二回目に剃るときは項《うなじ》（後頭部）の毛だけ剃り残す。男の子と同じであるが、これを「盆《ぼん》の窪《くぼ》」といい、「ごんべい」、まれに「八兵衛」「爺《じじ》っ毛」ともいう①。やがて百会《びゃくえ》（頭頂部）の毛を丸く剃り残して、「芥子《けし》坊主《ぼうず》」（または「芥子」）にする②。

三歳になると髪置《かみおき》といって、耳の上の毛を残すが、これを「奴《やっこ》」という。ときには三歳前から奴にすることもある③〜④。少し大きくなると、両耳の上の毛と前髪を残すが、これを「唐子《からこ》」または「ちゃんちゃん」という⑤〜⑥。以後、髪を剃らないで伸ばすので、全体の形はお河童《かっぱ》になるが⑦、前髪は中央で元結で縛り、その先を左右に分ける。これを、芥子坊主の「銀杏髷《いちょうまげ》」という⑧。

七、八歳になると、眉毛を剃り、銀杏髷として、前髪を残して他の部分を後頭部にまとめ、元結《もとゆい》で結んで丸める。これを、子供の銀杏髷という⑨〜⑩。

十歳ぐらいになると、さらに髪が伸びて、頭上げ銀杏髷に結えるようになる。十二、三歳ぐらいになると、髪の毛をすべて後頭部にまとめ、各部の毛にふくらみをもたせて頭上で丸くまとめ、簪《かんざし》を用いて「銀杏崩し」に結う⑪。ただし、このときは元結ではなく、銀紙を用いる。髪の毛の先を巻いて髱《たぶさ》とするのは喪中だけだが、この形は「島田髷」に近くなってくる。

島田髷は、これらの結髪法から進歩したものである。最初は「つぶし島田」といって、未婚の女性が結い、庶民の娘が好んで結った。その変形で根を高くしたのが「高島田《たかしまだ》」⑫や「奴島田《やっこしまだ》」で、御殿勤めや豪家の娘、遊女に仕える禿《かむろ》などが結ったが、一般にもすぐに普及した。島田全盛となり、髷先が大きくなったが、職業や年齢、好みによっても多少の変化があった。職業によっても違ったが、主流は高島田とつぶし島田で、このほかに「いたこ島田」「後家島田」「先稚児《さきちご》」、変形として「茶筅髪《ちゃせん》」「雌おしどり」「雄おしどり」「かけおろし」などがある。基本の高島田は、現在でも和服の女性がよく結う髪形である。

## 江戸庶民の結髪——❸女の子の結髪

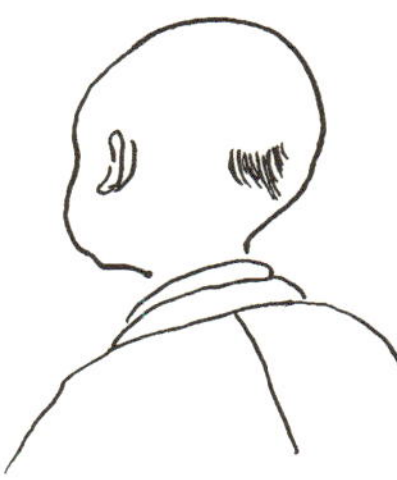
①盆《ぼん》の窪《くぼ》（八兵衛）

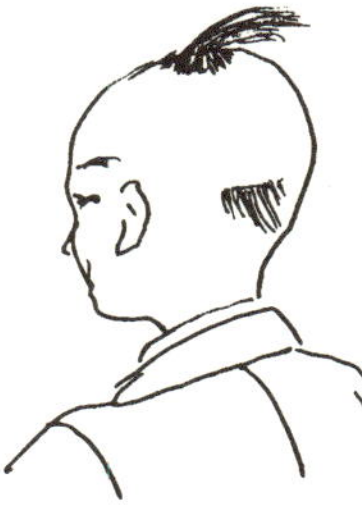
②芥子坊主《けしぼうず》

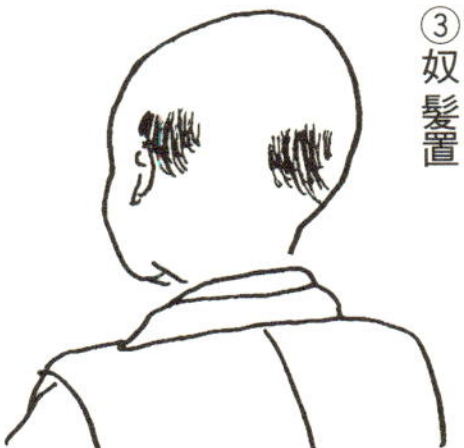
③奴髪置《やっこかみおき》

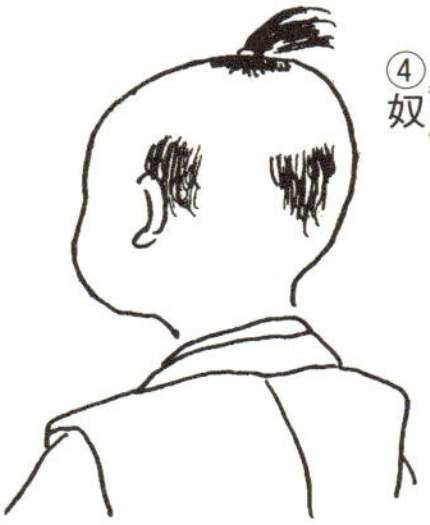
④奴《やっこ》

⑤唐子《からこ》

⑥唐子

⑦芥子坊主の全体に毛を生す

⑧芥子坊主の銀杏髷《いちょうまげ》

⑨銀杏髷

⑩銀杏髷

⑪銀杏崩《いちょうくず》し

⑫高島田《たかしまだ》

# 女性の結髪《けっぱつ》

庶民の女性は結婚すると、「丸髷《まるまげ》」に結った。上方《かみがた》では形が違っていて、丸根の前部に挿した笄《こうがい》の両側の下をくぐらせて髻《たぶさ》の輪を作った形から「丸輪《まるわ》」といった。『守貞漫稿』第十一編女扮下に丸髷の形式の図がいくつか描かれ、次のようにある。

「今世丸髷（弘化末より嘉永に係る）髷根高く、又前後短く髱《たぼ》は却て長く低く、號《なづけ》て『のめしまげ』と云。又蔵前風と云浅草官倉辺の婦女より始む故に名とす（中略）安政に至り丸髷偏平に髻低く髷背下れり、髱嘉永の風よりは少さし」

丸髷にもいろいろ手法があるが、一般的には、髷を大きく開いて後方に曲げ、髱も高い。「島田髷」のように中央ではなく、髷の根を元結《もとゆい》で結び髱を高くとる。前髪を高くふくらませて鼈甲の櫛笄を挿すのは、裕福なほうである。髷を高くするために、項頭を中刺しして紙で小枕を立てて結うが、その他、髷入れ、紙や針金で作った髱差《たぼさし》を内に入れてふくらみを作った。

丸髷も時代とともに種類が生まれ、「略髷《りゃくまげ》」「仮髻《かりもとどり》」「島田崩《しまだくず》し」「姨子結《うばこむす》び」「天神髷《てんじんまげ》」「長船《おさふね》」「糸巻《いとまき》」「割《わり》唐子《からこ》」「銀杏崩《いちょうくず》し」「非銀杏髷《ひいちょうまげ》」「茶筌髷《ちゃせんまげ》」などという形式ある。これらは水商売の女性が好んで結った。

このほかに「銀杏髷《いちょうまげ》」というのもある。本来、銀杏髷は島田を銀杏葉のように結ったもので、年配の踊りの師匠などが結ったが、結い方からして島田と同じである。それをさらに粋にしたのが、「銀杏崩《いちょうくず》し」である。この銀杏髷を上方では「もたせ」と呼んだが、少し異なるのは、輪を作った髪先を元結を使わずに根に巻きつけて留めるだけという点である。

また、「ごたいづけ」は梳《す》き髪の一種で根をひきつめて結んだ髪を前に倒して下に折り返し、毛先を根に巻きつけて、髷先に簪《かんざし》を横から挿して前髪で留める。

「しのびずき」も梳き髪で、髷先を複雑に巻いて小さい輪を作り、根に簪を立てて留める。

江戸時代には、このような日本独特の結髪法が発達していった。

糸巻《いとまき》

天神髷《てんじんまげ》

島《しま》田《だ》崩《くず》し

丸髷《まるまげ》

割唐子《わりからこ》

長船《おさふね》

姥子《うばこ》結《むす》び

丸髷の後部

銀杏崩《いちょうくず》し

ごたいづけ

非銀杏髷《ひいちょうまげ》

しのびずき

丸髷《まるまげ》を結《ゆ》ったお内儀《かみさん》

## 櫛《くし》、笄《こうがい》、簪《かんざし》

江戸時代の男女は常に鬢付油《びんづけあぶら》を塗って形を整えているので、髪形はいつも整然としているが、あまり洗髪をしないので、汗や埃で臭気が漂っていた。それを香料でごまかそうとするので、余計に複雑な悪臭がしたという。幕末の京都で新撰組が芸妓を捕らえて取り調べたときに、頭髪の悪臭で耐えられなかったという話が残っているが、芸妓、遊女はとくにひどかったのであろう。江戸でも御殿女中ですら、日々結髪《けっぱつ》、化粧をするにもかかわらず、洗髪することは少なかったから、大奥には独特の女臭がしたという。

洗髪をするのは、むしろ江戸の下層民や粋を好む遊女、芸者などで、長い髪を洗って乾くまでの間、「洗い髪」といって、結髪せずに垂らしたままの姿でいることが往々にしてあった。上方では洗い髪のままで他人に逢うのは無礼として外に出なかったが、江戸では平気で、ときには簡単な「達磨返し《だるまがえ》」「焦結《じれったむす》び」にしておいて、しばらくたってから島田や丸髷《まるまげ》に結った。

当時の女性の髪の毛に留める装飾用具といえば、櫛と簪と笄である。櫛は古代から用いられ、笄は男性も鬢をそろえるのに用い、刀の鞘の差《さ》し表《おもて》につけて用意した。

女性は、髪の形を保つために、結髪時に太い笄を用いた。はじめは木製であったが、鼈甲《べっこう》が輸入されるようになって、その黄透明色と黒斑が歓迎された。ほかに金、銀、瑪瑙《めのう》、象牙《ぞうげ》、水晶などもあった。

簪は、同じように髪形を留めるものであるが、江戸時代はむしろ主に装飾として用いられ、娘などは花をつけた花簪を挿し、遊女などは簪をたくさん挿した。先端に草花やぴらぴらした飾りをつけたものもあり、若い娘が好んで用いた。

櫛も髪の毛を梳《す》くだけでなく、装飾として用いられたので、柘植《つげ》の木目の細かいもの、黒塗り、朱塗り、金蒔絵《まきえ》、鼈甲のものなどがあった。また、「杵形中差《きねがたなかざし》」という、片方が離れて髪の中で合わせるものもあった。これらは女性が日本髪を結うために欠かせない小道具である。

利久型櫛《りきゅうがたくし》
簪《かんざし》
笄《こうがい》
焦結び《じれったむすび》
達磨返し《だるまがえし》
洗《あら》い髪《がみ》
薄簪
薄簪《すすきかんざし》
一般的な櫛
妻型櫛
前髪《まえがみ》に挿《さ》す木櫛《きぐし》
武蔵野簪《むさしのかんざし》
銀の瓢箪《ひょうたん》付き簪《かんざし》
葵簪《あおいかんざし》
花簪《はなかんざし》
柘植《つげ》の横櫛《よこぐし》
(前)
(後)

江戸庶民の子供――❶

# 子供の着物

江戸、上方ともに、子供の衣服も、仕立て方は大人と同じであるが、六、七歳ぐらいまでは帯を自分でうまく結べないので、付け紐にした。細い布を二つ折りにして合わせ縫いにし、左側の襟《えり》下に一条、左側の肩上《かたあげ》の内側に一条付け、この二条を後ろに回し、引き違えて前に回して結ぶか、背後中央で結ぶ。これを付け紐といい、結び方は両綰《もろわな》結び（蝶結び）にして垂らしておく。

また、成長盛りで、すぐに着物が短くなってしまうので、袖は肩上げにして折り込み、身頃（袖、襟などを除いた着物の前後の部分）は腰上げして折り込んでおく。十四、五歳ぐらいになると、この肩上げ、腰上げの縫い目を解いて伸ばす。これは男の子も女の子も同じで、肩上げ（腰上げも含めて）がとれるということは、年頃になったことを示すものであるが、背丈がずいぶん伸びているので、伸ばしても下脚が半分ぐらい見える。こうした風俗は、江戸時代以前から見られたようで、『おあん物語』（石田三成の家臣山田去暦の娘・雨森義右衛門の妻による江戸初期の想い出話を筆録したもの）にも少女時代の様子として書かれている。

子供の着物は、ごく幼いときは一つ身（反物の一幅で、背中の幅とする）であるが、少し大きくなると、二つ身（二幅）を縫い合わせ、前述のように肩上げ、腰上げをする。夏は単衣《ひとえ》で、寒くなると袷《あわせ》を着る。女の子は緋ちりめんの小切れを袷に縫いつけ、叶《かなう》結びのように帯を結ぶ。年頃になって肩上げ、腰上げをはずすと、帯は大人に近く幅広になる。

男の子は幼いころから、正式の褌《ふんどし》か、小さい越中褌を締める。女の子は白木綿の腰巻《こしまき》を巻くが、長さは着物の裾と同じくらいである。

女の子の場合、着物の袖は大人より短く、外側の下の方に丸みをつけた。裕福な家の娘は絹やちりめんの布を用いたが、一般には木綿で、柄は大体、粗い縞《しま》か格子《こうし》、ときには花柄模様もあった。年頃になって肩上げ、腰上げがとれると、足の踵《かかと》が見えるくらいの丈《たけ》であった。

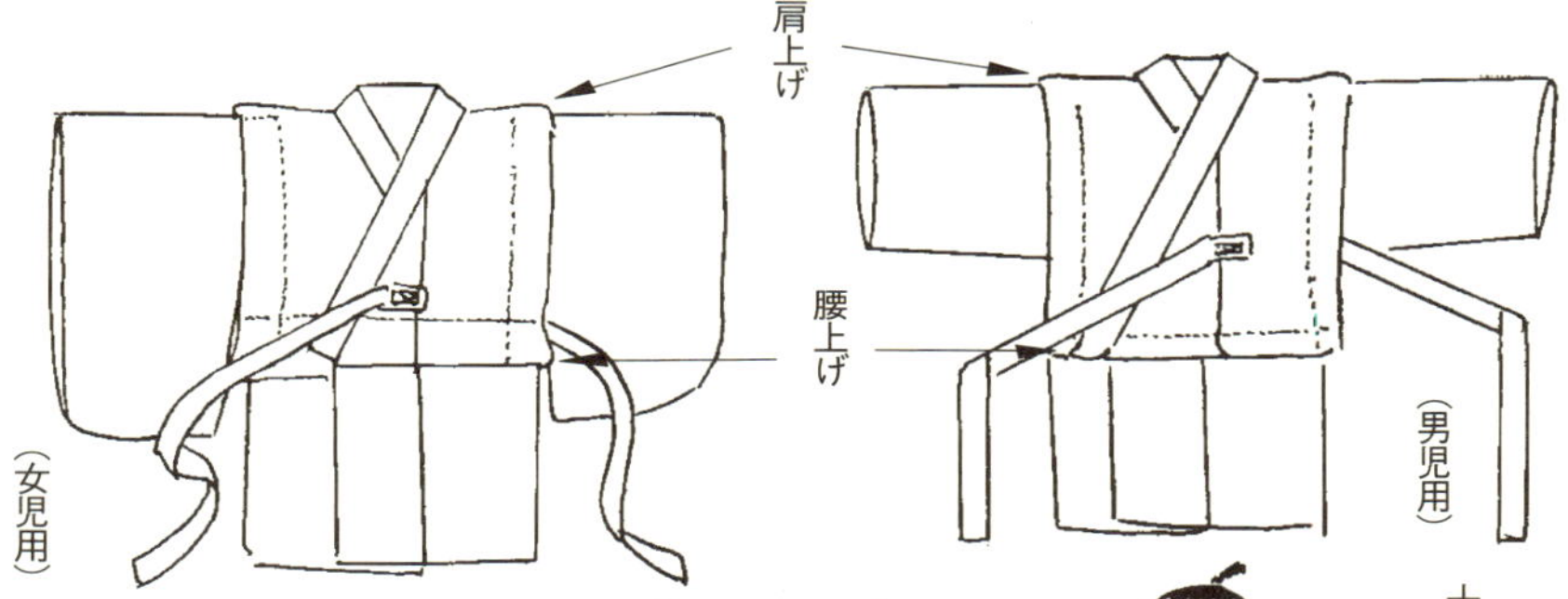


肩上げ、腰上げした子供の着物

# 凧《たこ》揚《あ》げ

江戸時代の子供たちは、たいてい往来、路地、空き地、原っぱなどに仲間を集めて遊んだ。ただし、庶民の子の中に武家の子は参加しないし、裕福な大商人の子は裏長屋の子とは遊ばない。往来と路地は、もっぱら裏長屋の元気の良い子供たちの遊び場であった。

男の子は正月中、凧揚げに熱中した。凧は絵か文字一字を大きく描いたものが多く、絵凧は武者絵が多かった。形は縦長の四角いもののほか、鳶凧《とんびだこ》、鴎《かもめ》凧、孔雀《くじゃく》凧、奴《やっこ》（武家の下級奉公人が扮装したもの）凧、達磨《だるま》凧、三番叟《さんばそう》凧、鯰《なまず》凧、烏賊《いか》凧などがあり、変わったところでは振袖《ふりそで》凧、花魁《おいらん》凧、瓢簞《ひょうたん》凧、提灯《ちょうちん》凧、六角形の剣凧、五角形の将棋凧、福助凧などがあった。大きさは、竹ひごを形になるように組み合わせて表面に西《にし》の内《うち》紙（現在の茨城県西野内で漉《す》いた紙で比較的丈夫であった）を一枚張った分の大きさから、二枚張り、四枚張りなどの大きさがあった。

凧屋という商売があり、凧の骨組みをつくり、紙を張り、客の注文に応じて店先で文字や絵を描いて、絵の具で色をつけたが、目立つように毒々しい強い色を用いた。見習いの絵師の卵の内職であるが、独特の力強い筆致で描かれた。

凧を空高く揚げていると、他人の凧の紐（凧糸）と交差してからまったりするので、相手の凧糸を切るための「ガンギ」という刃のついた金属を糸に付けて揚げた。手もとの糸をぐんぐん引いて、からまったほかの凧の糸がガンギによって切られると、相手の凧は、空中はるかに飛び去ってしまう。凧合戦の一種である。揚げ方と風の具合によっては、凧がぐるぐる回転しながら落ちるが、いくつもの屋根を越えていくので、探し出せないこともあった。

また、凧の上辺に弓の形をした竹ひごを取り付けると風を切ってうなるし、下方の両端に細長い紙を付けるとヒラヒラとひらめく。こうした工夫をして、子供たちは自慢しあった。また、達磨凧や三番叟凧の目の部分の紙をくり抜いて、丸い目がくるくる回るように工夫した凧もあった。

❶関連項目「江戸の行商（四）」102ページ

凧揚《たこあ》げ

三番叟《さんばそう》凧

鳶凧《とんびだこ》

勢の文字凧

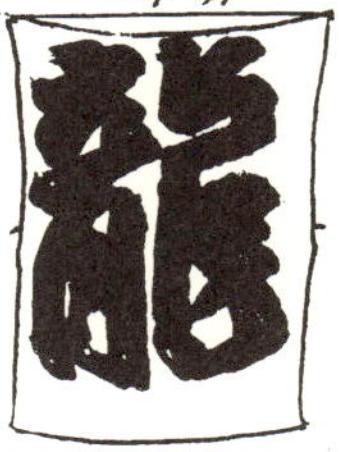

龍の文字凧

達磨《だるま》凧

振袖《ふりそで》凧

義経と弁慶の絵凧

龍の文字凧

奴《やっこ》凧

烏賊《いか》凧

達磨の絵凧

鯉《こい》の文字凧

# 男の子の遊び

【水鉄砲】夏になると幼い男の子は、木で作った小さな水鉄砲を桶に汲んだ水の中に突っ込んで、水を飛ばして遊んだ。水鉄砲の原理は、すでに戦国時代から火事を消すために用いられていたが、江戸時代には火消しがこの原理で龍吐水《りゅうどすい》を発明した。子供の玩具の水鉄砲は筒が小さいので、噴出する水は少しだが、それでも他人に水を引っかけるのがおもしろく、好んでいたずらした。普通の商店ではなく、裏長屋の雑貨商や駄菓子屋で売っていた。

【箍《たが》回し】現在では輪回しというが、廃品になった桶《おけ》や樽の竹編みの箍を立てて転がす遊びである。樹の小枝の二股になったもので箍を押して、箍が倒れないように駆け足で押していく。一人でも遊べるが、並んで競争することもある。箍が倒れないように夢中になって走るので、往々にして武家の大名行列を横切ったり、荷車に衝突したりして叱られた。

【とんぼ釣り】とんぼ釣りは、まず雌のとんぼをつかまえて糸を結び、棒の先に付けて振り回し、雄のとんぼが追いかけてきて尻尾にかじりつくのをつかまえる。一匹の雌で何匹でもつかまえられ、捕獲したとんぼを十数匹も竹の虫籠に入れて自慢し合う。雌で雄を釣るから、とんぼ釣りという。このほか、草や木の先にとまっているとんぼに正面から近づき、指を伸ばしてとんぼの前で繰り返し輪を描くと、とんぼは目を回すので、簡単につかまえることができる。また、鳥黐《とりもち》を竹ざおの先に塗って、それを近づけてつかまえることもするが、これは翅《はね》に黐が付くので良い方法ではない。この黐は裏長屋の雑貨屋などで売っていた。

【竹馬など】親に竹馬を作ってもらって乗って遊んだが、上手になると一本を肩で担ぎ、一本竹でぴょんぴょん跳ねながら自慢した。このほか、竹の下駄《げた》を作ってもらったり、めくら鬼、めんこ遊び、根っ木《ねっき》遊び（尖った棒を地にたたきつけ、相手の突っ立っている棒を倒す遊び）、相撲、沢庵押《たくあんお》し、隠れん坊、積み将棋、べい（貝）独楽《ごま》、じゃんけんぽん、危険だが橋の欄干《らんかん》渡りなど、遊ぶことには事欠かなかった。

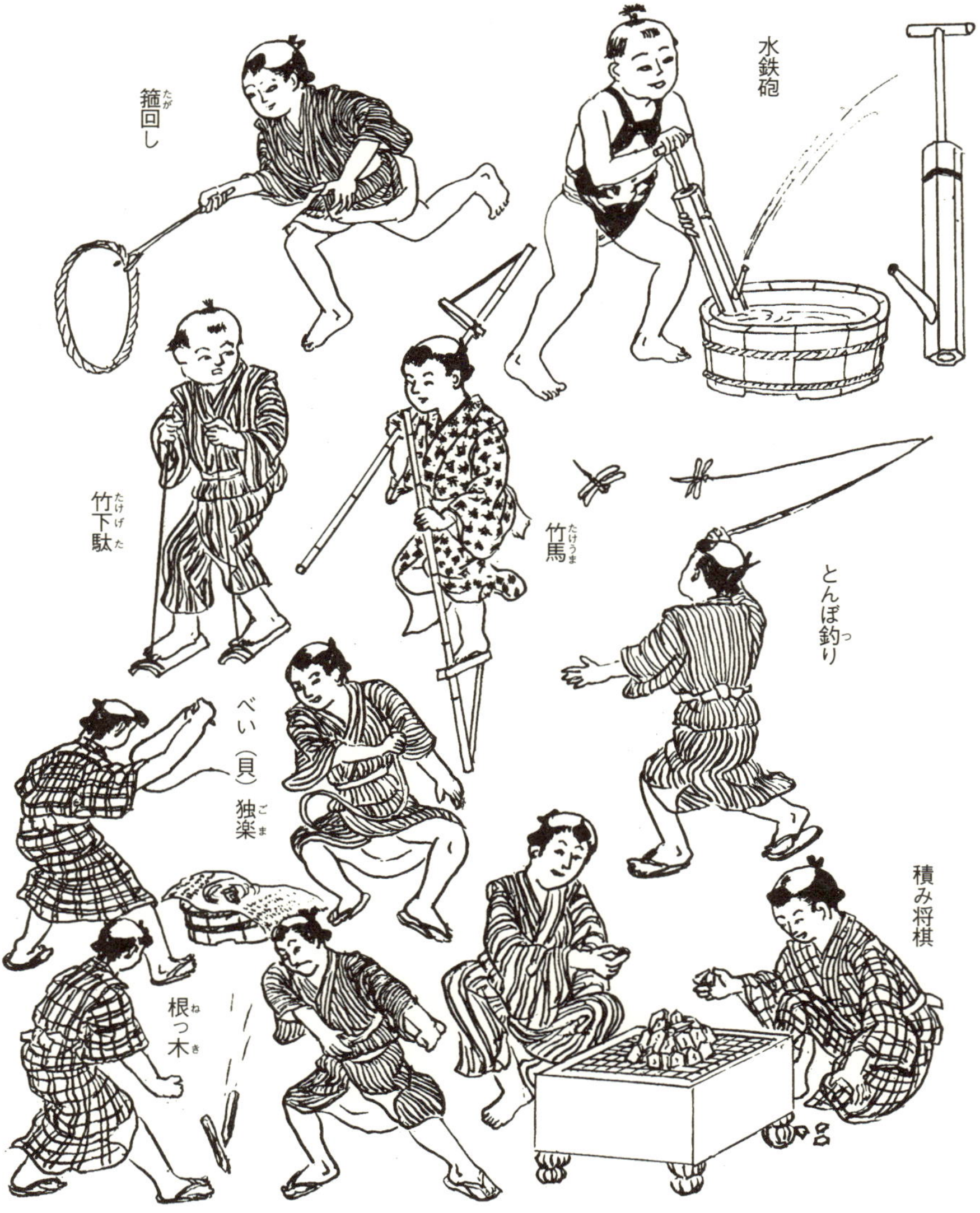
箍《たが》回し
水鉄砲
竹下駄《たけげた》
竹馬《たけうま》
とんぼ釣《つ》り
べい（貝）独楽《ごま》
積み将棋
根《ね》つ木《き》

# 女の子の遊び

【羽根《はね》つき】女の子の遊びの代表は、正月の羽根つきであろう。ムクロジの実に鳥の羽根を「つくばねの実」のように挿したものを羽子板で打ち、相手方の上に跳ね上げ、相手がそれを羽子板で打ち返す。それを繰り返して、受け損なったほうが負けとなる遊戯で、少女から大人まで、ときには男性も加わって遊んだ。江戸では毎年、年の暮れの十七、八日に、浅草観音堂内で羽子板市が開かれた。羽子板が今のような形になったのは江戸時代からで、左義長羽子板《さぎちょうはごいた》、表に綿を入れた布で人物をかたどった豪華なもの、簡単な絵を描いたものなどがあり、独特に装飾化して発達した。室内に飾るための大形の羽子板も作られた。

【骨牌《カルタ》遊び】代表的な室内遊びで、男性も交じって遊んだ。もとはヨーロッパから伝来した遊びであるが、花カルタ、伊呂波《いろは》カルタ、百人一首などが日本独自に発達し、ときには賭けをして賞品が出たりした。

【双六《すごろく》】平安時代からあった双六は、江戸時代には、描かれた絵の上を骰子《サイ(コロ)》の目の数によって進み、早く上がり（終着点）に着くのを競う遊びになった。

【お手玉《てだま》】お手玉遊びは、平安時代には「イシナゴ」「イシナドリ」といって小石を用いたが、江戸時代に小豆を数十粒、小さい布袋に入れたものを数個用い、順に放り上げては受け取る遊びに変わった。

【鞠《まり》遊び】鞠遊びは、もとは鞠《まり》つき、鞠取り、お手鞠といって、鞠を上に投げては受け取る遊びであった。しかし、芯に綿、鉋屑《かんなくず》、苧《お》がら、こんにゃく玉などを入れ、それに糸を巻いて丸くし、五色の糸で美しくかがったものは弾力があるので、下について跳ね上がったものをまたつくという遊びに変わった。

【綾取《あやと》り、鼬《いたち》ごっこなど】綾取り、鼬ごっこは、江戸時代初期には男の子も遊んでいたが、しだいに女の子専用の遊びになった。鼬ごっこは、相手の手の甲をつねって、その上に自分の手を置き、「いたちごっこ、ねずみごっこ」といい、相手もこれを同様にして繰り返す遊びである。

　このほか隠れん坊、鬼ごっこなど、男の子の遊びにも加わって遊んだ。

羽子板《はごいた》
羽根
骨牌《カルタ》遊び
羽根《はね》つき
手鞠《てまり》つき
綾取《あやと》り
お手玉《てだま》
鼬《いたち》ごっこ

## その他の遊び

男の子と女の子が一緒になってする遊びにも、いろいろなものがあった。

【蠣殻町《かきがらちょう》の豚屋《ぶたや》のお常《つね》さん】向かい合って両手を出し、「蠣殻町の」と言って相手の手をひっかき、続いて「豚屋のお常さん」と手を撲《ぶ》って、手の甲をつねる単純な遊び。

【てんてっとん】両手を前に出して「てんてん、てっとん、色桜助さん、このごろ出世して、裃《かみしも》づとめになりました。てんてん、てっとん、色桜助さん、このごろしくじって、紙屑《かみくず》拾いになりました」と言いながら、左右の掌を交互に合わせる。間違えると負け。

【堂々めぐり】二人で片手をつなぎ、引っ張り合いながら、握った手を中心にぐるぐる回る。目が回って倒れた方が負け。

【おはじき】おはじきは細螺弾《きしゃごはじ》きといって、小さい細螺を畳や縁に撒いて、爪先ではじいて他に当て、指先でその間を断ち切って細螺を取る。ここで指が細螺に触れると失敗で、相手と交替する。取った数を競う。

【ずいずいずっころばし】大勢が丸く輪になって座り、握り拳《こぶし》を出す。一人が「ずいずいずっころばし、ごま味噌ずい、茶壺に追われてとっぴんしょ、ぬけたーらどんどこしょ、俵の鼠が米喰ってちゅう、ちゅう、ちゅう、ちゅう、お父《と》さんが呼んでも、お母《か》さんが呼んでも、ゆきっこなーしよ」と言いながら、指先で順に拳を突いて回る。言葉が終わったときに当たった拳の子が、今度は突く番になって繰り返す。または、当たった子を除外して、最後は相対で勝ちを決める。

【千手観音《せんじゅかんのん》、塩屋紙屋《しおやかみや》】幼い子を背中合わせに背負い「千手観音」と言って歩く。また背中に横抱きし「塩屋、紙屋、神田の塩屋」と行商が売り歩くまねをする。

【兎うさぎ】月夜の晩に、みんなでしゃがんで「兎うさぎ、何見て跳《は》ねる、十五夜お月様見て、はーねる」と声をそろえて跳ね比べし、疲れて跳ねなくなった者が負け。

【行きは良いよい帰りは怖い】二人が手をつないだ中を、他の子が順にくぐり抜けながら「ここはどこの細道じゃ」と言うと、つないでいる子が「天神様の細道

てんてっとん
蠣殻町《かきがらちょう》の豚屋《ぶたや》のお常《つね》さん
おはじき
堂々《どうどう》めぐり
ずいずいずっころばし
千手観音《せんじゅかんのん》
塩屋紙屋《しおやかみや》

じゃ」。「ちっと通してくださんせ」「ご用のない者、通しゃせぬ」と交互に言って、「天神様へ願《がん》かけに、行きは良いよい、帰りは怖い」とくぐろうとすると、その尻を撲つ。似た遊びに「かごめ籠女《かごめ》」がある。

【れんげの花が開いた】数人の子が両手をつないで輪を作り、みんなで声をそろえて「れんげの花が開いた。ひぃらいたと思ったら、やっとこさと、つぅぼんだ。つぅぼんだ、つぅぼんだ、つぅぼんだ思ったら、やっとこさと、ひぃらいた」とうたいながら、輪を縮めるように中央に近づいたり、また大きい輪になったりを繰り返し、誰かが転ぶと輪からはずされる。

【子を捕《と》ろ子捕《と》ろ】じゃんけんぽんをして負けた子が鬼になり、年上の子が親になって、あとの子は親の後ろに、順に前の子の帯を持って一列になる。鬼はつながっている子を捕らえようと、親の左右から隙をうかがい、親は捕られまいと両手を広げ、身体の向きを左右に変えると、つながった子も左右に移動する。鬼は、親の手の下をかいくぐって誰かを捕らえる。列の子が全部捕らえられると、今度は親が鬼になる。

【お山のお山のおこんさん】子を捕ろ子捕ろに似ていて、親役の女の子に「お山のお山のおこんさんは」と言うと、親は「いません。今そこまで行きました」と答える。「そこに誰か隠れている」「誰もいません」「誰ちゃんがいる」「いません」「では、何ちゃんがいる」「いません」と問答を繰り返して、親が返事に窮すると負けで、鬼になる。

【芋虫《いもむし》ごーろごろ】前の子の帯をつかみ一列になってしゃがみ、「芋虫ごーろごろ、ひょうたんぼっくりこ」を繰り返し、前の子と同じように身体を左右に振ってゆっくりと前進する。勝ち負けはなく、疲れるまでこの動作を繰り返す。他愛のない遊びだが、まるで芋虫が這《は》っているような様子がおもしろくて遊んだ。

【鬼ごっこ】じゃんけんして最後に負けた子が鬼になり、他の者は散らばって逃げる。なかにはわざとゆっくり逃げて、捕まりそうになるとスピードを上げて逃げる子もいる。捕まるとその子が鬼になり、誰かを追いかける。これを繰り返して遊ぶ。うまく逃げられない幼い子は「味噌糟《みそっかす》」といって捕まえなかった。

れんげの花が開いた
子を捕《と》ろ子捕《と》ろ
ジャンケンポン
パア
チョキ
グウ
芋虫《いもむし》ごーろごろ

## 寺子屋《てらこや》

江戸時代、貧しくてよほど生活が苦しい家庭は別として、一般の家庭では、子供が七、八歳ぐらいになると毎日、寺子屋に通わせて、読み・書き・算盤《そろばん》を習わせた。最初は、寺の僧侶が子供たちに読み書きを教えたことから寺子屋と呼ばれたが、江戸市内では、浪人や民間学者が副業として教えることが多かった。

読み書きを教えるので、「手習いの師匠」「書道指南」ともいい、学ぶ子供を「弟子《でし》」とか「弟子子《でしご》」といった。町内に数軒あり、だいたい五十人ぐらいの子供を集めて教育していた。毎年二月の初午《はつうま》のころに入塾し、朝五つ（午前八時ごろ）から昼八つ（午後二時ごろ）までで、昼は弁当を持参するのではなく、家に戻って食べた。毎月一日・十五日・二十五日と、お節句、お盆、年末年始が休みであった。

最初は「いろは」の読み書きからで、それに慣れると、知識を広めるために往来物《おうらいもの》（手紙の形式で実生活に必要な物を解説したもの）を読ませた。往来物は種類が多く、手紙文調で書かれていた。

教室は師匠の住居をそのまま使い、稽古机（天神机ともいう）を向かい合わせに並べるが、部屋が狭いので、終わると机を隅に積み重ねた。師匠の教えは厳しく、騒いだり悪戯《いたずら》をすると、罰として水を満たした茶碗と灯《とも》した長い線香を持たされて隅に立たされた。

費用は、入学するときに束修《そくしゅう》といって、二、三百文から二朱ぐらいを払い、授業料は年に一回、畳料とか炭料としてわずかを納めるだけである。そのほかに、学用品代として筆、墨、紙、硯箱、本代、新しく入学するときに先輩への挨拶として煎餅《せんべい》代を納めた。月謝が必要な師匠の場合は、月に一人あたり二百文から一朱ぐらいで、それが師匠の生活費となった。

二月の初午にはお赤飯とお煮しめ、三月には桜餅、五月には柏餅が子供たちに与えられ、十二月には煤払《すすはら》いと教室の掃除、硯《すずり》洗いをすると甘酒が出た。弟子の家々からは熨斗餅《のしもち》が贈られ、正月に弟子たちが皆で食べた。このほか弟子の家からは、盆暮れに必ず付け届けが行われた。

寺子屋《てらこや》に通う

寺子屋に入学を願う

悪戯《いたずら》をすると、水を満たした茶碗と

寺子屋の内部の様子

# 江戸に多かった迷子

江戸時代には、よく子供が行方不明になった。黄昏《たそがれ》(「誰《たれ》そ彼《かれ》」の意)時に天魔や天狗が来てさらっていくとも、人さらいが連れていって他国に売り飛ばすのだともいわれていた。そこで、町内で夕刻、家に戻らない子供があると、隣近所中で団扇太鼓《うちわだいこ》を叩いて「迷子のまいごの〇〇やーい」と叫んで探して歩いた。幼児には、住所、名、歳を書いた木の札を巾着とともに腰に付ける方法も考えられた。

子供がいなくなると、町内中が総出で、親は必死になって神仏に加護を願ったり、八方駆けずりまわって探した。町によっては、迷子探しの連中が通ると、雨戸の小窓から物差しを出した。その物差しを握った所から先が五寸なら、五町(約五百五十メートル)以内に迷子がいるという「まじない」であるが、まばらな町で五十町あっても五町以内にいるという、はなはだあてにならない気休めであったし、町内で見当たらないのは、人さらいの仕業であるからむだであった。

こうしたことが多いので、江戸の町の所々には「道《みち》標《しるべ》」の石が建っていた。今日の掲示板のようなもので、「どういう服装のいくつぐらいの子を見掛けた心当たりがあったら、どこそこまでお知らせください」とか、「こういう子を見掛け、何町の番所(自身番)で預かっております」などの貼り紙がしてあった。これを迷子の道標の石とし、表が尋ねるほうなら、裏はどこで見掛けたという知らせ文である。迷子になった者の親は毎日、江戸各所の石の道標をまわって歩き、それでも見つからなければ、天狗にさらわれたとか、他国の人買いにさらわれたのだとあきらめた。

東京大空襲以降、様子が全く変わったので、現在も建っているかどうかは不明であるが、江戸時代は浅草寺境内、浅草菊屋橋の永見寺境内、文京区湯島天神境内などが有名であった。

また幕末には、庶民が抜参り《ぬけまい》り(伊勢神宮に旅行手形も持たずに他の団体に混じって行く者)や、精神的な障害によって何かに誘われたように家出することも多く、よく迷子と間違われた。

物差しの長さで迷子のいる範囲を伝える一種のまじない

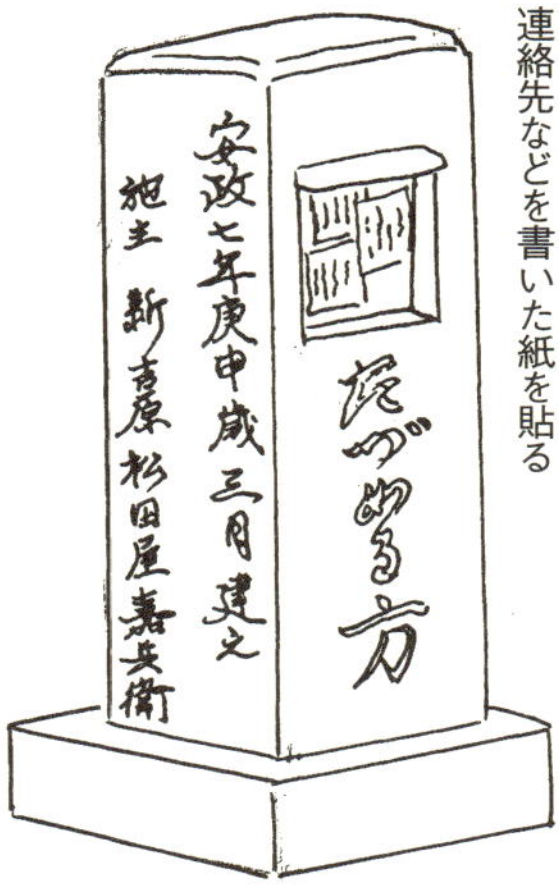


迷子になった子の名前、生年月日、特徴、連絡先などを書いた紙を貼る

道標《みちしるべ》（表）

隣近所の者総出で迷子を探す

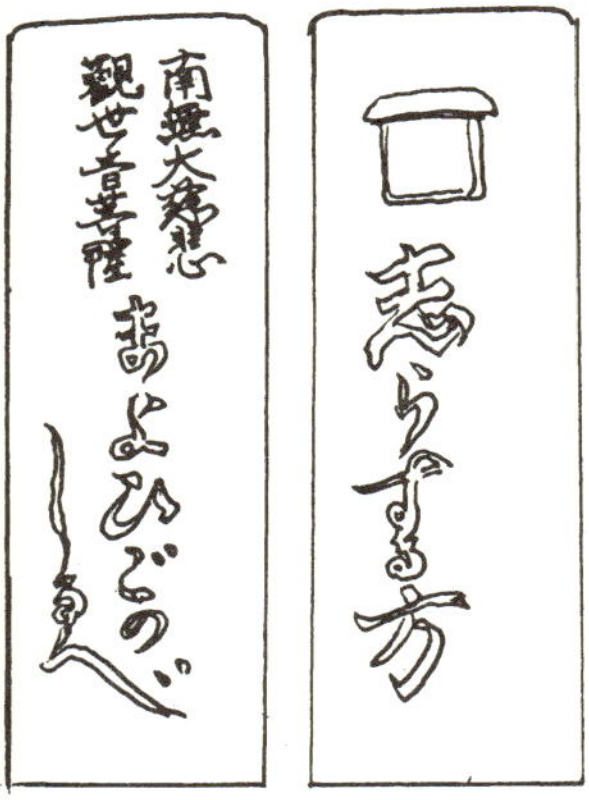


道標（裏）
迷子を見かけたという情報を伝える

# 芝居見物

江戸時代の庶民の娯楽として、もっとも人気のあったのは芝居（現代の歌舞伎）である。

歌舞伎のはじまりには諸説があり、禁庭（宮中）での風俗の歌舞からとも、出雲の巫女《みこ》の舞からともいわれている。出雲の阿国《おくに》が京都五条の東橋詰や北野の社の東に舞台をこしらえ、念仏踊りに歌を交えて踊ったという説、また三十郎という狂言師が伝助という者と三条縄手の祇園の町の後ろに舞台を作って舞踊をしたという説、あるいは『そぞろ物語』（三浦浄心斎による江戸の見物記。寛永十八年〔一六四一年〕刊）によると、佐渡島正吉と名乗る歌舞伎女の太夫がはじめたという説もある。いずれにしても、臨時の一郭を作り歌舞伎女が舞踊をし歌ったことから、歌舞伎芝居がしだいに発達していったと考えられている。

江戸時代に京、大阪、江戸ではやり始めたころには、男優による演舞と所作事が主となった。女優を用いないために女役の男優ができて、これを女形《おやま》といった。大衆の娯楽の一つとして建物や舞台が完備され、また演じる内容も整い、武士、庶民を問わず魅了するものとなっていった。

芝居を見物するために、裕福な人や諸藩の御留守居役は、芝居町に並んでいる芝居茶屋に高額な料金を払って、あらかじめ良い席を予約しておくので、席を取るために急いで行く必要がなかった。朝ゆっくりと芝居茶屋に行き、そこで一休みしてから、茶屋の雇衆《やといしゅ》の案内で見やすい上桟敷《さじき》につき、ときに酒肴を運ばせたり、また幕間《まくあい》が長いと茶屋に戻って酒食をとったりした。そのために、芝居の座のまわりには、お得意様をもつ芝居茶屋が軒を並べていた。このように気ままに芝居を見るには、すこぶる金がかかった。

庶民はたいてい平土間で見物したが、それでも少しでも見やすい枡席《ますせき》を確保するために、明け方から支度をして出かけた。とくに女性のファンは、芝居を見に行く日は朝七つ（午前四時）ごろに起き、念入りに化粧をし、よそいきの衣装を着て、暗いうちから出かけた。少し余裕のある者は、前日から茶屋に泊まったりした。

裕福な町人を茶屋が案内する

諸藩の御留守居役などの裕福な武士を茶屋が案内する

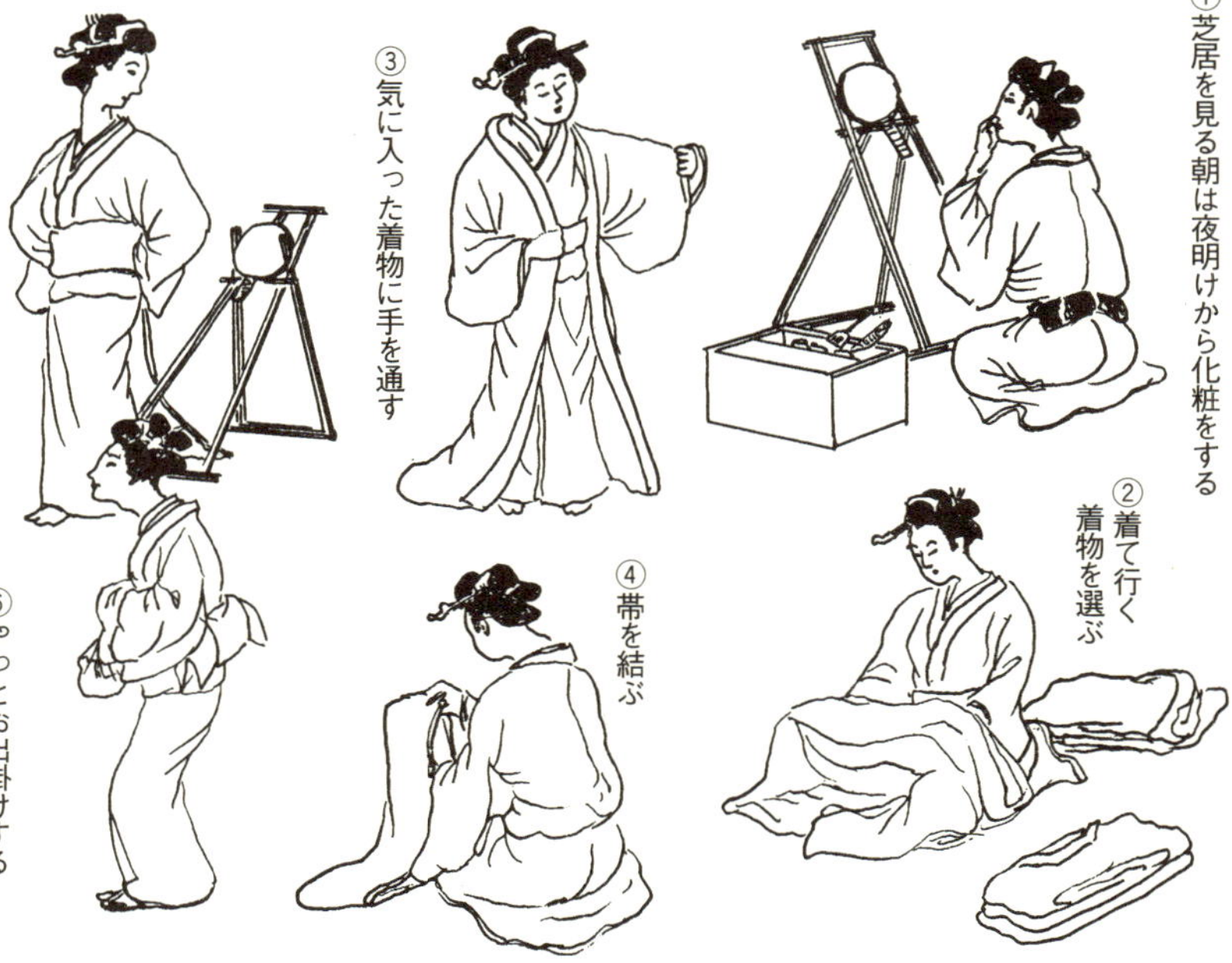

①芝居を見る朝は夜明けから化粧をする

②着て行く着物を選ぶ

③気に入った着物に手を通す

④帯を結ぶ

⑤後姿の格好を見る

⑥やっとお出掛けする

## 鶉枡《うずらます》と幕の内弁当

江戸中期ごろには、武士、庶民ともに歌舞伎俳優に熱をあげるようになり、正徳四年（一七一四年）二月には山村座の俳優・生島新五郎が大奥の女中江島と問題を起こしたとして座がつぶされている。市村座、森田座、中村座が繁盛したが、天保十二年（一八四一年）の大火で三座とも消失したため、浅草寺裏の方にまとめて再建することが許可され、三座を中心とする町、猿若町《さるわかちょう》ができた。弘化（一八四四〜四八年）のころには、薩摩座、結城座、中村座、市村座、さらに聖天町に河原崎屋ができて、江戸中の子女が夢中になった。

江戸では劇場の観客席の二階を桟敷《さじき》、下の土間を鶉《うずら》といった。安政五年（一八五八年）『猿若町年代記』の図（271ページ参照）を見ると、観客席や舞台の設備が整い、現代の歌舞伎芝居に近づいている。しだいに豪華になっていったようで、天保四年（一八三三年）『三葉草』よると、桟敷《さじき》銀三十五匁、高土間三十匁、平土間二十五匁、割合四匁五分とかなり高価であった。

芝居を見るのは一日がかりで、たいへんな費用がかかったにもかかわらず、江戸時代の後期には、大衆にとって最大の娯楽となった。歌舞伎役者の風俗がすぐ庶民にも影響し、そのまねをすることがはやった。庶民はたいてい平土間の鶉枡で見物した。鶉枡は、木の枠で幅約一間（約二メートル）の四角に仕切られた場所で、知らない人と隣り合うこともあるが、無理してこの一枡を買う者もいた。

芝居は一日に何種かのものが演じられたが、舞台を変更するために幕間が長く、その間、観客は酒や湯茶を飲んだり、弁当を食べたりした。この食物を俗に「かべす」といったが、これは、主に菓子・弁当・鮨《すし》の三品だからで、その頭文字をとったものである。この弁当を食べる客は、茶屋を通らずに木戸から入った中等の客で、上等の客は「かべすの客」と呼んでそしった。幕の内弁当というのは、もとはこの弁当のことで、円偏平の握り飯が数個、卵焼き、蒲鉾《かまぼこ》、こんにゃく、焼豆腐、干瓢《かんぴょう》などが六寸（約十八センチ）の重箱に入り、注文しておいた茶屋から運ばれてきた。値段は百文であった。

枡席《ますせき》の鶉枡《うずらます》

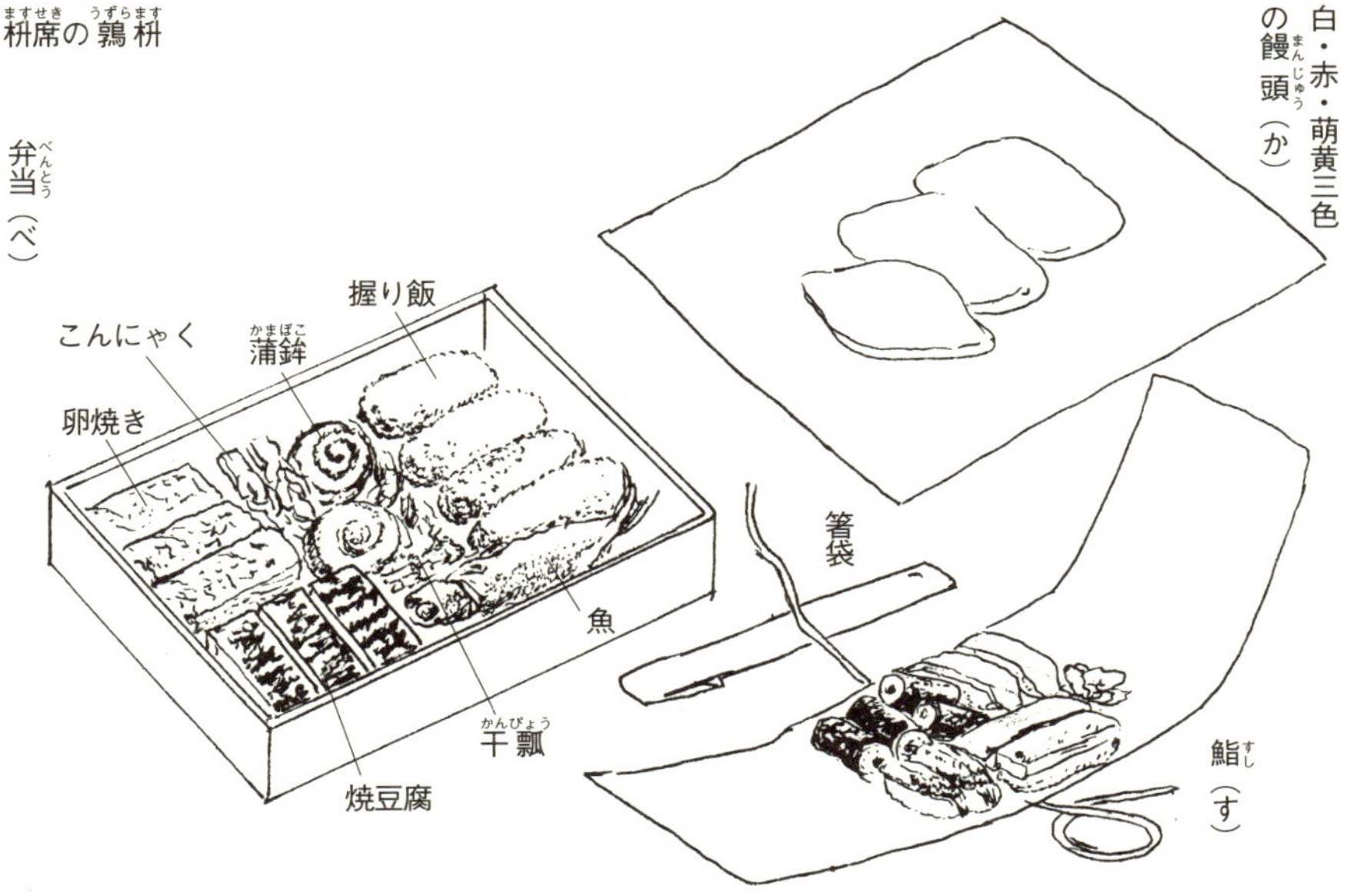


芝居の幕間に食べる菓子・弁当・鮨。頭文字をとって「かべす」といった

# 切落《きりおと》しと大向《おおむ》こう

芝居の見物席で一番安かったのは「切落し」であった。舞台と見物席の間（「うづらつうじ」の前端）で、今でいう「かぶり付き」にあたるが、舞台を見上げる格好になって骨が折れ、舞台全体が意外と見づらい場所なので観劇料が安かった。「落間《おちま》」ともいった。

後に、正面桟敷《さじき》の後ろのわずかな空間に、一幕物だけ見る「大向こう」という安い場所ができた。舞台全般を見渡せることからこう呼ばれた。立見《たちみ》であるが、芝居好きで演物《だしもの》や役者の事情に明るい、いわゆる通《つう》の連中が詰めるところで、役者の演技が白熱したり、動作の勘所《かんどころ》になると、この「大向こう」から役者を激励する掛け声が飛んだ。

これは、観客が演技に魅了されていたり、役者が大《おお》見得《みえ》を切ったときに、その役者の屋号や褒め言葉を大声で叫ぶのであるが、通でないとなかなか要領がうまくいかない。うまくいくと役者の演技が一段と冴えて見えるのだか、間合いをはずすと、役者はかえってやりにくくなる。そこで劇場によっては、さくら（客のふりをして他の客を誘う役）を使って掛け声を出させ、場を盛り上げることもあった。「大向こうから声が掛かった」という俗語はここから来ている。

「大向こう」は一幕見《ひとまくみ》で、十文から十六文くらいであった。芝居が一幕終わると、芝居の雇い男が笊《ざる》を持って金を集めにきて、次の幕まで見るかどうかを聞く。一幕見だけの者はそこで帰る。大金を出して桟敷で見る余裕はないが、芝居が好きで芝居に明るい庶民が多かった。

新しい芝居の興行が始まると、その前から、芝居の番付《ばんづけ》売りが、粋な着物の尻《しり》っ端《ぱし》折《よ》りと紺股引《ももひき》で、頭には手拭《てぬぐ》いを乗せ、雪駄《せった》を履き、たとえば「市村座新狂言ばんづけ―　羽左衛門しん狂言櫓下《やぐらした》ァ何々……」と叫びながら売って歩く。番付というのは今でいうプログラムで、劇場では売られていなかった。番付には、役者名と役の名が格によって大小の文字で羅列されており、場面の一部が木版刷りで描かれているものもあった。

芝居の番付《ばんづけ》売り

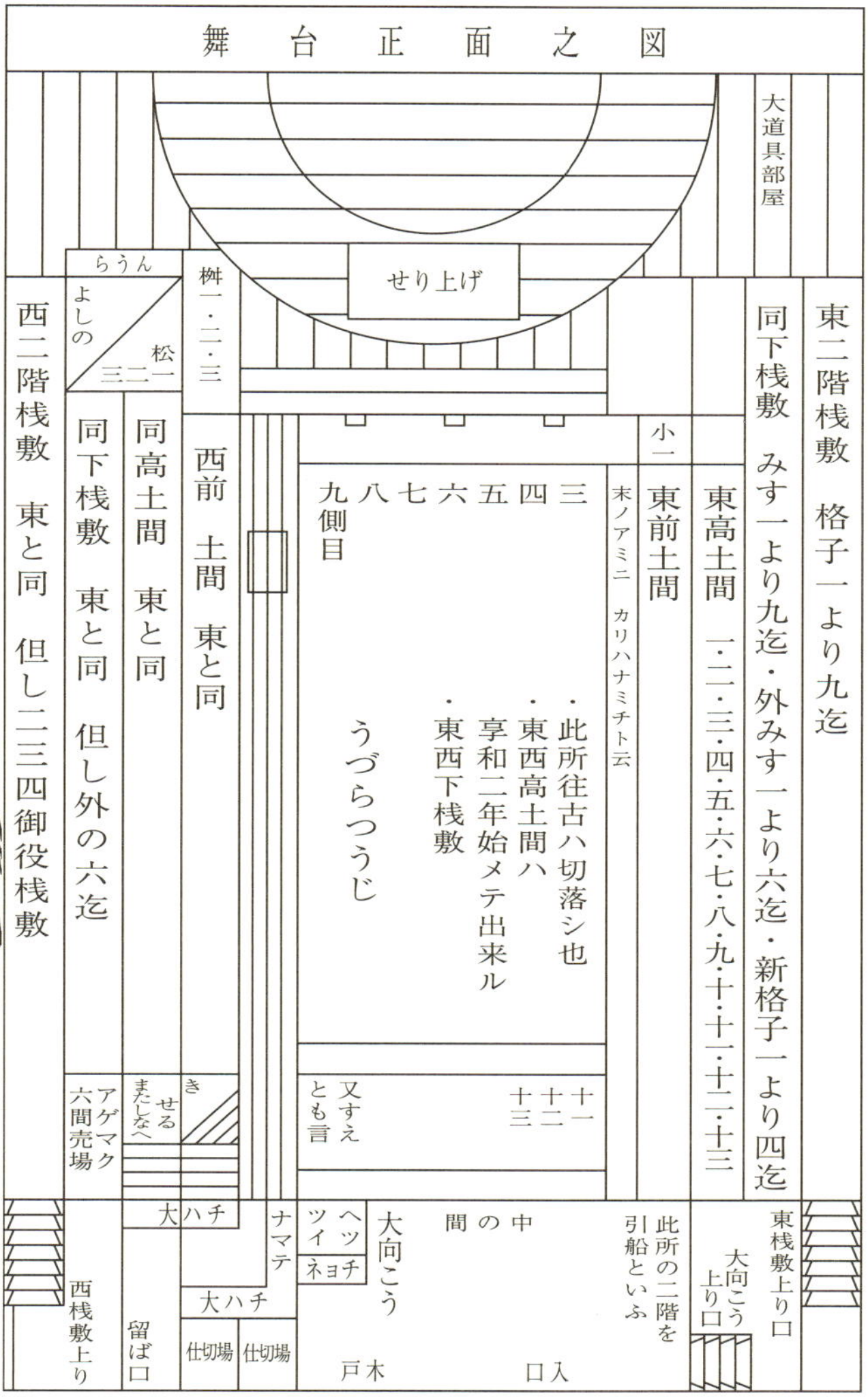


（安政五年〔1858年〕刊『猿若町年代記』所載の見取図より）

## 芝居役者の鬘《かつら》

喜田川守貞『近世風俗志』第三十二編劇場下によると、江戸時代後期の芝居の役者は役によって鬘を用いるようになり、その種類もすこぶる多かった。女形役《おやま》者は前髪も伸ばしていたが、幕府がこれを禁じたので、額から月代《さかやき》にかけて折り畳んだ絹の裂《きれ》をかぶるようになった。女形はいろいろな職業や老若の役をするので、鬘の製作法も発達していった。

はじめは「ぼてかずら」といって、男女の髪形、鬢《びん》髱《たぼ》すべて紙の張抜きで作り、月代を青く塗り、髪の毛の所は黒渋塗りにしていた。やがて俗に兜《かぶと》という頭の形をした銅板打出しに髪を植えて、「かづら」と呼ぶようになり、地額《じびたい》を羽二重にして髪の生え際を作るなど、しだいに発達していった。役者の髪の結い方を民間でまねする者もあり、結髪《けっぱつ》法もおおいに進歩した。

役者の給料は、一年に二、三百両から八、九百両で、最高の売れっ子になると一年に千両も稼いだので、俗に千両役者といった。最低だと日雇いで、二、三百銭というのもあった。

一回の芝居興行は三十日で、終わると一か月を休み（稽古日）とするので、年に六か月興行であった。名優といわれるようになると、衣装は自弁であったから、好みのデザインで豪華な衣装を作ることができた。下級役者は、雇い主から借りた。楽屋には衣装蔵があって、その中から選んで用いたが、小道具は出入りの小道具屋が損料貸しした。後に、衣装も貸衣装屋ができた。

江戸には猿若町《さるわかちょう》の三座（市村座、森田座、中村座）のほかに、「おででこ芝居」（御出木偶芝居）と称する小屋掛けの芝居があった。これは櫓《やぐら》をあげることかできなかったが、木戸銭が八十四文とすこぶる安かったので、三座の本筋の芝居が高くて見られない観客で繁盛した。そこで、天保（一八三〇～四四年）に三座から苦情が出て訴えられたので、入場者一人あたり十二文ずつ三座に納めることになり、中銭《なかせん》として十六文追加して、百文とるようになった。

傾城《けいせい》鬘《かつら》
散らし髪鬘
お屋敷女性の鬘
世話物の娘形鬘
茶屋娘鬘
娘形の鬘
お屋敷女風の鬘
貴人の息女の鬘
大家の後室（未亡人）の鬘
気負い服の女の鬘
地額《じびたい》は羽二重《はぶたえ》
庶民の女房用の鬘
世話女房形の鬘
上の鬘に乗せる髷
若女の鬘
大家《たいけ》の後室（未亡人）の鬘
女形の鬘下地銅形兜

『近世風俗史』

# 花見

江戸の庶民の娯楽のひとつに花見があった。旧暦の三月になると陽気も温暖になり、梅花が散ると桃花が咲き、続いて桜が咲く。各地の桜がいっせいに咲くと、江戸っ子は連れ立って花の下で酒食をとり、日々の苦労を忘れて、一日中浮かれ楽しんだ。

花の名所として有名なのは上野山、愛宕山《あたごやま》、道灌山《どうかんやま》、王子滝の川などであった。仲間同士、組合、講の連中で集まって、桜の木の下に筵《むしろ》を敷き、酒を飲み、踊り歌って日暮れまで騒いだ。ただし、上野山は徳川家の菩提寺《ぼだいじ》である寛永寺があるため、上野山下の黒門から入って花を観賞することができるだけで、花見の宴を開くことはできなかった。

裕福な人の花見は豪勢であった。あらかじめ場所を取らせて畳や緋毛氈《ひもうせん》を敷き、一流の料理屋に作らせた贅沢な料理を詰めた重箱や朱漆《しゅうるし》塗りの角樽《つのだる》を、町内でお出入りの鳶《とび》の頭に運ばせた。ときには贔屓《ひいき》にしている芸人や芸子、幇間《ほうかん》（太鼓持ち）などを呼んで演芸をさせ、にぎやかに酒宴を開いた。ほかの花見客も珍しがってこれを囲んで見た。気ままに遊べるように幕や屏風で囲ったりしたが、なかには枝から枝へ幕縄を張り、幕代わりに華麗な女衣装を掛けて、財力を誇る者もいた。酒肴を詰め合わせた重箱も、漆《うるし》塗《ぬ》り金蒔絵《きんまきえ》の立派なものを持参して自慢した。

貧しい日雇いの家庭でも、長屋中で競って花見に浮かれた。その日はかなり無理をして、ちょうど落語に出てくる花見のような騒ぎで、目鬘《めかつら》売りから変装用の目鬘（紙に木版刷りで三色ぐらい着色してある）などを買って、男が女に、女が男に仮装したりして楽しんだ。花見は年に一回の無礼講で、酔いにまかせて喧嘩も起きた。

江戸末期には、品川御殿山がもっとも花見客でにぎわった。若い者は酔った勢いにまかせて、夕刻から品川宿の飯盛女《めしもりおんな》（そのころには、旅宿というより完全に遊女屋の構えになっていて、飯盛女とはいわず女郎と呼んでいた）を買ったり、からかいに行き、日帰りのつもりが泊まりになったりもした。

➡関連項目「三月の行事」308ページ

目鬘《めかつら》売り

変装用の目鬘を売る

貧しい人々も変装姿などで花見に行く

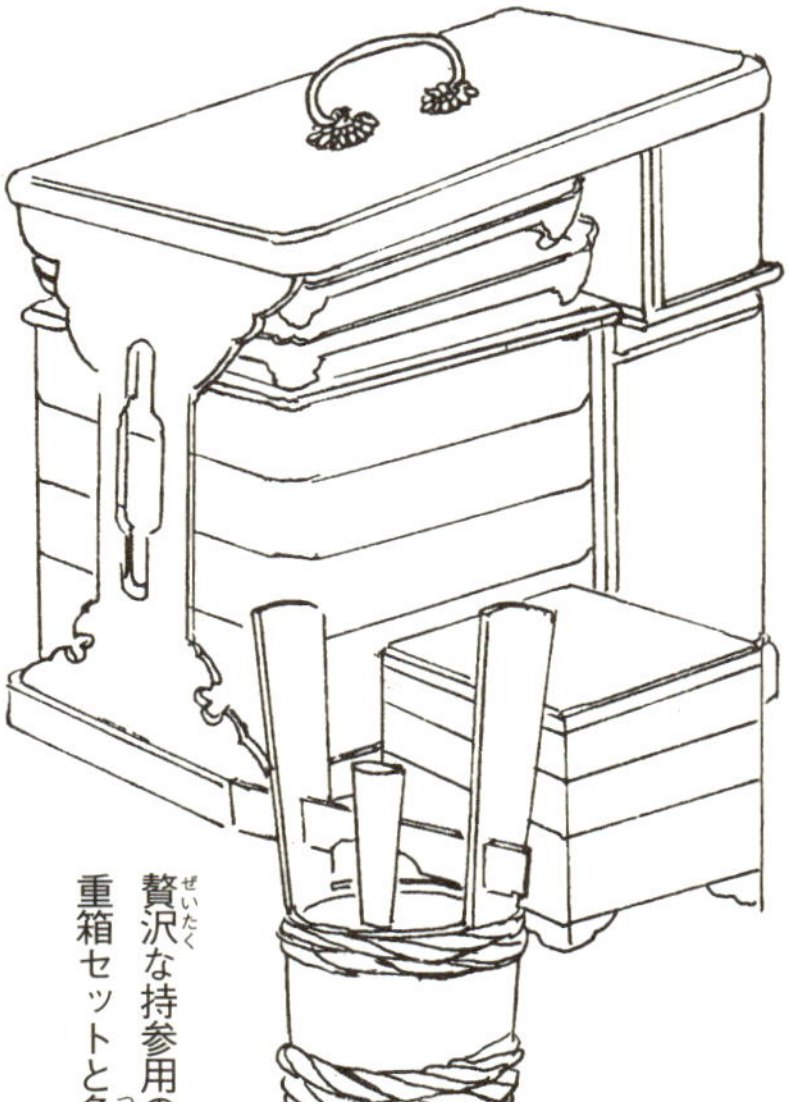

贅沢《ぜいたく》な持参用の重箱セットと角樽《つのだる》

裕福な人の花見

# 潮干狩り

江戸の庶民や武士が潮干狩りをしたのは、江戸初期のころからで、寛永（一六二四〜四四年）ごろの「江戸名所図屏風」にすでに描かれている。

江戸湾に面した深川口、品川、高輪、佃《つくだ》近辺（江戸前）から、少し遠くは大井、羽田あたりの海は潮の干満が大きい。春暖日増しに強まり、花見も終わった三月末ごろ（旧暦）、引き潮を待って、人々はあさり貝や蛤《はまぐり》などを採りに出かけた。

男は尻《しり》っ端折《ばしょ》り、あるいは褌《ふんどし》一丁の者もいた。女は腰巻《こしまき》を短く締め、両裾をめくって帯にはさみ、みんな裸足で干潟や浅瀬に入り、貝を掘り出した。手に小さい柄の熊手を持って砂を掻くと、あさり、蛤、潮吹《しおふき》貝《がい》、まれにまて貝やさざえも採れた。潮吹貝は、掘り出すと水管から潮水を吹き出すので小便貝といって嫌われ、おいしくないと捨てられることが多かったが、行商人の売る「むき身」や「佃煮《つくだに》」には混じっていた。まれに、さざえやあわびを見つけて採ると大喜びだった。

干潟の潮だまりに海魚がいれば手網《てあみ》で採り、子供は蟹をつかまえて喜んだ。当時は浅瀬に貝がたくさんいて、手で砂を掘っただけでもかなりの貝が採れた。大きい袋を持っていってたくさん採り、持ち帰って近所にお裾分けしては潮干狩りの自慢をした。隣近所や知り合い、家族中で出かけ、一日中潮干狩りをして楽しんだ。

裕福な人がお金を出して、あるいは大勢でお金を出し合って、釣船や屋形船を雇うこともあった。干潟から遠い沖合でとめて潮干狩りをし、疲れると船に戻って、掘ったばかりの貝の中から大きめの蛤や赤貝を船頭に調理させて、船中で酒盛りをした。また、仲の良い芸妓衆を船に乗せたりもした。

裏長屋の住民たちも、誘い合わせて潮干狩りに行くことがあり、採った貝の量を競い合った。貝掘りに夢中になって満ち潮になったのに気づかず、洲に取り残されて、船頭に助けられる人もいた。

➡関連項目「三月の行事」308ページ

あさり

蛤《はまぐり》

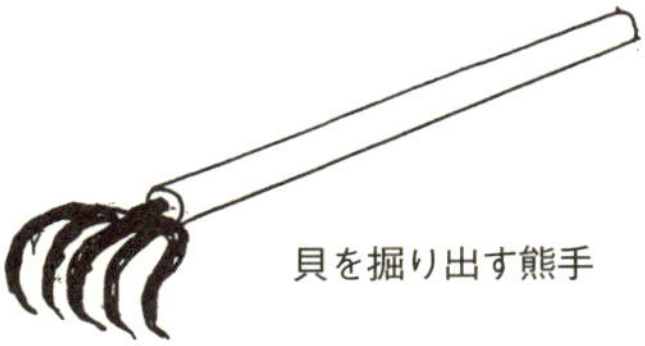

貝を掘り出す熊手

# 菊見、栗拾い、松茸狩りなど

九月、十月は気候がよく、行事も多いので、遊び好きの江戸っ子にはじっとしていられない時季で、少々遠くても歩いて出かけ、見物を名目に酒食を楽しんだ。

重陽《ちょうよう》の節句（九月九日）には月見の宴を開き、武家もこの日を重んじて総登城した。また、飯倉明神《いいくらみょうじん》の祭礼（九月十一～十五日）があり、神田明神の祭礼（九月十五日）では、御輿《みこし》が将軍上覧のために江戸城中にまで繰り込むというので、土地の自慢であった。

銀杏《いちょう》は黄葉し、楓《かえで》は紅葉するので、庭のない庶民は郊外に出て楽しんだ。とくに王子の滝の川や、南は品川の海晏《かいあん》寺境内の紅葉が有名であった。

また萩見《はぎみ》は、本所の法恩寺、亀戸天満宮、隅田堤三囲《みめぐり》、受地の秋葉権現、寺島の蓮華寺、百花園、下谷の正灯寺、浅草清水寺、東光院、御浜御殿、柳島と亀戸の中間にある龍眼寺などが有名で、散策する者が絶えなかった。ただし、桜の花見とは違い、座を占めて大騒ぎをするようなことはなく、帰りに料亭や飲み屋、遊里などに寄った。菊見も同様で、巣鴨の染井、目黒青山、四谷、本所、駒込の農家や、裕福な人の別荘や隠居所で、丹精した菊花を観賞し楽しんだ。

女性や子供は、近郊の雑木林や松林に、茸狩《きのこが》りや松《まつ》茸《たけ》狩り、栗の木のあるところでは栗の実拾いに出かけた。

浄土宗の法要があり（十月六～十五日）、俗にお十《じゅう》夜《や》といってにぎわった。本所回向《えこう》院、深川本誓寺、三崎法住寺、南品川願行寺、青山養光寺、奥沢浄真寺、浅草観音堂の後ろの念仏堂、千住勝専寺、行徳《ぎょうとく》徳願寺、芝三縁山増上寺などは信者で混雑した。

また、日蓮宗の御命講《ごめいこう》（十月十三日）があり、なかでも池上の本門寺の法要はもっとも威勢がよかった。万灯《まんどう》を先に立て、全員が団扇太鼓《うちわだいこ》を打ち叩き、大集団で参詣する者がひきもきらず盛大を極めた。

このほか商家では、甲子《きのえね》の日に恵比須講《えびすこう》があり、市内の大黒天を祀る寺院は、御利益にあずかろうという商人たちで混雑した。

➡関連項目「九月の行事」～「十月の行事」320～323ページ

菊見

栗拾《くりひろ》い
松茸《まつたけ》狩《が》り

江戸時代の旅行――❶

# 出女《でおんな》と入鉄砲《いりでっぽう》

十八世紀、江戸は世界で一番人口の多い都市であり、諸国からたくさんの武士、庶民、農民などが集まってきた。いろいろなニュースが入り、諸国との交流も盛んであったので、江戸の人々も、名勝旧跡を訪ねて、また保養のための温泉めぐりに、あるいは京都・大阪に所用があって、旅に出ることが多かった。

映画やテレビの時代劇の中では武士も庶民も簡単に旅に出てしまうが、実際は、江戸時代に旅に出るというのは、決して簡単なことではなかった。武士は江戸市内であっても、許可なしで無断で外泊することはできなかったし、また庶民も、外泊する旅行は、町名主《まちなぬし》に届け出て許可書をもらわなければ、街道筋の関所を越えられなかった。

庶民が関所外に出るためには、このような手続きが必要であったが、とくに「出女と入鉄砲」といって、女性が関所外に出ることと、江戸に鉄砲が入ることは厳しく検査された。これは、江戸の屋敷に住んでいる全国の大名・大身の旗本の奥方は一種の人質であったから、この人質が変装して江戸を脱出するのを防ぐためと、鉄砲を江戸に持ち込んで幕府に反乱しようとするのを防ぐ意味があった。

女性の場合、関所手形に、菩提寺の宗旨の証明、母親誰某《だれそれ》の娘、庄屋（江戸市内では名主）などの名を連署してあり、「何々の目的でどこそこに行くから、関所を通して欲しい」という証明書を提示したうえに、女改め役が裸にして調べたりもした。

また、一日中、歩くことに慣れていない女性にとって、旅ははなはだ難儀であり、余裕のある女性は馬や駕籠《かご》を利用した。日に晒されるのを防ぐために菅笠《すげがさ》や手拭《てぬぐ》いをかぶり、埃《ほこり》よけに着物の上に上衣をつけ、手甲《てっこう》、脚絆《きゃはん》、草鞋《わらじ》掛けで、険しい山河を越えていかねばならなかった。このように、とくに女性が旅に出ることは、今のように簡単にはいかなかった。それでも、他国の親戚や友人への訪問、私用・公用で旅行せざるをえないこともあり、また、温泉保養や観光のために旅に出ることは、一種の楽しみでもあった。

足弱な女性は駕籠《かご》に乗る

菅笠《すげがさ》か手拭《てぬぐ》いを被り、衣服の上に埃《ほこり》よけの衣をつける

庶民は疲れると駄馬に乗る

川越《かわごし》は人足に背負われる

# 江戸時代の旅支度（一）

「かわいい子には旅をさせろ」という諺《ことわざ》があるが、これは子供に観光旅行をさせて楽しませろということではなく、苦楽を経験させて修業をさせなさいという意味である。かつての旅は自分の足で歩かなければならなかったから、「旅は憂《う》いもの、辛《つら》いもの」であった。泰平の江戸時代であっても旅には苦楽がつきもので、苦労を経験してはじめて判断力がつき、人間性も豊かになるから、「旅は情け、人は心」「旅は人の情け」「旅は道連れ、世は情け」である。

現在と同じように、旅に何よりも必要なのは先立つものであり、「旅路の命は路用《ろよう》の金」である。金銭が十分でないと乞食の旅のようになったり、途中で野垂《のたれ》死ぬはめになってしまう。かといって、金銭をたくさん持っているように見えると、悪党に襲われて生命までとられてしまうことになる。旅は、世間を上手に渡る訓練でもあった。

江戸後期には『東海道中膝栗毛《とうかいどうちゅうひざくりげ》』（十返舎一九《じっぺんしゃいっく》）が刊行され、気軽に旅に出られ、おもしろおかしく名勝旧跡をめぐることができるような錯覚を民衆に起こさせ旅行熱をあおったが、実際の旅行はやはり苦しいものであった。ただ幕末になって、伊勢神宮信仰の伊勢講による集団の伊勢参りを歓迎する者が増えて、集団での抜け参り（許可なしに参詣に行くこと）が大目に見られたりしたが、これは一時的な現象であった。

旅には、身のまわりのいろいろな必要品を持参した。雨風よけには引回《ひきまわ》し合羽《かっぱ》か半合羽《はんがっぱ》、日よけには菅笠《すげがさ》、また、股引《ももひき》、脚絆《きゃはん》、甲懸《こうがけ》、草鞋《わらじ》も欠かせなかった。女性は合羽の代わりに浴衣《ゆかた》か被布《ひふ》を身につけた。

自分の足が何よりの頼りで、疲れると宿《しゅく》と宿の間の中継地で休んだり、駄馬か駕籠《かご》に乗った。大井川など政策上から橋が架けられなかった川は、川越人足《かわごしにんそく》に背負われるか、輦台《れんだい》に乗って渡河《とか》した。また、馬方《うまかた》、駕籠舁《かごかき》の強請《ゆすり》や野盗にもおびえなければならなかったわけだから、今日の施設や交通機関の整った旅行からは想像のつかないような苦労も多かったことであろう。

➡関連項目「江戸時代の旅支度（二）」284ページ

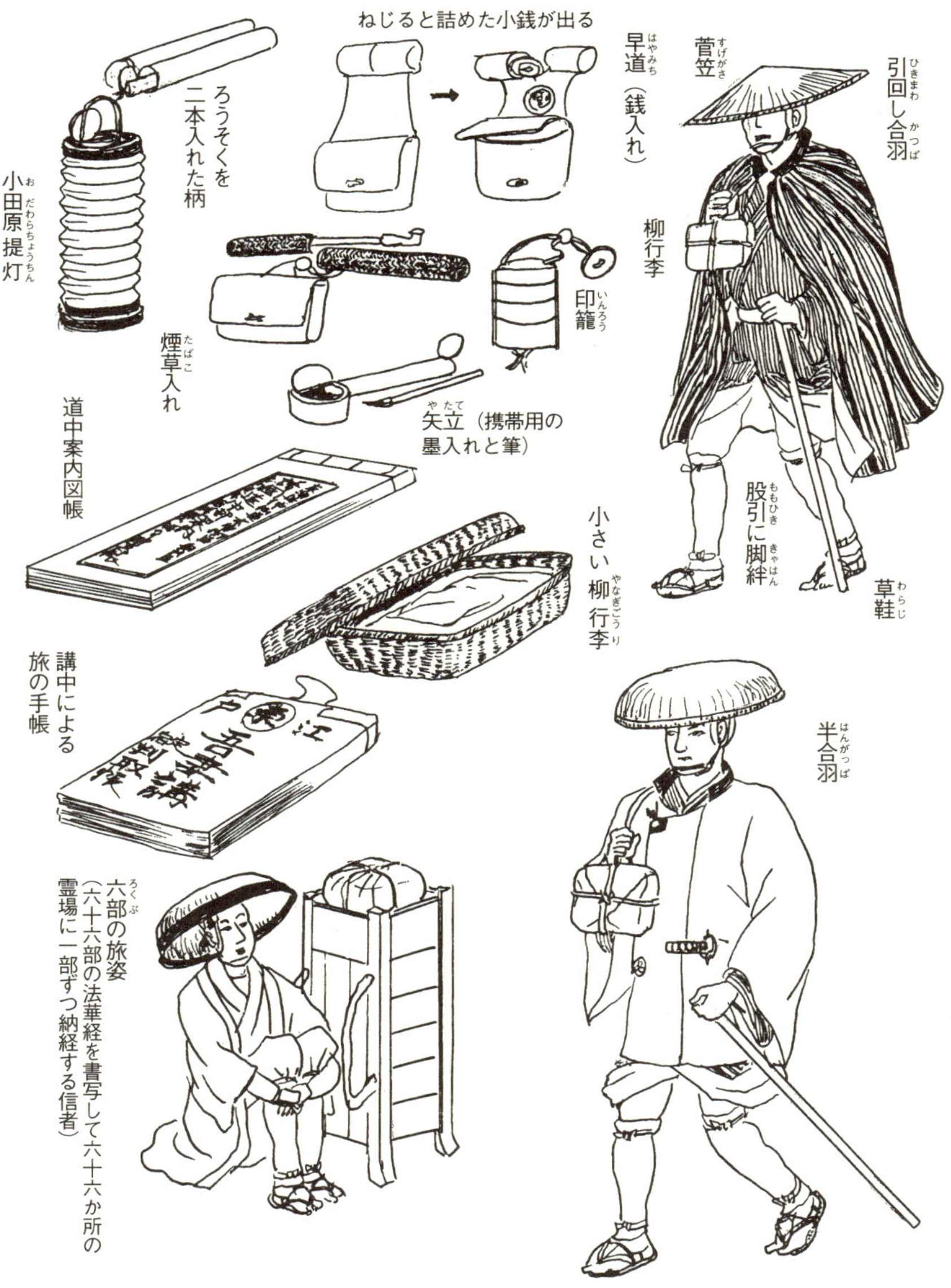
ねじると詰めた小銭が出る
早道《はやみち》（銭入れ）
菅笠《すげがさ》
引回し合羽《ひきまわしかっぱ》
ろうそくを二本入れた柄
小田原提灯《おだわらちょうちん》
柳行李
印籠《いんろう》
煙草入れ《たばこ》
矢立《やたて》（携帯用の墨入れと筆）
道中案内図帳
股引《ももひき》に脚絆《きゃはん》
草鞋《わらじ》
小さい柳行李《やなぎごうり》
講中による旅の手帳
半合羽《はんがっぱ》
六部《ろくぶ》の旅姿（六十六部の法華経を書写して六十六か所の霊場に一部ずつ納経する信者）

# 江戸時代の旅支度（二）

江戸の庶民は旅が好きで、お伊勢参り（伊勢大神宮参り）、金毘羅《こんぴら》参り、上方見物《かみがたけんぶつ》、物見遊山その他でよく旅に出たが、交通機関の発達していない当時の旅には苦労も多かった。

そこで、『諸国道中』といった旅の用心集（道中の案内図）、心得集の版本がたくさん刊行されており、これには旅先で人にだまされない方法、道中での用心の心得、備品の用意などが細かく記されていた。

旅支度としては、着替えの衣類、手拭《てぬぐ》い、頭巾《ずきん》、脚絆《きゃはん》、足袋《たび》、甲懸《こうがけ》、下帯《したおび》、扇、矢立《やたて》、早道《はやみち》（銭入れ）、巾着《きんちゃく》（銭入れ袋）、風呂敷《ふろしき》、薬、提灯《ちょうちん》、ろうそく、合羽《かっぱ》、菅笠《すげがさ》、その他細々とした日用品があった。これらを小さい柳行李《やなぎごうり》に詰め、肩に振り分けて運んだ（前ページの図参照）。

風雨や雪、暑さ寒さへの備えも必要であった。雨のときは頭に菅笠をかぶったが、それだけだと衣服がぬれるので、桐油《とうゆ》を塗った鎧《よろい》合羽《かっぱ》を用いた。あるいは、もっと合理的なものに、オランダの合羽から考案された坊主合羽《ぼうずかっぱ》（京阪では引回《ひきまわ》し合羽といった）があった。今のマントのような形をしていて、すっぽり身体を包むので、雨雪にも寒風にも便利であった。

「縞の合羽に三度笠」というと、映画やテレビではよくやくざの旅姿として表現されているが、実際にはこれは一般の庶民の旅姿で、やくざは筵《むしろ》やござを巻いて背負うのでみすぼらしく、せいぜい親分級が引回し合羽を用いるぐらいであった。

やがて、半合羽を羽織代わりに着るようになった。これは、もともと渋紙や桐油塗りの合羽を衣服に仕立てて武士が用いていたものをまねたもので、生地は木綿であったものが羅紗《らしゃ》の贅沢なものになった。庶民が旅をするときは、股引《ももひき》、脚絆、草鞋《わらじ》掛けに、腰は尻《しり》っ端折《ぱしょ》りをしていたので、半合羽で十分、衣服が濡れなかったようである。

なお、着物状で丈の短いものを半合羽、丈が長く武士が裾まで覆って着たものを長合羽といった。

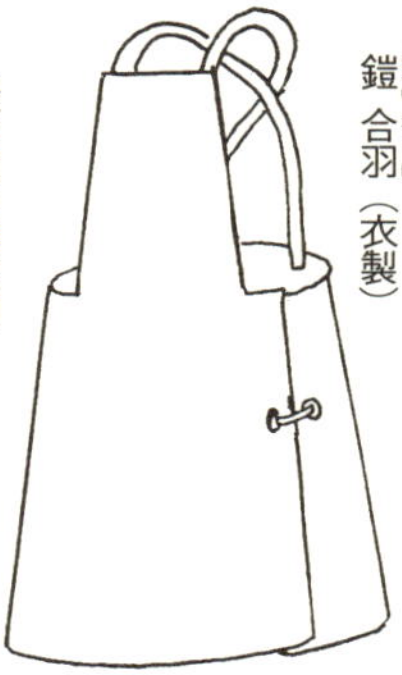

鎧合羽《よろいかっぱ》（衣製）

鎧合羽の着用図

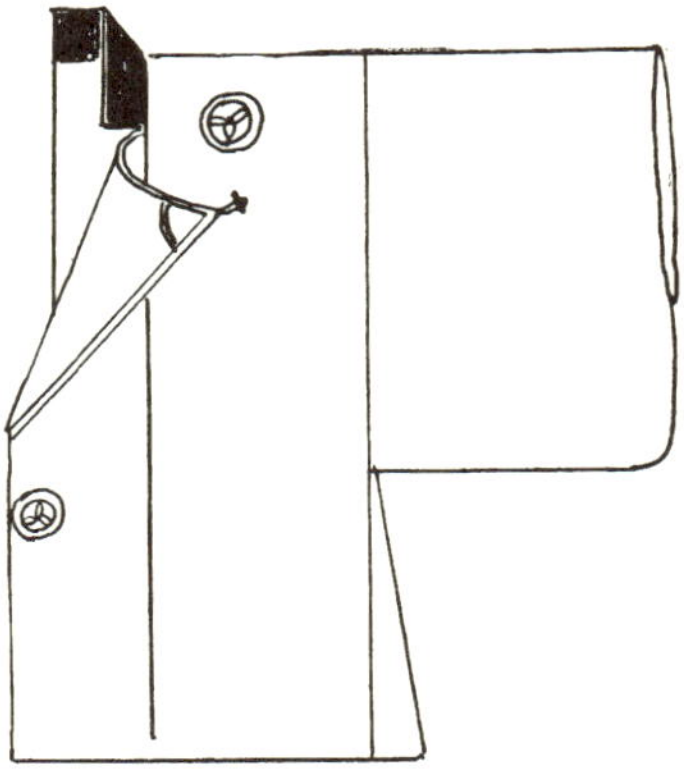

半合羽《はんがっぱ》（上等な品は羅紗《らしゃ》）
着用図は下図参照

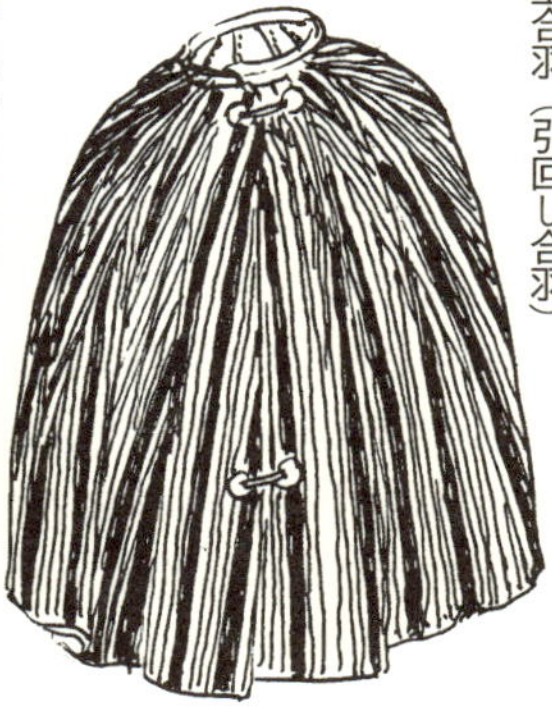

坊主合羽《ぼうずかっぱ》（引回《ひきまわ》し合羽）

坊主合羽をつけたところ

坊主合羽を肩に担ったところ

半合羽を着たところ

江戸時代の旅行――④

# 江戸から旅に出る

江戸から五街道に旅立つときの起点は、日本橋である。たとえば東海道を上る場合、自分の家から日本橋までは計算に入れず、日本橋から最初の宿駅である品川までの約二里が旅立ちの始まりであった。

日本橋から中橋、南伝馬町、銀座四丁、竹川町、いづも町、芝口三丁目、源助町、ろう月町、宇田川町、神明町、浜松町、金杉四町、本芝四丁、田町、九町を経て、東海道筋に出る大木戸に至る。江戸庶民の治安行政を司る江戸町奉行の管轄範囲はここまでで、ここから先は郊外となり、うし町、高輪、品川入口を経て東海道になる。日本橋から品川宿までは約二里（約八キロ）であったから、「お江戸日本橋七つ立ち」と歌にあるように、日本橋を七つ（朝四時）に出発すると、昼前に品川宿に着いた。

たいてい次の川崎宿か神奈川宿あたりで泊まるから、ここで泊まる旅人は少なかったが、客を引きとめるために宿屋の使用人の女が売春をするようになって有名になり、品川宿は栄えた。幕府もやむを得ず、宿屋の飯盛女《めしもりおんな》という名目で五百人の売春婦を許可したが、甲州街道の新宿、中山道の板橋、奥州街道の千住でも同様に飯盛女を置くようになり、旅人相手というより、主にその土地近辺の住人を相手にした。天保十四年（一八四三年）には、飯盛女が千五百人に増えたが、黙認せざるをえなかった。

江戸っ子は新吉原を北国《ほっこく》（江戸城の北にあたるので符号的にいった）と名づけたので、南にあたる品川は南蛮《なんばん》といい、旅の宿場よりも女郎屋として有名になった。品川から次の川崎まで二里半（約十キロ）であるから、川崎大師参りにかこつけた健脚の若い者が泊まるぐらいであった。

東海道は、江戸の日本橋から終点にあたる京都の三条大橋まで百二十六里六町一間（約五百五キロ）と測定されており、脚の達者さにもよるが、一日に七里（約二十八キロ）から十五里（約六十キロ）を歩き、十五日前後で歩いたとされている。

➡関連項目「伝馬制と一里塚」28ページ

〈旅姿のいろいろ〉

荷物を背負い尻《しり》っ端折《ばしょ》り
半合羽《はんがっぱ》姿
金毘羅《こんぴら》参り
葛籠《つづら》を背負う
両天秤で荷を背負う
女性の旅姿
半合羽姿で荷を背負う
街道の宿場で雇った馬に乗る女性

# 迷信とまじない（一）

【客が来るように馬の字を逆に書く】待ち人の客がくるような「まじない」として、芸妓が足で「馬」の字を裏返しに書くと、不思議と客が付くということが信じられた。芸妓は左褄をとって歩くため、縁起をかついで左を重んじる。馬の字を書くのは「馬を牽く」と同じように客を引くというしゃれである。

【獏《ばく》、白澤《はくたく》の絵】獏はおそらく中国から伝わった想像上の動物で、動物学上の獏とは全く異なる。象と獅子を合成したような動物に描かれ、悪い夢や嫌な夢を喰ってくれるというので箱枕の側面に描かれたり、獏の絵の紙を蒲団の下に敷いたりした。

このほかに人面牛姿で、身体中に角と目がある「白《はく》澤《たく》」という怪獣の図が流行し、これを旅行中に財布や行李《こうり》に入れておくと病難、災難をまぬがれると、江戸時代末期に出版された『旅行用心集』に記してある。

➡関連項目「江戸の行商（十）」114ページ

【蛙を折紙で作って針を刺すと客が来る】遊女が客待ちするときは、紙で蛙を折って、その背に針を刺しておく。蛙は「帰る」のしゃれで、これを引き留めるために針で留めておくのである。客が予定どおり来れば、もちろん針は抜いておく。川柳にも「待ち兼ねて女郎蛙へ針を刺し」とある。

【火打石で発火させて浄める】縁起をかつぐ遊廓、芸妓屋で、その日の仕事始めに、火打鉄《ひうちがね》と火打石でカチカチと打ち合わせて送り出すのは「勝々」に通じるからで、鳶《とび》職や大工などの職人も家を出るときに行った。火打石から発する火花が、身のまわりを清浄にすると考えられていた。

【貧乏神、死神、麻疹《はしか》の神】江戸時代には、貧乏神、死神、麻疹の神から疫病神まで実在すると信じられ、貧相な者や嫌われ者は「あいつは貧乏神だ」「疫病神みたいな奴だ」「死神が取り憑いた」などと形容された。疫病神は、平安・鎌倉時代ごろから想像され、鬼の相で廂《ひさし》から家の中をうかがっている様子が絵巻物に描かれている。江戸時代にもこうした悪神が存在すると信じられており、随筆の中には実際に目撃したり、遭遇したという話がいくつも載っている。

客が来るように馬の字を逆に描く

獏の絵の木枕

獏《ばく》

白澤《はくたく》

蛙を折紙で作って針で刺しておくと客が来る

貧乏神

死神

麻疹《はしか》の神

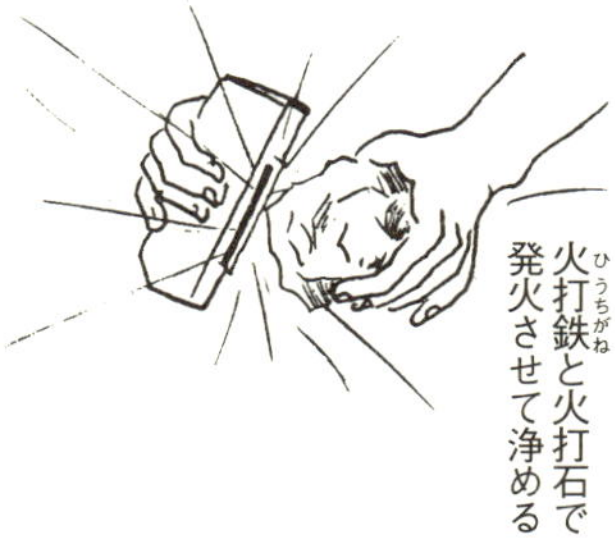
火打鉄《ひうちがね》と火打石で発火させて浄める

# 迷信とまじない（二）

【お乳の出るまじない】江戸時代、母親の乳が出ないのは育児上、大問題であった。そうした場合は、多く乳の出る女性からもらい乳をしたが、何かと不便で、乳児をかかえる母親の自分の乳で育てたいという願いには切なるものがあった。橋の欄干の擬宝珠《ぎぼし》が乳頭に似ているので、毎日これに水をかけて母乳の出るのを祈った。

【水難除けに河童にきゅうりをやる】川には必ず河童《かっぱ》がいて被害を与えると信じられていたから、河童にきゅうりを与えて被害がないようにと、ときどき川端できゅうりを流した。

【お札を川に流す】川で水死した人を供養するために、川施餓鬼《かわせがき》（溺死者などのために川辺や船中で行う法会）以外にも、お寺のお札を流すことがしばしば行われた。古いお札などがたまったときにも流した。

【大山石尊《おおやませきそん》の水垢離《みずごり》】大山石尊参りは講を作り、白衣振鈴《しんれい》の姿で団体で行ったが、出発するときと戻ってから、両国の東詰にある水垢離場《みずごりば》で、男も女も裸になって水垢離し、「慚愧慚愧《ざんきざんき》　六根罪障《ろっこんざいしょう》　大峰八大《おおみねはちだい》金剛童子《こんごうどうじ》　不動明王《ふどうみょうおう》　大山石尊大権現《おおやませきそんだいごんげん》　大天狗小天狗《だいてんぐしょうてんぐ》」と唱えて祈った。また大山まで行けない者も、同じように水垢離をした。

【戸板に鶏を乗せて流すと溺死人がわかる】川で溺死して死体が上がらないとき、鶏を雨戸に乗せて川に流すと、沈んでいるところで鶏が必ず鳴くので発見できると信じられた。

【病い治癒を祈願して擬宝珠に紙を結ぶ】疼痛のときには、法橋（仏法を橋にたとえたもの）の神に祈願し、「いついつまでに治してください」と月日を書いた紙を橋の擬宝珠に結びつけると、その期日までに必ず治るというので、江戸時代、擬宝珠のある橋には願を掛けた紙がたくさん結んであった。

現代では迷信としてこういったおまじないを行う者はいないが、江戸時代は医学よりも信仰に頼ることが多く、誰が言いだしたのかわからないようなおまじないでも「苦しいときの神頼み」として一般大衆に信じられ、広く行われていた。

お乳の出るまじない（擬宝珠《ぎぼし》に水をかける）

水難除けに河にいる河童にきゅうりをやる

川で死んだ人のためにお札を川に流す

両国橋の東詰で水垢離《みずごり》をとって大山石尊に祈る

不明の溺死人があるとき、戸板に鶏を乗せると沈んでいる所で鶏が鳴く

病い治癒の祈願の紙を擬宝珠に結ぶ

## 迷信とまじない（三）

【長尻《ながっちり》の客を早く帰すまじない】嫌な客がなかなか帰らないときは、箒《ほうき》を逆さに立て、手拭《てぬぐ》いで箒先を頬《ほっ》被《かむ》りしておくと、客は早々に帰る。また、客の下駄の歯に灸をすえると、客はあわてて帰るという。

【巫女《いちこ》】青森県恐山《おそれさん》の巫女（「いたこ」ともいう）は、故人をしゃべらせて過去を知るといわれるが、江戸にも亀戸天満宮の傍《かたわ》らに巫女がいて、故人を呼び出して話を交えることができるといわれ、有名であった。

【照る照る坊主】明日、行事があるときなど晴れてくれるように、今降っている雨に対して、紙で照る照る坊主を作って窓の桟や南天の枝に吊るし、「照る照る坊主、照る坊主、明日天気になーれ」と頼むと、明日は天気になると信じられた。

【葛飾区金町の半田稲荷《はんだいなり》の行者】葛飾区金町の半田稲荷に願をかけると、疱瘡《ほうそう》や麻疹《はしか》が軽症で済むと伝えられ、半田稲荷の行者が白鉢巻、白衣、白股引《ももひき》、白足袋《たび》で幟旗《のぼりばた》を持ち、片手に狐の面の付いた板を持って「葛《か》西金町半田《さいかなまちはんだ》の稲荷、疱瘡も軽いな麻疹も軽い」と言って歩いた。子供を見ると、板の後ろの棒を突き出して板から狐面を飛び出させ、子供をおどかした。

【丑《うし》の刻《こく》参り】科学の発達した今日でも丑の刻参りがあるというぐらいだから、その歴史は古い。平安時代のころから行われた呪いで、嫉妬にかられた女性が、ねたましく思う相手を呪い殺す目的で行われることが多かった。女性が白衣に一本歯の下駄を履き、髪を乱して頭に五徳《ごとく》をつけ、足に松明《たいまつ》を結び、一本は口にくわえ、顔を朱に塗って胸に鉦《かね》をさげて丑の刻（午前二時）に歩き、呪いの藁《わら》人形を森の古木に釘で打ち付ける。呪われた人は必ず死ぬという。江戸時代には松明の代わりにろうそくになったが、験《げん》をあらわすための修業がものすごく困難で、並たいていの女性ではほとんど実行不可能といわれる。

これと似た呪いで、恨みのある者について、丑満時《うしみつどき》に髪を乱し、井戸桁《げた》に寄って井戸の中をのぞいて、暗い下の水面に顔が映れば願望成就という迷信もあった。

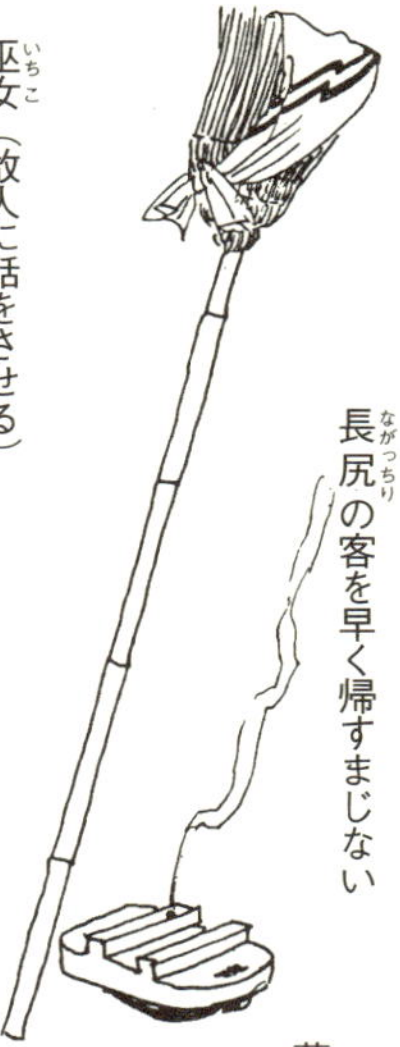
長尻《ながっちり》の客を早く帰すまじない

巫女《いちこ》（故人に話をさせる）

照る照る坊主

葛飾区金町の半田《はんだ》稲荷《いなり》の行者

丑の刻参りの呪い

丑満時（午前二時）に井戸をのぞいて顔が映れば呪いが成就するという迷信

# 迷信とまじない（四）

江戸時代以前から、民間伝承や縁起かつぎによる呪文やまじないが広がり、本当に信じている人も多かった。そうした民間信仰の習俗は、ものによっては現代にまで引き継がれている。何かにぶつけて痛がって泣いている子供の頭を、親が自分の掌に息を吹きかけて「チチン　プイ　プイ　御代《ゴヨ》（「ムミョウ」とも）ノオン宝《タカラ》」と言ってなでると、不思議に痛みが止まるような気がして泣き止むが、これは親の愛情が伝わって治った気になってしまうのであろう。民間習俗といえど、長い間に培われたものはあながち無視できない。

【頭痛が治るまじない】五月の節句に用いた菖蒲《しょうぶ》の葉を、はさみで矢の形に切って、髪の毛に挿すと頭痛が止まるといわれた。

【疱瘡《ほうそう》除け】江戸時代は疱瘡（天然痘《てんねんとう》）がよく流行し、皮膚にあばたが残ったり、重いと死亡したりした。疱瘡は疫病神の仕業とされ、それを避けるための迷信も多かった。

たとえば、「釣業濱町勇次郎寓」と書いた紙を間口に貼っておくと、疱瘡神が入ってこないとされていた（浜町の勇次郎がどういう豪傑かは不明である）。幕末、明治のころには、赤絵といって、鍾馗《しょうき》や鎮西八郎為朝、桃太郎などを描いた疱瘡除けの赤摺りの錦絵が売られた。この絵は「疱瘡絵」とも呼ばれた。

また農民の間では、鋤《すき》に四手《しで》（神前に供える玉串や御幣《ごへい》、しめ縄などに垂れ下げるもの。「紙垂《しで》」とも書く）を結んだものや、桟俵《さんだわら》ぼっち（米俵の両端にある藁《わら》の蓋《ふた》）に四手を付けたものを竹に貫いて門口に立てると疱瘡神が入ってこないとされていた。

当時、疱瘡神には七種類あって、そのうちの一種が取り憑いて疱瘡になると考えられていた。一番軽いのが大吉神、役神《えきしん》が一分、魁神《かいしん》が三分、石神《じゃくじん》が五分、兵神《へいしん》が六分、苦神が七分、早神《そうしん》が十分の毒を与えるとされていて、疱瘡神の絵を貼っておくと、大吉神が他の疱瘡神を追い払ってくれると信じられていた。また疱瘡神の嫌がる線香を燻《いぶ》したりした。

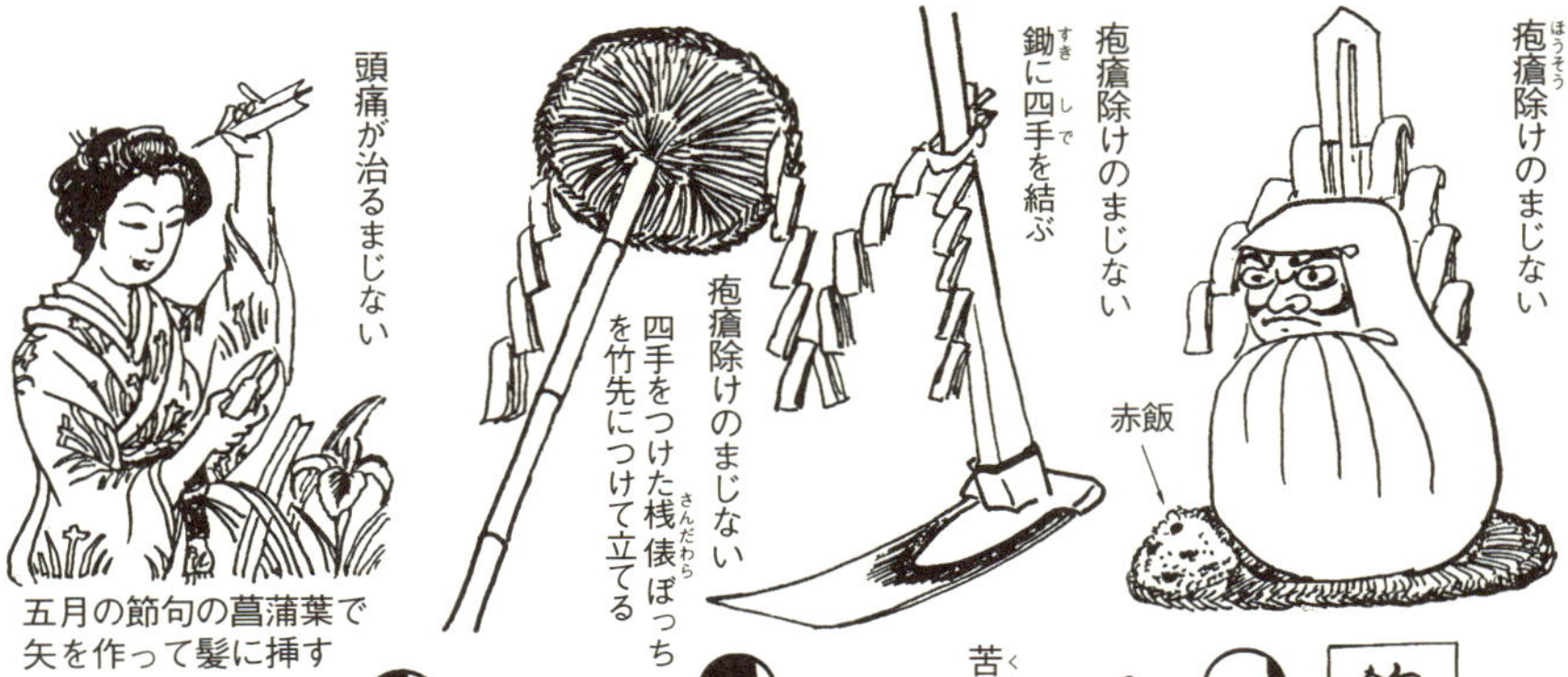

疱瘡《ほうそう》除けのまじない

疱瘡除けのまじない
鋤《すき》に四手《しで》を結ぶ
疱瘡除けのまじない
四手をつけた桟俵《さんだわら》ぼっちを竹先につけて立てる
頭痛が治るまじない
五月の節句の菖蒲葉で矢を作って髪に挿す

〈疱瘡七疫神《しちえきしん》〉

# 迷信とまじない（五）・民間信仰（一）

【風邪除け】江戸時代、お染め久松の悲恋（大阪の油屋太郎兵衛の娘お染と丁稚《でっち》久松の情死）のあった年に、悪性の流行性感冒が広がり、これを「お染め風邪《かぜ》」といった。そのために「久松留守」とか「お染め風（邪）いやく〱」と書いた断りの紙を戸板に貼ったり、風邪神の嫌うにんにくを吊るしたり、しゃもじを軒に打ち付けて風邪払いとした。昔は病気も流行病も、悪神、悪鬼、祟《たた》りなどが原因と考えられていた。そして、そうした魔物を避けるためには、病魔の嫌がる標《しるし》を見せると去っていくと考えられていた。

【火事除け】秋葉山は火伏せの天狗神であるから、天狗面を描いた絵馬を竈《かまど》の後ろの壁に掛けておくと失火しない。また、発火道具の火打鉄《ひうちがね》に纏《まとい》（火消し鳶《とび》の集団の印の纏）を描いておくと火災にならないといわれていた。

火事のときに女性の腰巻きを竿に付けて振ると飛び火しないという、滑稽なまじないもあった。これは、女性の腰巻きを不浄とし、火は不浄のものを嫌うという非科学的な発想から来たもので、江戸だけのものであった。

【刺抜《とげぬき》地蔵】有名な巣鴨の棘抜地蔵は、お札を棘の刺さったところに貼ると棘が除去されるといわれた。

【焙烙《ほうろく》地蔵】本郷駒込の金龍山大円寺の焙烙地蔵には焙烙（素焼きの平らな土鍋）を奉納すると脳病に効きめがあると伝えられ、現在でも地蔵尊は奉納された焙烙に埋まっている。

❶関連項目「江戸の行商（一）」96ページ

【麻布笄町《こうがいちょう》の長谷寺の張り子の鬼面】腫れ物ができたときは、麻布笄町の長谷寺で張り子の鬼面を借りてきて、家の入口にかけておくと治るといわれた。腫れ物が治ったら感謝のしるしに、借りた面とともに新しい面を寺に奉納すると伝えられている。

【咳止めの爺婆石像】向島の弘福寺境内には、爺婆の石像が祀られているが、これに参詣すると、風邪の咳が止まるという言い伝えがあった。咳止めの石神は日本各地に多くあり、お茶や甘酒を供えるところもあった。

火事のときに女性の腰巻を竿《さお》につけて振《ふ》ると飛び火しないとされた

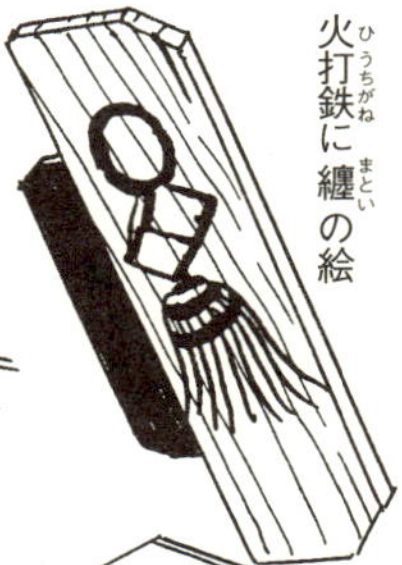

火打鉄《ひうちがね》に纏《まとい》の絵

秋葉山天狗《あきばさんてんぐ》の絵馬

風邪除けのまじない

にんにく

しゃもじ

お染《そめ》風邪《かぜ》除けの貼紙

棘抜地蔵《とげぬきじぞう》のお札《ふだ》

麻布笄《こうがい》町長谷寺の張り子の鬼面

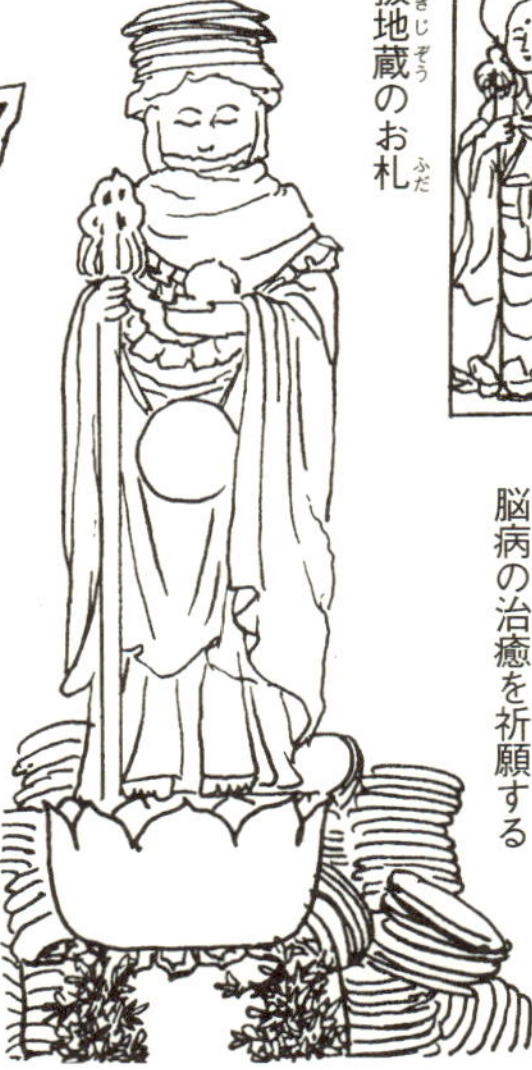

焙烙《ほうろく》地蔵に焙烙を奉納して脳病の治癒を祈願する

弘福寺の咳止めの爺婆石像

# 民間信仰（二）

【浅草寺の久米平内像《くめのへいない》】江戸時代に久米平内という腕力の強い無頼の武士がいたが、ある日忽然と悟り、おのれの石像を作らせて浅草寺の参道に埋め、罪ほろぼしとして参詣人に踏ませた。参詣人がその像を踏んでいったので、寺ではその石像を掘り出させて境内に置き、後に堂を建てて安置した。

　この石像が「踏み付ける」の語呂合わせで「文付《ふみつ》ける」となり、恋文成就の願いを叶える神として参詣する者が増えた。

【お百度参り】親や頼る人の病気平癒のために、寺社に毎日「お百度参り」する風習もあった。極寒にも素足で、お百度石を回っては寺社に祈願するもので、お百度石は折り返し点に建っていた。

【馬の神】浅草山谷には斃《へい》馬を供養する石碑があり、馬の神として有名である。伝承では、後三年合戦の折に行軍した源義家の馬が斃《たお》れたので、その死骸を葬った場所とされ、江戸時代には馬を扱う業者の信仰が厚く、常に馬草鞋《うまわらじ》を備えて祀った。

【石の性神】石の性神（主として男根形）信仰は古代から全国に見られるが、良縁を得たい女性、売春婦などが秘かに参詣した。むき出しの石神も多いが、小さい祠《ほこら》に安置したものもあり、いろいろであった。

【浄行菩薩の石像】牛込神楽坂の日蓮宗善国寺に浄行菩薩（法華経を広める最上位の菩薩）の石像があり、身体に具合の悪いところがあると、この石像のその部分にあたる所を、たわしに水をつけて磨いて治癒を祈った。石像を洗って病気治癒を願う風習は、次のお賓《びん》頭盧尊者《ずるそんじゃ》をはじめとして全国的に見られる。

【お賓頭盧尊者】お賓頭盧尊者は、身体の故障や病気を引き受けてくださる釈迦の弟子（十六羅漢《らかん》の一人）で、大きい寺では、本堂の外陣などたいてい手近な所にこの像が置いてある。病の箇所をなでた手で、お賓頭盧尊者像の同じ箇所をなでて治癒を祈願する。長年、大勢の祈願者になでられてきたので、木彫の尊者はすり減って全身がピカピカに光り、目鼻立ちの明瞭でないものが多い。

浅草寺境内の久米平内《くめのへいない》像

お百度参り

石の性神

斃《へい》馬を祀る馬の神の石碑（浅草山谷）

体の治したい部分と同じ浄行菩薩のその部分を洗う

お賓《びん》頭《ず》盧《る》尊者《そんじゃ》に病を治してもらう（治したい部分をなでる）

# 絵馬《えま》奉納（一）

絵馬奉納は、古代、神のお乗りになる馬を神社に奉献し、それを神馬《しんめ》として神社で養ったことに始まる。平安時代ごろから、生きている馬の代わりに、板に馬の絵を描いて奉納するようになった。とくに、神々しく見える白馬などの絵が好まれ、なかには木彫白塗りの神馬の絵などもあった。

はじめは板の額に馬の絵が描かれたが、後に、画家や裕福な者が、馬に限らず、縁起物や歴史的に由緒のある構図を描いて揮毫《きごう》の腕を示す場としたことから、馬とは関係のない絵も奉納されるようになった。江戸時代はとくにその傾向が強く、大きい板に極彩色で描かれた異色の絵馬が社殿に飾られ、その風俗は寺院にまで及んだ。馬の絵ではなくても、これらの奉納板額はすべて絵馬と呼ばれた。

また江戸時代の庶民の間では、神に祈願する標《しるし》として、誓いや願いを絵に描いた小型の絵馬を神社に奉納することが流行し、この絵馬を売って歩く行商もいた。

たとえば、酒や賭博をやめることを誓うためには酒徳利《とっくり》やサイコロなどに錠（鍵）をかけた絵、男女の縁切りを願うためには男女が背を向けている絵、といったぐあいで、こういった絵が描かれた小型の絵馬を、神社の木の枝やお堂の格子に掛けて祈願した。願掛けのはやった神社では、境内に絵馬堂や絵馬掛けの枠を作って信者の要望に応え、たくさんの絵馬が重ねられて掛けられた。また二月の初午《はつうま》が近づくと稲荷神社に、狐の絵（稲荷神は仏教の荼吉尼天《だきにてん》に由来する日本独特の神で、庶民の間では狐と同一視されて信仰されている）の絵馬を奉納した。

明治以降になると、小型の絵馬に「○○できますように」というような願い事の文字だけを書いて奉納するようになり、かつてのように画家、書家などが描いた自慢の絵馬を掲げることはなくなった。現在でも合格を祈願して天満宮（祭神は菅原道真）に奉納される絵馬は有名であるが、地方の名所の神社では、地方の由緒を印刷した絵馬などが売られ、土地の名物になったりもしている。

➡関連項目「二月の行事」306ページ

特別の厩《うまや》に神馬《しんめ》として置かれる本物の馬

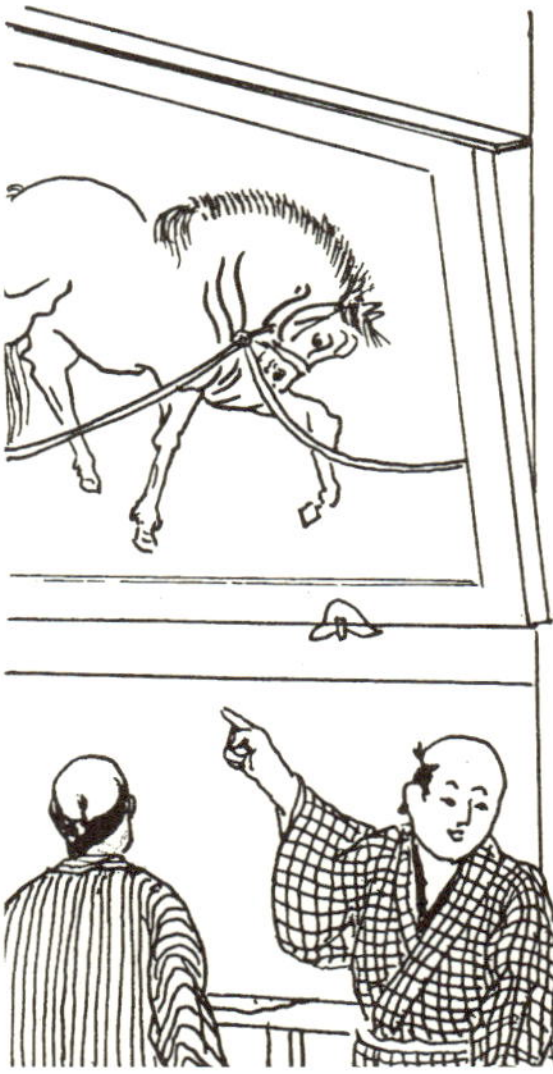

画家たちの腕の見せ場となった絵馬

# 絵馬《えま》奉納（二）

寺社における絵馬は、しだいに祈願の標《しるし》として用いられるようになり、小型になって、さまざまな図柄の絵が描かれるようになった。

たとえば、二股大根の打《ぶ》っ違《ちが》えは、日本では聖天の標とされた。猿は庚申《こうしん》信仰（見ざる・聞かざる・言わざる）、鶏は荒神《こうじん》信仰、富士は浅間《せんげん》信仰、狐は稲荷《いなり》信仰、羽扇《はうちわ》は秋葉《あきば》信仰、菅原道真は天神信仰、蛇は江戸柳島《やなぎしま》の白蛇信仰、不動明王像は不動信仰、碇《いかり》は水天宮信仰、波瀾に船は金毘羅《こんぴら》信仰、観世音菩薩は観音信仰、雷紋《らいもん》は柴又《しばまた》の帝釈天《たいしゃくてん》信仰、蛸は蛸薬師信仰、御幣《ごへい》を背に乗せた馬は神馬信仰で、古来からの神の召す馬を表したものである。

そのほか男女が良縁を願う縁結びの絵、反対に縁《えん》切榎《きりえのき》（現在の板橋区にある伝説にあやかって男女間の縁切りを願うもの）の絵、乳児に与える母乳がよく出るように願う絵、鯖薬師に願う絵や、良き正月を迎えられるよう鏡餅を描いたものなどがあった。また、誓いの絵馬もあり、禁酒、賭事、想いなどを神仏に約束するために錠前を描いたものもあった。これらの絵馬は、祈願する寺社に奉納することから、しだいに小型化していった。

現代でも受験時期には、学問の神とされる菅原道真を祀る全国の神社では、「○○大学に合格しますように」と、受験生やその家族たちが祈願文を書いて奉納した絵馬が絵馬堂や棚に鈴なりになるくらいであるから、江戸時代には、どこの神社でも絵馬奉納が盛んであった。

とくに二月の初午《はつうま》の前になると、絵馬売りの行商人まで現れた。いずれの寺社でも、何の祈願にも使えるように、いろいろな絵を描いた小型の絵馬を並べた棒をかつぎ、客は自分の願いにかなった絵馬を選んで買い、神仏に奉納できるので便利であった。

こうした祈願の方法は本来、神仏によって異なるにもかかわらず、往来の辻堂の狐格子《きつねごうし》にまで絵馬を吊り下げて願ったくらいで、江戸庶民にとって、絵馬といえば神仏への頼み事の方法と決まっていた。

➡関連項目「江戸の行商（三）」100ページ

〈奉納絵馬のいろいろ〉

聖天《しょうてん》信仰
庚申信仰
庚申《こうしん》信仰
浅間《せんげん》信仰
稲荷信仰
秋葉《あきば》神社信仰
不動明王《ふどうみょうおう》信仰
稲荷《いなり》信仰
柳島《やなぎしま》白蛇信仰
金毘羅《こんぴら》信仰
観音信仰
水天宮《すいてんぐう》信仰
柴又《しばまた》信仰
荒神《こうじん》信仰
蛸薬師《たこやくし》信仰
天神《てんじん》信仰
白鷹《しろたか》信仰
神馬《しんめ》信仰
納
奉
お供餅《そなえもち》
乳《ち》の出る願い
鯖薬師《さばやくし》信仰
禁酒の誓い
女禁《にょきん》の誓い
心に誓う標《しるし》
賭事《かけごと》を止《や》める誓《ちか》い
めめ
眼病治癒の願い
縁切《えんき》りの願い
縁結《えんむす》びの願い

# 一月の行事

江戸時代、裕福な家でも裏長屋でも、すべて水は井戸に頼っていたから、江戸にはものすごい数の井戸があった。新玉《あらたま》の年改まる正月元日の早朝に、一家の主人が衣服を改めて、自ら手桶《ておけ》を下げて井戸端に行き、最初の水を汲んで台所に運び、これで雑煮を煮、神仏に捧げる水とした。これは、裏長屋の住人も同じである。この水を若水《わかみず》といい、この行為から一年の活動が始まったのである。この日は初日の出を拝んだり、初詣《はつもうで》をしたり、一日中、年始の賀まわりをしたりした。

二日には、はや初荷といって、大問屋は各店に商品を送りだす。職人はこの日が仕事始めである。町火消《まちびけ》しは町ごとに消火の出初式《でぞめ》があり、新吉原では引初《ひきぞめ》があり、大道芸人が競い合い、太神楽《だいかぐら》、鳥追い女、恵方万歳《えほうまんざい》、宝船売り、厄払い、暦売り、猿回しなどが町をにぎやかにした。男の子は往来や原っぱで凧揚《たこあ》げ、女の子は羽根つきで遊んだので、凧売りや羽子板の羽根売りが呼び声をあげて歩いた。

十六日は丁稚《でっち》奉公人の藪《やぶ》入りといって、主人の家で作ってもらった新しい着物を着て実家に戻り、正月からあわただしくは働かない。

また初詣では、正月の第一の卯の日に大黒天参りをし、本所亀井戸天神で嘯鳥《うそ》（鷽）やお守札、まゆ玉《だま》といって柳の枝に縁起の品や餅を小さく丸めてつけたものを買う。

二十日以後になると、年始の挨拶に用いた扇の空箱を買い求めて歩く行商人や、二月の初午《はつうま》の稲荷《いなり》神祭りに子供が集まって遊ぶときの太鼓（子供用の玩具）を売る太鼓売りで往来はにぎわった。

また、亀井戸小村、墨堤《ぼくてい》（隅田川土手）の鞠塢《きくう》の新梅、品川の駅路の川崎大師参りを兼ねた蒲田の梅園に遠出したりした。

当時の正月の異名を、新春、孟春《もうしゅん》、三春、芳香《ほうこう》、陽春、首春《しゅしゅん》、王春、肇春《ちゅうしゅん》、開春、規春《きしゅん》、青春、早春などと縁起の良い言葉で表現し、大陰暦上では寅月《いんげつ》、陬月《すうげつ》、端月《たんげつ》、嘉月《かげつ》、上月《じょうげつ》、発月《はつげつ》といった。

一家の主人が元旦に若水《わかみず》を汲む

一般的な鏡餅飾り

子供は凧を買って揚げて遊ぶ

初日の出参り

婦女子は羽子板で羽根つきして遊ぶ

# 二月の行事

旧暦の二月は、当日使われていた言葉で、仲春《ちゅうしゅん》、殷春《いんしゅん》、中春、宜《き》春、暄《けん》春、半春、如月《きさらぎ》、卯月《ほうげつ》、花月、令月《れいげつ》、分月《ぶんげつ》、啓月《けいげつ》といった。

二月の初めの午の日は、「初午《はつうま》」といって、稲荷《いなり》神の祭りである。次の午の日が二の午、さらにもう一度午の日があると三の午といった。稲荷神は、京都の伏見稲荷が総本社であるが、土地の神として全国的に信仰され、武家地にも地主地にも祀られ、俗に「正一位稲荷大明神」ともいわれて、人々に親しまれた。また、神仏混淆して、仏教上の神が稲荷神となったりもした。江戸八百八町（実際は江戸末期で千六百六十六町）の各町にも、武家屋敷にも祀られ、庶民にもっとも親しみ深い土地神であった。

江戸で有名なのは、王子稲荷、妻恋《つまこい》稲荷、芝の烏森《からすもり》稲荷で、初午の日、各稲荷は軒に行灯《あんどん》をかけ、芸人を呼んで演芸をしたり、集まった子供たちに供え物を配ったり、一日中、太鼓の音がしてにぎやかであった。

稲荷神は、仏教の荼吉尼天《だきにてん》が日本的に解釈されてできた日本独特の神で、本来は野干《やかん》（狐に似て、夜の啼《な》き声が狼に似ているという獣）と関係が深いが、日本ではよく似た狐が稲荷神と結びつけられ、同一視されて信仰されるようになった。農業神や土地の守護神と考えられるようになり、そのため、現在でも全国の神社の中では稲荷神を祀るものが一番多い。

十五日は、涅槃会《ねはんえ》という、釈迦《しゃか》が入滅した日とされ、各寺には釈迦の涅槃絵が掲げられ、多くの庶民が参拝に訪れた。

また、彼岸の七日間にわたって彼岸会《ひがんえ》が行われ、寺はにぎわい、各家でもいろいろな食べ物を作って重箱に詰め、隣近所に配り合った。

二月には女性の桃の節句があるので、二月の中ごろから十軒店《じゅっけんだな》町で雛市が開かれて、雛人形を売りはじめた。そして、神田鎌倉河岸の豊島屋十右衛門店で雛人形に供える白酒を売り出すので、それぞれ買い求める客でにぎわった。しかし、この二月は一般の商人・職人にとっては暇な月であった。

二月の稲荷《いなり》神社の初午《はつうま》風景

初午の子供用太鼓売り

初午の絵馬売り

# 三月の行事

旧暦の三月は桃の花や桜、山吹の花などがいっせいに咲き始めて陽気の良い季節で、季春《きしゅん》、晩春《ばんしゅん》、暮春《ぼしゅん》、終春《しゅうしゅん》、末春《まつしゅん》、余春《よしゅん》、殿春《でんしゅん》、弥生《やよい》、寝月《しんげつ》、蚕月《さんげつ》、殿月《でんげつ》、辰月《しんげつ》、禊月《けいげつ》なども呼ばれた。

一日から三日を上巳《じょうし》の節句といい、女子を寿《ことほ》ぐ祭りを各家庭で行ったのを俗に雛祭《ひなまつ》りといった。これは古くから行われ、男雛《おびな》、女雛《めびな》を紙で折って飾ったものであったが、しだいに人形師の手によって雛人形が作られるようになった。皇室をかたちどって、矢大臣、三人官女、五人囃《ばやし》、調度品なども段を作って室内に飾るようになり、互いにその豪華さを誇るようになった。これらの雛人形を売る店が十軒店《じゅっけんだな》の雛人形市であり、これに三色の菱餅や豊島屋の白酒を供え、桃の花で飾った。

陽気がよく植物の育ちがいいので、このころから桜草売りや苗《なえ》売りが町を往来し始める。また、海のものも採れはじめるので、魚屋では、さざえや蛤《はまぐり》、わかさぎなどが雛壇に飾られたりした。この雛祭りは女性の成長と幸福を願った祭りであるから、家庭で季節の品を調理して、親戚や諸芸の師、お得意様などに贈った。貧しい家庭でも、何かしら作って重箱に詰めて贈りあった。

このころから桜も咲きはじめるので、上野東叡山《とうえいざん》、飛鳥《あすか》山、隅田川堤などに酒食持参で花見に出かけ、同好の者が集まって騒いで、花見に浮かれた（ただし、上野東叡山だけは、将軍の霊廟があるので酒食は禁止であった）。

水もぬるむ季節なので、江戸湾では、そろそろ潮干狩りが始まり、庶民は団体で出かけて蛤《はまぐり》やあさりを採った。

また、三月四日は奉公人のうち女中、婢女《はしため》、臨時雇いが入れ替わる出替わり日と決められていた。下級の庶民の婦女も、礼儀作法を見習うため武家屋敷に一年奉公したが、奥女中などは三月十日の期限で宿下がりが許された。大名衆も参勤交代の季節であり、各街道が混雑する月であった。

➊関連項目「花見」274ページ、「潮干狩り」276ページ

雛人形の雛壇

紙雛

苗売り

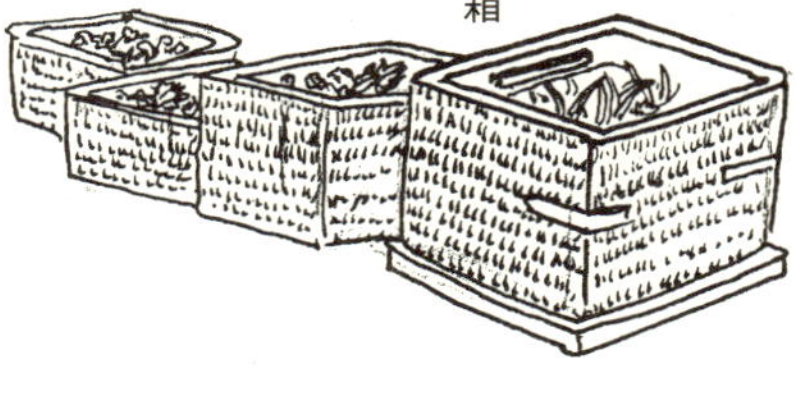

苗箱

花見

潮干狩り

# 四月の行事

旧暦の四月は夏の季節である。このため、孟夏《もうか》、初夏、首夏、立夏、新夏、早夏、肇夏《ちょうか》、始夏《しか》、卯月《うづき》、余月などといった。

八日は灌仏会《かんぶつえ》で、お釈迦様の誕生した日とされる。水盤の中央で生まれたばかりのお釈迦様が天と地を指さしている像（誕生仏）に、甘茶（ユキノシタ科の落葉低木で、この葉を煮出した湯水）をそそいで祝う風習があり、一向宗以外の寺では参詣人でにぎわった。

この甘茶を寺から分けてもらって、硯に入れて墨をすり、「五大力菩薩」の名を三行書いて箪笥《たんす》に入れておくと、衣類に虫がつかないとされていた。また、「千早や振卯月《ふるうづき》八日の吉日よ　かみさけ虫を成敗ぞする」と書いて家の柱に貼ると、毒虫が入ってこないとも信じられた。このため当日は、境内や寺の門前で、甘茶を入れて持って帰るための青竹の小筒がよく売れた。

初夏であるから海の漁労も盛んで、鰹《かつお》が出まわり、江戸っ子は「女房質に入れても初鰹を食わぬは江戸っ子の恥」と、商人が値を吊り上げた初鰹の刺身を無理をしてでも買って食べた。鰹売りは「かつお、かつおー」と威勢のいい声をあげながら、天秤棒をかついで小走りに売り歩く。これがまた、いかにも活きのよい鰹を売っているという感じを与え、四月の江戸の名物であった。

また、行商の苗売りも稼ぎ時で、庶民は、朝顔、夕顔、とうもろこし、へちま、瓢箪《ひょうたん》、きゅうり、なす、唐辛子《とうがらし》などの苗を買って、裏長屋の、陽もろくに当たらぬ家の前の露地に植え、大事に育てた。こうした時季であるから、植木鉢で育てる金盞花《きんせんか》、延命菊、つつじなどを天秤棒でかついで売り歩く行商人も多く、江戸の裏長屋の庶民もこうした苗木を買って育て、結構、季節の風情を楽しんでいた。

また丹精して育てた牡丹が咲くころなので、神社の境内や裕福な人が開放した庭などで、牡丹の花見も行われた。

➡関連項目「江戸の漁猟（二）」376ページ

潅仏会《かんぶつえ》の誕生仏《たんじょうぶつ》

寺院での潅仏会（花祭り）。誕生仏に甘茶をそそぐ

深川八幡別当永代寺の牡丹の花見

初鰹《はつがつお》売り

# 五月の行事

旧暦の五月は暑さが厳しくなるころで、仲夏《ちゅうか》、皐月《さつき》、早月《さつき》、早苗月《さなえづき》、五月雨月《さみだれづき》、橘月《たちばなづき》などといった。

五月五日は端午《たんご》の節句で、男児の節日とされた。武家がこの日に甲冑、武具を飾り、子息が勇武に育つよう願ったのが、庶民の間にも広まったものである。家の前に柵を作って、紙幟《かみのぼり》や吹貫《ふきぬ》き、紙製の兜《かぶと》などを並べ、しだいに精巧さを競うようになった。しかし、驟雨《しゅうう》があるとあわてて取り込まなければならないので、だんだん小型化して室内に飾るようになった。雛市でも、男子用の雛として、鍾馗《しょうき》や神武天皇、あるいは力持ちの坂田金時の小児像、小型化された鎧兜《よろいかぶと》などが扱われるようになり、これらを、雛壇をまねて室内に幟旗《のぼりばた》や槍、薙刀《なぎなた》などとともに飾った。

また、吹貫きや幟旗は屋外に飾られたが、吹貫きは鯉の滝登りという出世魚にちなんで、鯉登り（幟）が考案された。当時「江戸っ子は五月《さつき》の鯉の吹流し、口先ばかりで、腸《はらわた》は無し」といわれたが、正しくは鯉登りは吹貫き型であって吹流し型ではない。

この五月の節句は「菖蒲《しょうぶ》の節句」ともいわれるように、平安の昔からの風習で、悪疫鬼の侵入を防ぐために、菖蒲湯といって菖蒲の葉を風呂に入れたり、軒下に掛けたりした。

夏であるから、大川（隅田川）では水泳や水垢離《みずごり》が行われた。俗にいう両国の川開きがあり、当時、両国にあった鍵屋と玉屋という花火屋が仕掛け花火や打上げ花火を競いあった。高層建築のなかった江戸の町では、この花火をかなり遠くからでも眺められ、花火が夜空に開くたびに、庶民は「鍵やあー」「玉やあー」と声援を送った。これが江戸の盛夏の夜の風情であった。両国の川開きは江戸の名物で、武士・庶民ともに楽しんだが、柳橋の芸妓衆はこの花火を嫌って、素人風に身をやつして場末に涼を求めにいったのは、花火に人気をさらわれて商売にならなかったからである。

また庶民の間では、五月末日から六月に富士権現（浅間神社）に参詣し、富士塚に登る信仰も盛んであった。

❶関連項目「六月の行事」314ページ

享保（一七一六〜三六年）ごろの五月節句飾り（屋外）

江戸末期以降の五月節句飾り（屋内）

富士講の浅間《せんげん》信仰

両国の川開きの花火

# 六月の行事

旧暦の六月は、季夏《きか》、暮夏、晩夏、且月《しょげつ》、暑月、水無月《みなづき》ともいい、暑い盛りなので、商売も流しの行商以外は暇で、避暑を兼ねた旅行月であった。

その代表が富士講（浅間《せんげん》信仰）に属する人々で、この講は江戸に数十もあった。白装束の行者風に身を包み、十数日かけて富士山に登り、浅間神社にお参りをすることが流行した。そこで足腰の弱い老人や女性、子供のために、「お富士様」と称する築山《つきやま》を用意して、これに登らせて代用させる神社もあった。また祭礼には厄除けのため、牛頭天王に供える笹団子が作られた。

秋口が近いとはいえまだ猛暑なので、食料品以外の店は暇であった。日射しを避けて家の中にいることが多いので、行商人が歓迎され、おおいに活躍した。

そのなかに金魚売りがある。浅い大桶を天秤棒《てんびんぼう》でかつぎ、「金魚えー　金魚」と呼んで売り歩いた。桶《おけ》が揺れると金魚が弱るので、これをかつぐには要領がいった。現代のような異形な金魚はなく、赤い斑の鮒形の金魚で、庶民はこれを買って（硝子《ビードロ》製の金魚鉢は貴重品であったので）桶に入れて眺め、涼を得る一助としていた。裏長屋などの路地を吹き抜ける風は案外涼しく、開け放した板の間で金魚が泳いでいるのを見るだけでも、しばし暑さを忘れることができた。

この路地を吹き抜ける風に、さらにさわやかさを添えるのは、軒下に吊るした風鈴である。硝子《ビードロ》の風鈴が普及する以前は、鋳物の青銅製の吊鐘型で、その下のひらひらする短冊とともに、音色が涼を誘った。風鈴売りが天秤棒で、たくさんの風鈴をかついで、路地から路地をわたって売り歩いた。

日が没すると風が吹き抜けるので、人々は生き返ったように外に出て、ところてんの間食をしたり、路地に縁台を出して将棋をさした。若い衆は岡場所へ遊びに行ったりした。当時は下水道設備が悪いために蚊が多く、冬に食べたみかんの皮を干したものを燻《いぶ》したり、蚊遣《かやり》線香を焚いたり、団扇《うちわ》で追い払ったりであった。寝るときは雨戸を閉め、蚊帳《かや》に入った。

➡関連項目「江戸の行商（十六）（十七）」126〜129ページ、「五月の行事」312ページ

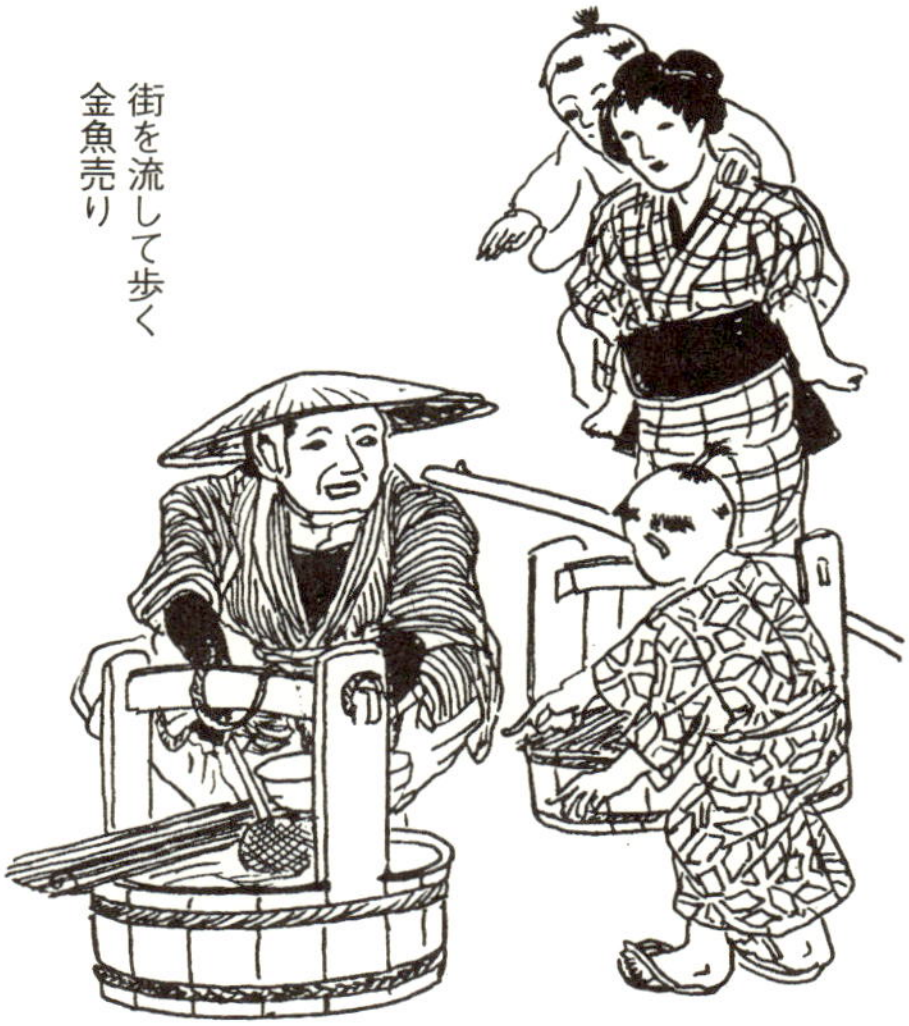
街を流して歩く
金魚売り

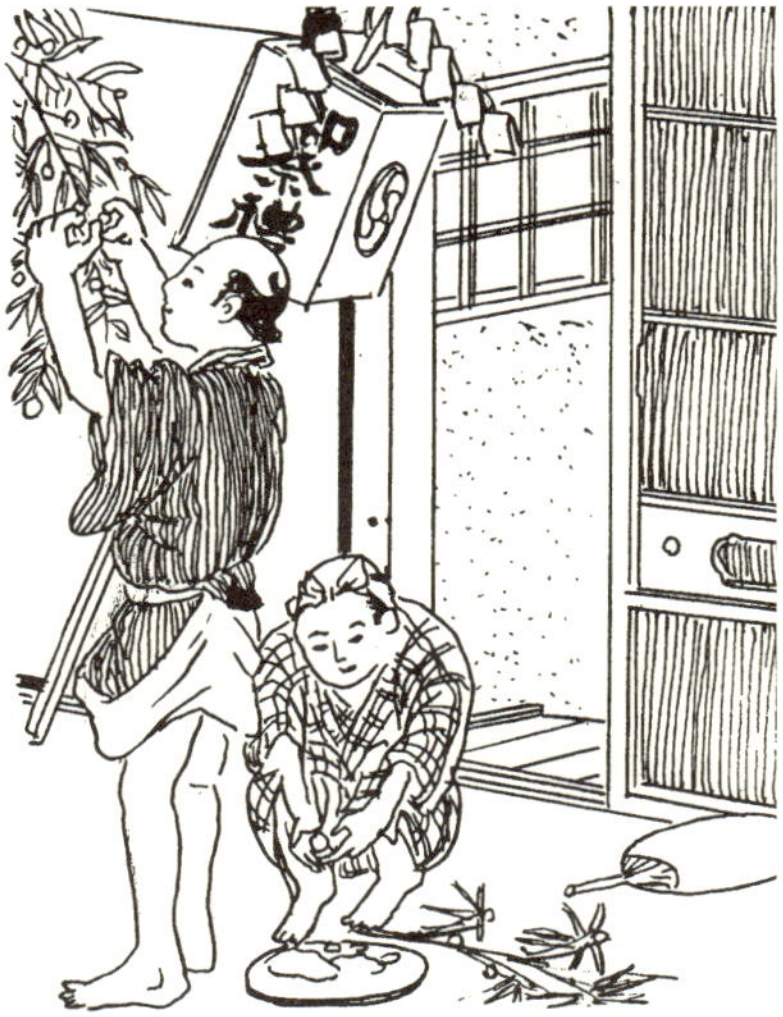
牛頭天王に供える笹団子作り

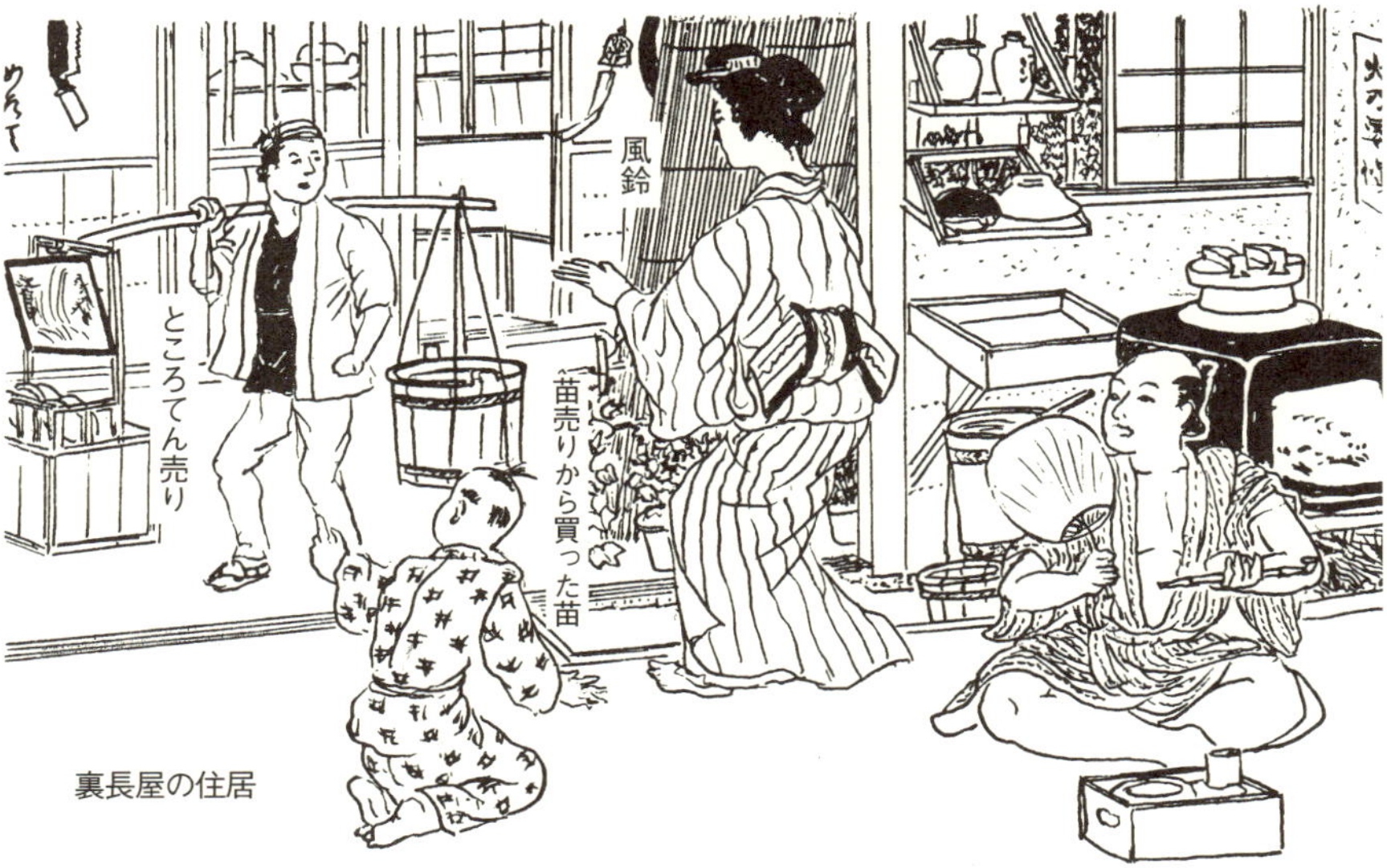
風鈴
ところてん売り
苗売りから買った苗

裏長屋の住居

# 七月の行事

旧暦の七月は、孟秋《もうしゅう》、新秋、肇秋《ちょうしゅう》、上秋、開秋、首秋、初秋、早秋、商秋《しょうしゅう》、蘭秋、素秋、桐秋、涼月、蘭月、文月などといい、そろそろ涼風が吹くころである。

毎年七月一日は、江戸中で家の軒下に盆提灯《ちょうちん》を吊るす。たいていは白張提灯《しらはりぢょうちん》か切子灯籠《きりこどうろう》で、五日から七日まで吊るして故人の供養とし、墓参りをした。

また、六日より七日は七夕祭《たなばたまつ》りである。五色の紙や短冊に感想や願い事を記して竹の枝に吊るすが、一般では竹が入手できないので、前日までに七夕の竹売りが、竹の束をかついで、呼びながら売って歩いた。

またお盆には、苧殻《おがら》を入口で焚いて故人の魂を迎え入れるので、七月早々から苧殻売りが町を流して歩く。魂棚《たまだな》（精霊棚《しょうりょうだな》）は四方に竹を立てて菰縄《こもなわ》で囲い、野菜を供えたりするので、これに使う竹を売って歩く者もいる。この盆の折には、娘などが奉公している主人にお中元を届けに参上する。また川供養といって、川で死亡した人々の魂を慰めるためにお供え物をした。

裏長屋では年に一回、七月七日に大家の指揮のもと、長屋中総出で井戸さらいが行われた。

佃島《つくだじま》では、十三日の夜から十五日まで佃踊りがあって、近所の人々でにぎわった。またこの日は、佃島の老人たちが組になって「佃島」と書いた提灯をともし、鉦《かね》を鳴らして「ヤァ、せえ」と囃しながら、念仏を節をつけて唱え、日本橋あたりを踊りながら施物を乞うて歩くのも有名であった。盆踊りが各町の空き地や境内で行われ、露店が出て混雑した。暑さを忘れ、幾多のロマンが生まれる解放的な雰囲気である。

また各商店の奉公人は、十五、十六日の両日、主家の御仕着《おしきせ》を着て、お小遣いをもらって実家へ帰る。これを、藪入《やぶい》りといった。

お盆の終わる十六日ごろから、「お迎え、おむかえ」という呼び声が町に流れ、魂棚の供え物をもらい歩く者が、籠を背負って戸ごとにたずねて歩き、なす、きゅうり類は漬物にするために漬物屋に売った。これらは晩夏の風情である。

盆灯籠（盆提灯）
苧殻《おがら》を焚いて先祖を
お迎えする（お迎え火）
お盆の入り

長屋の井戸さらい

藪《やぶ》入《い》り

先祖の墓参り

# 八月の行事

旧暦の八月はすでに秋半ばで、仲秋、正秋、清秋、高秋、中秋、桂秋、深秋、半秋、涼秋、柘月《しゃげつ》、酉月《ゆうげつ》、観月、壮月、葉月などといった。夏の暑さも去り、朝夕、冷気を感じるようになり、月光も冴えるので、中秋の名月といって、月を眺めることが多かった。

とくに十五日は望月《もちづき》と称して、こうこうたる満月を賞した。これは江戸中、武士・庶民の別なく行われた。団子、柿、栗、芋（里芋）、枝豆、ぶどうなどを三方《さんぽう》に盛って縁側に出し、すすき、桔梗、そのほか秋に咲く花や草を瓶に入れて飾り、風流心ある者は観月の宴を開いて楽しんだり、外に出て中天の月を眺めて涼風を楽しんだりした。

また、十四日からは江戸の三大祭りの一つである深川富岡八幡宮の祭礼で、御輿《みこし》や山車《だし》、練物《ねりもの》が盛大に行われ、遠くからでも人々が見物に集まった。この日は神輿《おみこし》の渡御《とぎょ》（神体が乗るとされる御輿がおでましになること）があった。

また、芝の田町西久保八幡宮もこれに負けじと御輿かつぎでにぎわい、産土町《うぶこまち》では甘酒の振る舞いがあって有名であった。この季節に各町内が競って産土《うぶすな》の神仏に感謝の意をこめた祭礼を行うのも江戸っ子の心意気であった。

八朔《はっさく》とは、天正十八年（一五九〇年）八月一日に徳川家康が初めて江戸入りした記念の日で、将軍はじめ幕臣はその日に限って白衣を着て登城する習慣があったが、これを公許の吉原遊廓でもまねをし、花魁《おいらん》が白の打掛け、白衣で店先に並んだ。一般庶民の女性も、この日ばかりはこれを見物に吉原に行くというほど有名であった。

また雑司《ぞうし》ヶ谷《や》の鬼子母神《きしもじん》境内の鷺明神《さぎみょうじん》祭礼が行われ、江戸市中からも人々が遠出をして参詣と見物に行くので混雑した。

月末のころは萩の花盛りで、本所法恩寺、亀戸天満宮、隅田堤三回《みめぐり》社、受地秋葉権現、寺島蓮華寺、百花園などは萩見物の人々でにぎわった。

暑いなかでも江戸の庶民は結構、諸行事でにぎやかに過ごしていた。

八月十五日の夜
月見団子などを
月に供える

八月十五日の朝
月見団子を作る

八朔の雑司が谷鬼子母神の鷺明神《さぎみょうじん》祭礼

八朔の日の花魁《おいらん》の白装束

# 九月の行事

旧暦の九月はめっきり涼風が肌に心地よく、秋も深まった感じになるので、季秋《きしゅう》、暮秋、晩秋、末秋、抄秋《ひょうしゅう》、盛秋、残秋、素秋、菊秋、菊月、長月、玄月《げんげつ》、剥月《はくげつ》、戊月《ぼげつ》、貫月《かんげつ》などといった。空気ますます清澄で、菊花がいっせいに咲き誇るので、菊見月ともいった。

この季節がくるまでに、お屋敷の主も路地裏の住民も、見事に菊が咲くよう競い合って苦心して手入れしていたので、方々で菊見の宴が催され、見物客を集めた。大菊、小菊、乱菊などをそれぞれに工夫し、染井、千駄ヶ谷あたりの植木職や大名出入りの植木職に依頼して丹精した菊を庭内に並べ、庶民に鑑賞させたり、菊花鑑賞を理由に宴を開いたりして風流に楽しんだ。なかには菊花を衣装にした菊人形で見物客を集めたものもあったが、天保（一八三〇～四四年）に菊人形は禁じられた。

また九月九日は、五節句の一つである重陽《ちょうよう》の祝いで、知人などに贈答の品を贈った。この日をもって単衣《ひとえ》から袷《あわせ》小袖に替え、師匠につく者は、賀儀を述べに行った。婦女子の遊芸は五、六歳より師匠のもとに通い、十五、六歳まで習うが、この日に技を披露してから、さらに行儀を学びたい女性は武家の奥向きに奉公した。

また十三日には、八月と同じように月見の宴を開くが、これを略すと片割月といって嫌った。

この月のころから諸神社で祭礼が始まった。十五日は神田明神の祭りで、丑《うし》・卯《う》・巳《み》・未《ひつじ》・酉《とり》・亥《い》の隔年は大祭である。山王大権現の祭礼につぐ有名な祭りで、将軍上覧のため江戸城中にまで御輿《みこし》が練り入るのを町民は誇りにしていた。女性も男装して加わり、御輿をかついだ。御輿だけでなく、各町、趣向を凝らした山《だ》車《し》をひいて競い合った。

芝の飯倉《いいくら》神明宮も十一日から十五日の間が祭礼で、境内では曲独楽《きょくごま》、軽業《かるわざ》の興行が行われて見物人で混雑し、江戸の名物の一つに数えられたくらいであった。

➡関連項目「菊見、栗拾い、松茸狩りなど」278ページ

染井あたりの植木屋　菊の鑑賞

九月九日重陽《ちょうよう》の節句　遊芸の師匠に挨拶

九月十三日　十三夜の月見

九月十五日　神田祭りで女性も出る

# 十月の行事

旧暦の十月はすでに楓《かえで》が紅葉し、銀杏《いちょう》が黄に染まって、はや落葉するくらい朝晩は冷え込み、肌寒い季節となる。初冬に入ったので、孟冬、上冬、首冬、肇冬《ちゅうとう》、早冬、元冬、方冬、始冬、玄冬、開冬、貞冬、信冬、盛冬、隆冬、大冬、頑冬、端冬、陽月、良月、大月、吉月、坤月《こんげつ》、亥月《がいげつ》、凍月、神無月などと呼んだ。

楓見物に郊外に行く者も多かったが、とくに紅葉の名所として名高いのは、王子滝の川渓谷、品川の海晏寺《かいあんじ》などであった。

十三日は日蓮上人御入滅の日として、江戸中の日蓮宗の寺には御会式《おえしき》（御命講《おめいこう》）として信者が集まり、家庭でも団扇太鼓《うちわだいこ》が鳴り響いたが、とくに池上本門寺では、諸方の講中が万灯《まんどう》をともして、賑々しくお参りした。

十九日は、大伝馬町《おおでんまちょう》で浅漬けの市が立ち、それに伴って露店が並んで混雑した。浅漬大根が甘くねっとりしているので、「べったら市」ともいった。

十月の甲子《きのえね》の日は大黒天を祀る日で、初子《はつね》といって縁起が良いとされ、この日、大黒天（もとはマハー・カーラーというインドの仏神であるが、大国主命と習合して神となった）を祀った神社では灯火に用いる灯芯が売られ、また七色菓子を供えたりした。

二十日は恵比須《えびす》祀りで、商人は恵比須天に商売繁盛を願い、鍛冶《かじ》職は鞴《ふいご》祭りとして稲荷《いなり》大明神を祀り、大工職は聖徳太子を祀り、これを太子講といった。また船を扱う者は船玉大明神、医師や薬種問屋は神農《しんのう》を祀り、芝居の関係者は客人《まろうど》大明神を祀って、この日は客を招いて酒食を楽しんだ。

六日から十五日までは、浄土宗ではお十夜《じゅうや》で、とくに芝三縁山増上寺では、極楽界もかくやと思われるほど盛大な祭事が行われた。

芝居の顔見世狂言、両国回向院《えこういん》の勧進相撲《かんじんずもう》があった。また医家の冬夜《とうや》といって、医師は漢方薬作りで忙しかった。この冬夜は、琴、三味線の夜稽古であちこちから音曲が流れ、職人の下職も日限に迫られて忙しい。子供たちは、渡ってくる冬の小鳥を工夫してつかまえ餌付けした。とくにめじろや鶯《うぐいす》が好まれた。

お十夜《じゅうや》（浄土宗。昼夜、念仏法要をする）

御会式《おえしき》（日蓮宗。団扇太鼓《うちわだいこ》をたたいて経を唱える）

恵比須講《えびすこう》（恵比須天を祀り、親類、知人を招いて祝宴を開く）

冬夜《とうや》の三味線の稽古

江戸町民の年中行事——⑪

# 十一月の行事

旧暦の十一月は冬の真盛りで、仲冬《ちゅうとう》、正冬、中冬、半冬、肥冬、辜月《こげつ》、暢月《ちょうげつ》、章月《しょうげつ》、復月《ふくげつ》、与月《よげつ》、葭月《かげつ》、霜月《しもつき》などと呼んだ。今と違って町の通りも路地も、上が霜で盛り上がり、歯の低い下駄では埋まってしまう。秩父颪《ちちぶおろし》の寒風で、江戸の人々は震え上がった。

八日は鞴《ふいご》祭りで、鍛冶、鋳物師《いもんじ》、飾職《かざりしょく》（装飾用の彫金師）、時計師、箔打師、石細工師など、鞴を用いる職人たちは鞴神に感謝して一日仕事を休んだ。鞴神は稲荷《いなり》神ともされるので、稲荷神社に参詣したり、鞴神に供えたみかんを、集まって来る子供たちにまいたりした。みかんは紀州から船で運んできたが、その量によって値が上下した。

女子は大綿という虫を捕まえて綿に包み、糸を巻き締めて鞠《まり》にして遊ぶと、一生綿に不自由しないといわれた。

十五日は幼児三歳が髪置《かみおき》、男児五歳は袴《はかま》着、女児七歳は帯解《おびとき》の式を行った。今日の七五三の祝いのもとである。この祝いでは、土地の産土《うぶすな》の神の社《やしろ》に参詣するが、高田馬場、山王大権現、芝の神明宮、深川の冨岡八幡が代表的であった。七五三の子供は、千歳飴《ちとせあめ》の袋をたくさん持って、寿《ことほ》いでくれた家々に配って、挨拶してまわった。またこの日は、新吉原の秋葉山大権現の祭りで、廓中《くるわじゅう》が昼間より大にぎわいであった。

二十二日より二十八日までは、一向宗の宗祖親鸞《しんらん》上人の忌日を祈る「おこう」があり、西本願寺をはじめ一向宗の報恩講が諸方で行われた。また寒さが厳しいので、僧侶たちは寒修業に、夜から朝まで托鉢《たくはつ》に出た。

酉の日には大鳥神社（鷲《おおとり》神社）の祭礼が行われ、縁起物の熊手を売る露店が立ち並んだ。とくに浅草下谷の大鳥神社は有名で、今日でも多くの人でにぎわう。また、社前に大釜を置き、火を焚いて祀る三崎稲荷の御火焚《おひたき》もよく知られた。

寒さが厳しく、寒紅《かんべに》が製造される月で、また失火による火事も多く、大名火消し、町火消しが活躍した。ときどき雪が降り、貧しい人々は寒さに震えたが、裕福な人々は、寺社の境内、吉原、隅田川で雪見の宴を催したりした。

酉《とり》の市《いち》（熊手を買う人でにぎわう）

三崎稲荷《いなり》の御《お》火焚《ひたき》

新吉原の秋葉山大権現祭り（秋葉祭り）

寒行僧（寒中修業のため托鉢に出る）

# 十二月の行事

十二月は一年の最後の月で、その年のあらゆることを清算し、来年もがんばろうという意気込みの月であるから、ふだん家に籠もっている師匠も駆けずりまわらなければならないので師走《しわす》という。

冬の最後であるから、季冬、暮冬、抄冬《しょうとう》、窮冬、厳冬、寒冬、晩冬、残冬、極冬、下冬、除月、厳月、臨月、餘月、荼月《とげつ》、臘月《ろうげつ》、窮月、極月《ごくげつ》、終月、冷月などとも呼ばれた。

この月は、新年の準備のために一年の埃《ほこり》を落とすが、手の届かないところの煤《すす》埃を払うには、煤竹が必要になる。このため、篠竹を売る煤竹売りが町を流して歩く。今日の電気掃除機のようなものがないので、篠竹の繁った葉を、はたき代わりにしたのである。商人は、一年分の掛取り（年度末払いの集金）に走りまわり、帳簿を整理したりする。

この月ごろから、町内によるが、番太郎（町木戸の番をする人で、夜は「火の用心」と言って町内を回る）に焼き芋を売ることが許された。

寒の入りから念仏僧は、毎夜鉦《かね》を叩いて修業して歩く。また、職人に修行中の者も、夜寒をおして三十日寒参りをして身を鍛える（前ページの図を参照）。

町の鳶職《とびしょく》の内職として、新年の飾り物を売る「歳の市」が行われ、深川冨岡八幡宮、金龍山浅草寺、神田明神社、芝神明宮、愛宕権現平川町天満宮、薬研堀不動などの境内は混雑した。このほかに縁起物の熊手市などもあり、十五日以降は、餅飾りや雑煮用の餅つきなど、新年の準備に多忙を極めた。

大晦日《おおみそか》、商店ではのれんを新しく付け替え、門松、しめ飾りを付け（ただしこれは三十日前から行う。大晦日に飾るのは一夜飾りといって嫌った）、店先には弓張提灯《ゆみはりぢょうちん》をつけ、「来年も長く発展するように」との縁起から、一同そろって「晦日そば」を食べ、除夜の百八つの梵鐘を聞いてから床についた。

陽暦では二月の初めが節分《せつぶん》であるが、陰暦では十二月十二、三日ごろより寒も終わりになるので、二十八、九日ごろまでに、神社も民間も節分会を行った。

煤竹売りから篠竹を買って一年の煤を払い落とす

十二月寒の入りの節分の豆まき

新年の飾り物を買う人々でにぎわう歳の市

新年に供える餅をつく

# 江戸の遊廓

江戸時代初期には、江戸の各地に遊女が散在していた。それを、元小田原北条家の浪士である庄司甚内（後に甚左衛門と改める）が、各地に遊女が散在しているのは治安上よくないからと幕府に願い出て、一か所に集めて官許とすることになり、城東の地葭原《よしわら》（後に吉原《よしわら》と改める）二町四方を、遊女街として許可した。その後、明暦二年（一六五六年）に江戸城近くに遊女街があるのはよくないとして移転を命じられ、翌三年の明暦大火により類焼したこともあって、浅草脇に二町×三町の面積の土地を賜って移転した。以後、この地を新吉原、移転前の地を元吉原ともいった。

この遊女街は、遊女を抱えている置屋《おきや》と、客が遊女を呼んで遊ぶ揚屋《あげや》に分かれていた。客はまず茶屋に入り、抱えの者に揚屋に案内される。客が遊女を指定すると、揚屋の主人は、その遊女がいる置屋の主人にあてて、「指定の遊女を寄越してほしい。客は身元のしっかりした確かな者である」という証文を書いて、雇い人を使いに出す。置屋がこれを承諾すると、遊女は指定の揚屋に出かけるが、このとき、遣手《やりて》、新造《しんぞ》、禿《かむろ》、道具を持つ男衆が行列になってついていく。これを花《おい》魁道中《らんどうちゅう》といった。雨のときには、雇いの男衆が遊女を背負い、別の者が傘をさしかけた。行列は、夜具蒲団の大包み、枕箱（木枕を入れた箱）、化粧箱なども持参した。大勢を従え、独特の厚底の木履《ぽっくり》をはいた遊女がしゃなりしゃなりと揚屋に入っていくさまは仰々しく華麗でもあったが、はなはだ面倒な手続きであり、客にとっても費用のかかる慣習であった。このように、吉原で名の通った遊女と遊ぶには莫大な費用がかかるため、一部には陰で、安い料金で直接遊女と遊べるようにした格の低い店もあった。

江戸時代後期に揚屋は廃止され、置屋自体が揚屋を行うようになった。店は、大見世《おおみせ》、中見世《ちゅうみせ》、小見世《こみせ》と、見世の格子の概観で区別され、客が遊女を直接選べるようになった。

官許の遊び場所は地方にもいくつかあったが、江戸の吉原、京の島原、大阪の瓢箪《ひょうたん》町がもっとも有名であった。

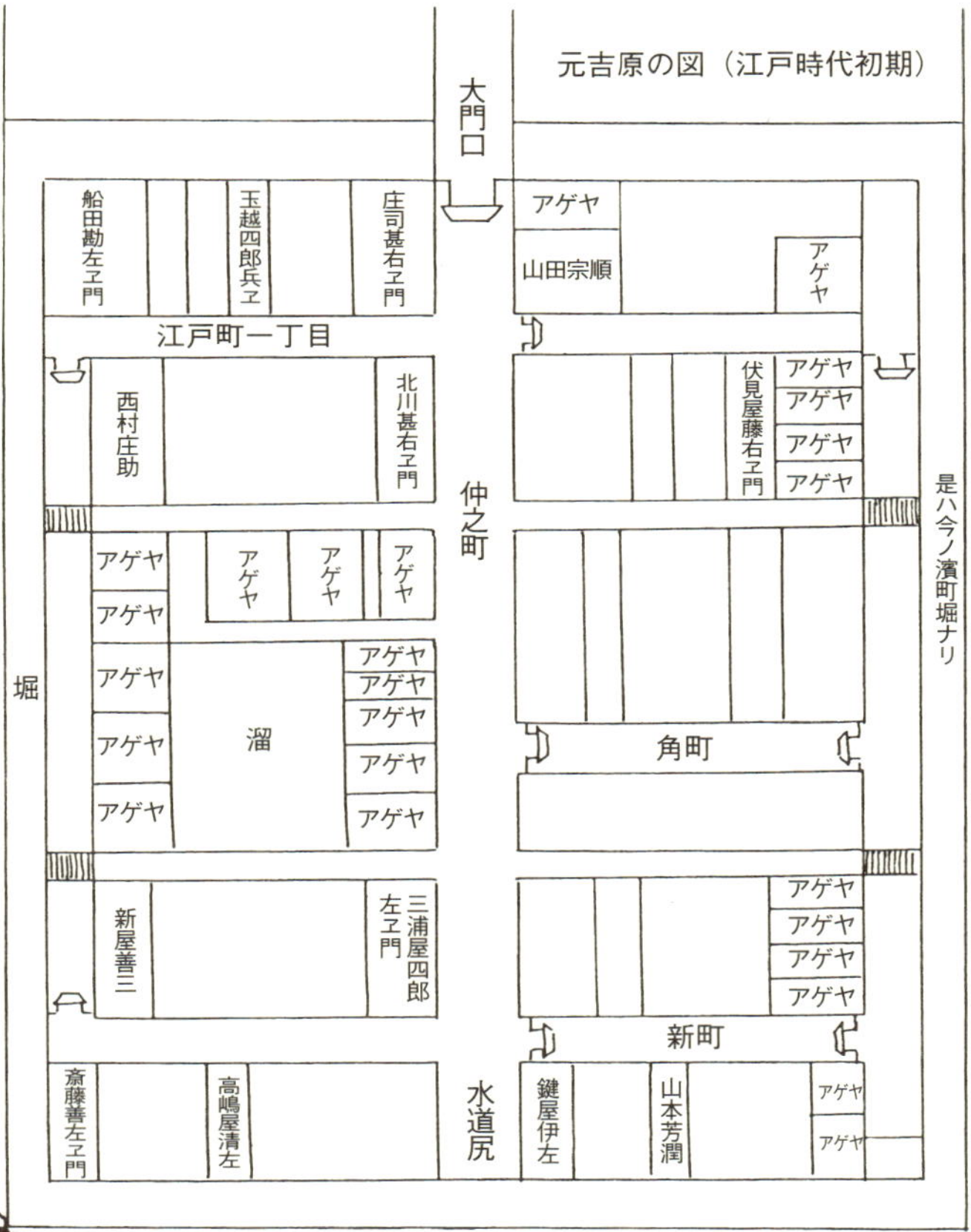

承応《じょうおう》（一六五二〜五五年）ごろの遊女

遊女が雨の日に客から呼ばれたとき

貞享《じょうきょう》（一六八四〜八八年）ごろの遊女

# 編笠茶屋《あみがさぢゃや》と白馬《しろうま》

江戸時代初期までは、吉原に行くには、他人に顔を見られないように羽織《はおり》などの衣装か編笠《あみがさ》をかぶって、傭馬《やというま》に乗って行った。日本堤土手の弘願山専称院の門前で降り、堤づたいに吉原大門《おおもん》(吉原遊廓にはこの門からしか出入りできない)をくぐった。

元禄(一六八八～一七〇四年)ごろから、辻駕籠《つじかご》に乗っていく者が増えて、傭馬はしだいにすたれたが、依然として編笠はかぶったので、泥町や田町には編笠を貸し出す編笠茶屋ができた。しかし、吉原からの帰り道にわざわざその茶屋に寄り、編笠を返して借り賃を払うため、かえって面倒なのと、また後には吉原に行くのをはばかる者もいなくなり、編笠の貸し出しはしなくなったが、編笠茶屋という名称だけが残った。

吉原の廓《くるわ》に入るには、日本堤を南の聖天町方面か、北の三輪方面から衣紋坂を進み吉原大門に至ったが、日本橋から大門近くまで傭馬を借りると駄賃二百文、景気よく馬子《まご》二人をつけると三百四十文くらいかかった。無駄遣いであるが、馬子は小諸節《こもろぶし》をうたい、のんびりとしていかにも気分が良かった。

また、一人で乗るにもかかわらず、予備に白馬を付けることがあって、その場合はその分の料金も支払った。後に駕籠が利用されるようになって、悪質な駕籠《かご》舁《かき》などが客の様子を見て、余分のチップをねだるときに「旦那、白馬をはずんでくだせえ」と言うのは、ここから来たものである。白馬は、馬子や駕籠舁の酒の飲代《のみしろ》の意になり、彼らの飲む濁酒《どぶろく》を指すようになった。これに対し清酒は赤馬で、「旦那、白馬か赤馬をはずんでくだせえ」というのは、酒代《さかて》(チップ)として濁酒か清酒を飲む代金を、規定の駕籠賃に加えてくれという意味である。

『守貞漫稿《もりさだまんこう》』(喜田川守貞著)第二十編娼家下に、「今世馬道と號《なづけ》て商家軒《のき》を比《ひ》すれども古の遺意にて馬道と云也。古は草深き野路なりし也」とあるように、当時の吉原は田圃に囲まれていた。客は草茂る道を傭馬か駕籠に乗って行ったが、乗り物は廓の中に入れなかったので、吉原土手で降り、徒歩で廓の大門をくぐったのである。

新吉原の図

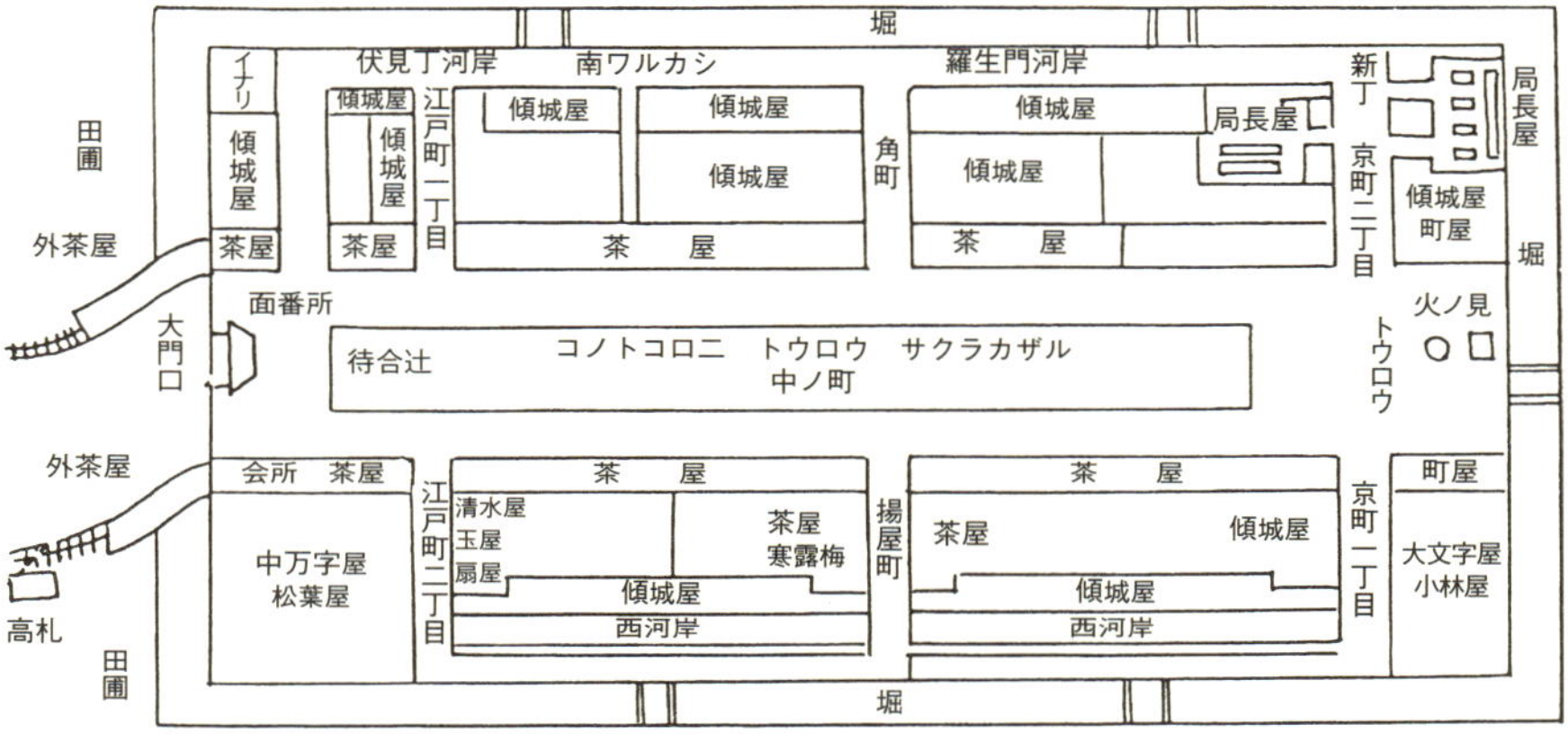

編笠茶屋《あみがさちゃや》

傭馬《やというま》に乗って吉原へ行く

# 花魁《おいらん》

太夫《たゆう》級の遊女のことを「花魁」というが、語源は不明である。一説に、太夫級の遊女に従っている新造《しんぞ》や禿《かむろ》などが太夫を呼んだ言葉から来ているともいわれる。地方から売られてきた遊女見習いが、自分の姉にあたる遊女を「おらが姉」とか「おいらが姉」と呼び、これが吉原独特の言葉遣いによって「おいらん」となり、花魁の文字を当てたというものである。

太夫というのは、朝廷の五位以上をいう大夫《たいふ》をもじって、「大」の字の代わりに「太」を当て、「たゆう」と読ませたもので、上級の置屋で一番級が高い者のことをいった。

その妹分で、まだ客をとる年齢に達していない者を新造といった。新造という言葉は一種の敬称で、武家や裕福な商人の妻を「御新造様」「御新造」と呼んだものを、遊女の身分の一つに僭称《せんしょう》したものである。

まだ新造の年に満たない、十二、三歳ぐらいの新造見習いの幼女を禿《かむろ》といった。

花魁（太夫）には、新造が二、三人、禿も二、三人ぐらい従っていて、身のまわりの世話や雑用をした。禿は十五、六歳ぐらいで新造になり、姉花魁に付いて見習い修業をする。新造でも、客の強い要望があり、姉花魁が許可すれば客を取ることがあった。客を取ると振袖から留袖に変わるので、それまで振袖新造《ふりそでしんぞ》（振《ふり》新《しん》という）と呼んでいたのが留袖新造《とめそでしんぞ》となって、一部屋を与えられた。やがて独立して客を取るようになり、良い客が費用を出して一人前の遊女となる。また、新造の中でもなかなか一人前にならない者は、番頭新造《ばんとうしんぞ》（番新《ばんしん》という）になり、遣手《やりて》のように姉花魁の世話から交渉事いっさいを取り仕切った。

遣手（香車《やり》とも通称された）は、花魁が年季明けしても引き取る客がなく、行くところもない者が、花魁指導役兼監督役として花魁の世話を焼いたものであり、遊里に精通しているので、花魁に対しては厳しかった。

➡関連項目「禿、新造、芸者」336ページ

## 花魁道中《おいらんどうちゅう》

## 傾城《けいせい》

遊女のことを「傾城」ともいうが、これはもとは中国から来た言葉で、美人を意味している。中国の李延年の詩に「北方有佳人　絶世独立　一顧之傾城傾国（北方に佳人有り、絶世独立、之一顧すれば城を傾け国を傾く）」とあって、自分の妹の李婦人を帝にすすめたという故事から、傾城傾国は美人を指す表現となった。日本でも古くから、美人や遊女のことを傾城と呼び、鎌倉幕府には傾城奉行（遊女の監督者）という役職があった。

江戸時代には、公認の遊廓である吉原の遊女を傾城と呼んだ。ただし、たいていの場合、この言葉は店のお職《しょく》、つまり太夫《たゆう》に対してのみ用いられ、それ以下の階級や岡《おか》場所（非公認の遊里）の女性には用いられなかった。それだけ、太夫級の遊女は揚代《あげだい》が高かったのである（昼夜で銀七十四匁、夜で三十七匁。だいたい銀六十匁で金一両）。見識も高く、初めての指名登楼は「初会《しょかい》」といって、客の様子を見るために酒席、話の相手をするだけであった。二度目の指名は「裏を返す」といい、三度目で「馴染《なじ》み」になるが、総纏頭《そうばな》といって、その遊女のいる楼の全員に心づけを配らなければならない。馴染みの遊女を持つのはたいへん金がかかることであった。

このように、吉原で太夫を相手にできるのはよほど金に余裕のある者だけだったので、ほかの者はせいぜい次位の格子《こうし》（関西では天神《てんじん》）級の店、それ以下の散《さん》茶《ちゃ》級か小見世（小格子）、羅生門河岸《らしょうもんがし》寄りの局《つぼね》見世《みせ》、あるいは非公認の岡場所などに通った。

いくら公認の遊廓であっても、吉原は一般の庶民が通えるような所ではなかったので、江戸中に安価な非公認の遊里がたくさんできた。だいたい江戸の人口は男性のほうが女性より多く、結婚できない男性も多かった。享保八年（一七二三年）の調査で男性三十万人余に対し女性は二十二万人余、天保十二年（一八四一年）の調査で男性三十万人に対し女性は二十五万人であった。町奉行所がまれに取り締まることもあったが、幕府もこれを黙認せざるをえなかったのである。

新吉原の太夫の横兵庫髷《よこびょうご》

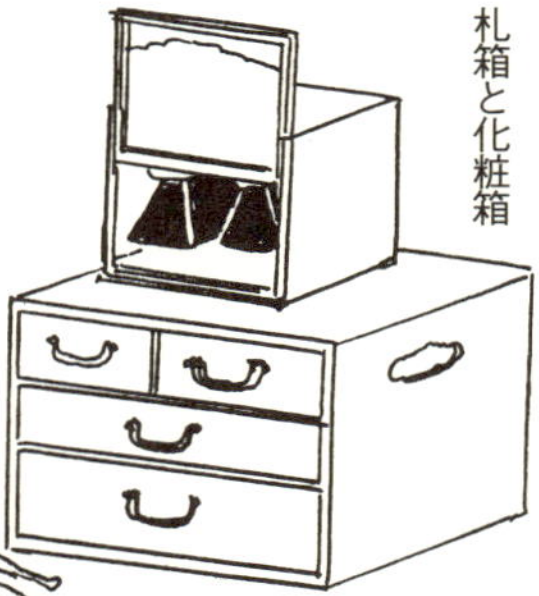

札箱と化粧箱

文化（一八〇四～一八年）ごろの横兵庫髷

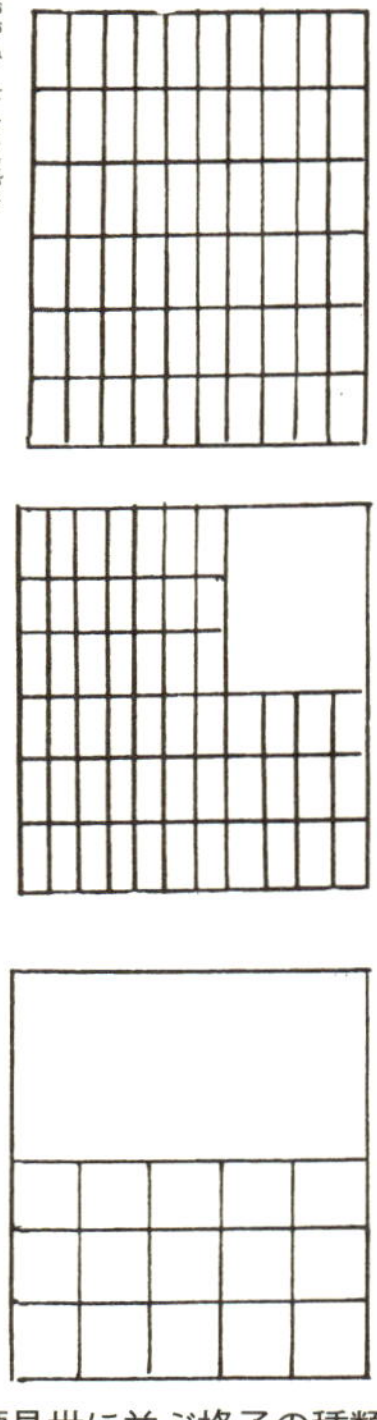

大見世《おおみせ》総籬《そうまがき》（一流の大店）

中見世《ちゅうみせ》中籬《ちゅうまがき》

小見世《こみせ》格子《こうし》

顔見世に並ぶ格子の種類

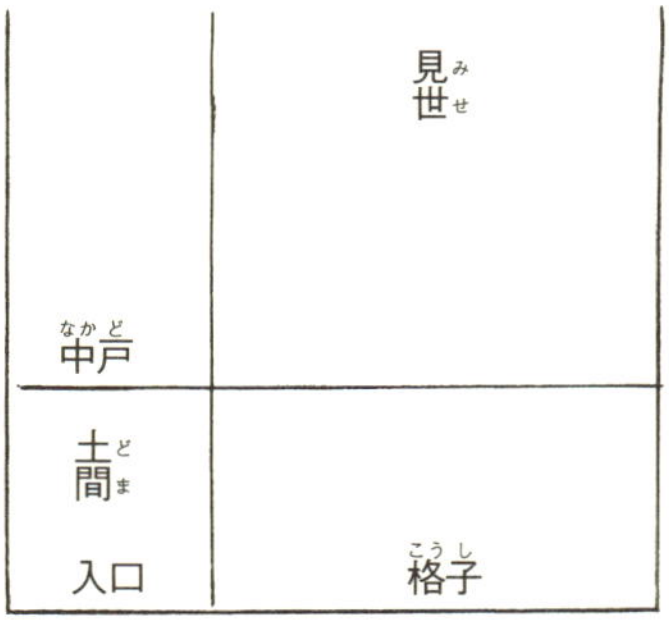

享保（一七一六～三六年）ごろはまだ笄《こうがい》で飾らない

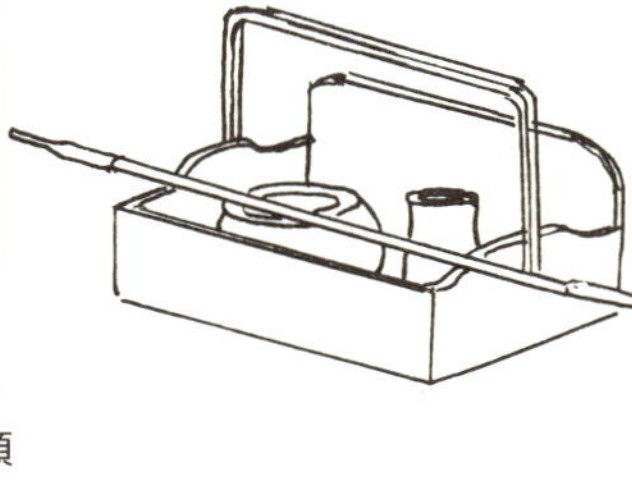

煙草盆《たばこぼん》

## 禿《かむろ》、新造《しんぞ》、芸者

禿《かむろ》は、幼いときに遊里に売られた少女で、毛の長いお河童《かっぱ》頭をしていて、髪が伸びると島田まがいの髪形にして花簪《はなかんざし》やピラピラを付け、振袖姿の袖口に房《ふさ》飾りなどをした。

十四、五歳になると、振袖新造《ふりそでしんぞ》（振新《ふりしん》）といって姉花魁《おいらん》の見習いとなり、髪を島田に結って櫛《くし》や笄《こうがい》を付け、帯も前結びにして長く垂らした。裾を長く引きずるので、外を歩くときは褄《つま》を持って引き上げた。やや一人前と認められるようになると、まだ花魁のような打掛《うちか》けは着られないが、懇意の客を取ることもあり、その場合は部屋を与えられた。旦那が付いて花魁になることもあった。また、古参になっても遊女として認められず、姉花魁に仕えている場合は、振袖から留袖に変えて、遣手《やりて》のように、姉花魁の諸事をつかさどる役になる。これを番新《ばんしん》（番頭新造《ばんとうしんぞ》）といった。

遊女は禿、新造のうちに音曲舞踊を厳しく仕込まれるので、客から踊りや歌、音曲を望まれると、すぐに応じることができた。ただ、江戸中期ごろになると、客に応対する躾《しつけ》だけになり、遊女の多くは芸事ができなくなったため、置屋《おきや》（後に揚屋《あげや》となる）は別に芸者（芸妓《げいぎ》）を抱えるようになった。これを内《うち》芸者といい、内芸者がいない家は、客の要請に応じて廓《くるわ》内の芸者を呼ぶようになった。

芸者は音曲舞踊のみで売春をしてはならず、それを破ると廓から追放された。このため、江戸市中で開業する芸者が増え、吉原の管轄外であったため売春も行うようになった。江戸時代の芸者が遊女と同じと思われがちなのはこのためである。

芸者は二十五歳を満期として置屋に抱えられていて、それ以後は「自前《じまえ》」といって独立した。芸者が客や揚屋に呼ばれると、古くは妹芸者が三味線を入れた箱を抱えて（京阪では三味線を三つに分解して白い桐箱に収めて抱えた）従った。後には芸者組合で雇った男衆《おとこしゅう》が芸者に付き添って世話を焼くようになり、三味線箱も持ったので、箱屋《はこや》と呼ばれるようになった。

留袖新造《とめそでしんぞ》（番新《ばんしん》）

振袖新造《ふりそでしんぞ》（振新《ふりしん》）

禿《かむろ》

芸者と箱屋《はこや》

芸者と三味線《しゃみせん》箱《はこ》持《も》ち

# 局《つぼね》見世《みせ》、切《きり》見世《みせ》など

吉原より低級で安価な遊里に、局見世や切見世があった。吉原の中の羅生門河岸《らしょうもんがし》寄りにもあったが、庶民にも親しみやすかったので、江戸のあちこちに非公認の店ができた。

局見世は、深川網打場《あみうちば》（松村町）、深川あひる（佃《つくだ》町）、半長屋、新長屋、本所六尺長屋、二笠町長屋、浅草三十三間堂跡の前、根津の長屋、音羽の桜木町、四谷軸谷、三田の三角、麻布の藪下、市兵衛町、谷中のいろは茶屋などがあった。

狭い土間の入口と三帖から四帖半の小部屋がある長屋仕立てで、遊女は、江戸城大奥の局《つぼね》のように、狭い部屋を一部屋ずつ与えられていた。たいてい狭い路地をはさんで一郭をなし、外郭は黒板塀で囲まれていた。商店の独身番頭や裏長屋の独身男性、武家屋敷の奉行人など下級の身分の者が遊びに行った。地回りのやくざが客を誘ったり、ひやかしを追い払ったり、争いごとが起きると仲裁したりして、遊女から手数料を取っていた。

江戸中期ごろ、本所大橋近くの安宅《あたけ》が原に切見世が密集し、安宅の切見世として知られていたが、文政年間（一八一八〜三〇年）に事件があり、幕府も黙認できなくなって取り払われた。また、本郷の大根畑にも切見世ができ、俗に大根畑といわれた。この近くには武家奉行人が住む三一《さんぴん》長屋があった。三一というのは博徒用語で、程度の低い侍のあだ名である。その長屋の裏にできたので、四六（さいころの目の三一の裏）とも呼ばれた。

また、四宿《ししゅく》（東海道の品川、甲州街道の新宿、中山道の板橋、奥州街道の千住）では、宿屋の飯盛女《めしもりおんな》という名目で黙認されていた。

このほか、江戸には見世に雇われない売春婦も多かった。夜鷹《よたか》は平安時代からあり辻君《つじぎみ》とも呼ばれた。ほかに、白湯文字《しろゆもじ》、化契《けちぎり》、蹴転《けころ》（下級芸者）、船饅頭《ふなまんじゅう》、家鴨《あひる》、惣嫁《そうか》（京、大阪）、引張《ひっぱ》り、提重《さげじゅう》、綿摘《わたつみ》、熊野《くまの》比丘尼《びくに》、蓮葉《はすは》売り、枝豆売り、倹飩《けんどん》、麦湯売りなど、なかには物売りを兼ねたものもあった。

局《つぼね》見《み》世《せ》の入口

客の争いをさばく地回りのやくざ

本郷の大根畑

江戸の農民の暮らし――❶

# 江戸の農地

徳川家康が江戸に入府したのは天正十八年（一五九〇年）八月朔日《ついたち》であるが、そのころは江戸城の周辺にだけ町があり、後は原野やたくさんの沼沢地、田畑が広がり、農民・漁民が暮らす寂しいところであった。

江戸幕府が開かれてから幕府直参《じきさん》の武士が集まり、全国の大名屋敷ができ、全国から商人などが集まってくると、原や田畑がつぶされ、池沼や江戸湾の沿岸部が埋め立てられて、しだいに市街が拡大していった。俗に八百八町といわれるが、江戸末期には千六百六十六町があり、人口約百万人余の世界一の大都会となった。しかし、そのころでもまだ三分の一ほどは農地が残り、たくさんの農民が暮らしていた。江戸の町民は江戸町奉行の支配下に置かれたが、農民は勘定奉行《かんじょうぶぎょう》、また寺社地は寺社奉行、幕臣は目付《めつけ》、大名家は大目付の管轄下に置かれた。

当時の江戸府内は、東海道の出入口である品川宿、甲州街道の四谷大木戸、中山道の板橋宿、奥州街道・日光街道の千住宿をつないだ線の範囲内であった。また江戸城を囲んだ市街地を江戸市内としたが、この中にも田畑があり、農民や漁民が住んでいた。

たとえば、嘉永六年（一八五三年）の江戸の切絵図『今戸、箕輪、浅草絵図』を見ると、当時の繁華街である広小路、浅草観音堂などの寺院、遊蕩児が遊びに行く新吉原、芝居小屋が五座あった聖天町も、一歩裏に入るとほとんどが田畑である。小日向、本所、目黒、千駄ヶ谷、雑司ヶ谷、巣鴨、日暮里など江戸城から少し離れると、町屋があるのは往来に面したところだけで、裏は田畑であった。だいたい江戸初期で三分の二、中期で約半分、末期でも三分の一が田畑で、それだけ多くの農民が住んでいたことになる。

当時は全国的に農耕具が発達した時期で、江戸の農民の生活や道具、行事などにも、他の地域の農民と共通する部分が多い。このため、この「江戸の農民の暮らし」の項では、江戸時代に全国的に見られた農家・農民の様子を含めて紹介することにしたい。

『今戸、箕輪、浅草絵図』（嘉永六年〔1853年〕）より一部抜粋

# 江戸府内の農民の監督と組織

江戸府内にはかなりの広さの農地があった。五街道や主だった通りには屋敷や寺社、商店が並んでいたが、少し離れるとほとんどが農耕地であった。

文化七年（一八一〇年）に完成した『新編武蔵風土記稿』巻の九、豊島郡の項を見ると、米の収穫高が、正保（一六四四～四八年）の調査で二万八千九百七十石とある。元禄（一六八八～一七〇四年）の調査では四万四千百五十石であったが、田畑はしだいに縮小されていく傾向にあったので、田畑よりの収穫は激減した。元禄十年（一六九七年）の米の収穫高を見ると、麻生地区（惣反別三十五町一反八畝）三百四十石三斗一升六合、桜田地区（惣反別五町八反七畝十二歩）六十四石六斗一升四合、飯倉村百四十九石七斗六升、渋谷村六百八十八石六斗とある（一石は十斗で、約百八十リットル）。下谷村では百十石七升三合あったのが、後に十三石六斗八合と大きく減っている。これは急激に町屋が増えたためであろう。小石川村がわずか七十四石なのは、大名、旗本の屋敷が多くなったからである。

江戸府内の農民は勘定奉行《かんじょうぶぎょう》の支配下にあった。勘定奉行配下の代官が数人責任者となり、検地、収納、訴訟を担当した。その命で、村の自治は、数村を兼帯する名主や一村だけの名主に委任された。

代官の下には手付《てつけ》、手代《てだい》、並手代などがおり、名主に命じて毎年、人別帳《にんべつちょう》（戸籍簿のようなもの）を作らせた。名主（地方によって庄屋ともいう）は検見《けみ》に立ち会い、貢納の責任を負う。また、品川、新宿、千住、板橋の四宿は、まわりの数村をまとめて親村といい、付属する村を子村といった。

農民はほとんど自分の耕作地を持つ自作農であったが、土地を借りて耕作する小作農もあり、これを俗に水呑百姓《みずのみびゃくしょう》といった。

農民は勘定奉行が支配したが、農業をやめて家主になるか商業に転じれば江戸町奉行所の支配に入った。農地の減少に伴って、江戸府内の農民はしだいに町奉行支配下の町民に変わっていったのである。

➡関連項目「町奉行と町年寄・名主・家主・店子」2ページ

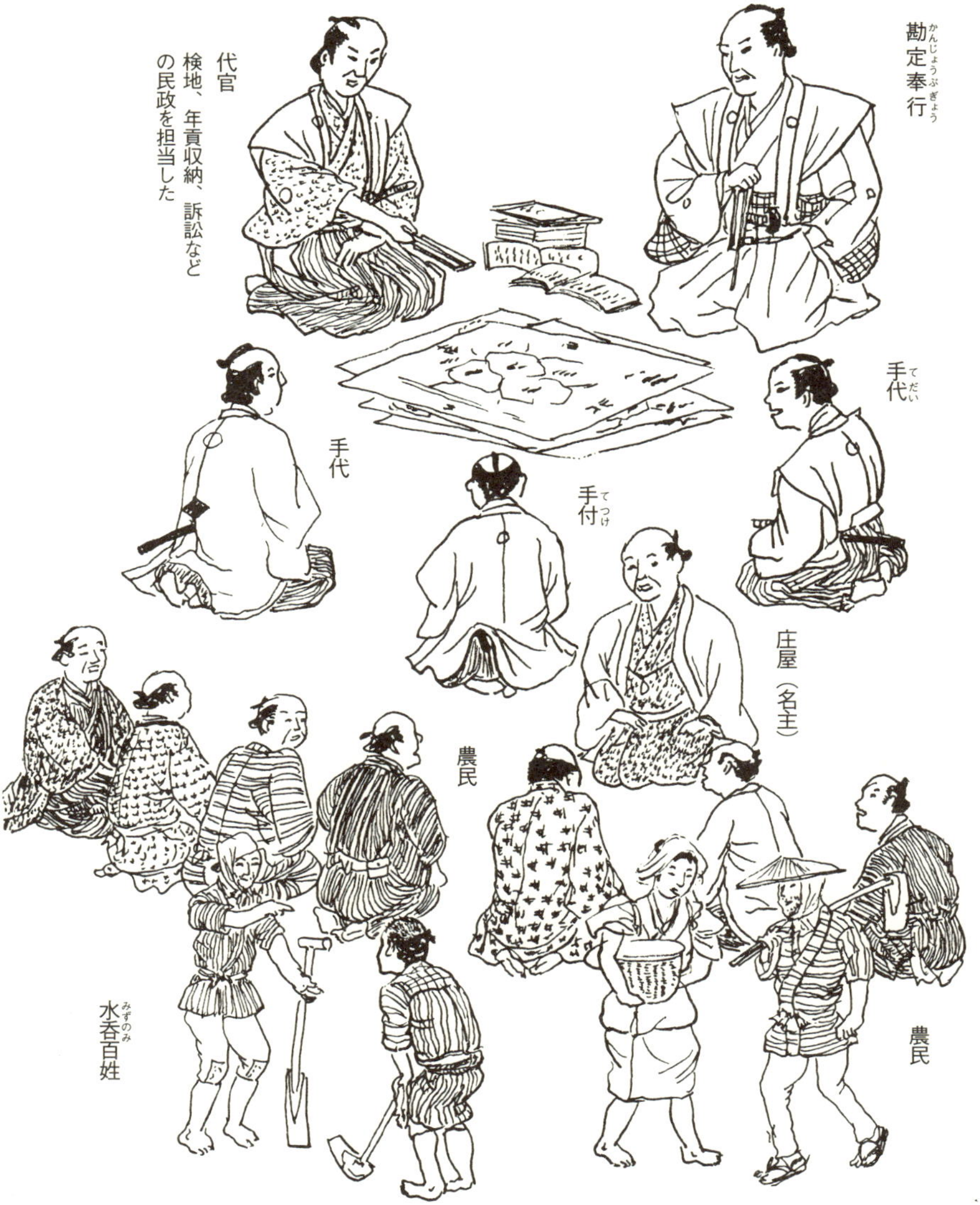
勘定奉行《かんじょうぶぎょう》
代官
検地、年貢収納、訴訟などの民政を担当した
手代《てだい》
手代
手付《てつけ》
庄屋（名主）
農民
水呑《みずのみ》百姓
農民

# 庄屋

農民は武士の禄高を生産する立場にあるので、貢納《こうのう》の多寡によって自然と階層が生まれた。村で広い土地を所有し、最高の貢納をする者は名主《なぬし》と呼ばれた。

庄屋というのは村の役所のようなもので、一村の自治と検地、貢納、宗門改め《しゅうもんあらため》、人別帳《にんべつちょう》に関して責任を持ち、村内の軽い犯罪の裁決権も持っていた。本来、名主とは別のものであるが、だいたい名主が庄屋の役割をし、勘定奉行《かんじょうぶぎょう》・代官の支配を受け、村長《むらおさ》として村内の貢納の責任と自治権を持った。

庄屋（名主）は勘定奉行などの武士と密接な関係にあるので、その家も一般の農家より大きく、屋敷構えが多かった。貢米《こうまい》のさいに利用する広い敷地には、生け垣や土塀をめぐらし、武家屋敷に似た長屋門《ながやもん》を構え、武士の来訪にふさわしいように玄関や座敷も広かった。屋根は藁葺《わらぶ》きもあったが、広く複雑なため瓦葺きも多かった。土間にあたる部分も広く、厩《うまや》、唐臼《からうす》部屋、竈《かまど》屋、流し、浴室、広敷《ひろしき》、料理の間などがあった。囲炉裏《いろり》部屋があるものは少なく、主に火鉢や炭で暖をとった。家族のための座敷の数も多く、そのほかに仏間、納戸、女中部屋などがあった。便所は外にもあったが、屋敷の中の廊下の奥あたりにも付属していて、外に出なくても済むようになっていた。また武士の来訪に応対できるように、式台付き玄関や床の間のある座敷もあったから、一般農民の家の三、四倍も広かった。訪ねてくる武家と、村内の農民の出入口は区別されていた。

長屋門は「曰窓《いわくまど》」（横木が入って曰の字に似た窓）のある壁と大扉の門で、この建物は下男や作男の部屋、倉庫などに用いられた。ときには屋敷のまわりに小さい堀をめぐらせたり、小作人の家を数軒、置いたりすることもあった。

前述のように、庄屋には村役人としての軽い裁決権も与えられているので、村内の軽い裁きには、出居《でい》の間と土間を臨時の白洲《しらす》（容疑者を呼びだして調べる場所）として、取り調べを行った。村内ではなかなか権威のある存在で、なかには名字帯刀を許される者もあった。

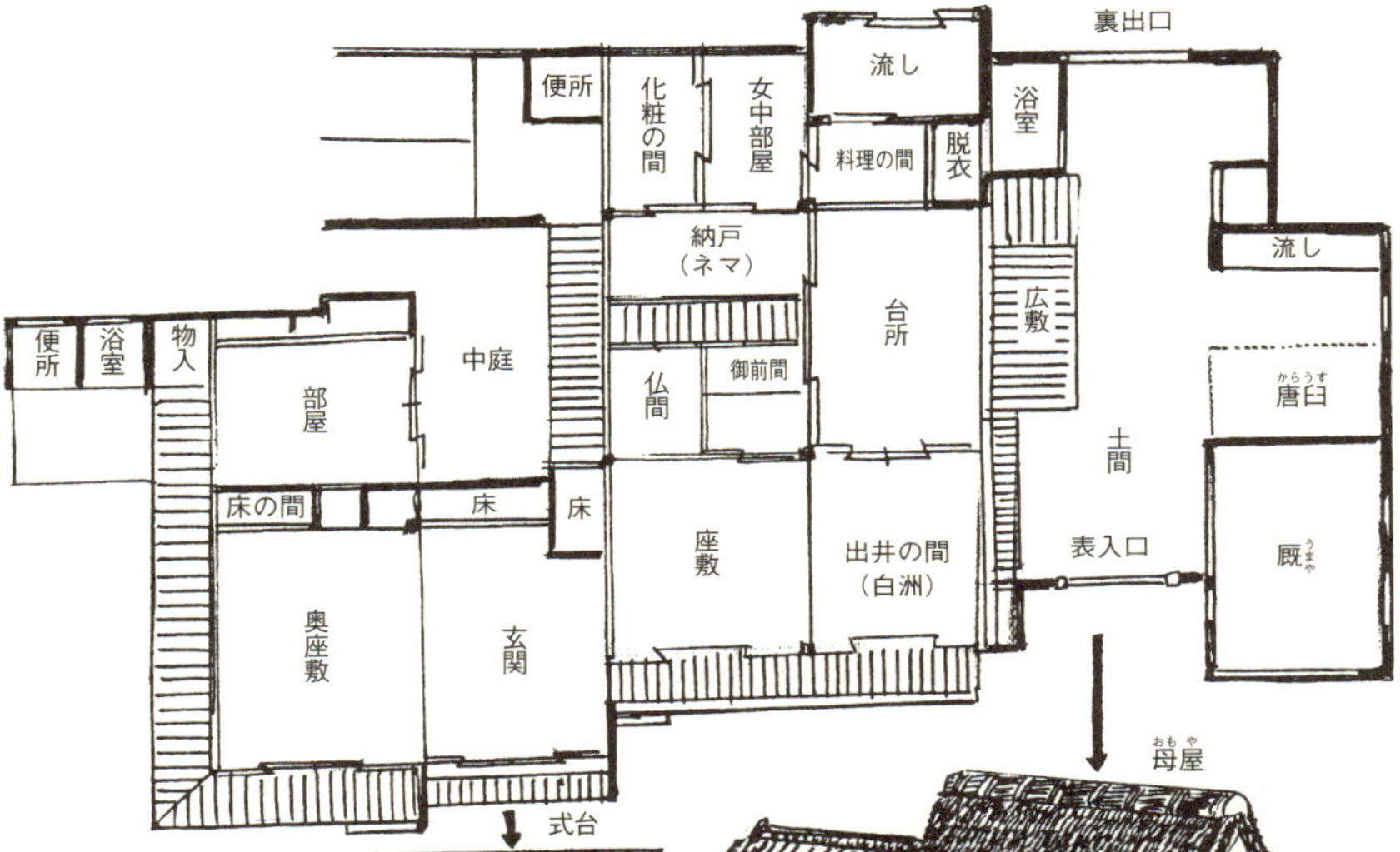


地方の庄屋（江戸も大体同じ）

武士用の玄関

農民の出入口。ときには白洲《しらす》となる

# 農民の住居

地方によっても違うが、農民の住居は藁葺《わらぶ》き（あるいは茅葺《かやぶ》き）の棟の長い寄棟造《よせむねづく》りが多く、棟の端は煙出しになっていた。地方によって、入母屋造《いりもやづく》り、曲屋《まがりや》造《づく》り、二階、三階のある切妻造《きりづまづく》りなどがあった。たいてい生け垣が前庭の南に面して植えられ、左右に牛馬を飼う小屋や、農具の収納と蔵を兼ねた小屋が並んでいた。

関東や江戸府内の農家は、ほとんど藁葺きの寄棟造りで、棟端に煙出しがある。庄屋や豪農を別にすると、南に面した棟の右側に土間があり、ここが出入口である。玄関がないので、客は土間に入って左側の縁側から上がる。土間には積み荷や藁、農具などを置き、またここに筵《むしろ》を敷いて、筵、俵《たわら》、草鞋《わらじ》などを作る作業場とした。

その左側に縁側があり、ここが玄関代わりで、板の間につづいている。板の間には囲炉裏《いろり》といって、中央に約四尺（約一・二メートル）四方の炉が切ってある。炉の灰の中央に五徳《ごとく》があり、天井から下がった自在鉤《じざいかぎ》に鍋などの弦《つる》を掛け、薪《まき》や枯れ枝を燃やして煮炊きをした。囲炉裏端の土間に向かった場所は「横座《よこざ》」といって、一家の主人が座る。ここには筵を敷いた。その左手の「かかざ」は主婦の座で藁編みの円座を、右手の客座には座布団を敷いた。土間を背にしたところは「きじり」といって、嫁が座った。

暖をとるのもこの囲炉裏で、枯れ小枝や細く割った薪を燃やす。煙突がないので、煙は天井の端の寄棟の下部から出るが、むき出しの梁《はり》や柱は煤《すす》けて真っ黒であった。壁は細竹を格子《こうし》に組んで縄でからめ、刻んだ藁を混ぜた壁土を外と内から塗りつけたものである。囲炉裏の奥が台所、西側が座敷、その北側が寝室である。

便所は外にあった。小さい小屋の中に桶《おけ》か甕を埋め込んで、その上に板を二枚渡しただけの簡単なものであったが、糞尿は当時、貴重な肥料であった。

母屋を挟んで両側に藁葺きの小屋がある家もあり、牛馬を飼ったり、倉庫に使っていた。南に面して廊下があるのは、比較的余裕のある農家であった。

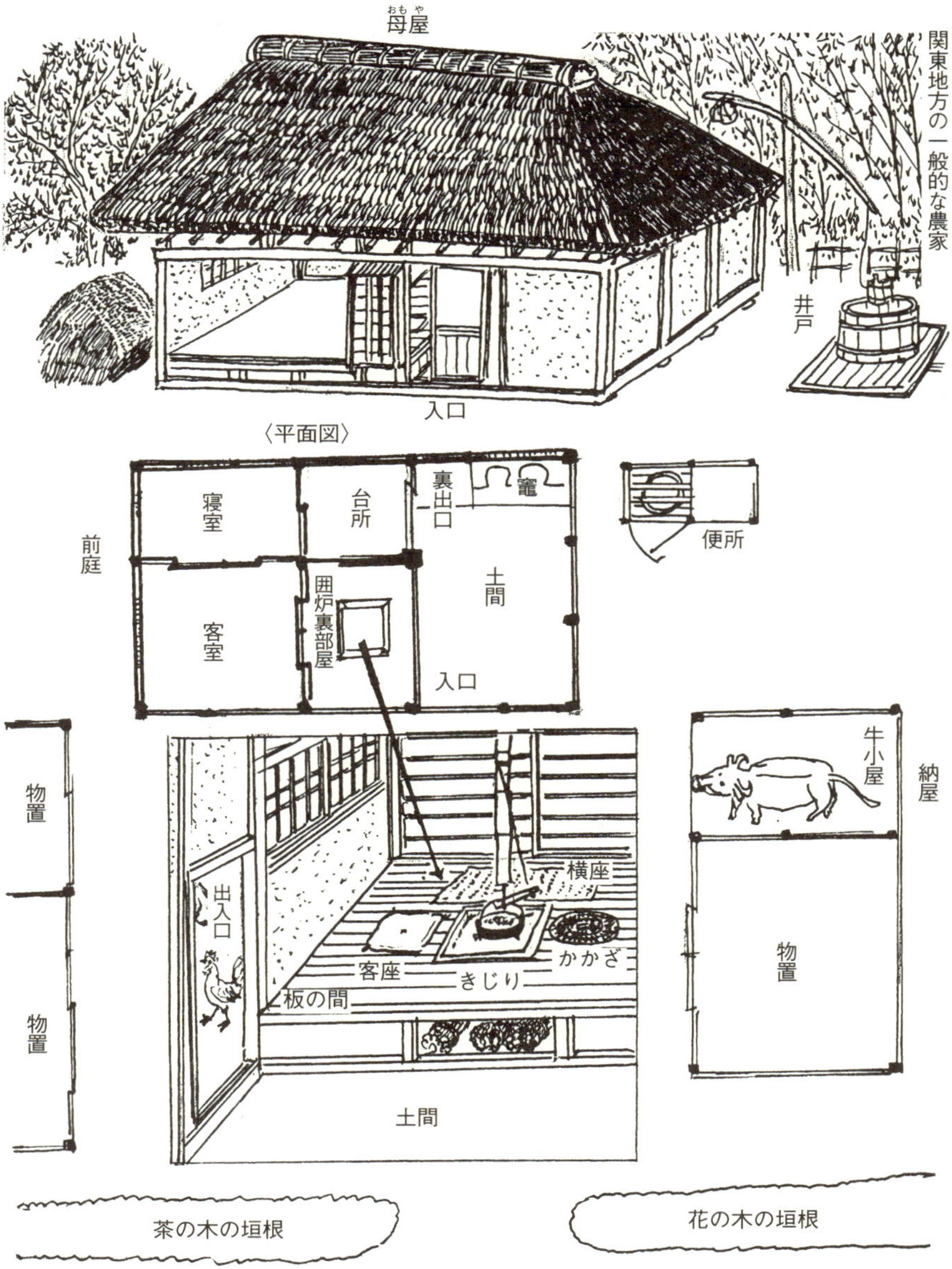

母屋《おもや》
関東地方の一般的な農家
井戸
入口
〈平面図〉
寝室
台所
裏出口
竈
便所
前庭
客室
囲炉裏部屋
土間
入口
物置
物置
牛小屋
納屋
横座
出入口
かかざ
客座
きじり
板の間
物置
土間
茶の木の垣根
花の木の垣根

# 農民の年中行事（一）

農民にとっては、季節の移り変わりや草木の変化、月の満ち欠けなどが農耕の重要な目安となる。当時は太陰暦なので、大晦日《おおみそか》が節分で、正月から春が始まった。

十二月の末になると、農民も武家や町民と同じように新春の準備をした。家中を掃除し、月末近くなると、松飾りやしめ縄を飾り、餅をついた。臼や杵《きね》のない家では、庄屋などよその家から借りてきて、数軒で一緒に餅つきをした。ついた餅は鏡餅にして神前や家の大事な場所に供えたり、正月に雑煮にして食べた。正月飾りを大晦日に飾るのは一夜飾りといって嫌われたので、大晦日の前から飾った。女性たちは、正月に食べるおせち料理を作った。

また、節分会《せつぶんえ》は、太陽暦では二月三、四日になるが、本来は年末の鬼やらいである。大晦日《おおみそか》に一家の主人が家の各所に煎り大豆をまいて鬼を追い出した。年越しの準備が終わったら、家中で年越しそばを食べる。これは江戸町民の風習から来たもので、細く長く幸せであるようにという縁起かつぎである。

子《ね》の九つ時になると、寺院では除夜の鐘を百八つ打つ。これには、百八つの煩悩を払うという意味が込められている。鐘をつき終わると新年になる。まだ暗いが、信仰厚い人は、日ごろ信心している寺社に初詣《はつもうで》に出かける。日の出には、家族そろって太陽を拝み、一家の主人は井戸に行って、その年最初の水を汲む。これを若水汲《わかみずく》みという。

おせち料理は、蒸し勝栗《かちぐり》、昆布巻き、ごまめ、ごぼう・人参・蓮根・芋・くわいなどの煮物で、これと雑煮を正月の六日まで食べ、七日朝には七種の草を入れて煮た七草粥《ななくさがゆ》を食べる。この日までが松の内で、松飾りなどは翌朝、取りはずした。

十五日までを大正月といい、以後月末までを小正月というが、農民は小正月のうちに、その年の農耕の準備を始めた。この間、地方によってさまざまな正月の行事があるが、江戸府内の農民の行事は、だいたい町民にならったものである。

➡関連項目「一月の行事」304ページ、「十二月の行事」326ページ

暮の餅つき

門松しめ飾り

神棚に鏡餅を供える

節分の豆まき

除夜の鐘を聞く

主人が若水《わかみず》を汲む

# 農民の年中行事（二）

旧暦の二月は寒さもやや緩み、そろそろ耕作の準備に忙しくなる時期であるが、農民は時節の行事を大切にした。

二月の最初の午《うま》の日は、「初午《はつうま》」といって稲荷《いなり》神社の祭りである。稲荷神社は土地神であるから、神社のなかでも数が多い。武士、町民、農民の住むところには必ずあるが、とくに農民は豊穣を願って奉饌《ほうせん》して祝う。「正一位稲荷大神」の幟旗《のぼりばた》を新調し、村中の者が集まって太鼓を叩いて遊んだ。

また、この月には春分があり、その前後三日間が春の彼岸である。本格的な農耕を始める決意の農耕儀礼として、庄屋に挨拶に行ったり、質素ながらも料理を作って近所に配り合った。これは町民の風習をまねたものである。

三月初めの三日間は雛祭りである。日本独特の式日である五節句（人日《じんじつ》、上巳《じょうし》、端午《たんご》、七夕《たなばた》、重陽《ちょうよう》）のうちの上巳で、女児の祝いである。町民にならって一日から三日まで、紙雛や土製の雛を作って飾り、桃の花などを供えた。四日になると雛人形に身の穢れを移して川に流す。裕福な農家では、江戸市内の十軒店《じゅっけんだな》、人形町、尾張町などの雛市にでかけていって上等な雛人形を買って飾るが、これは流さずに毎年用いた。

また、例年三月三日は大潮で、江戸湾の海水が大きく退くので、深川の洲先《すざき》、品川の沿岸に近い農家では、潮干狩りをして蛤《はまぐり》、あさりなどを採った。そろそろ桜の花が咲き始めるので、村人は隅田川堤、飛鳥山《あすかやま》、道灌山《どうかんやま》、浅草寺《せんそうじ》境内などに、誘い合わせて花見に行った。

四月八日は、お釈迦様の誕生日として各寺で花祭りが行われた。参詣してお釈迦様に甘茶をかけ、残りは竹筒に入れて持って帰る。それで墨をすって「五大力《ごだいりき》菩薩《ぼさつ》」と紙に書き、衣類の間に入れておくと虫食い防止になり、また門口に貼っておくと毒虫の侵入を防ぐといわれた。陽気がよくなり、農耕にも忙しい月である。

➡関連項目「二月の行事」～「四月の行事」306～311ページ

二月の初午《はつうま》　稲荷神社に豊作を祈願する

二月初午の日に庄屋に挨拶

三月雛祭り　終わったら川へ流す

三月　大潮の引いた磯で潮干狩り

四月八日花祭り（灌仏会《かんぶつえ》）

甘茶で墨をすって「五大力菩薩」と書く

江戸の農民の暮らし――7

# 農民の年中行事（三）

四月になると、江戸の農民は苗の行商に出た。なす、唐辛子《とうがらし》、へちま、瓢簞《ひょうたん》、冬瓜《とうがん》、とうもろこしなど、町民の好みそうな苗を筵《むしろ》包みのみかん箱大の木箱に入れて天秤棒《てんびんぼう》でかつぎ、江戸府内の町屋を売り歩く。ちょうどいろいろな野菜の芽が伸び始めるころで、畑仕事も忙しい時期である。

五月一日から五日までは端午《たんご》の節句である。武家、町民にならって、農家でも武者絵を描いた幟旗《のぼりばた》を立て、柏の葉で包んだ餅を食べた。江戸末期になると幟旗の代わりに吹流し《ふきながし》（本来は吹貫き《ふきぬ》と呼ぶのが正しい）を立てるようになった。また裕福な農家では雛祭りのように五月節句の人形を屋内に飾ることもあり、これもやはり江戸市内の十軒店《じゅっけんだな》、人形町、尾張町などで買ってきた。

このころ苗代の苗を田に植え替えるので、農家は忙しかった。古くは田植えは乙女、女性が行うもので、男性は畦《あぜ》で囃子方《はやしかた》をつとめたが、江戸時代になると男性も一緒に田植えをした。そろそろ梅雨に入るので、男性も女性も耕作に忙しい。

多忙な時期にもかかわらず、富士浅間《せんげん》大権現を信仰する人たちは村で講を作り、夜、講中の一軒に集まって富士講登山の安全の祈りを行ったりした。

また五月二十八日は隅田川の川開きである。夕刻より仕事を休んで、家で花火を見、親しい者どうしで濁《どぶ》酒《ろく》などを飲んで楽しんだ。高層建築がなかった当時は、府内のかなり遠くからでも隅田川の花火を見物できたようである。

六月は盛夏である。農家は炎天下でも田畑の雑草取りにあわただしい。衛生設備が悪く蚊が多いので、夕暮れから蚊遣り《かや》を焚いた。楠や杉の小枝で、もうもうと煙を出して焚くのである。蚊帳《かや》を用いるのは、農家ではかなり余裕のある家だけであった。

富士講信者は、この月に先達《せんだつ》に引率されて富士登山参りをした。

➊関連項目「四月の行事」～「六月の行事」310～315ページ

市内に野菜の苗売り（四月）

端午の節句（五月）

田植え（五月）

田の雑草取り（六月）

富士講登山のお参り（六月）

江戸の農民の暮らし―❽

# 農民の年中行事（四）

七月七日は、五節句の一つの七夕《たなばた》である。江戸の農民も町民にならい、紙に願い事を書いて竹の枝に吊るし、六日の夜から門口に立てた。牽牛織女星《けんぎゅうしょくじょせい》に祈り、八日にはその竹を川に流した。竹藪を持っている農民は七夕用に竹の束をかついで、前日に町を売り歩いた。十三日から十五日は盂蘭盆会《うらぼんえ》である。家の戸口で苧殻《おがら》を焚《た》いて祖先の魂迎《たまむか》えをし、精霊棚《しょうりょうだな》を作って供え物をし、墓参りをして提灯《ちょうちん》を立てる。盆が終わるときにも苧殻を焚いて魂送りをした。

八月に入ると、朝夕は冷気を感じるようになる。稲の雑草をとり除いたりするが、そろそろ米の稔《みの》り加減が気になりはじめる。十五日は満月のお月見である。縁端にすすきや女郎花《おみなえし》を飾り、団子を供え、村の衆が集まって笛や太鼓を鳴らし、盆踊りをして楽しんだ。

九月九日は重陽《ちょうよう》の節句で、夏の単衣《ひとえ》から袷《あわせ》の着物に替える。十三日は十三夜月といって、再度お月見の供え物をした。

この月は、稲の刈り入れをする月である。早稲《わせ》は（立春から数えて）二百十日の前に、中稲《なかて》は秋の彼岸前後に、晩稲《おくて》は土用のころに刈り入れを行う。刈り入れた稲は丸太の枠に掛けて二十日間ぐらい稲干しをして脱穀し、さらに籾《もみ》すり、揺板《ゆりいた》や唐箕《とうみ》を使って玄米にする。これを桝で量って俵《たわら》に詰め、貢納《こうのう》せねばならないので、なかなか忙しかった。甲子《きのえね》の日は初子《はつね》といって大黒天を祀り、二十日は恵比須講《えびすこう》で神社参りをした。

十一月は仲冬《ちゅうとう》といってはや冬である。酉《とり》の日には熊手を売る酉の市が開かれた。もとは葛西花又村鷲大明神社で熊手を売ったものであるが、江戸から十三里もあって遠いので、下谷村田圃の鷲大明神で売るようになった。はじめは落ち葉を掻《か》くための実用的な熊手であったが、しだいに縁起物の飾り熊手になった。二の酉、三の酉がある年もあった。

十二月は一年の埃《ほこり》や煤《すす》を払う月である。竹藪のある農家は煤払いのための竹をかついで町に売りに行った。正月用の飾り物を売る歳の市が開かれ、農民も買い出しに行った。

➡関連項目「七月の行事」～「十二月の行事」316～327ページ

七夕祭り（七月）

盂蘭盆会《うらぼんえ》（七月）

十五夜の月見（八月）

稲の刈り入れ（九月、十月）

熊手売り（十一月）

煤《すす》払い（十二月）

# 米づくり（一）

農民の貢租《こうそ》（年貢）は主として米であったから、農業生産の主力は稲作に注がれた。江戸は平坦地が多いので、ほとんどが水田である。

春の彼岸ごろ、十分に肥料を施して水を溜めた苗代《なわしろ》に、二十日間ほど水に浸した籾《もみ》をばら蒔《ま》きする。約一反歩（九九一・七三六平方メートル）に約一斗（一八・〇三九リットル）ほどを蒔く。まず苗代で苗を育て、一定まで伸びたら水田に植え替えるのである。

春の暖かい時期なのですぐに稲の芽が伸びてくるが、小鳥たちが若芽をついばみにやってくるので、案山子《かかし》を立てたり、鳥追いをして番をする。また、成長がよくなるように糞肥を施す。化学肥料のない当時、人糞は貴重な肥料で、武家や町民の家から野菜と交換したり、買い取ったりして肥溜《こえだめ》に保管し、これを苗代に撒《ま》いて苗の発育を促した。

そして、田圃に苗を植えるためには、冬の間乾いて固くなった土を耕さなければならない。去年刈り取った稲株を鎌《かま》で割り切り、備中鍬《びっちゅうぐわ》や風呂鎌を用いて荒起こしし、鋤《すき》、鍬《くわ》や牛馬を使った犂《すき》で田の土を軟らかくしていく。そこに糞肥や油粕《あぶらかす》、干鰯《ほしか》を均等に撒き、田の面に高低ができないように鍬などで土の塊などを砕いて平らにし、台所の流しの水を溜めたものなどを撒く。そして、田に入れた水が漏れないように畦《あぜ》を作る。こうして手数のかかった土を作り、苗が植えやすくなったところに、小川や池から水を流し込む。

水の管理は重要で、田の畦の一か所を切って水路から水が流れ込むようにしてあり、田が連続してあるところでは上の田から次々にうまく流れ込むように畦の水口を開けてある。減水期には、田の持ち高に応じて刻割にし、昼夜にわたって水番をした。また雨量の少ない地方では、天水を溜めておく天水田を作って干ばつに備えた。それでも干ばつで水が足りないと、村民どうしで水争いが起きることもあった。

田に水が満ちると田植えにかかる。苗代に蒔いて芽の出た籾は、三十日ほどで手で握れるくらいの苗に生長するので、これを抜いて畚《もっこ》に入れ、天秤棒でかついで田圃まで運ぶ。ここまでは男の仕事であった。

籾を二十日間ほど水に浸す

籾《もみ》を苗代《なわしろ》にばら蒔《ま》く

新芽を荒しに来る鳥を追う

糞尿の肥料を撒《ま》く

稲株をとって田をならす

馬を使って代掻《しろか》きをする

# 米づくり（二）

四月ごろから田植えが始まる。多くは女性の仕事であったが、江戸時代には男性も一緒に田植えをした。

苗の間隔をきれいにそろえて植えるためには、ずらっと並んで植えていかなければならない。泥沼のようになった田圃の中で腿まで軟らかい泥に浸かって、後ずさりしながら、片手に持てるだけの苗束を握り、もう一方の手で数本ずつを泥水の中に突っ込んで植え付けていく。一日中かがんで中腰で作業するので、かなりの重労働であった。広い田地を所有する農家では数日を要した。

田植えが終わって七日ほどしたら、稲株の間を鍬《すき》で打ち起こすようにして、稲の根本のほうに泥を掻き寄せる。田の水が足りないと枯れたり倒れたりするので、水が涸れないように気をつけなければならない。土地によっては踏車《ふみぐるま》や、二人がかりで取り桶《おけ》（ふりつるべ）を使って田に注水を繰り返す。竜骨車《りゅうこつしゃ》や搯巻《くるまき》を使う土地もあった。また、干鰯《ほしか》の粉や留肥《とめごえ》（糞肥料）を与え、夏の暑い盛りには稲に混ざって雑草が繁茂するので、月に三回ぐらい除草をする。

稲が順調に育つかどうか、害獣や害虫に荒らされはしないかは、いまでも農家にとってもっとも気になるところである。江戸には猪や鹿は滅多にいないが、狐、狸、兎などが田を荒らしにくるのを防ぐために、雑木林に近い田では鹿垣《ししがき》を作った。また、野鳥が稔《みの》りかけた稲をついばみにくるのを防ぐため、案山子《かかし》を立てたり、鳴子を付けた縄を田圃の真ん中に結びつけて、ときどき鳴らしたりした。

この夏の季節がもっとも大切で、稲の生育の様子から豊作か不作かがわかる。米納の予測を立てるために代官や手代《てだい》などが検見《けみ》にやってきた。

やがて稲が稔るころになると、蝗《いなご》などの害虫がたくさん涌《わ》くので、これを退治するために田圃の所々で松《たい》明《まつ》（本当は篝火《かがりび》）を焚《た》いたり、虫追いをしたり、油と酢を煮て稲の葉に塗ったり、藁箒《わらぼうき》を水に浸して振り回したりした。この稔りの時期は、農家にとって一番の心配は干ばつで、往々にして水争いが起こった。

田《た》植《う》え

鍬《すき》で稲株の間の土を軽く打ち起こす

踏車《ふみぐるま》で田へ水を入れる

稲の中の雑草を取る

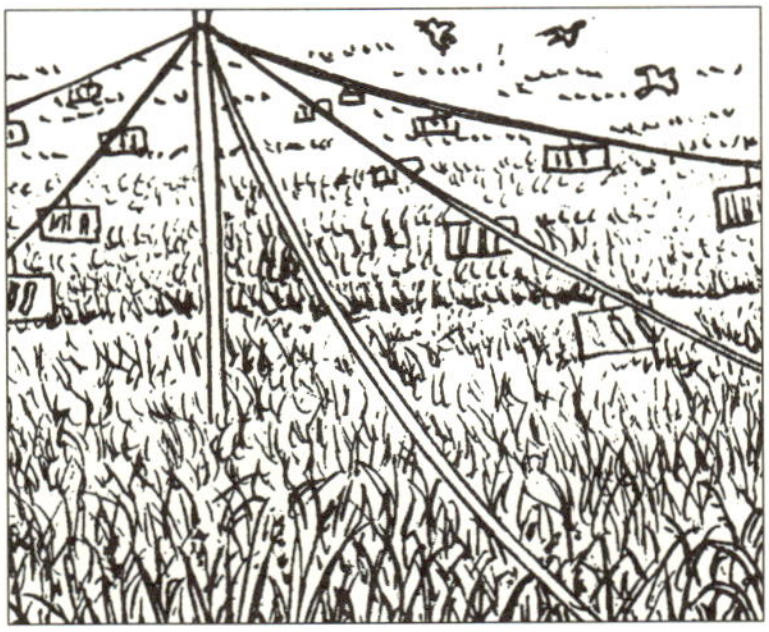

鳴子を鳴らして鳥を追う

篝火《かがりび》を焚《た》いて蝗《いなご》を集めて退治する

江戸の農民の暮らし――⑪

# 米づくり（三）

稲が熟成して刈り入れをするのは、早稲《わせ》で立春から数えてだいたい二百十日ごろ、よく秋台風が来るころである。中稲《なかて》は秋の彼岸（九月二十三日前後）のころ、晩稲《おくて》は土用前（立秋の十八日くらい前）からである。

土地の肥瘦や地形などによって稔《みの》りの多いところと少ないところがあるので、同じ面積でも当然収穫高は違う。そこで一応、上々田（すこぶる稔りの良い田）、上田（やや稔りの良い田）、中田（一般的に同じように穫れる田）、下田（一般よりやや少ない穫れ高の田）、下々田（もっとも穫れ高の少ない田）の五段階に分けられていた。これは一反あたりの収穫高による区分で、上々田は籾米《もみごめ》で三石二斗、上田は三石、中田は二石六斗、下田は二石二斗、下々田は一石八斗である。陸稲《おかぼ》だと上々畑で一反につき二石八斗、上畑は二石六斗、中畑は二石二斗、下畑は一石八斗、下々畑は一石四斗である（いずれも一石は十斗で、約百八十リットルにあたる）。

稲の刈り入れは主として男性の労働であった。田の水を抜いてから、稲の元のほうを一つかみして鎌で刈り取る。それを十握りぐらい束にして、丸太を組んだ枠に穂を下にして掛け、二十日間くらい日にさらす。このため、秋になると畦《あぜ》や田圃に稲掛けの枠が並んだ。

干した稲は家の前の庭（空き地）に運んで、稲扱《いねこ》きをする。筵《むしろ》を敷いた上で、扱箸《こきばし》（竹を割いて作った十五センチぐらいのもの）を使って、手作業で穂から籾をしごき取るのである。江戸後期ごろから千歯《せんば》扱《こ》きという道具が使われるようになり、この作業をかなり能率的にできるようになった。これは、鉄でできた櫛の歯状のものをはめた板を適当な高さに置いて、この歯に稲穂をかませてしごき、籾米を下に落とすものである。

この段階では、米はまだ籾殻《もみがら》で被われているので、次に籾すりをして玄米にする。籾すりは、籾米を両側に紐の付いた磨臼《ひきうす》に入れ、二人で向かい合って交互に紐を引く。すると磨臼が回り、下に据えた臼の間から籾殻と玄米がまわりにこぼれた。

➡関連項目「米づくり（四）」362ページ

稲の刈り入れ

稲干し（稲掛けにかけて二十日ほど干す）

稲扱《いねこ》き（扱箸《こきばし》で稲の籾を取る）

千歯《せんば》扱《こ》きで稲の籾を取る

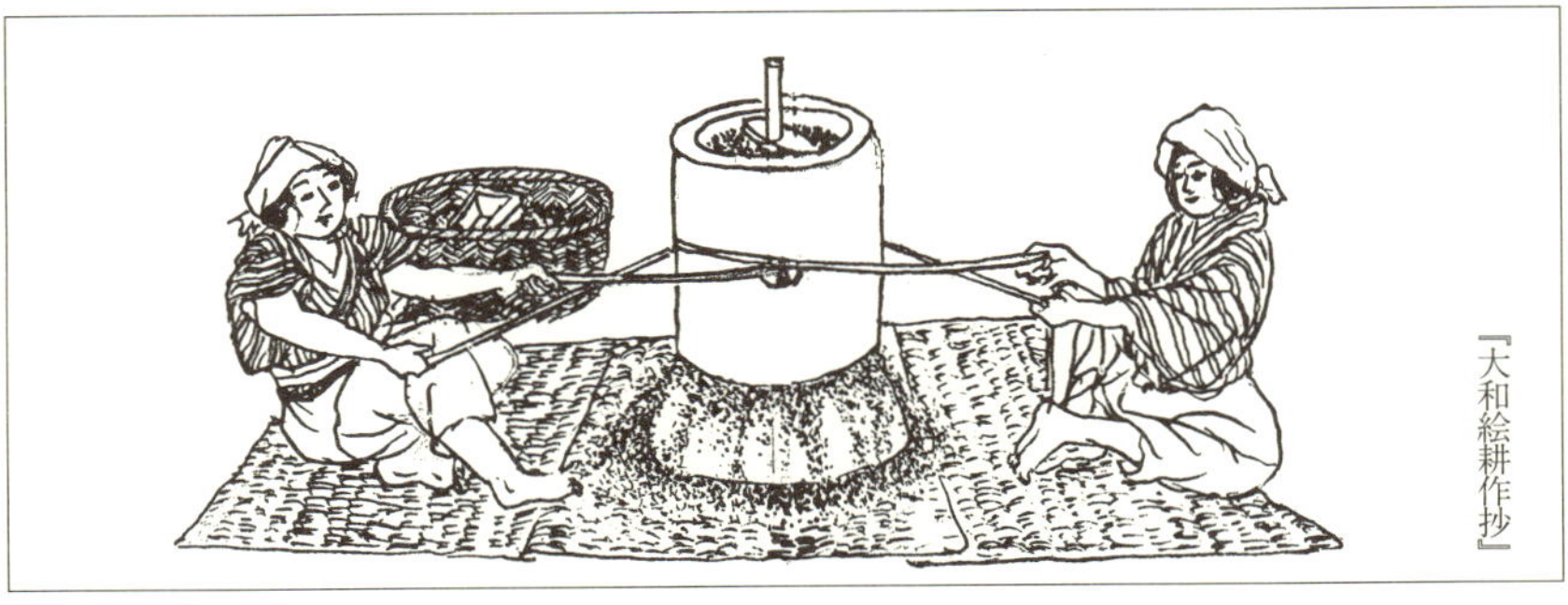

籾《もみ》すりで籾殻《もみがら》をとる

『大和絵耕作抄』

# 米づくり（四）

籾から籾殻《もみがら》をとり除いて玄米にするには、前項で紹介した臼のほかに唐棹《からさお》を使う方法もあった。

唐棹というのは、長い棹の先に一メートルほどの竹や木の小棒を回転するように付けたものである。筵《むしろ》の上に集めた籾米《もみごめ》の山をこの棒で叩くと、小棒が回転する衝撃で米粒から殻がはがれる。くるり、連枷《れんか》ともいった。また、籾すりの臼で、上臼に取っ手を付け、これを吊るした棒につないで、棒を前後に押すことで臼を回転させるものもあった。

こうして殻をとった玄米には、籾殻や塵芥が混ざっているので、選別をする必要がある。これには、箕《み》や篩《ふるい》を使った。

籾殻の混じった米粒を箕に入れて上に放り上げるように揺すると、塵芥や籾殻が風で飛ばされて玄米だけが箕に残る。箕の代わりに藤の繊維で編んだ篩を使うこともあった。また、篩にかける方法では、檜《ひのき》の薄板の枠に玄米だけが通る網目の底を付けた篩（「ゆり板」ともいう）に、籾殻や塵芥の混じった米粒を入れ、両手で揺すって玄米だけを網目から下にこぼし落とした。ただし、これらの方法ではいずれも一度に少量ずつしか処理できない。

そこで発明されたのが唐箕《とうみ》や千石簁《どおし》である。唐箕は木製の機械で、取っ手を回して風車式翼のある車を回転させると、機械の内部に風が起きる。そこに、上部にある末広がりの桝から籾殻の混じった米粒を入れると籾殻が吹き飛ばされ、玄米だけが下に落ちる仕掛けになっていた。

千石簁（万石簁ともいう）は、斜めに傾斜した板枠に玄米だけが通るような網目を付けたもので、上部の桝から籾殻の混じった米粒を流すと、それが滑り落ちるあいだに玄米だけが下にこぼれ落ちる仕掛けになっていた。いずれも玄米と籾殻を分離させるには便利な機械で、少し裕福な農家はこれらを使った。

江戸時代は農業技術が進歩した時期で、このような籾米を脱穀するための便利な機械もいろいろ発明されて全国に広まった。

➊関連項目「米づくり（三）」360ページ

唐棹《からさお》を使って籾を取る

箕《み》を使って籾殻《もみがら》を飛ばす

千石簁《せんごくどおし》に流し籾殻と玄米を分ける

篩《ふるい》を使って籾殻と玄米を分ける

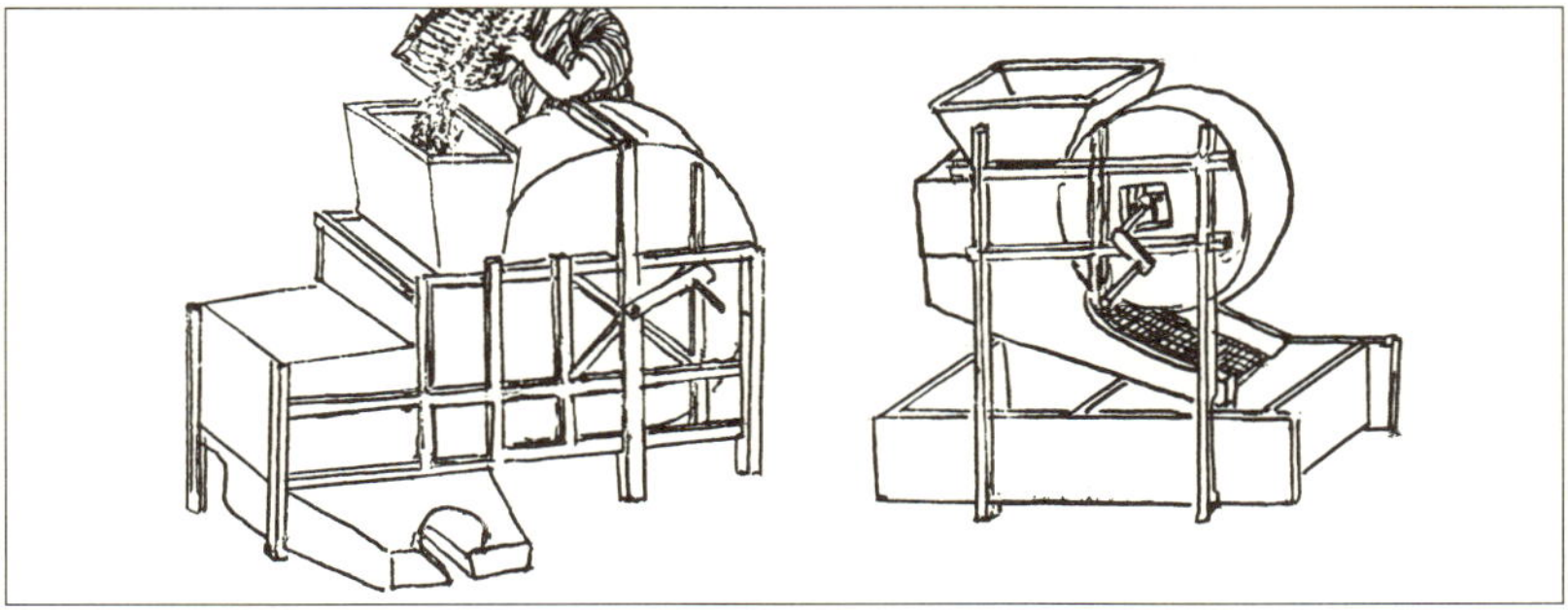

唐箕《とうみ》の機械設備
（風力で籾殻と玄米を分ける）

## 米の貢納《こうのう》

農民のもっとも重要な義務は貢納で、これは米を俵《たわら》に詰めて納めた。

籾殻《もみがら》を除いた玄米を筵《むしろ》を敷いた上に集め、それを一升桝《ます》、五合桝、一合桝で量《はか》りながら俵に詰めていく。俵は、あらかじめ藁《わら》編機を使って藁で作ったもので、底は藁の桟俵《さんだわら》でふさいである。これに枡で量った玄米を詰めるが、だいたい四斗を限度とし、詰め終わったら別の桟俵で蓋《ふた》をする。上下の蓋を押さえるために四方から十文字に縛り、俵の胴にも三か所巻いて縛り、玄米がこぼれないようにした。

これが四斗俵《びょう》で、俵の数で貢納の量がわかった（五斗俵のところもあった）。これを割り当てられた量だけ庄屋の庭に運ぶ。それを出張してきた代官の手代《てだい》や手付《てつけ》が帳付け、検査するのであるが、その場で俵を解いて玄米を筵に広げ、検査したり、桝で量り直すこともあり、手間がかかった。

何石と納めるので俵の数も多く、馬の背の両側に一俵ずつ乗せて運ぶか、荷車に数俵載せて二人がかりで運んだりした。幕府直轄領であれば一時庄屋の蔵に保管した後、浅草にある幕府のお蔵に納めた。寺社領であれは寺社の倉庫に納めた。一つの村で貢納が終わるのに数日かかった。

貢納は、農民にとってたいへんな労苦であった。これまで見てきたように米づくりには非常な手数と労力を要するが、四公六民、領主によっては五公五民で、手元に残るのは半分ほどであり、そこから翌年の生産のための籾付き米を確保しておかなければならなかったので、食料として農民たちの口に入るのはわずかなものであった。さらに、他人の土地を借りて耕す小作人は地主にその中から借り賃を払わなければならず、水呑《みずのみ》百姓と呼ばれたように、米の生産者でありながら自らはなかなか米が食えない者も多かった。

米を生産する合い間に、農民は畑でいろいろな野菜を作り、自分たちで食べるだけでなく町民や業者に売り、金銭を稼ぐこともあった。

玄米を俵《たわら》に詰める

貢米《こうまい》を運ぶ

貢米の検査を受ける

## 野菜づくり

江戸府内でも近くに川がなく水利の不便な場所では、畑（陸田《りくでん》ともいう）に陸稲《おかぼ》や大麦、小麦を栽培して年貢米の代わりとすることもあった。小麦は粉にしてうどんやすいとんにしたり、米に混ぜて食料としていた。

穀類だけでなく、畑ではいろいろな野菜や根菜、豆類などを栽培していた。里芋、八つ頭、長芋、自然薯《じねんじょ》、とうの芋、つくね芋、薩摩芋《さつまいも》、人参、ごぼう、らっきょう、にんにく、葱、にら、茗荷《みょうが》、芥子菜《からしな》、唐菜《とうな》、白菜、菜《な》、大豆、小豆《あずき》、隠元豆《いんげんまめ》、えんどう豆、なた豆、そら豆、ささげなどで、農民はこれらを田仕事の合い間に作り、副食物にしたり、八百屋市場《やっちゃば》に運んで売ったりした。菜種は実を絞って菜種油にし、灯油用に油問屋に売ることもあった。また、胡麻《ごま》もそのまま食料とするほかに、絞って胡麻油にするために油屋に売った。

湯島近辺では大根が多く栽培されていたので、のちにここにできた遊里には大根畑という異名がついたくらいであった。また府内のはずれの練馬村で作られた大根は沢庵漬けの材料に用いられて、ここで穫れる大根は俗に練馬大根といわれた。

薩摩芋は飢饉に強く、地味の肥えていないところでもよくできるので、武蔵野全域で栽培された。府外であるが、川越でとくにおいしい薩摩芋が穫れたので、焼き芋のことを十三里ともいった。これは、「日本橋より九里（栗）より（四里）甘い」というしゃれである。また府内の小石川の窪地ではよく茗荷が穫れたので、茗荷谷の地名として残っている。

このほか、農家では畑の際や生け垣代わりに茶の木を植え、新芽をつんで茶にして副業とした。

このように農家では、米のほかにいろいろな野菜を作り、茶摘みなどもして収入を補っていたが、厳しい貢米《こうまい》のために生活は苦しかった。三度の食事に米を食べられるのは田畑持ちの農民ぐらいで、小作人の農民は、麦や稗《ひえ》、粟《あわ》を玄米に混ぜたものを炊いて食べたり、薩摩芋で代用したりしていた。

畝《うね》作り

種蒔《ま》き

麦の間に大豆などの種を蒔く

水かき桶《おけ》で水をかける

棒で所々に穴をあけて干鰯《ほしか》の肥料を入れる

人糞を肥料として撒《ま》く

# 農具（一）

田畑の土を耕すために、まず必要な道具は鍬《くわ》と鋤《すき》である。

鍬には、土を荒起こしする「打ち鍬」と、掘った土を寄せ集める「引き鍬」があり、用途や土質によっていろいろな種類の鍬を使い分けた。鍬の基本は、長い木の柄に木の台を打ち込み、その台に刃（さき）が付いたものである。刃の表に鎬《しのぎ》（中央が高く両側が低くなっている）が付いたものや、逆に刳《く》れたものもある。長さはさまざまである。

また、刃の先が三条あるいは四条の櫛のように分岐した「まど鍬」もあり、俗に「備中鍬《びっちゅうぐわ》」といって江戸時代末期に流行した。これは水田や粘土質のところで用いた。粗砂や小石の混じった土地では鍬の先がとがってさきの短い「耜先鍬《すきざきぐわ》」が用いられた。また、粘土質で土壌の水分が多いところでは力がいるので、鋤の肩に足をかけて力を込めて踏む「踏鋤《ふみすき》」を用いた。踏鋤のなかでは江州鋤がよく用いられた。

鋤も地方により異なる形のものが用いられた。普通は幅の広い刃にまっすぐな柄を付けた形であるが、「京鋤」は刃の部分が長く先のほうが少し反っている。

牛馬に牽《ひ》かせて土を掘り起こしていくのは犂《すき》といい、「有床犂《ありどこすき》」などがある。牛馬に牽かせるのではなく、人力で掘り起こしていく「源五兵衛《げんごべえ》柄耜《からすき》」というのもあった。左図の「鵜《う》の首柄耜《くびからすき》」と「笹の葉柄耜」は、その一種である。踏鋤に似たのは「鋳鍬《いぐわ》」といい、また鍬を二つ並べて鋤のように用いるのを「二挺掛《にちょうが》け」といった。

これらのほか、馬に牽かせて一度に広い土を起こすことができる「馬鍬《まぐわ》」というものもあった。車輪を並べたような形をしていて、一度に四、五条を掘り起こすことができた。また、耕土を細かく砕くための「車《くるま》馬鍬《まぐわ》」「谷馬鍬《たにまぐわ》」というのもあった。

砕いた土を平らにならすには「地ならし」という鍬を使うが、これは地方によって多少、形が異なる。刃が鉄でできたものと、横板に柄を付けただけのものがあった。

➡関連項目「米づくり（一）」356ページ

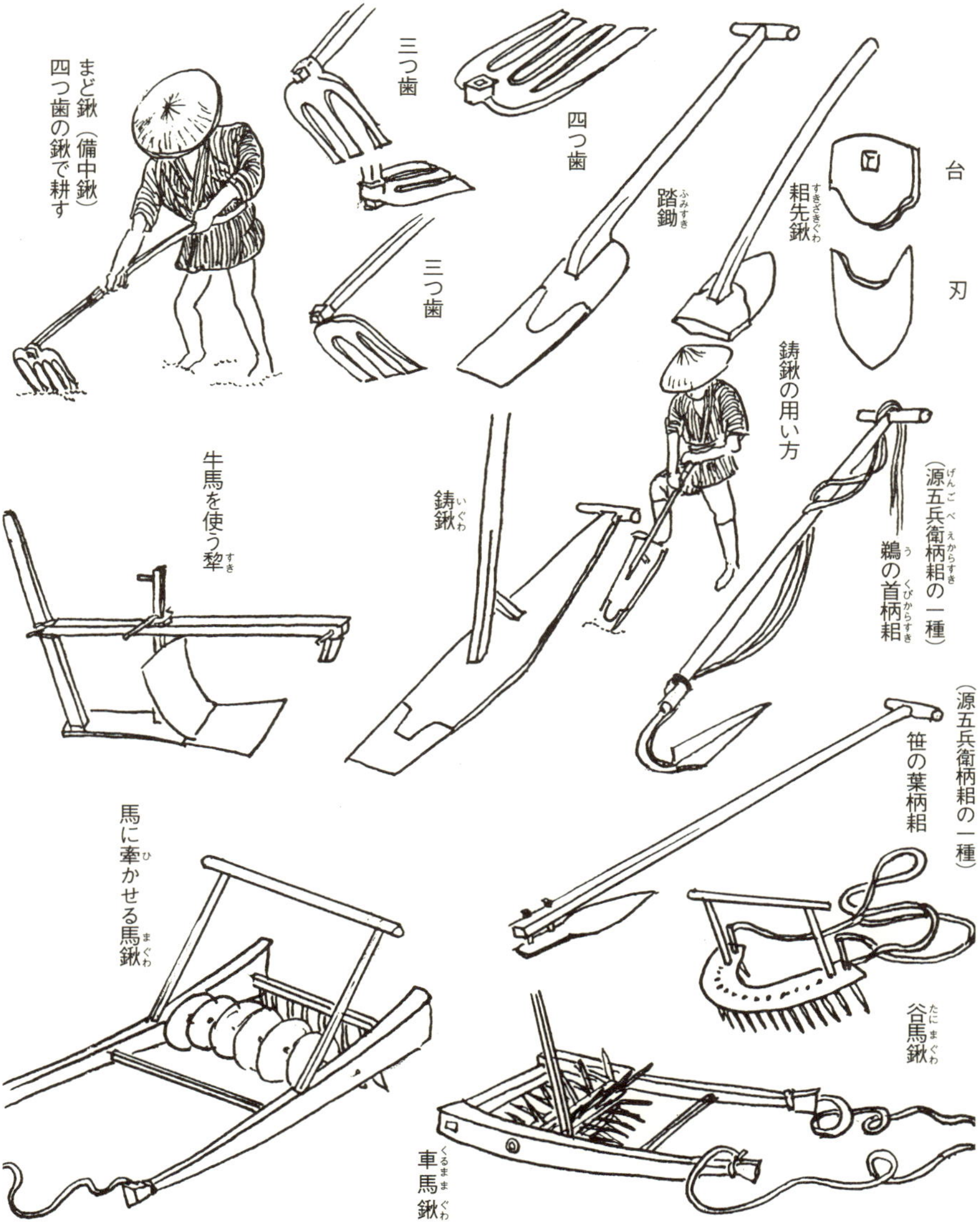
まど鍬（備中鍬）
四つ歯の鍬で耕す
三つ歯
四つ歯
三つ歯
踏鋤《ふみすき》
耜先鍬《すきさきぐわ》
台
刃
鋳鍬の用い方
鋳鍬《いぐわ》
牛馬を使う犂《すき》
（源五兵衛柄耜《げんごべえからすき》の一種）
鵜《う》の首柄耜《くびからすき》
（源五兵衛柄耜の一種）
笹の葉柄耜
馬に牽《ひ》かせる馬鍬《まぐわ》
谷馬鍬《たにまぐわ》
車馬鍬《くるままぐわ》

# 農具（二）

農作物の発育を良くするために肥料を撒《ま》いた土地には雑草もよく生える。雑草を放っておくと繁茂して農作物の栄養を奪い、発育を妨げるので、除草は頻繁に行わなければならない。

草を手でむしり取ると指先を傷めることがあるが、鉄でできた「草取爪《くさとりづめ》」を指輪のようにはめてむしり取ると、爪先を守ることができる。「大鎌《おおがま》」は広い区域の雑草を地こきをするようにして刈り取る。「草削り《くさけず》」は柄の先に付いた刃を地面に押しつけながら雑草を切除する。「角万能《かくまんのう》」「銀杏万能《いちょうまんのう》」「油揚万能《あぶらあげまんのう》」など、形は違うが、同じように地面を掻《か》くようにして雑草を切除する道具である。また、「草刈鎌《くさかりがま》」はもっとも普及したものだろう。

鋤簾《じょれん》は、箕《み》のように編んだものを柄の先に付け、土砂をかき寄せる道具であるが、鉄製の鋤簾もあって、これは畑の粗い土をこなし細かい土だけを落とすのに用いた。ほかに箕の先に鉄の歯を並べて柄を付けた鋤簾や、塵とりのように木の枠を付けて中に鉄の歯を付けた「板鋤簾《いたじょれん》」というのもあった。

当時の肥料は主に人糞であった。江戸近郊の農家は、わずかではあるが金を出して、裏長屋の共同便所などから人糞をさらってきた。この金は、裏長屋などを差配する大家に受け取る権利があった。買った人糞は肥桶《こえおけ》に入れて運んでくるが、すぐには使用できないので、肥溜《こえだめ》に入れておく。数か月たつと液状になるので、再び肥桶に入れ、一荷（二桶）を天秤棒《てんびんぼう》でかついで田畑に運んで撒く。大型の肥《こえ》びしゃくを使って撒くが、野菜の葉や実にかからないように撒くには技術がいった。

これらの道具は江戸時代にとくに発達したものであるが、現代の機械とは違って人力を用いて使うものばかりであったから、当時の農作業は力仕事で、農民は大変であった。また、こういった道具の需要があるため、村には必ず一軒か二軒、鍛冶屋があり、いろいろな鉄の道具を作っていた。

➡関連項目「屎尿、ごみの処理」24ページ

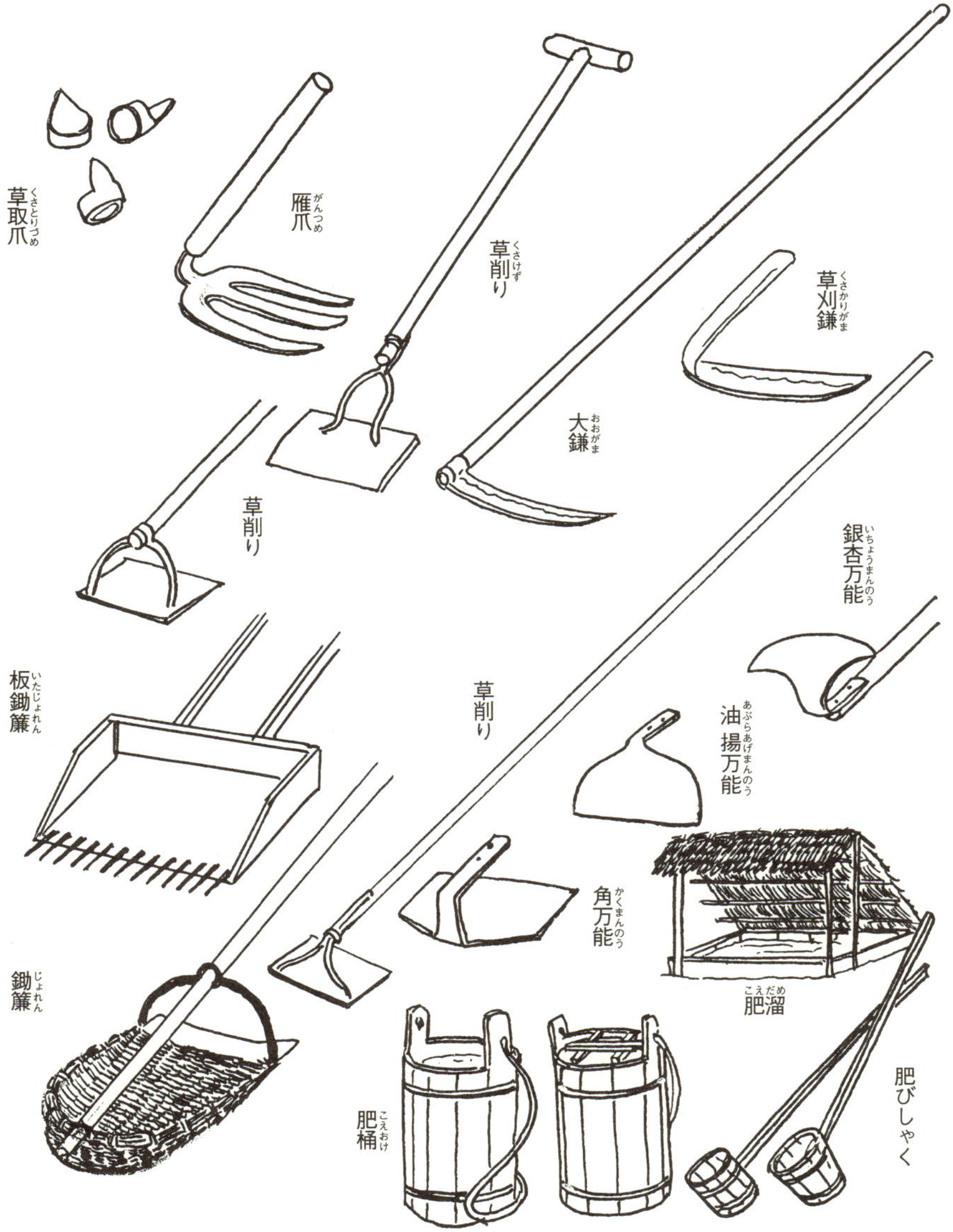
草取爪《くさとりづめ》
雁爪《がんつめ》
草削《くさけず》り
草刈鎌《くさかりがま》
大鎌《おおがま》
草削り
銀杏万能《いちょうまんのう》
板鋤簾《いたじょれん》
草削り
油揚万能《あぶらあげまんのう》
角万能《かくまんのう》
肥溜《こえだめ》
鋤簾《じょれん》
肥桶《こえおけ》
肥びしゃく

江戸の農民の暮らし――⑰

# 農具（三）

農民は、生産した農作物を食料にするだけでなく、収穫した後の葉や茎、竹などを利用していろいろな用具を作った。もっともよく利用されたのは米を脱穀した後の藁《わら》である。

筵《むしろ》、縄、米俵《こめだわら》をはじめ、土や小石を入れるための軽籠《かるこ》・穀類を入れて保管しておく叺《かます》、手籠、縄状にしたものを網目に編んだ手持籠、畚《もっこ》、土はたご（筵の袋）、簑《みの》、背当て（畑仕事のとき背を覆うようにしたもの）、胸当て（腹掛けのようにしたもの）、下当て（稲刈りのときに腰簑のように用いる）、籠手（稲刈りのとき手に付ける）、藁箒《わらぼうき》、ばか（泥田で農作業するときに両股に着ける股当て）、草鞋《わらじ》、藁草履《わらぞうり》など、すべて藁を利用して作った用具である。

こうした用具を作るための藁は、乾燥した茎がまっすぐで固いままでは加工しにくいので、まず叩いて軟らかくする必要がある。一握りの藁把を木の台の上に置いて藁打杵《わらうちきね》か砧《きぬた》でとんとんと打つとなえて柔らかくなるが、これは農家の女性の夜鍋仕事（夜遅くまでする仕事）であった。土間か納屋に筵を敷き、軟らかくした藁を編んで縄や筵を作るのは男性の仕事であった。これらは米の生産や畑仕事をしながらの仕事であり、農民は、盆暮れと正月、祭り、物日《ものび》以外は一日も休まず働いた。

藁縄は藁を両の手のひらにはさんで捻《ひね》って作るが、紐代わりにいろいろな用途に使うのでかなりの量が必要で、ひまがあれば両手で捻って作った。筵は米を脱穀したり、土間に敷いていろいろな作業をするために欠かせないもので、藁を畳表のように編んで作る。俵は藁を簾《すだれ》のように編んで、玄米が四斗入る大きさに作り、俵の両端の蓋になる桟俵《さんだわら》も作った。いずれも根気のいる作業であった。

藁の利用法はいろいろあり、こういった用具の材料にするほかにも、屋根（藁葺《わらぶ》き屋根）をふいたり、細かく刻んで牛馬の飼料に混ぜたりした。米を収穫した後には大量に出るが、ほとんど一年で消費された。

また、手先の器用な者は、竹を細かく割いて籠や笊《ざる》などを手作りした。

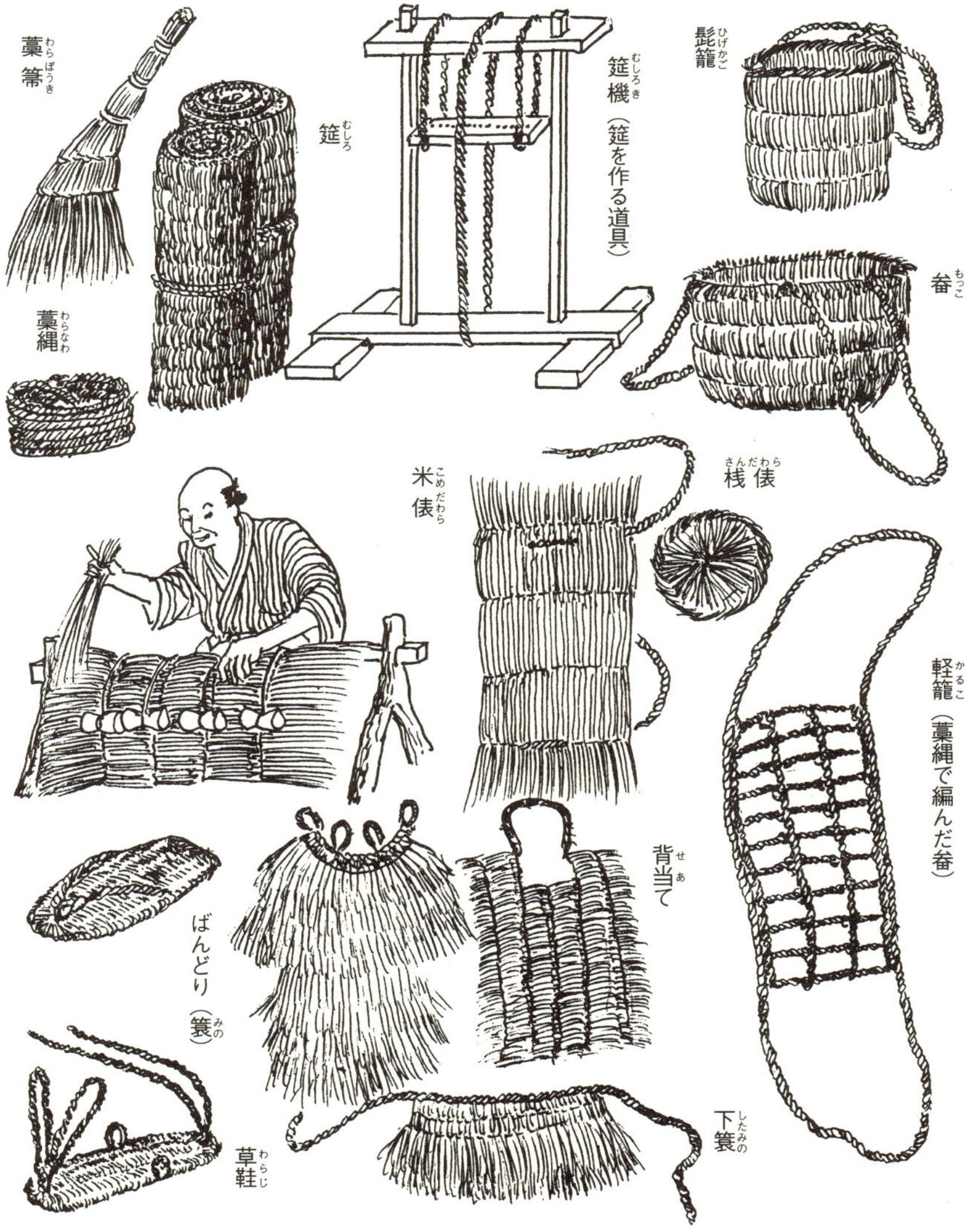
藁箒《わらぼうき》
筵《むしろ》
筵機《むしろき》（筵を作る道具）
髭籠《ひげかご》
藁縄《わらなわ》
畚《もっこ》
米俵《こめだわら》
桟俵《さんだわら》
俵《たわら》を作る道具
軽籠《かるこ》（藁縄で編んだ畚）
藁草履《わらぞうり》
ばんどり（蓑《みの》）
背当《せあ》て
下蓑《したみの》
草鞋《わらじ》

江戸の漁民の暮らし――❶

# 江戸の漁猟（一）

江戸は大川（隅田川）をはじめ多くの掘割河川が江戸湾（東京湾）にそそいでいるので、江戸時代には川魚や海魚類が豊富に獲れ、とくに海岸沿いには漁民が多く住んでいた。

江戸の町に沿った地域はだいたい遠浅であった。磯際を通る道路の磯側に家を建てるときは、一般的に道路のほうが高くなっているので、磯際にたくさん杭を打ってその上に家を建てた。干潮になると杭が露出して砂地が見えるが、満潮になると、浮御堂《うきみどう》のように家の床下まで潮が満ちていた。床下の外側には、潮が打ち寄せるのを防ぐために粗朶《そだ》（枝の多い木々を砂地に植え込んだもの）をめぐらしていた。

漁師は協同作業をすることが多いので、多くは狭い地域で集落をなしていた。路地は狭く、道路には砕いた貝殻がいっぱい敷き詰められていた。砂地には小さい漁船が並べてあり、魚網が干されていた。

大川口、佃島《つくだじま》の対岸、金杉浦《かなすぎうら》、芝浦、品川浦、御林《ぎょりん》浦《うら》、羽田浦、その先は生麦浦《なまむぎうら》、神奈川浦、新宿浦など三浦半島まで、砂地には漁民の集落が続いていた。

江戸城を前にした一帯を俗に「江戸前《えどまえ》」といい、この江戸湾（東京湾）で獲れた魚が、江戸庶民や武士の食卓にのぼった。深川には江戸湾で獲れた魚の川活場《かわいけすば》があり、日本橋には集荷して取り引きする魚河岸《うおがし》があった。また、伊豆（静岡県）や相模（神奈川県）などの漁船もたくさんの魚を運んできた。

船は、秋刀魚《さんま》、鰯《いわし》、鯛《たい》、ひらめ、ぼら、鮪《まぐろ》、鰹《かつお》、鰈《かれい》、こち、穴子《あなご》、海老《えび》、蟹《かに》、烏賊《いか》、しゃこ、鳥貝《とりがい》、赤貝、さざえ、蛤《はまぐり》、あさりなどを網漁などで捕獲して入港した。これらの魚介類は近海物、いわゆる「江戸前」として珍重された。

桁舟漁《けたぶねりょう》では、一・五メートルほどの鉄の付いたマングワの両側に網（桁網《けたあみ》）を張ったものを沈め、舟を漕いで網を引いた。現在のトロール漁猟で、桁につけた鉄の爪が海底を掻《か》き進み、海底にいる蟹、鰈、こち、しゃこ、赤貝などを掘り起こしながら獲った。桁網漁《けたあみりょう》ともいう。

漁師町

桁舟漁《けたぶねりょう》（桁網漁《けたあみりょう》）

江戸の漁民の暮らし――❷

# 江戸の漁猟（二）

江戸の漁民は主に品川、鮫洲《さめず》、浜川、大森、羽田あたりまでの海岸べりに住んでいた。ときには横浜沖から下総《しもうさ》・安房《あわ》（千葉県）の沖まで漕いでいって漁をしたが、主たる漁場は江戸湾（東京湾）内で、なかなか外洋には出なかった。外洋に出ると、桁舟《けたぶね》（川舟よりやや幅が広く大きく、帆掛け装置がある）では黒潮海流に流されてしまうし、また季節によるサガナライ（西風の北寄り）が吹くと帰帆できなくなる。黒潮海流に流されると、はるか遠くまで漂流してしまうことになる。まさに「板子一枚下は地獄」で、外洋に出る漁師は命懸けであった。このため、江戸湾内の漁船は小型で、サガナライやサニシ（北西風）に用心し、この風が吹くと出漁を見合わせたり、帰るときも帆を斜めに向けてジグザグに航路をとった。

江戸湾内で獲れる魚介の種類は限られているので、鰹《かつお》や鮪《まぐろ》は、伊豆半島などからやってくる大型漁船の漁を待たなければならなかった。このため、五月ごろ江戸の魚市場に陸揚げされる鰹や鯖《さば》の値は高く、初物の好きな江戸っ子は「初鰹を食わなければ江戸っ子じゃあない」「女房を質に入れてでも初鰹を食う」と啖呵《たんか》を切ったのである。

漁師は、暑いときは裸に褌《ふんどし》一丁であるが、たいていは刺子《さしこ》の半纏《はんてん》や襦袢《じゅばん》にひざまでの股引《ももひき》、頬被《ほっかむ》りである。漁船の中央にはたいてい獲った魚を入れる「生け簀」があり、それがない場合は球状に編んだ竹籠に入れた。

船を使用しないときは砂地に引き揚げ、櫓櫂《ろかい》をはずして持ち帰り、用いた網は先端が短い丁字形の長いさおにかけて網干《あぼし》した。また四手《よつで》は、張りを持たせた竹をはずして網だけを物干しざおに掛けて干した。

女性たちは、海女《あま》として潜水漁をしたり、干潟で海藻や貝類を獲ったり、海苔などの水産物の加工に従事した。

また、町民も楽しみで釣りをすることがあり、漁師町にはそのための船宿《ふなやど》があった。漁師町の船宿は客を船で運ぶためのものではなく、客は船に乗ってはぜや鰈《かれい》を釣り、釣った魚を船中で料理して味わった。

篝火《かがりび》を使った鯖《さば》の手釣り

四手網《よつであみ》を使った白魚などの漁

# 浅草海苔《あさくさのり》の養殖

江戸時代、江戸湾の北方の浅瀬で生産されていた海藻の一種を、俗に浅草海苔といった。大川口付近から大森海岸の漁民が副業に生産していたが、料理用にいろいろと加工して用いられる風味のある海苔である。

海苔の養殖は、寒さが加わる十一月ごろに始まった。海苔が付着しやすく、育ちが良くなるように、樫《かし》やくぬぎの枝を浅い海中にたくさんさし込むが、これを海苔粗朶《のりそだ》（しび）を植えるという。海苔粗朶は、満潮時には水没する程度の深さに、海底の砂地に植える。ちょうど稲のように数列並べて植えるが、海苔粗朶の間は、青べか（海苔船）が一艘通れるように間隔をあけておく。また、海苔粗朶を植えるとき、海水に体が浸からないように「海苔下駄」（「たちごみ」ともいう）というものを履くが、これは、下駄の底に一メートル近い高さの四本足の枠と底を付けたものである。これを履いて、転ばないようにうまく重心をとりながら植えていく。この海苔下駄は海苔を採るときにも用いた。

海苔粗朶を植え終わるころから寒さが増し、粗朶《そだ》には海中の海苔が付着して育っていく。海苔は黒みを帯びた柔らかい海藻で、これが成長して粗朶にびっしりと付くようになる。すると、翌年の一、二月ごろ、寒風が海面を吹き抜ける時分に、「青べか」に乗って海苔採りをする。粗朶一本一本から丁寧に海苔を採って笊《ざる》に集めるのである。この時季、霧《もや》が多い日が続くと海苔は死んで落ちてしまうといわれていた。海苔採りは、春暖のころまでに済ませた。

採った海苔は次のようにして、浅草海苔に加工した。まず、桶《おけ》の水に浸け、箸などでごみを取り除いた後、まな板の上でトントンと包丁で細かくたたくようにして砕き、再度、桶に入れてよくかき回す。次に、三十センチ四方ぐらいの細かい葦《あし》で作った簀《すのこ》（海苔簀《のりす》という）を何重にもした上に木枠を置いて、桶の海苔をひしゃくですくって流し込む。この海苔簀を斜めに立てかけた板に並べて干し、乾いたら簀からはがす。ちょうど和紙の紙漉《す》きの要領である。

こうしてできあがった海苔は、十枚を重ねて一帖とし、海苔問屋に卸した。

①海苔粗朶《のりそだ》（しび）を海中に植える

②海中に立つ海苔粗朶

③粗朶についた海苔を採る

④ごみ、砂をとって庖丁でたたく

⑤海苔簀《のりす》の上に枠を置いてどろどろになった海苔を流す

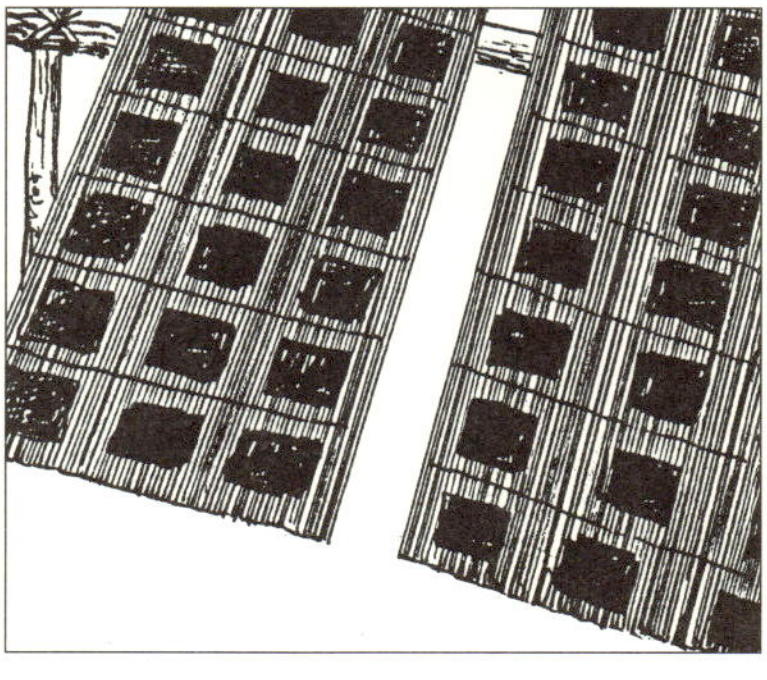
⑥簀《すのこ》に貼った海苔を干す

# 魚河岸《うおがし》と魚屋

徳川家康が秀吉の命によって関東に封ぜられ、江戸城に入ったのは天正十八年（一五九〇年）のことであった。家康は早速、城下町の整備にとりかかり、江戸には旗本武士だけでなく諸国の商人も多く集まってきた。その中で、特別に呼ばれて漁業専門の特権を与えられたのが、摂津国（大阪府）佃村《つくだむら》の漁民である。江戸城の南、大川（隅田川）の河口の先の干潟に住む場所を与えられたが、その干潟に島を築き、故郷の名をとって佃島《つくだじま》と名付けた。

佃島の漁民には、海から獲れる魚介を毎日、将軍家に献上する義務が課せられたが、献上する以上に獲れたものは、武士や町民、農民に売ってもよいことになっていた。こうして、江戸城と海との中間に当たる日本橋際の大船《おおふね》（本船《ほんふね》）町の河岸《かし》一帯に、漁民から魚介を買い取って市中の店に卸す町ができた。組合組織の問屋などによって魚市場が開かれ、魚介類はその日の獲れ高によって値段が変わった。漁民は朝早くからここに船で魚介を運んできて売り、集まってきた魚商人がこれを買った。

江戸の町には魚屋という魚介類を専門に商う店ができ、江戸中期以降は、一町内に一軒ぐらいは魚屋があった。このほかに、魚を入れた桶《おけ》を天秤棒《てんびんぼう》でかついでお得意様まわりをする天秤棒振《ぼてふ》りの魚屋が、料理屋や各家をまわって魚を売って歩いた。

こうして、江戸湾の魚介が江戸市中に広く行きわたるようになった。だいたい江戸時代までは仏教の影響から、俗に四足《よつあし》と称する獣類牛馬の肉を食べることが好まれなかったので、魚介類は江戸庶民や武士の貴重なたんぱく質源であり、需要も多かった。

他の地方からも魚介類が船で運ばれてくるようになり、いろいろな種類の魚が江戸庶民の口に入るようになった。干物《ひもの》など加工した魚も出回るようになったが、佃島の漁民は、日持ちがするように小さな雑魚を醤油《しょうゆ》で辛く煮たものを売り出した。これが佃煮のはじまりである。

➡関連項目「江戸の行商（二）」98ページ

日本橋の魚河岸《うおがし》

天秤棒《ぼて》振《ふ》りの魚屋

魚屋（魚河岸で仕入れた魚を売る）

# 江戸の漁法

江戸湾は遠浅なので、大仕掛けの地引き網よりも、小規模の網漁法で小魚がたくさん獲れた。その代表的なものが投網《とあみ》である。

投網は大川（隅田川）や海の岸辺でも行われたが、たいていは小船で小魚のいそうな場所まで漕いでいって船を止め、投網に熟練した漁夫が行った。使用するのは、外縁におもりが付いた円形の網で、これを絞った形にして水面に投げる。すると網は円形に広がりながら水面に落ちるが、外縁のおもりによって、水中で魚を包み込んだまますぼまる。これを円の中心についた綱を引いて引き上げる。簡素な漁法であるが、投げた網がうまく円形に広がるようになるのに熟練を要した。打網《うちあみ》も、これによく似た漁法である。

また、大川や江戸湾の魚が集まりそうな所に、簾《すだれ》状の簀《すのこ》や粗朶《そだ》を隙間なく並べ、そこに魚を追い込む丈長《たけなが》網《あみ》漁法もあった。簀を水中に何列も並べ、先のほうは魚が逃げられないように丈長の添え網や簀でふさいでおく。船を漕ぎ進めながら棹で水面をたたくと、それに驚いた魚が簀の列に入り込み、脱出できずに水面に跳ね上がる。それを手網などですくい取る。一度にたくさんの魚が簡単に獲れるので、よく行われた漁法である。

また川の鮎漁《あゆりょう》などでは、一方に魚の入口を開けた網を定着させておく方法も採られた。入口から入った鮎は、網から出られないので一か所に集まる。そこに船を乗り入れて、手網ですくい取る漁法である。

網については、二艘の船の間に網を張った流し網、海中に仕掛けて前進できずに集まった魚を獲る掛け網や前述の丈長網、網の中央を袋状にして魚を集める建《たて》網《あみ》、半円形に網を張る大徳網、同じく半円形の網で中央を袋状にして魚を集める構造のはぜ網や雑小魚網など、いろいろなものが工夫されて使用された。

いずれの網も魚を追い込んで一度にたくさん獲る方法であるが、それぞれに技術と熟練を要するものであった。また網が傷むことも多く、漁夫たちは常に網の破れを繕っていた。

➡関連項目「地方の漁業」384ページ

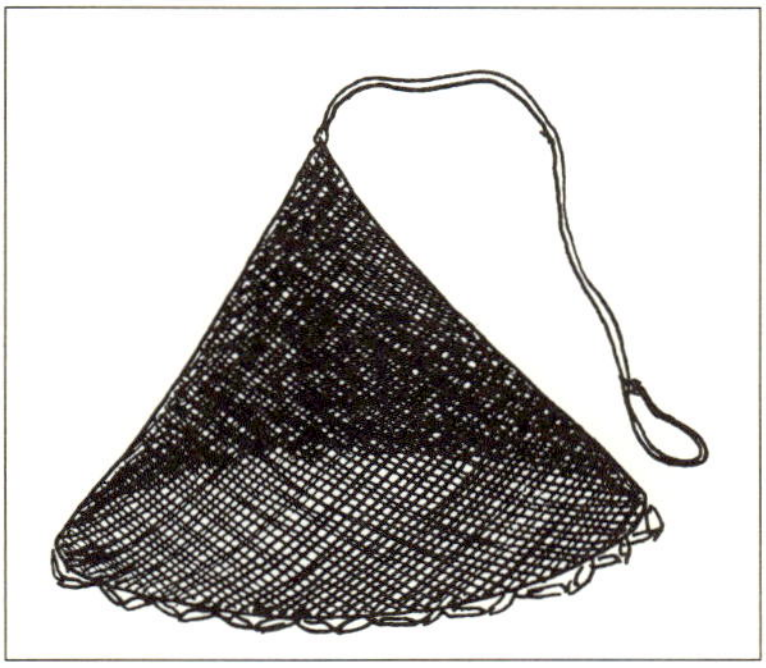

投網《とあみ》

投網の投げ方①

丈長網《たけながあみ》

投網の投げ方②

鮎漁《あゆりょう》の網

投網の投げ方③

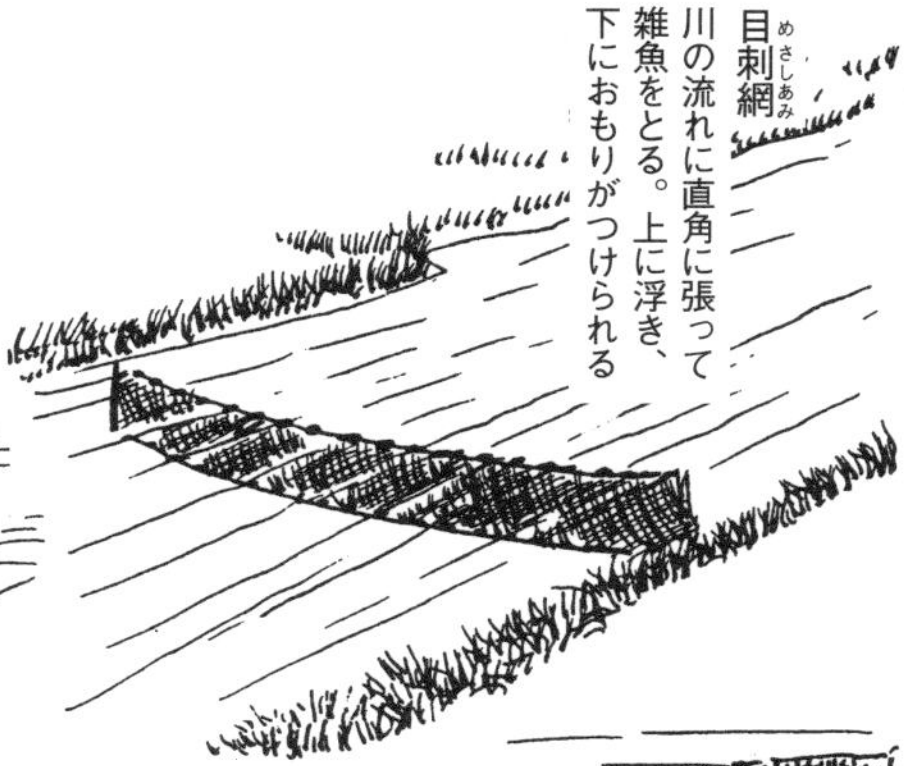

目刺網《めさしあみ》

川の流れに直角に張って雑魚をとる。上に浮き、下におもりがつけられる

竹留漁《たけとめりょう》

川幅一杯に竹の簀《すのこ》を張って鮭《さけ》・鱒《ます》を追い込み用意した網で獲る

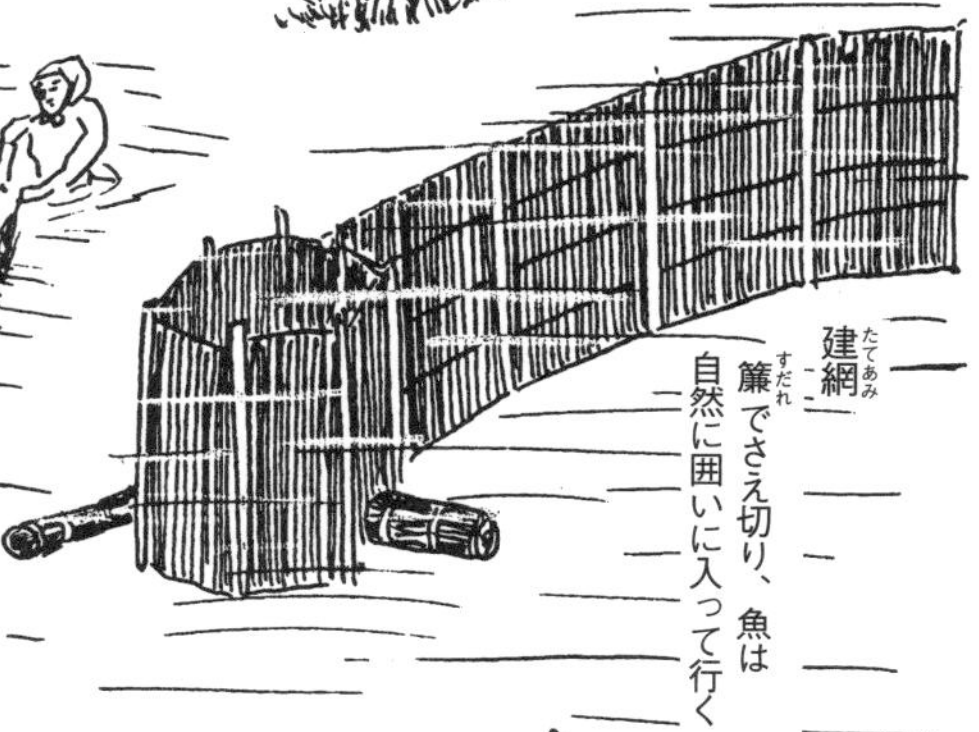

建網《たてあみ》

簾《すだれ》でさえ切り、魚は自然に囲いに入って行く

鮭鱒の流し網

歩行掛網ともいう

（人が水に入って行う）

歩行立網《かちゆきたてあみ》

帯状の網を水中に縦に定置し、流れの一方に集まった魚を獲る。沼河川の網漁

鮭鱒の流し網

（二艘の船で行う）

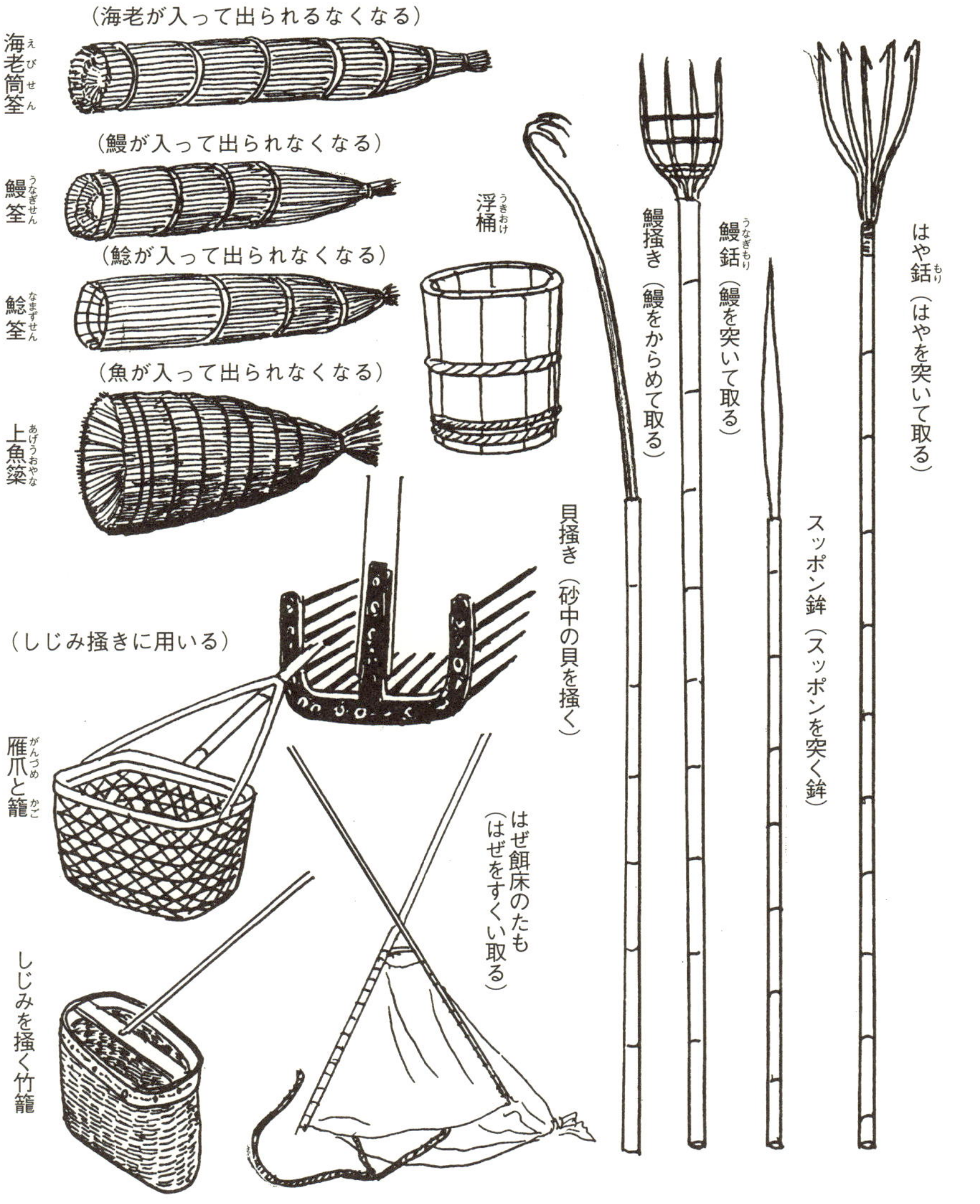
(海老が入って出られるなくなる)
海老筒筌《えびせん》
(鰻が入って出られなくなる)
鰻筌《うなぎせん》
(鯰が入って出られなくなる)
鯰筌《なまずせん》
(魚が入って出られなくなる)
上魚簗《あげうおやな》
浮桶《うきおけ》
鰻掻き(鰻をからめて取る)
鰻銛《うなぎもり》(鰻を突いて取る)
はや銛《もり》(はやを突いて取る)
貝掻き(砂中の貝を掻く)
スッポン鉾(スッポンを突く鉾)
(しじみ掻きに用いる)
雁爪《がんづめ》と籠《かご》
はぜ餌床のたも(はぜをすくい取る)
しじみを掻く竹籠

笹間良彦（ささま・よしひこ）

1916～2005年。東京生まれ。文学博士、前日本甲冑武具歴史研究会会長。
（主な著書）『日本の甲冑』『日本甲冑図鑑』上中下三巻『甲冑と名将』『日本甲冑名品集』『趣味の甲冑』『江戸幕府役職集成』『戦国武士事典』『武士道残酷物語』『日本の軍装』上下二巻『小武器の職人』『日本の名兜』上中下三巻『図解日本甲冑事典』『図解鑑定必携』『歓喜天信仰と俗信』『弁才天信仰と俗信』（以上、雄山閣出版）、『龍』（刀剣春秋社）、『真言密教立川流』『ダキニ天信仰と俗信』（以上、第一書房）、『日本甲冑大鑑』（五月書房）、『図説・日本武道辞典』『図説・日本奉行所事典』『日本甲冑大図鑑』『図録・日本の甲冑武具事典』『資料・日本歴史図録』『図説・日本未確認生物事典』『図説・世界未確認生物事典』『日本戦陣作法事典』（以上、柏書房）、『絵解き・江戸っ子語大辞典』『大江戸復元図鑑〈庶民編〉〈武士編〉』『絵で見て納得！ 時代劇のウソ・ホント』『絵で見て不思議！ 鬼ともののけの文化史』『日本こどものあそび大図鑑』『図説・龍の歴史大事典』（以上、遊子館）他多数。

大江戸復元図鑑〈庶民編〉
2003年11月10日　第1刷発行
2016年5月23日　第4刷発行
著　者　　笹間良彦
発行者　　遠藤伸子
発行所　　株式会社 遊子館
152-0003　東京都目黒区碑文谷 5-16-18-401
電話 03-3712-3117　FAX.03-3712-3177
印刷・製本　シナノ印刷株式会社
装　幀　　中村豪志
定　価　　カバー表示


ISBN978-4-946525-54-4 C3602

《好評姉妹編》

# 大江戸復元図鑑〈武士編〉

笹間良彦 著画

江戸時代の武家社会の組織全般と年中行事から、各役職の武士の仕事内容、家庭生活、住居、武士の一生のモデルまで、武士の世界を膨大な量の復元図で解説。姉妹編の〈庶民編〉とともに、臨場感あふれる図と平易な解説で「大江戸」の全体像を知ることができる最適の書。

Ａ５判上製・定価七一四〇円（本体六八〇〇円）

地方支配の仕事——❶郡代、代官

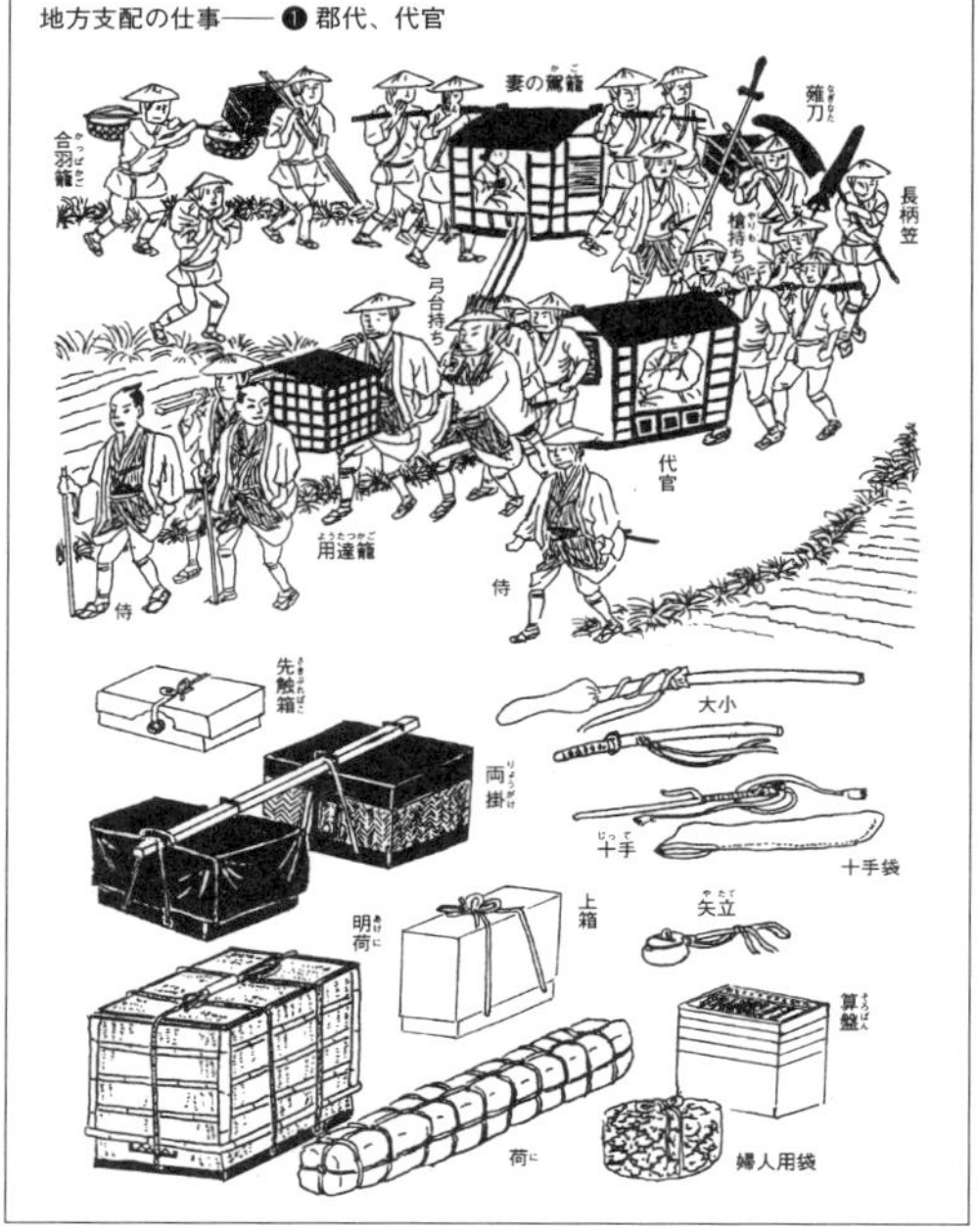


武士の生活——❺

## 武家屋敷の表と奥

大名や御目見《おめみえ》以上の武士の屋敷では、表（男性用と客用）と奥（家族用と使用人の婦女たち）が明確に区別されていた。

二、三百石級以上の武家は、出勤時には騎馬で馬の口《くち》取《と》り、槍《やり》持ち、草履《ぞうり》取り、挟箱《はさみばこ》持ち、供侍《ともざむらい》を従え、使用人は、主人を「殿様」、妻を「奥様」、長男を「若殿《わかとの》」、次男以下は名前に様を付けて呼んだ。妻は奥の統率者という意味で、奥様と呼ばれたのである（御目見以下では、主人は「旦那《だんな》」、妻は「御新造《ごしんぞ》」である）。

屋敷には式台《しきだい》付きの玄関があり、これは公式の訪問用、あるいは武家どうし用である。訪問者は上《あ》がり框《かまち》（床の端に渡した化粧横木）を上がって玄関の部屋に入り、そこから応接の間に入る。

訪問者があると、その家の侍《さむらい》か、侍を雇えない家では子息が応対に出て主人に取り次ぐ。したがって子息といえども、きちんと客の応対ができるようにしつけられていた。婦女子は決して玄関に出ない。主人が登城したり、外出するときも、用人《ようにん》か小姓《こしょう》または子息が玄関で見送り、妻が玄関まで出て見送ることはなかった。

では妻女の出入り口はどこかというと、高禄の武士の屋敷には必ず玄関の隣に「中《なか》の口《くち》」と呼ばれる簡単な出入り口があり、ここを使用した。これは現在の内玄関（表玄関に対し、主として家人の使用する玄関）にあたる。名主《なぬし》など町人の訪問客もここを使った。また、使用人や注文取りの小商人《こあきんど》などは台所口（勝手口）から出入りした。

八丁堀にあった町奉行所の与力《よりき》・同心《どうしん》の組屋敷では、例外的に妻が玄関まで応対に出た。町奉行所の与力・同心は江戸の警察・司法を直接担当するので、一般の町民が相談事のためによく訪ねてきた。与力・同心が外出がちであることと、玄関に出るのが男性では訪問者が緊張して頼み事を話しづらいだろうという配慮から、代わりに妻が応対したのである。このため御目見以下にもかかわらず、八丁堀の与力の妻にかぎって「奥様」と呼ばれ、とくに町民から尊敬された。ちなみに主人である与力のほうは、「旦那」と呼ばれた。

❶関連項目「八丁堀の組屋敷と七不思議」30ページ





二、三百石級の武士の出勤

武家の玄関の使い分け　妻女は決して表玄関に出ることはなかった